LEGENDEN

WOLFGANG
MARIA GRAN
ANDREAS
SCHAAD

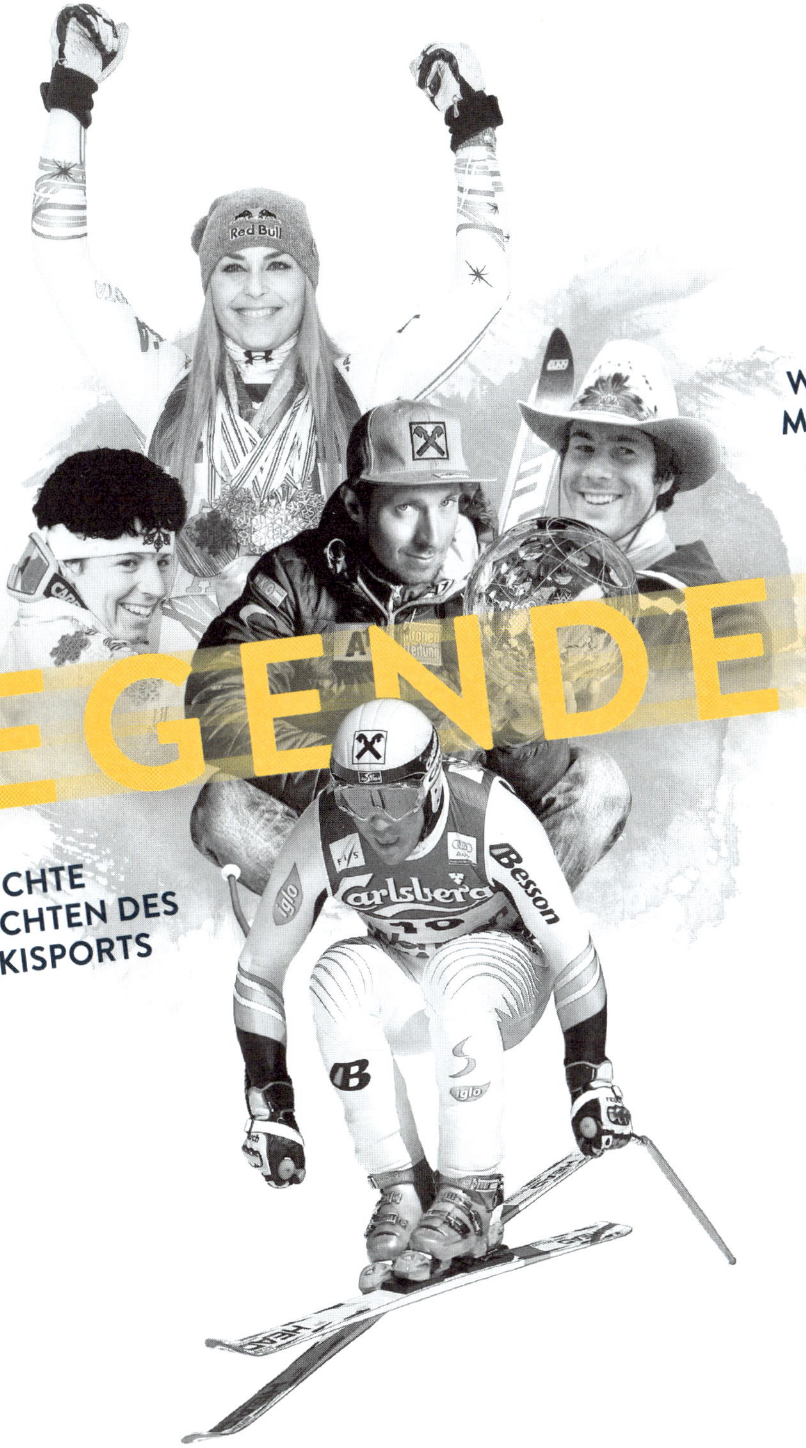

LEGENDEN

GESCHICHTE
UND GESCHICHTEN DES
ALPINEN SKISPORTS

PANTAURO

INHALT

VORWORT

Ich war, wie man im journalistischen Jargon so locker dahersagt, »aufmunitioniert« mit Ideen für Geschichten und mit sehr viel Hintergrundwissen. Es war schließlich das erste Mal, dass die Redaktion mich Jungspund als Berichterstatter zu einer Ski-WM schickte – noch dazu eine Woche vor Beginn. Quasi als Vorhut mit dem Auftrag, interessante Stories zu liefern, bis die renommierten Ski-Kollegen aus Wien und der Steiermark, die den Zirkus teilweise schon seit Jahrzehnten begleiteten, in Saalbach-Hinterglemm eintreffen würden. Doch meine journalistische »Munition« brauchte ich dann nicht, denn plötzlich sprachen in diesen Jänner-Tagen des Jahres 1991 echte Waffen, weil die USA in den Golfkrieg eingriffen und die ganze Welt plötzlich den Atem anhielt. Und ich musste, statt mit Petra Kronberger, Rudi Nierlich und Kollegen locker über ihre Erwartungen bei der Heim-WM zu parlieren, mit US-Abfahrer AJ Kitt sehr ernsthaft und so gar nicht entspannt über Krieg reden.

Warum ich ausgerechnet mit dieser Episode dieses Buch über Skisportler einleite? Weil sie mich einerseits als jungen Journalisten für die weitere Laufbahn geprägt und mir geholfen hat, die Wertigkeit dessen, womit ich meine Brötchen verdiente, richtiger einzuschätzen. Weil mich dieser Moment noch in den Jahrzehnten danach davon abgehalten hat, ein Wort wie »Krieg« in meinen Geschichten über Sport zu verwenden – egal, in welcher Heftigkeit Auseinandersetzungen ausgetragen wurden. Und weil ich an diesem Tag die Lektion gelernt habe, dass, egal, für wie wichtig man etwas im Augenblick gerade hält, immer etwas passieren kann, das alles über den Haufen wirft.

Warum ich Ihnen, liebe Leserin, lieber Leser, das erzähle? Schon auch, weil ich Ihnen meinen Zugang zu diesem Buch und zu meiner Art zu arbeiten, nicht vorenthalten möchte. Es ist nicht der eines so genannten »Ski-Experten«, der auswendig Ergebnislisten herunterleiert und Geschichten über liegen gelassene Zeit und falsche Materialwahl erzählt – auch wenn ich das jetzt am Ende dieser Arbeit gar nicht so schlecht könnte. Aber meine Art, auch über diese Thematik zu berichten, führt über die Menschen, ihre Geschichten und ihre Zugänge zum Leben. In erster Linie wählte ich diese Einleitung mit AJ Kitt und der Saalbach-WM, weil mir das lange Gespräch mit diesem jungen Amerikaner sofort wieder einfiel, als ich die Anfänge dieses Sports in den 30er-Jahren recherchierte. Da trafen Euphorie, Pioniergeist und eine Menge junger Menschen mit großen sportlichen Träumen auf eine Atmosphäre von beginnender Unterdrückung und dräuendem Krieg. Aber davon mehr im Buch.

Jedenfalls war für mich klar, dass ich mich an diese Arbeit nur machen würde, wenn ich Geschichte(n) erzählen und sie an Menschen festmachen könnte, denn ein trockener Almanach oder hurrapatriotische Heldensagen wären für mich nicht infrage gekommen. Weil auch der Verlag von diesem Konzept angetan war, sagte ich letztlich sehr gerne Ja zu diesem Buch.

Eine Entscheidung, die immer richtiger wurde, je tiefer mein Kollege Andreas Schaad und ich in die Arbeit eintauchten. Denn da bot sich einerseits die Möglichkeit, ausführlich mit Menschen zu sprechen, die in diesem Metier Geschichte geschrieben haben – ohne Zeitdruck, ohne *Big Brother* in Form von Verbandsfunktionären, Trainern, Medienberatern oder Sponsorenvertretern. Andererseits tat sich eben die faszinierende Erfahrung auf, dass so ein Projekt, das gut 100 Jahre Skigeschichte umfasst, auch 100 Jahre Zeitgeschichte erlebbar machen kann.

Wir sprechen von einem Zeitraum, der als »Preisgeld« für einen Rennsieg ein paar Eier oder eine ÖBB-Jahreskarte damals bis hin zum Euro-Geldregen heute umfasst. Von Menschen, die einst auf Fassdauben zu Tal rutschten und einen Festmeter Holz für echte Skier tauschten, bis hin zu denen, deren Serviceleute ein Dutzend sündteurer Hightech-Geräte zur Auswahl bereitstellen. Aber eines ist damals wie heute gleich, auch wenn so vieles nicht einmal annähernd vergleichbar ist: Es waren immer Menschen mit all ihren Qualitäten und Defiziten und mit ihrem zeitgeschichtlichen Umfeld, die diesen Sport geprägt haben – und nicht Ergebnislisten.

Wie soll man denn auch ernsthaft und seriös vergleichen oder bewerten? Die »messbare« Zeit beginnt mit der Einführung des Skiweltcups im Jahr 1967. Da hatten zum Beispiel Menschen wie Karl Schranz oder Marielle Goitschel schon jahrelang davor ein ums andere Mal triumphiert – nur scheinen ihre Siege vor diesem Jahr in keiner mit dem Weltcup vergleichbaren Wertung auf. Da beendeten andere, wie Petra Kronberger oder Jean-Claude Killy, ihre Karrieren, noch ehe sie 25 Jahre alt waren. Wer weiß, ob sie bei alternativen Lebensentscheidungen heute nicht in der Kategorie Lindsey Vonn oder Ingemar Stenmark wären? Da gab es einmal einen jungen Mann namens Pepi Jennewein, der in jungen Jahren bereits von manchen als bester Skifahrer der Welt bezeichnet wurde. Statt erfahren zu dürfen, wohin ihn sein Potenzial geführt hätte, ob er zum Benjamin Raich der Pionierzeit hätte werden können, verlor er im Zweiten Weltkrieg sein junges Leben.

Wir haben uns bei Bezifferbarem in diesem Buch aufs Nötigste beschränkt und nur in manchen Kapiteln die Zahlen zugrunde gelegt: Etwa bei den jeweils sechs Damen und Herren, die in ihrer Karriere 40 oder mehr Weltcuprennen gewonnen haben. Aber auch da liegt der Schwerpunkt auf den Menschen und nicht auf der Anzahl ihrer Siege. Denn diese sind dem umfassenden Datenteil im Anhang des Buches zu entnehmen.

Ich habe dieses Vorwort mit einer Episode aus meiner früheren Zeit als Sportredakteur begonnen und ich möchte auch am Ende eine erzählen. In meine Zeit als Mitglied und späterer Leiter der Sportredaktion der Kronen Zeitung in Salzburg fiel die gesamte Karriere des Hermann Maier. Und für mich war nicht Nagano 1998 der nachhaltigste Eindruck, den ich von diesem tatsächlich außergewöhnlichen Menschen gewann. Es waren zwei andere Begegnungen: Als ich zu einem jungen, ungestümen Blondschopf in ein kleines Lifthäuschen in Flachau fuhr, wo mir dieser Bursche leidenschaftlich-zornig kundtat, was der Österreichische Skiverband damals noch nicht wissen wollte – nämlich, dass mir hier einer der Weltbesten gegenübersaß. Der mir ein Foto mitgab und mich bat, es ihm aber auch wieder zurückzuschicken. Weil es zu dieser Zeit das einzige war, das ihn beim Skifahren zeigte. Dieses wilde Wollen, dieses trotzige Unverständnis jenen gegenüber, die (noch) nicht wahrhaben konnten, welche Naturgewalt hier ihres Ausbruchs harrte, hat sich bei mir eingeprägt. So wie der nachdenklich gewordene Hermann Maier nach seinem Unfall. Das war kein Kater nach der rauschenden, vermeintlich nie enden wollenden Siegesparty. Das war echte Reifung. Und dafür schätzte ich ihn letztlich mehr als für jede seiner Medaillen.

Ich freue mich, dass es dieses Buch gibt. Und ich danke an dieser Stelle meinem Kollegen Andreas Schaad, der dazu so viel mehr beigetragen hat als seine exzellenten Bilder. Seine Begeisterung war am Anfang der Motor und zwischendurch der Sprit für dieses Projekt, das ihm von Beginn an eine Herzensangelegenheit war. Herzlichen Dank auch an die Partner vom Verlag, unsere engagierten und hochprofessionellen Projektbetreuer Sophia Angerer und Christoph Loidl sowie Art Director Alex Stieg, der dem Buch ein unverwechselbares Gesicht gab. Und ein Danke auch an Fritz Müller, der in den Anfängen dieses Projektes unsere Begeisterung geteilt, Türen geöffnet und so den Grundstein zum Buch mit gelegt hat.

Nicht zuletzt danke ich all den großartigen Athletinnen und Athleten von einst und jetzt, die uns ihre Türen und überwiegend auch ihre Herzen geöffnet haben und bereit waren, uns ihre Geschichten zu erzählen. Geschichten, die durchaus nicht immer Heldenstories waren, sondern oft auch in tiefen Tälern spielten. So wie bei jedem anderen Menschen halt auch.

St. Pölten, im Juni 2019 Wolfgang Maria Gran

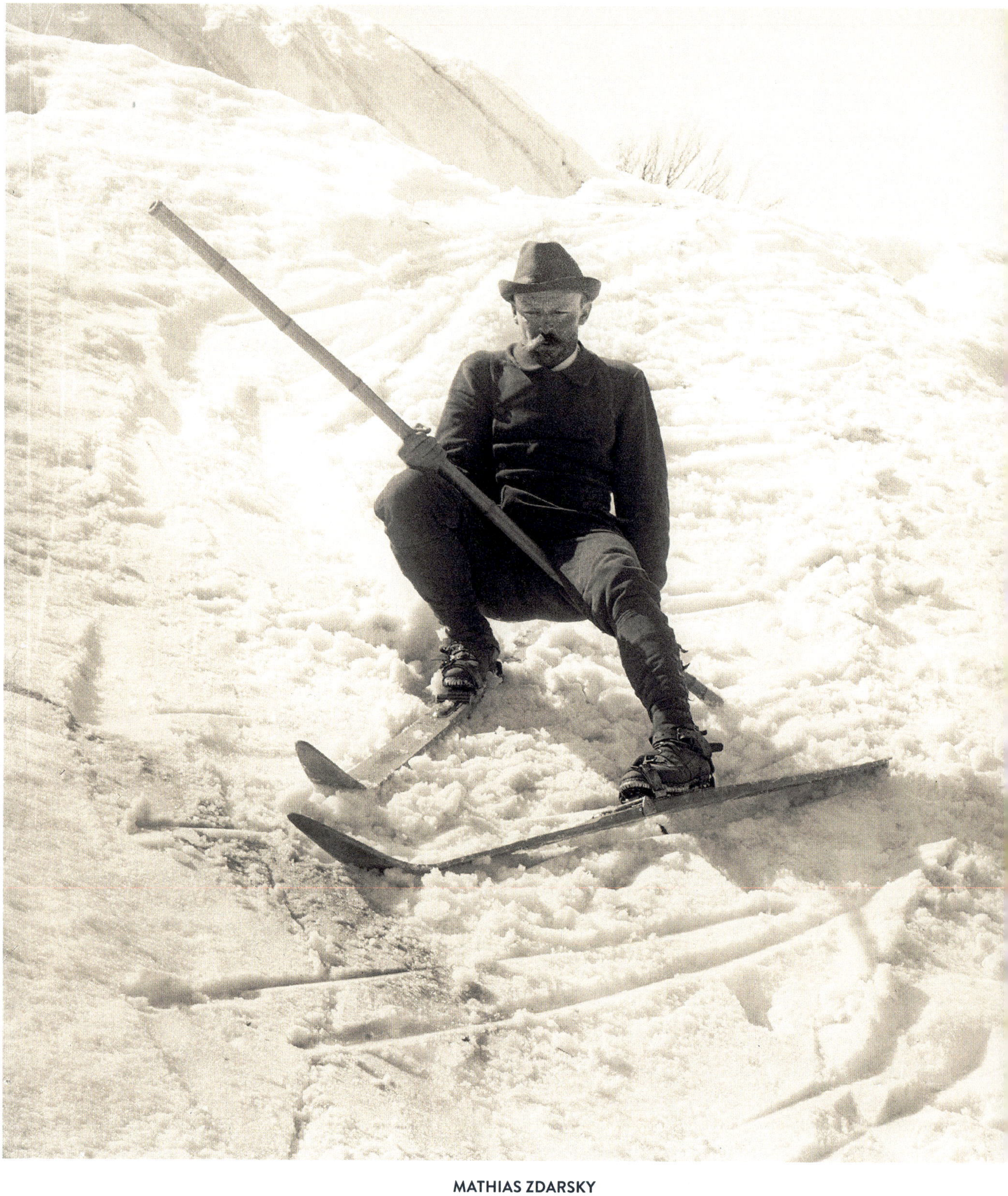

KAPITEL 1

MATHIAS ZDARSKY

VON GRÖNLAND BIS GARMISCH

Was als Abenteuer auf Packeis begann, war 45 Jahre danach erstmals olympische Disziplin.

Bei der Frage »Wer hat's erfunden?« denkt man seit der legendären Kräuterzuckerl-Werbung aus dem Jahr 1998 reflexartig an die Schweiz. Aber wenn es um das Skifahren geht, müssen sich die Eidgenossen hinten anstellen. Ziemlich weit hinten sogar. Denn etwa 4500 Jahre alt ist jene Abbildung eines Skifahrers, die auf der nordnorwegischen Insel Rødøy mit einem Klopfstein in den Felsen gehauen wurde. Und auch, wenn es sich keinem noch so hartnäckigen Forscher je erschließen wird, warum diese urzeitliche Felsengestalt mit Hasenohren versehen wurde, ist eines unstrittig: Unten sind keine Pfoten zu sehen, sondern Füße, und die stehen definitiv auf Skiern.

Die Norweger waren es also wohl, die sich als erste auf zwei Brettln im g'führigen Schnee fortbewegten. Ob König »Harald der Harte« im Jahr 1060 tatsächlich einen Untertanen hinrichten ließ, weil der besser Ski fuhr als er, ist historisch nicht verbürgt, zuzutrauen wäre es dem ob seiner Grausamkeit berüchtigten norwegischen Herrscher aber allemal gewesen. Zuverlässig überliefert ist aus Norwegen hingegen der erste landesweite Skiwettbewerb, den im Jahr 1868 in Høydalsmo einer der großen Pioniere des modernen Skilaufs, Sondre Norheim, gewinnen konnte. Der Bauernsohn aus Morgedal war bei diesem geschichtsträchtigen Rennen bereits 42 Jahre alt. Aber Norheim, der auch ein erfolgreicher Skispringer war, hatte davor ja auch einiges anderes zu tun gehabt. Zum Beispiel die Seilzug-Bindung für seine selbst entwickelten Holzskier erfinden, oder den sogenannten Telemark-Stil begründen, der in den klassischen Skiländern der Alpen Jahrzehnte später noch für reichlich Diskussionsstoff sorgen sollte. Bei dieser Abfahrtstechnik waren nur die Spitzen der Skischuhe durch eine Bindung fixiert, und bei der Abfahrt knieten die Läufer auf dem Bergski und schoben den Talski nach vorne. Dass die Fersen Bewegungsfreiheit hatten, war bei dieser Technik insofern sinnvoll, als noch bis in die 30er-Jahre des 20. Jahrhunderts bei manchen Rennen immer wieder auch Anstiege zu bewältigen waren.

Aber auch das heutige Slowenien war etlichen anderen Ländern bei der Entdeckung des Skilaufens voraus. In der Chronik *Die Ehre des Herzogthums Krain* war bereits 1789 zu lesen, womit man die »Überlaufung der Schneeberge« am besten bewältigen konnte: »Zwey hültzerne Brettlein, ungefähr fünf Werckschuhe lang, vorn gekrümmt und aufgebogen.« Das dürften dann wohl die Vorläufer der Tourenski gewesen sein.

Letztlich war es aber kein passionierter Skifahrer wie Sondre Norheim oder ein »die Schneeberge überlaufender« slowenischer Vorgänger von Bojan Križaj oder Tina Maze, der in den Alpenländern den großen Ski-Boom auslöste, sondern ein studierter Zoologe und späterer Friedensnobelpreisträger: Der Norweger **FRIDTJOF NANSEN**, der fünf Jahre vor seiner großen Nordpolar-Expedition (1893–1896) mit der erstmaligen Durchquerung Grönlands Geschichte geschrieben hatte. Eines der Fortbewegungsmittel auf dem beschwerlichen Weg durch Schnee und Eis waren Skier gewesen – und als

Nansen sein Grönland-Abenteuer 1891 als Buch veröffentlichte, trat er damit eine wahre Lawine der Begeisterung los. Österreicher, Schweizer, Deutsche, Franzosen und Briten wurden durch diesen Bestseller neugierig aufs Skifahren und gründeten auch schon die ersten Vereine. Bereits im Jahr des Erscheinens von Nansens Buch wurde auch in Österreich der erste Skiklub ins Leben gerufen. Aber wer meint, dies wäre in einem der späteren Wintersportzentren wie Kitzbühel oder Arlberg passiert, irrt gewaltig: Es war der »Erste Wiener Skiverein«, der sich da als ziemlich exklusiver, elitärer Klub bildete, nach nur einem Jahr aber wieder auflöste.

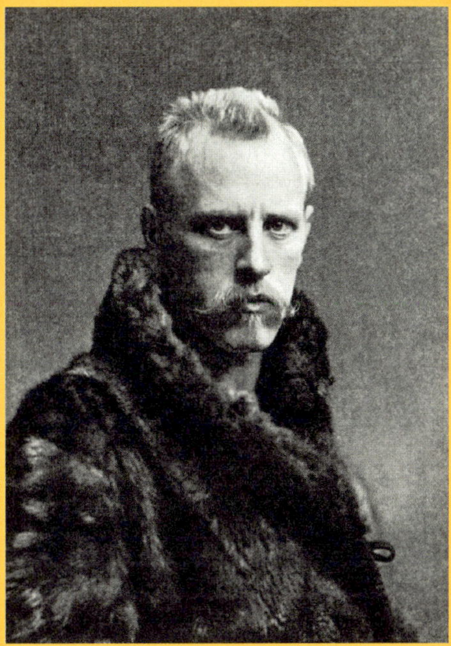

Andere hatten da schon einen längeren Atem: Ebenfalls 1891, im Soge des Grönland-Buchs, wurde in Deutschland der Skiclub Todtnau im Schwarzwald gegründet, wo ungefähr ein Jahrhundert später, zwischen 1983 und 2000, sogar vier Weltcup-Rennen zur Austragung kamen. Die Gründungsmitglieder ernannten ihren Spiritus Rector Fridtjof Nansen schon bei ihrer ersten Sitzung zum Ehrenmitglied, wofür sich dieser im Jänner 1892 in einem Brief artig bedankte. Dieses Schreiben wurde später auch als Beweisstück herangezogen, wenn jemand anzweifelte, dass es den Skiclub tatsächlich bereits 1891 gab.

Zwei Jahre später war es dann auch in der Schweiz so weit: Dort hieß der Pionier Christoph Iselin, ein Kaufmann, der 1893 hauptverantwortlich für die Gründung des S.C. Glarus war, des ersten Schweizer Skiklubs. Wofür man ihm damals aber keineswegs anerkennend auf die Schulter klopfte, sondern ihn vielmehr als kauzigen Exoten abtat, wie er sich später im 1941 erschienenen Buch *Wie die Schweiz zum Skiland wurde* erinnerte: »Es war im Winter 1891, als ich, angespornt und begeistert durch Nansens Buch, mir ein paar originelle, sehr primitive sogenannte Schneeschuhe selbst anfertigte und darauf meine Probefahrten nur bei finsterer Nacht und im Schneegestöber abhielt. Denn wehe dem, der sich damals erkühnt hätte, mit so sonderbaren Werkzeugen Übungen abzuhalten – er wäre unfehlbar dem allgemeinen Gespött und Hohngelächter anheimgefallen und hätte sicher riskiert, entweder als Tölpel dargestellt oder in der Fastnacht-Zeitung publiziert zu werden.« Vielleicht dauerte es auch deshalb bis zum Jahr 1900, dass mit dem Skiclub Bern der zweite eidgenössische Verein nach dem S.C. Glarus registriert wurde.

In Österreich tat sich 1893 im steirischen Mürzzuschlag Skihistorisches: Am 1. Februar wurde im Posthotel von Toni Schruf der »Verband Steirischer Skiläufer« ins Leben gerufen, und schon am nächsten Tag organisierte Skipionier Schruf mit seinem Grazer Freund Max Kleinoscheg das erste Rennen Mitteleuropas. Noch ohne Startnummern und ohne Zeitnehmung, dafür wurde aber auf ein einheitliches und auch schmuckes Äußeres Wert gelegt: Die Herren starteten mit Lodenjanker, Lederhose und Steirerhut, die Damen mit langen Röcken und breiten Hüten. Jeweils fünf Teilnehmer wurden gleichzeitig vom Start abgelassen, wer als Erster unten ankam, hatte gewonnen. Bei den Herren siegte der Norweger Bismark Samson, der die Zuschauer unter anderem mit einem Sprung über einen Misthaufen begeisterte. Und bei den Damen setzte sich eine gewisse Mizzi Angerer aus Langenwang an diesem historischen Tag als erste Damen-Siegerin Mitteleuropas in der Geschichte des Skisports ein Denkmal.

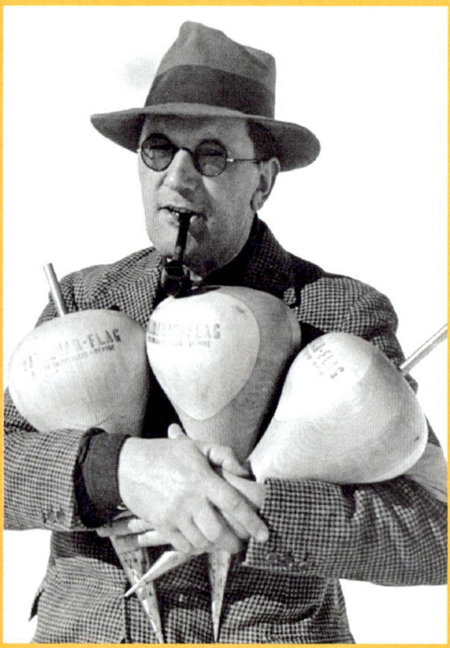

Das Jahr 1891, in dem Nansens Grönland-Buch erschien, war also, wenn man so will, das erste Schlüsseljahr für die Ausbreitung des Skisports in Mitteleuropa. Das Ziel schien in den folgenden 35 Jahren überall in den späteren großen Skiländern Österreich, Schweiz und Deutschland dasselbe zu sein: Den Skilauf, auf den die Norweger so neugierig gemacht hatten, auch in Mitteleuropa zu etablieren. Die Wege zu diesem Ziel konnten allerdings in den Anfängen dieser Bewegung kaum unterschiedlicher sein.

In der Schweiz spielte das kleine Dorf Mürren im Berner Oberland die größte Rolle bei der Entwicklung des Skisports. Aber nicht aus eigenem Antrieb, sondern als »Kronkolonie englischer Alpinistik im Herzen der Schweiz«, wie es der österreichische Journalist Dieter Seefranz in seinem Buch *Der weiße Rausch* bezeichnete. Über den englischen Reiseunternehmer Henry Lunn entdeckte die Hautevolee der Britischen Inseln das kleine Schweizer Alpendörfchen als perfekten Ort für ihr winterliches Vergnügen und begeisterte sich rasch für das eben in Mode kommende Skifahren. Einer der auf Anhieb Besten war damals Henry Lunns Sohn Arnold, ein Oxford-Absolvent und passionierter Bergsteiger, der bald in voller Leidenschaft für den Sport mit den zwei Brettern entbrannte und dafür sorgte, dass auch die britischen Skimeisterschaften regelmäßig in Mürren stattfanden.

Aber ARNOLD LUNN, der später zum Sir geadelt wurde, ging es in dieser Phase noch nicht so sehr um die größtmögliche Verbreitung des Skisports, denn man blieb noch ganz gern unter sich in den feineren Kreisen. Lunn warb für das neue Vergnügen im Schnee vorwiegend bei Adeligen, Akademikern und Offizieren. Folgerichtig fuhr man zu dieser Zeit die Rennen auch mit strengen Bekleidungsvorschriften. Die Hemden geschlossen, Krawatten obligatorisch, und zu Siegerehrungen hatte man in feinstem Tuch zu erscheinen, mit dem man heute problemlos den Wiener Opernball besuchen könnte. Es war ein exklusives Vergnügen für einen elitären Zirkel in diesen Tagen in Mürren. Aber das sollte sich recht bald ändern.

In Deutschland trat der Geologe und Lawinenforscher WILHELM PAULCKE zunehmend in den Vordergrund, der um die Jahrhundertwende entscheidend zur Idee deutscher Skimeisterschaften beigetragen und 1899 sein Buch *Der Skilauf* veröffentlicht hatte. Damit sicherte sich der gebürtige Leipziger, ein zielstrebiger, strammer Deutschnationaler mit überdurchschnittlichem Geltungsbedürfnis, den Rang als Kapazität und Skipionier in seinem Land. Paulcke war außerordentlich begabt darin, sich gewinnbringend zu vernetzen, wie man heute sagen würde. So gelang es ihm nicht nur, an einem einzigen Tag, dem 4. November 1905, zu seinen Bedingungen im Augustiner-Bräu in München gleichzeitig den Deutschen, Österreichischen und Mitteleuropäischen Skiverband zu gründen. Er propagierte außerdem die norwegische Telemark-Technik – nicht zuletzt, weil er da bereits mit einem Skifabrikanten zusammenarbeitete, der für diese Anforderungen die Ausrüstung maßarbeitete. Es war eine der ersten Kooperationen zwischen Skisport und Wirtschaft.

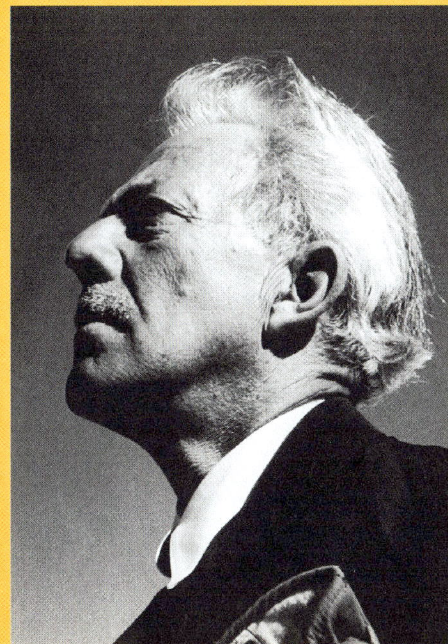

Darüber hinaus erkannte Paulcke auch rasch das Potenzial des Militärs für die Entwicklung des Skisports und ließ in der ersten Satzung des DSV die Ausbildung von Militärskiläufern für das Heer festschreiben. Das wurde übrigens auch in Österreich um die Jahrhundertwende intensiv betrieben, indem die dortigen Skipioniere um Oberst GEORG BILGERI Tausende Soldaten und Offiziere im Skilauf schulten. Diese Arbeit sollte nach dem Ersten Weltkrieg entscheidend dazu beitragen, dass sich der Skisport in rasender Geschwindigkeit bis in die entlegensten Täler ausbreiten konnte. Denn das Militär gab seine Skier und all das andere dazugehörige Material nach Kriegsende an Zivilisten ab, und damit kam es sozusagen zu Ausrüstung durch Abrüstung.

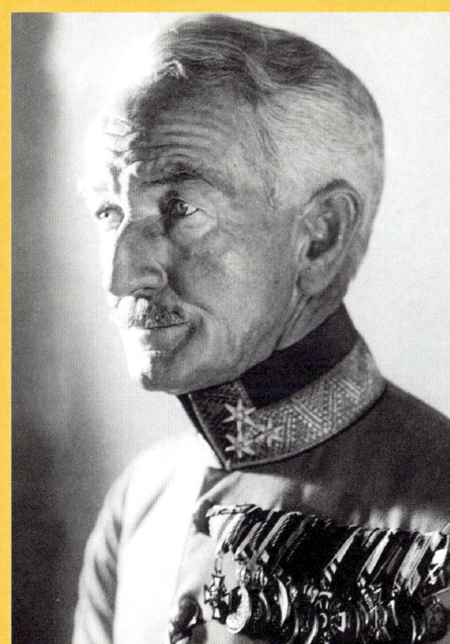

Einer dieser österreichischen Ausbilder war MATHIAS ZDARSKY, 1856 als zehntes Kind eines Sägemüllers im tschechischen Kozichovice zur Welt gekommen und damit im Unterschied zu Arnold Lunn und Wilhelm Paulcke nicht in die sogenannten besseren Kreise hinein geboren. Zwar maturierte er in Brünn, arbeitete als Lehrer und studierte danach in München und Zürich Malerei, Bildhauerei und Technik, aber er blieb im Herzen ein einfacher Mann, der seine Herkunft nie vergaß. Und der mit seiner Vision von der Verbreitung des Skisports meilenweit von den elitären Klubs entfernt war, die zu seiner Zeit reihum aus dem Boden schossen: »Ich habe immer als oberste Aufgabe des Wintersports die erblickt, dafür zu sorgen, dass nicht eine Handvoll jugendlicher, vorzüglich ausgebildeter Menschen aus meiner sogenannten Schule hervorgeht, sondern ich habe mein Hauptaugenmerk darauf gerichtet, dass große Massen der Menschen, und zwar ohne Rücksicht, ob Herren oder Damen, jung oder alt, die Natur im Winter genießen können, und zwar in menschenwürdiger Form genießen können.« Unter den Pionieren war Zdarsky der Breitensportler.

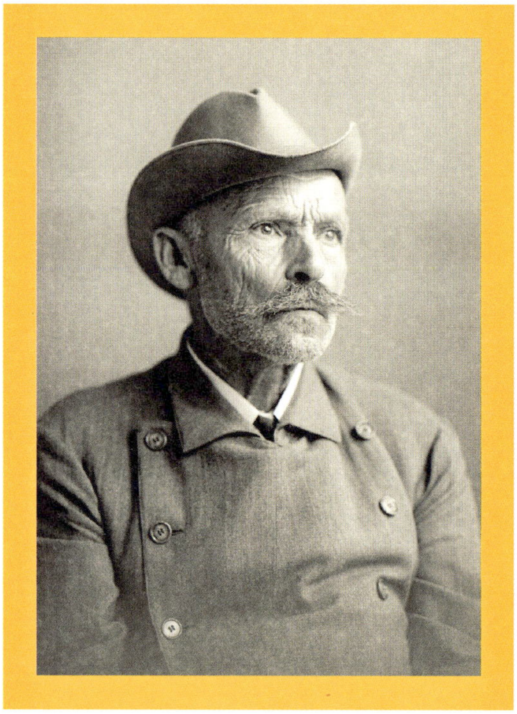

Dabei hatte er sich lange überhaupt nicht mit dem Skilaufen befasst. Nach seinem Studium und mehreren ausgedehnten Reisen zog er sich nach Lilienfeld in Niederösterreich zurück, kaufte dort das verfallende Bauerngut Habernreith und führte ein zurückgezogenes, fast schon kauziges Leben. Dinge, die er benötigte oder haben wollte, erfand er einfach – von Haushaltsgeräten bis zu einem beheizbaren Schwimmbad mit versenkbarem Sprungbrett. Erst das Nansen-Buch infizierte auch ihn mit dem Ski-Virus. Als Forscher und Erfinder übernahm er aber nicht einfach die bereits vorhandene norwegische Technik wie sein Zeitgenosse und späterer erbitterter Rivale Paulcke. Zdarsky erkannte rasch, dass die Steilheit der alpinen Regionen einer anderen Fahrweise bedurfte und erfand eine eigene, die er 1896 in seinem Lehrbuch *Die Lilienfelder Skilauf-Technik* präsentierte. Diese war gekennzeichnet durch ein schwunghaftes Stemmfahren mit dem Einsatz eines hohen Bambusstocks, den manche ein wenig augenzwinkernd »Alpenlanze« nannten. Mit insgesamt 18 Auflagen wurde dieses Werk nicht nur ein Bestseller, sondern auch ein Stachel im Fleisch von Wilhelm Paulcke, der daraufhin nicht müde wurde, Zdarsky und seine Technik medial schlechtzureden.

Was diesen nicht weiter kümmerte. Spätestens, nachdem Zdarsky ein Vergleichsrennen mit dem von einem Freund auf gigantische 20.000 Mark aufgestockten Wetteinsatz angeboten hatte, zu dem es mangels Mut der Gegenseite jedoch nie kam, war für ihn dieser viele Jahre dauernde Konflikt erledigt: »Merkwürdig, da trat ein Schweigen im Lästerwalde ein, alles ist ausgekniffen. Seit damals kümmere ich mich um böse Mäuler nicht. Wer sich von solchen Leuten beschwatzen lässt, hat selbst den Schaden.« Der einfallsreiche Einsiedler machte einfach weiter, erfand die Lilienfelder Stahlsohlenbindung, die als Vorläuferin der modernen Skibindungen gilt, und veranstaltete 1905 auf dem Muckenkogel, dem Hausberg der Lilienfelder, den ersten Slalom der Geschichte. Zdarskys Auftreten und Bedeutung als Skipionier im Kreise der erlauchten und wohlbestallten Herrschaften, die sich zu dieser Zeit auf ihre Art um die Entwicklung des weißen Sports bemühten, erinnerte im Großen ein wenig an die kleine, aber feine Geschichte des steirischen Holzknechtes Konrad Stücklschweiger aus Kleinsölk. Dieser einfache Mann, der dem Skisport verfallen war, hatte im Jahr 1910 von einem Rennen in Schladming erfahren und sich zu Fuß dorthin aufgemacht. Als er endlich ankam, fand er sich in einer Runde von Aristokraten und Offizieren aus München und Wien wieder, die das Auftauchen Stücklschweigers herablassend belächelten und ihn letztlich nur mitmachen ließen, weil sie sich einen Streich auf Kosten des Überraschungsgastes ausgedacht hatten. Er müsse bei seiner Fahrt nach unten ins Tal zwei Briefe beim Kreuzzeiler-Bauern in Ramsau abgeben, dann dürfe er teilnehmen. Der Knecht stimmte zu und das Rennen begann. Nachdem er dem Kreuzzeiler wie aufgetragen die zwei Briefe ausgehändigt hatte, überholte Stücklschweiger im steilen Schlussteil einen feinen Herrn nach dem anderen und wurde Zweiter. Da lachte dann keiner mehr über ihn. Als Jahrzehnte später das Skimuseum Mürzzuschlag bei ihm anfragte, ob er seinen Preis für dieses Rennen als Ausstellungsstück zur Verfügung stellen würde, winkte er ab: »Nicht, so lange ich lebe.«

Auch über Zdarsky und seine Einstock-Technik lachte längst niemand mehr und letztlich bedeutete ein Feind vom Kaliber Wilhelm Paulckes auch viel Ehr'. Im Gegenteil: Über die Grenzen hinaus fanden die zu dieser Zeit revolutionären Entwicklungen des Lilienfelders zunehmend Beachtung. Arnold Lunn, der längst erkannt hatte, dass diese neue Sportart ein gewaltiges Potenzial hatte und zu so viel mehr taugte, als zur Belustigung gelangweilter britischer »High Snowbiety«, machte dem Österreicher ein riesiges Kompliment: »Er war der Moses der neuen Religion.«

Im Unterschied zur zitierten Bibelgestalt brauchte Zdarsky aber keine 40 Jahre, um seinen Landsleuten ins gelobte Land des Skisports voran zu gehen. Die hätte er um ein Haar auch gar nicht zur Verfügung gehabt, denn bei einem Bergungseinsatz nach einem Lawinenabgang im Gailtal erfasste ihn 1916 während des Ersten Weltkriegs eine Folgelawine mit voller Wucht. Er erlitt multiple Knochenbrüche und überlebte nur mit viel Glück und etlichen körperlichen Beeinträchtigungen. Mit der ihm eigenen Zähigkeit arbeitete er aber verbissen daran, seinen Körper wieder in Form zu bringen und stand noch bis zu seinem 80. Lebensjahr auf Skiern.

Arnold Lunn machte indes nach der Gründung des Internationalen Skiverbandes (FIS) im Februar 1924 durch 36 Delegierte aus 14 Staaten seinen Einfluss geltend, um dem alpinen Skisport auch offizielle Anerkennung zu verschaffen. Er wusste, dass es dafür einer Einigung der teilweise verfeindeten Anhänger der verschiedenen Techniken bedurfte. Aus diesem Grund unternahm er – man könnte fast sagen, in diplomatischer Mission – auch etliche Reisen, um sich einen Überblick zu verschaffen. Unter anderem an den Arlberg, wo mit **HANNES SCHNEIDER** ein sogenannter Skipionier der zweiten Stunde am Werk war und der die »Arlberg-Technik« entwickelt hatte. Deren Charakteristik bestand im Wesentlichen darin, statt des langen Zdarsky-Stabes zwei kurze Skistöcke zu verwenden, womit engere Schwünge, mehr Körperkontrolle und auch eine höhere Geschwindigkeit möglich wurden. Man könnte diese Technik auch den elegantesten Ausweg aus der jahrzehntelang währenden, fast schon ideologischen Auseinandersetzung zwischen den Telemarkern und den Lilienfeldern nennen. Ein Ausweg, der letztlich den Weg frei machte für das, worum es eigentlich gehen sollte: Dem alpinen Skilauf Anerkennung zu verschaffen. Am Arlberg wurde 1928 dann auch Geschichte geschrieben, als beim Kandahar-Rennen erstmals ein Abfahrtslauf und ein Slalom in zwei Durchgängen ausgetragen wurden. Und das unter den Augen einer argwöhnischen FIS, die zuvor widerwillig, aber doch auf Antrag Englands einen alpinen Probebetrieb gestattet hatte.

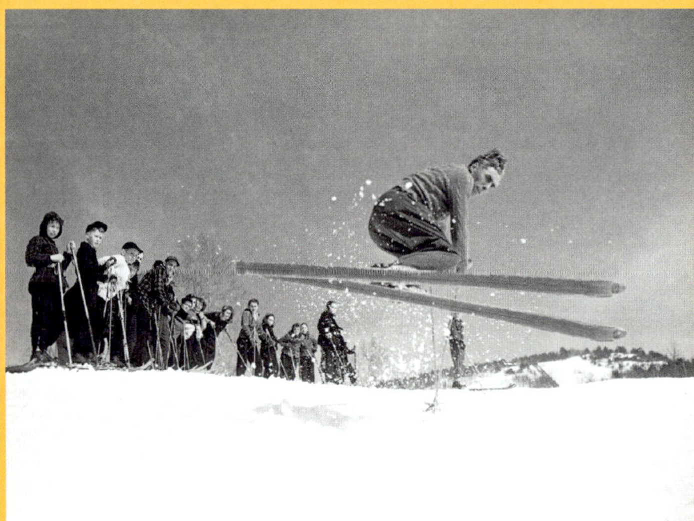

Die Übung gelang, und von da an war der Siegeszug des alpinen Skilaufs nicht mehr aufzuhalten, auch wenn das nicht einmal bei Sport-affinen Meinungsmachern auf große Gegenliebe stieß. So schrieb Fritz Erb, damals Chefredakteur des *Sport* in Zürich, am 30. Mai 1928 einen Leitartikel zur FIS-Entscheidung, in dem er den Alpinen schlichtweg die sportliche Berechtigung absprach: »Es ist doch ganz selbstverständlich, dass wir Schweizer gute Abfahrer sein müssen. Aber Slalomlauf und Abfahrtsrennen besitzen nicht entfernt den sportlichen Wert des Langlaufs. Der Langläufer muss ein Athlet sein … Was ist ein Slalomlauf, der ein paar Sekunden dauert, gegen einen 50-km-Lauf?«

Aber trotz aller Skepsis von vielen Seiten fanden schon im Februar 1929 in Zakopane in Polen internationale Skiwettkämpfe statt, die einer inoffiziellen Europameisterschaft glichen. 1930 nahm die FIS in Oslo auf Antrag der Schweiz Abfahrtslauf und Slalom als offizielle Bewerbe auf und wieder nur ein Jahr später veranstaltete der »Skiclub of Great Britain« – natürlich in Mürren – die ersten alpinen FIS-Wettkämpfe, die 1937 nachträglich in den Rang der ersten Ski-Weltmeisterschaft gehoben wurden. Der aufgrund der Witterungsverhältnisse nur in einem Durchgang ausgetragene Slalom von Mürren 1931 wurde allerdings erst viele Jahrzehnte später offiziell als Medaillenbewerb anerkannt. Das war deutlich zu spät für die sechs Damen und Herren, die damals in diesem Bewerb auf dem Siegerstockerl gestanden waren: Denn sie waren zu diesem Zeitpunkt allesamt nicht mehr am Leben.

Der alpine Skisport hatte nun, 40 Jahre nach Erscheinen des Nansen-Buches, eine Struktur und offizielle Anerkennung gefunden. Die Bedingungen für die Sportler waren in diesen Tagen jedoch nicht auch nur annähernd vergleichbar mit dem Skisport, wie wir ihn heute kennen. Noch bei der Weltmeisterschaft 1932 in Cortina d'Ampezzo mussten die Teilnehmer von der Endstation der Seilbahn aus einen dreistündigen Anmarsch zum Abfahrtsstart in Kauf nehmen. Lediglich die Engländer ließen ihre Athletinnen und Athleten mit Schlitten zum Starthaus transportieren. Sogar bei größeren Rennen war es nicht die Ausnahme, dass Naturalien als Preise für die Sieger bereitlagen: Eier, Butter oder Wolle waren da manchmal der Lohn für die Schnellsten und Mutigsten. Noch beim erwähnten Kandahar-Rennen am Arlberg war einer der Siegespreise eine Jahreskarte der Österreichischen Bundesbahnen gewesen. Von Pistenpräparierung konnte noch keine Rede sein, oft war nicht einmal die Strecke markiert, stundenlange Aufstiege waren die Regel, Neuschnee war kein Grund, ein Rennen abzusagen. Und so manche Läuferinnen und Läufer, die die ersten Kapitel in der Historie der neuen Sportart schrieben, hatten persönliche Geschichten, die man heute kaum für möglich hält.

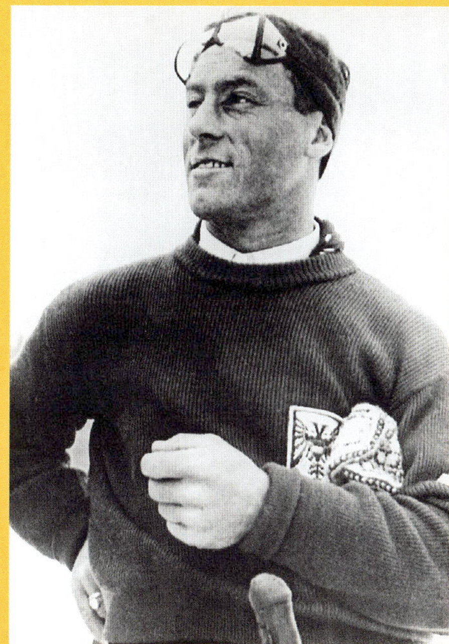

Der Seefelder **TONI SEELOS**, vierfacher Weltmeister und einer der ersten großen Stars in den Anfängen des alpinen Skisports, war zehn Jahre vor seinem ersten WM-Triumph 1933 in Innsbruck noch auf Fassdauben unterwegs gewesen, um das Skifahren zu lernen. Für sein erstes richtiges Paar Skier fehlte ihm das Geld, also erwarb er es im Tausch für einen Kubikmeter Holz. Auch in den vier Jahren zwischen 1931 und 1935, in denen er viermal WM-Gold und einmal WM-Silber holte, arbeitete Seelos im Sommer als Viehhirte und im Winter als Skilehrer. Die Weltmeisterschaft in Innsbruck 1936 ließ er aus, weil er sich nach einer harten Skilehrer-Saison noch nicht ausreichend bei Kräften fühlte.

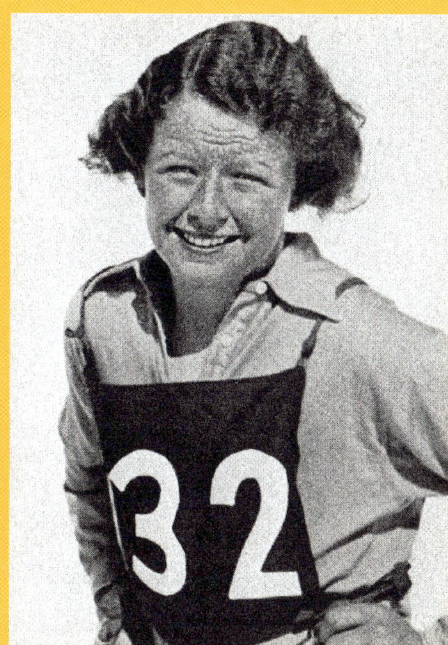

Und auch die Art, wie Geschichte geschrieben wurde, war zu dieser Zeit manchmal ziemlich skurril: Die 17-jährige Schottin **ESMÉ MACKINNON** wurde 1931 in Mürren sensationell erste Weltmeisterin der Skigeschichte – und das gleich im Slalom und in der Abfahrt. Es fand aber auch noch ein dritter, inoffizieller Bewerb statt, eine lange Abfahrt von Grütschalp nach Lauterbrunnen, und auch den gewann der Teenie aus Edinburgh. Mit einer Pause! Denn kurz vor dem Ziel musste MacKinnon abschwingen, weil plötzlich ein Leichenzug ihren Weg blockierte. Die Jury entschied, die Zeit anzuhalten und erst wieder weiterlaufen zu lassen, als die Schottin ihre Fahrt fortsetzen konnte. Die 10:44 Minuten waren Bestzeit, ein Protest der Österreicher gegen diese Wertung wurde später abgewiesen.

Erfolglos protestiert wurde auch ein Jahr später bei der WM in Cortina d'Ampezzo gegen die italienische Abfahrtssiegerin Paula Wiesinger. Die exzellente Extrembergsteigerin ließ nämlich, so reklamierten die anderen Teilnehmerinnen später, ihren Klettergefährten und späteren Ehemann Hans Steger beim WM-Rennen vor sich herfahren und spuren. Weil es dafür aber keinen Bildbeweis gab, waren die Proteste der anderen Teilnehmer vergebens.

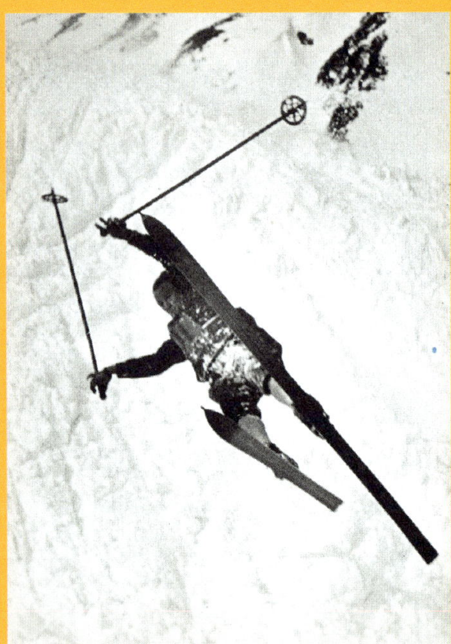

Dieter Seefranz beschreibt die ersten Stars dieser Zeit in *Der weiße Rausch* sehr treffend: »Die Skigrößen von damals umwehte noch ein Hauch des Nansen-Mythos. Man sah sie als verwegene Abenteurer im Gefecht mit der widerborstigen Natur, als Leute, die auszogen, das Fürchten zu lernen, als draufgängerische Fährtensucher im Schneegestöber, vom Fahrtwind umbraust. Jack London auf mitteleuropäisch.«

Und noch etwas war für diese erste Zeit des alpinen Skisports charakteristisch: Sehr viele der »verwegenen Abenteurer« suchten dieses nicht allein auf den Abfahrts- oder Slalompisten. Vier besonders imponierende Beispiele sollen das veranschaulichen:

DAVID ZOGG, der Slalom-Weltmeister von Mürren 1931, wurde im selben Jahr Schweizer Skimeister in der Kombination Langlauf und Skispringen. Und er war 1939 Mitglied jener Schweizer Himalaja-Expedition, der die Erstbesteigungen des 7.066 Meter hohen Dunagiri, des Ghauri Parbat (6.714 m) und des Rataban (6.156 m) gelangen. Beim Versuch, auch noch den 7.138 Meter hohen Chaukhamba I zu bezwingen, wurden Zogg und seine Kollegen von einer Lawine erfasst und mehrere hundert Meter mitgerissen. Zwei Träger kamen dabei ums Leben, die vier Schweizer Expeditionsteilnehmer blieben wie durch ein Wunder unverletzt.

Die Norwegerin **LAILA SCHOU NILSEN** war das beeindruckendste Multitalent dieser Jahre. Denn sie war eigentlich Eisschnellläuferin, und nur, weil diese Sportart 1936 noch nicht olympisch war, begann sie ein Jahr vor den Spielen in Garmisch-Partenkirchen, alpinen Skilauf zu trainieren. Dort gewann sie die olympische Abfahrt und holte sich in der Kombination die Bronzemedaille. Ein Jahr später startete sie in Davos bei der Eisschnelllauf-Mehrkampf-WM, stellte über alle vier Distanzen Weltrekord auf (500 m, 1000 m, 3000 m und 5000 m) und wurde ebenso Weltmeisterin wie ein Jahr später in Oslo. Aber damit nicht genug. Sie fand auch Gefallen an Tennis und Handball, wurde mit der Filzkugel norwegische Spitzenklasse und bestritt zwölf Länderspiele für die Handball-Nationalmannschaft. Dass sie auch noch viermal an der Rallye Monte Carlo teilnahm, überrascht da kaum noch.

Wofür die Tschechin Ester Ledecká bei Olympia 2018 in Pyeongchang weltweit bewundert wurde, nämlich in zwei verschiedenen Sportarten bei ein und denselben Spielen Erste zu werden, das gelang dem Norweger Birger Ruud schon 1936 in Garmisch-Partenkirchen. Da gewann er das Skispringen von der Normalschanze und den olympischen Abfahrtslauf. In seiner Bilanz dieser Spiele steht trotzdem lediglich einmal Gold, weil es 1936 bei den Alpinen nur für die Kombination Medaillen gab, nicht aber für die Einzelbewerbe Abfahrt und Slalom. Und so landete der Norweger trotz des Abfahrtssieges im einzigen Medaillenbewerb nur auf dem vierten Platz. Während er im Springen als Weltmeister (1931 und 1937) und Olympiasieger (1932 und 1936) mehrfach vergoldet wurde, blieb Kombinations-Bronze der WM 1935 seine einzige alpine Medaille. Aber »moralisches Gold« war Birger Ruuds olympischer Abfahrtssieg 1936 allemal wert.

Schließlich war da noch die erste Schweizer Ski-Weltmeisterin **RÖSLI STREIFF**, die 1932 in Cortina d'Ampezzo Slalom- und Kombinations-Gold eroberte. Sie war darüber hinaus auch noch Sechster-Grad-Kletterin, Reiterin, Tennisspielerin und Autorennfahrerin. Im Alter von 73 Jahren lernte sie auf einem kanadischen See Wasserskifahren, und es wird kolportiert, dass sie noch mit 87 bei einem 40-minütigen Drachenflug die Schweizer Bergwelt erkundete. Rösli Streiff war aber nicht nur eine faszinierende Allround-Sportlerin, sondern auch eine Frau mit Haltung, die immer genau wusste, was sie wollte – und mindestens so genau, was sie nicht wollte. Nach einem Rennsieg in Berchtesgaden im Jahr 1934 reiste sie trotz ihres Triumphes noch vor der Siegerehrung ab, denn an diesem Tag war ein gewisser Adolf

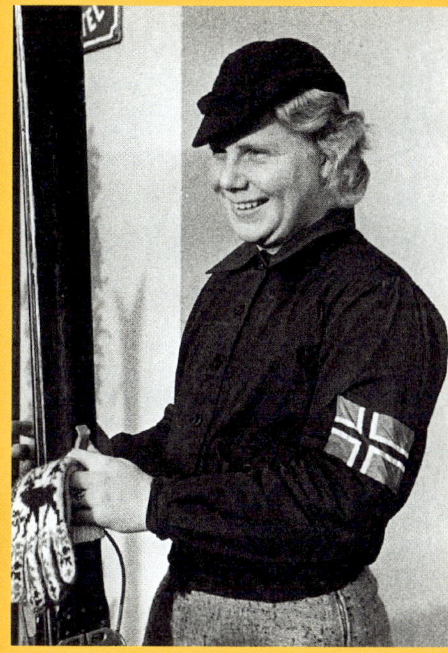

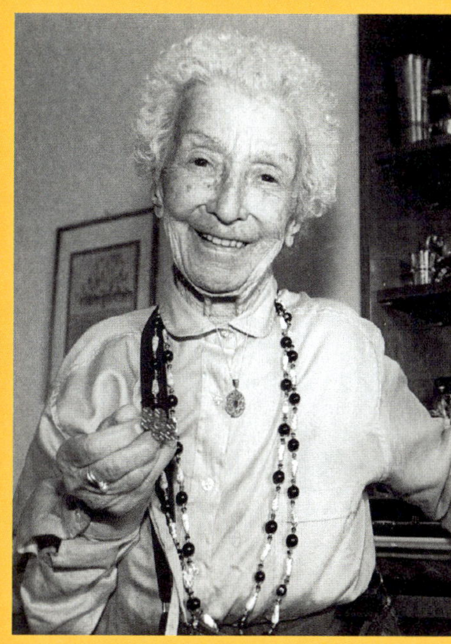

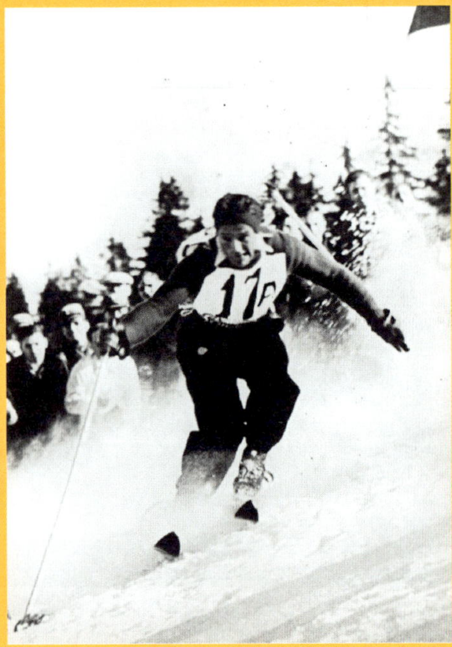

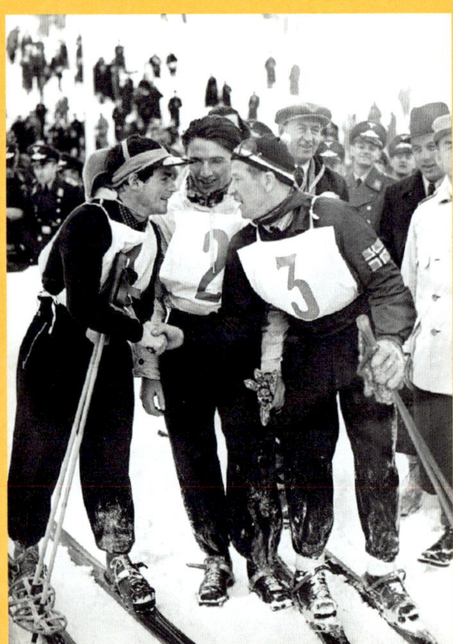

Hitler zugegen und dem wollte sie auf gar keinen Fall die Hand geben. Eine kleine Geste, die vom großen Format der Schweizer Ski-Weltmeisterin zeugt.

Aber nicht alle konnten sich in diesen politisch bereits hochbrisanten Tagen dem Kontakt mit dem Faschismus so elegant und vor allem so folgenlos entziehen. Denn auch die Entwicklung des Skisports wurde massiv dadurch beeinflusst, dass just in dem Moment, in dem er voller Lebenslust aus der Eierschale herausbrach, rundum politisch alles immer enger und bedrohlicher wurde. Und so manche Skisportler-Biographie hätte ohne den Irrsinn der Nazi-Diktatur ganz anders geschrieben werden können. So aber griff eine unmenschliche Politik in vielen Fällen sehr direkt und brutal in die Leben junger Menschen ein, die eigentlich nur Sportler hätten sein wollen. Das Beispiel von drei herausragenden Läufern der 30er-Jahre, die einander zunächst in freundschaftlicher sportlicher Rivalität begegnet waren, getrennt nur durch den Abstand der Treppchen auf dem Siegerpodest, lässt den ganzen Wahnwitz erkennen. Denn binnen weniger Jahre waren diese drei Ausnahmesportler nicht mehr Rivalen bei Skirennen, sondern politische Gegner in einem mörderischen Krieg.

Der Österreicher **GUSTAV »GUZZI« LANTSCHNER**, Abfahrtsweltmeister von 1932, duellierte sich zu dieser Zeit unter anderem mit dem bereits erwähnten Norweger Birger Ruud und dem französischen Vierfach-Weltmeister **ÉMILE ALLAIS**, einem der großen Stars der 30er-Jahre. Unter normalen Umständen hätte sich dieses Trio (im Bild v.l. Lantschner, Allais, Ruud) erbitterte Wettkämpfe auf den Pisten geliefert, danach miteinander gelacht und das eine oder andere gemeinsame Bierchen gezwitschert. Vielleicht wäre sogar Freundschaft entstanden. Aber der Aufstieg der Nationalsozialisten, der den Zweiten Weltkrieg zur Folge hatte, zwang natürlich auch die Sportler, zwischen Opportunismus und Opposition zu wählen.

Lantschner wählte den Opportunismus, übersiedelte aus Karrieregründen nach Berlin, nahm 1935 die deutsche Staatsbürgerschaft an und eroberte ein Jahr später bei den Olympischen Spielen seine Silbermedaille im Slalom nicht mehr für Österreich, sondern für das Deutsche Reich. Nachdem er schon als Regieassistent von Leni Riefenstahl am Film *Triumph des Willens* über den Reichsparteitag 1934 mitgearbeitet hatte, vertiefte er nach Olympia die Zusammenarbeit mit der NS-Propaganda-Filmerin, ehe er sich von 1940 bis 1945 als Kriegsberichterstatter für die *Deutsche Wochenschau* verdingte.

BIRGER RUUD wählte die passive Opposition. Nachdem sein Heimatland im April 1940 von der Deutschen Wehrmacht angegriffen und im Juni nach der Kapitulation besetzt worden war, sollte der norwegische Popularitäts-Gigant Ruud gute Miene zum bösen Spiel machen und den Nazis dabei helfen, den Widerstand gegen die Besetzung abzubauen. Doch der Olympiasieger und Weltmeister ließ sich nicht vor diesen Karren spannen und weigerte sich ab Juni 1940 nachdrücklich, bei offiziellen Wettbewerben unter nunmehr deutscher Flagge anzutreten. Man ließ ihn noch eine Weile in Ruhe, aber 1943 verhafteten die Schergen der Besatzer Birger Ruud und sperrten ihn im Konzentrationslager Grini bei Oslo ein.

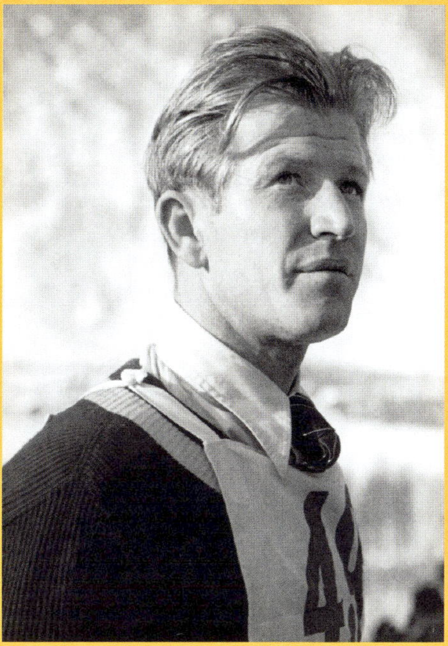

Émile Allais wählte den aktiven Widerstand. Der französische Ausnahme-Skifahrer, der seinen Vater im Ersten Weltkrieg verloren und sieben Jahre vor Ausbruch des Zweiten Weltkriegs seinen Militärdienst als Skisoldat geleistet hatte, kämpfte zunächst im Jägerbataillon gegen die deutschen Invasoren. Als Frankreich im Juni 1940 mit dem Waffenstillstand von Compiègne die De-facto-Kapitulation unterzeichnete, ging Allais in die Résistance und kämpfte bis Kriegsende als Partisane weiter.

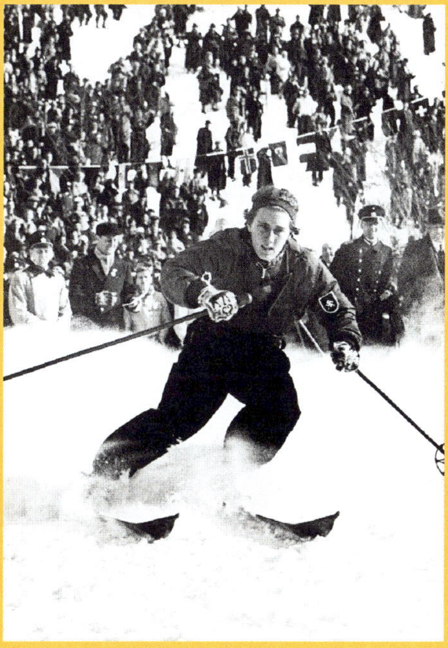

Die Nazi-Diktatur und der Krieg, den sie angezettelt hatte, veränderte und zerstörte auch unter den Skifahrern zahlreiche Leben. In manchen Fällen sogar bei solchen, die sich mit ihren sportlichen Erfolgen bereitwillig als Propaganda-Vehikel des Dritten Reiches hatten missbrauchen lassen – wie die zwölffache Weltmeisterin CHRISTL CRANZ, die sogar Mitglied der NSDAP war. Sieht man sich Bilder von den Empfängen und Galadiners nach großen Siegen aus dieser Zeit an, schien das sportliche Pinup-Girl der Diktatur die Nähe zu den Mächtigen fast so zu genießen wie ihre zahlreichen sportlichen Triumphe. Doch über Nacht veränderte sich auch für Christl Cranz alles, weil Grausamkeit und Sinnlosigkeit des Krieges unvermittelt und brutal in ihren höchstpersönlichen Bereich eindrangen. Am Tag des Über-

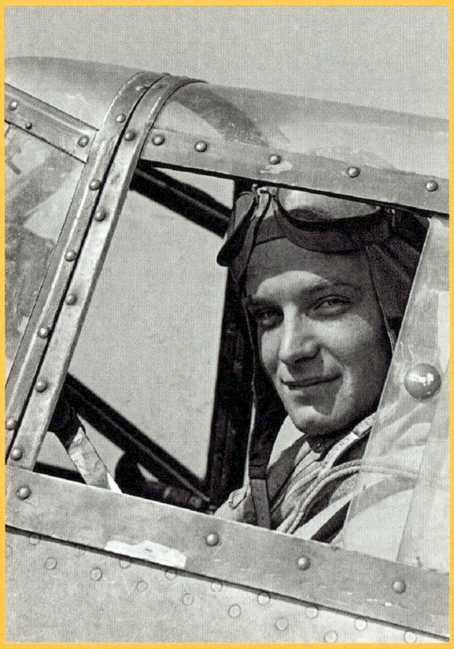

falls auf die Sowjetunion fiel Cranz' innig geliebter kleiner Bruder Rudi, ebenfalls ein großartiger Skifahrer, bei Przemysl in Polen. Die Rekord-Weltmeisterin beendete sofort ihre Karriere und mied von da an auch die Gesellschaft derer, die ihren Bruder in den Tod geschickt hatten. Was sie nach dem Krieg nicht vor acht Monaten Haft und elf Monaten Zwangsarbeit wegen ihrer NSDAP-Mitgliedschaft bewahrte.

Auch in das Leben des Arlberger Skipioniers Hannes Schneider griff der Nationalsozialismus massiv ein. Der weigerte sich nicht nur, in seiner Skischule ausschließlich Arier zu unterrichten, sondern entließ auch einen Skilehrer, der NS-Propaganda verbreitet hatte. Außerdem stand er treu zu seinem jüdischen Freund Rudolf Gomperz, der nicht nur mit ihm die Arlberg-Technik entwickelt hatte, sondern mit großem Engagement den Tourismus in St. Anton ankurbelte. Nachdem er sich nach dem Anschluss Österreichs öffentlich gegen das Nazi-Regime ausgesprochen hatte, wurde Schneider im März 1938 von der Gestapo verhaftet. Seine Popularität und die daraus resultierenden internationalen Proteste – unter anderem auch von Sir Arnold Lunn, der alle Beziehungen spielen ließ – führten nach einem Monat zu seiner Freilassung. Man entzog ihm aber die Skilehrer-Lizenz und so konnte er in seinem Heimatort St. Anton nicht mehr arbeiten. Nach kurzem Exil in Garmisch-Partenkirchen erkannte Schneider die unheilvollen Zeichen der Zeit und emigrierte mit seiner Familie in die USA. Sein Freund Gomperz blieb und büßte das mit seinem Leben. Im Mai 1942 wurde er nach Minsk ins Lager Maly Trostinec gebracht und dort erschossen.

Ein anderer Freund Schneiders aus St. Anton, der Slalom-Weltmeister von 1936, Rudolph Matt, musste ebenfalls erfahren, dass man sich dem Willen der Nazis nicht ungestraft widersetzte. Er arbeitete zu Kriegsbeginn als Trainer des Polizei-Skiteams – und das fuhr den Mannschaften der Wehrmacht und der SS regelmäßig um die Ohren. Auf Anordnung von Heinrich Himmler wurde Matt daraufhin angeboten, die SS-Skiläufer zu trainieren, doch der lehnte ab. Himmler befahl daraufhin, den Tiroler darauf hinzuweisen, dass ein Nein keine Option wäre – und holte sich eine zweite Abfuhr. Zehn Tage danach fand sich Rudi Matt als Soldat an der finnischen Front wieder. Aber im Unterschied zu vielen anderen kehrte er wieder zurück. Die Karrieren von vielversprechenden Siegläufern wie **JOSEF »PEPI« JENNEWEIN**, den viele zu dieser Zeit schon als besten Skifahrer der Welt tituliert hatten, oder **WILHELM WALCH** waren zu Ende, noch ehe sie sich entfalten konnten. Beide fielen im Krieg.

Für den Russland-Feldzug, bei dem Jagdflieger Jennewein abgeschossen wurde, hatten die Nazis 1,9 Millionen Paar Skier von Zivilisten eingezogen. Der Großteil erwies sich jedoch als nicht verwendbar für den militärischen Zweck und wurde daraufhin verbrannt. Unter den für den Krieg beschlagnahmten Skiern befand sich übrigens auch jenes Paar, mit dem Fridtjof Nansen 50 Jahre davor Grönland durchquert hatte.

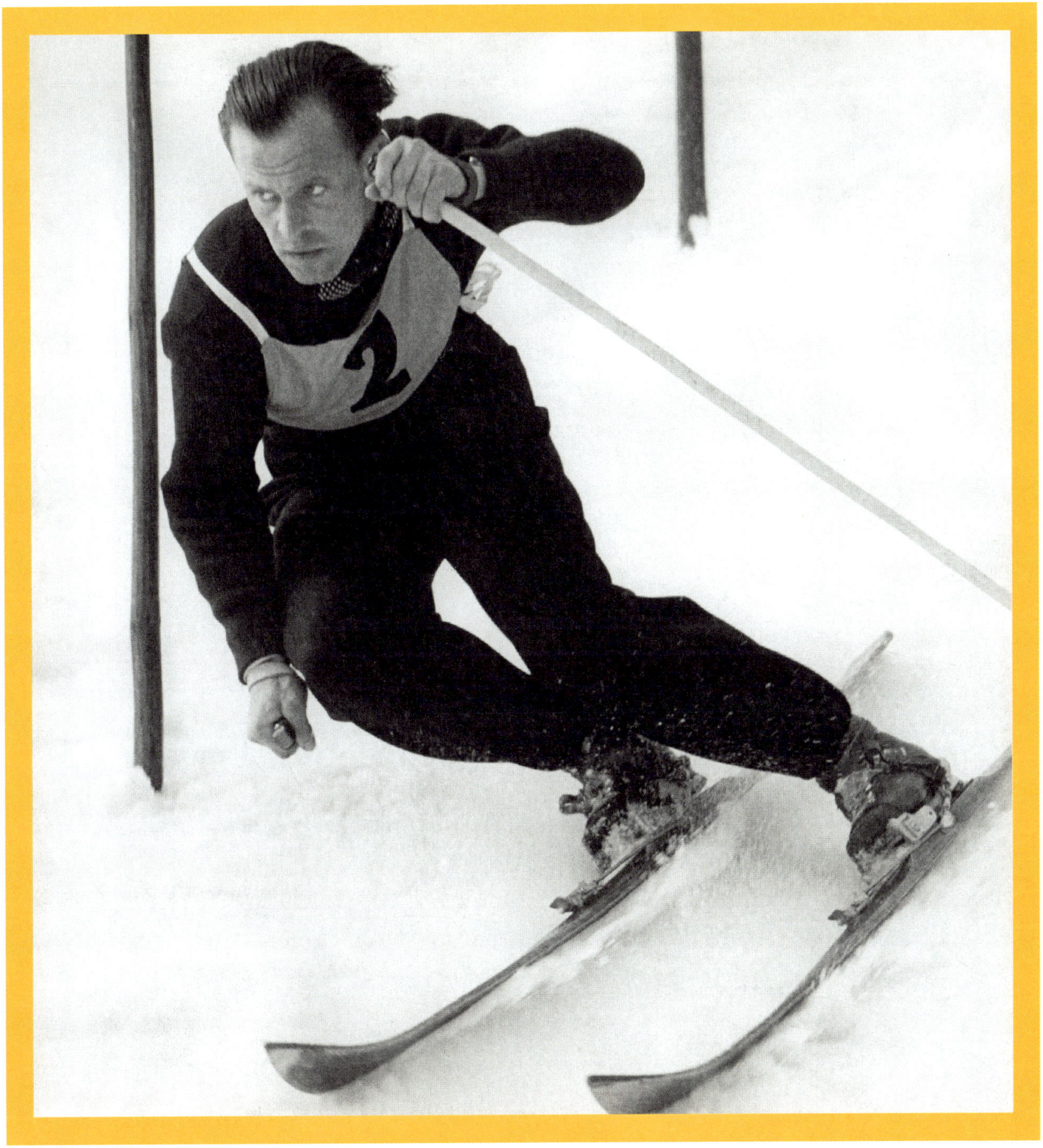

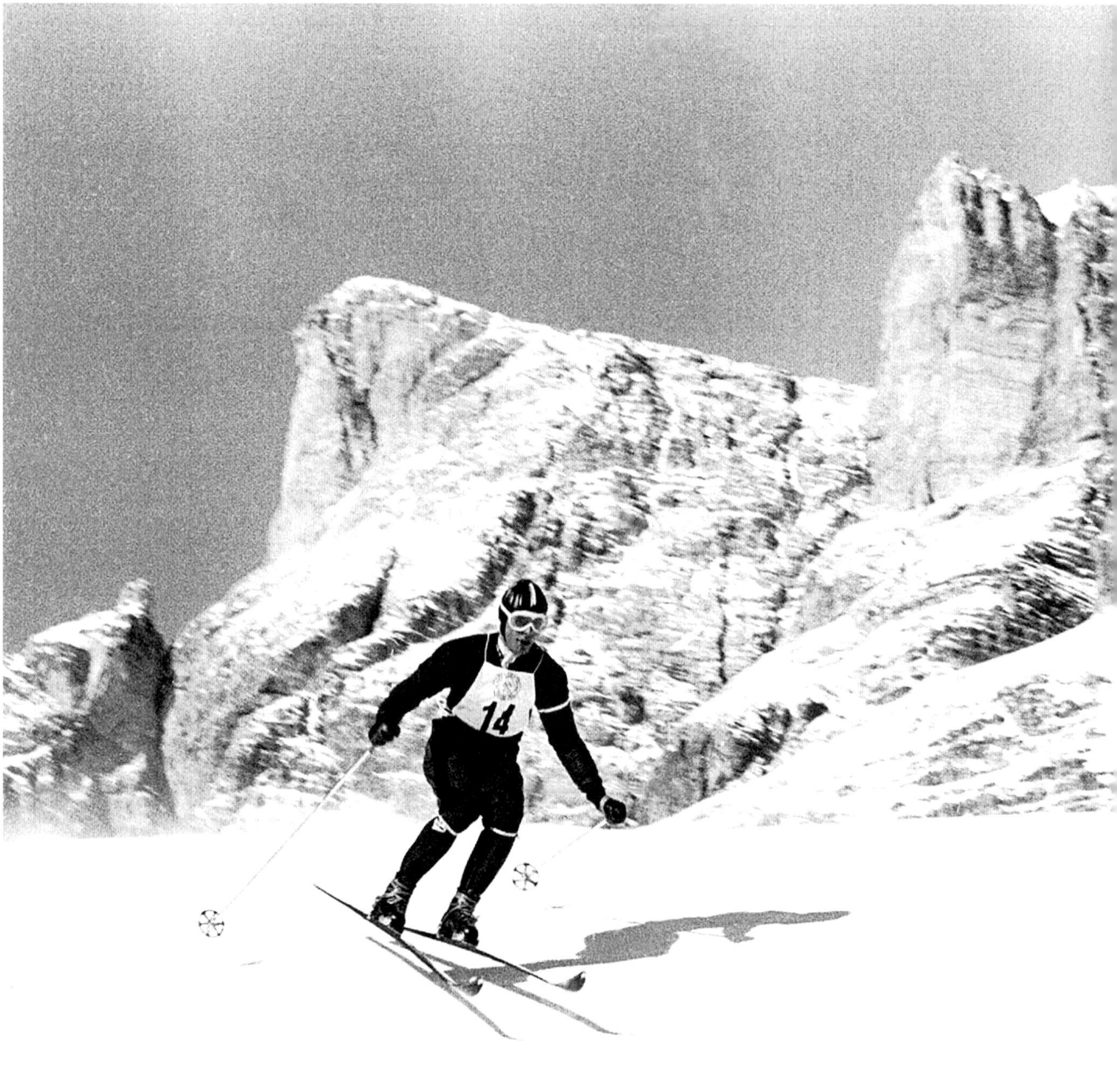

KAPITEL 2

TONI SAILER (CORTINA D'AMPEZZO, 1956)

SCHECKS UND SCHOKOLADE

Wie der Skisport vom Kampf gegen die Natur zum professionellen Spitzensport wurde.

Nach sieben Kriegsjahren musste sich auch der alpine Skisport in gewisser Weise neu erfinden, denn der Elan, mit dem sich dieser Sport Anfang der Dreißigerjahre seinen Platz erkämpft hatte, war empfindlich gebremst worden. Aber nicht nachhaltig. In Österreich konstituierte sich bereits 1945 der nationale Skiverband neu, musste allerdings zwei Jahre auf seine Anerkennung durch die FIS (Fédération Internationale de Ski) warten. Zwar durften österreichische Athletinnen und Athleten schon seit Anfang 1946 wieder an Rennen im Ausland teilnehmen, allerdings nur in einer Gästeklasse. Deutschland war es überhaupt erst wieder 1952, sieben Jahre nach Kriegsende, gestattet, an den Olympischen Spielen in Oslo teilzunehmen.

Nur wenigen Sportlerinnen und Sportlern aus den Anfangszeiten des Skisports gelang es, ihre hoffnungsvollen Karrieren in die Zeit nach dem Krieg zu retten. Der Franzose James Couttet war einer von ihnen. Er war mit erst 17 Jahren 1938 in Engelberg Abfahrts-Weltmeister geworden und schaffte es, auch nach 1945 eine tragende Rolle zu spielen. Gemeinsam mit seinem Teamkollegen **HENRI OREILLER** machte er Frankreich bei den Herren zur »Grande Nation« im Skisport. Oreiller wurde Doppel-Olympiasieger bei den ersten Nachkriegs-Spielen 1948 in St. Moritz, beendete aber vier Jahre später mit erst 26 Jahren seine Ski-Karriere und wurde Autorennfahrer. Er ist übrigens gemeinsam mit Jean-Claude Killy Namensgeber für die OK-Weltcupstrecke in Val d'Isère. Sein Teamkollege Couttet holte bei Olympia im Engadin eine Silber- und eine Bronzemedaille. Mit derselben Ausbeute fuhr er zwei Jahre später auch von der WM in Aspen heim. Und er war auch der einzige Skirennläufer neben Karl Schranz, der mit dem Diamantenen Arlberg-Kandahar-Stern für vier Siege bei diesem traditionsreichen Rennen ausgezeichnet wurde.

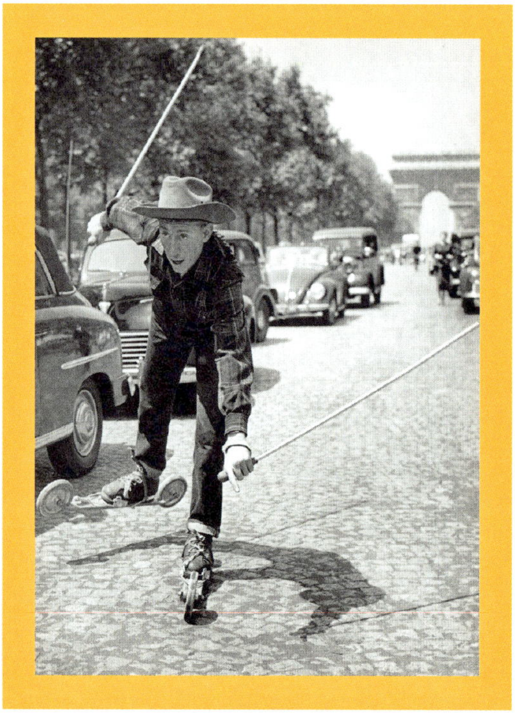

Aber der Franzose war die Ausnahme, und es tauchten rasch neue Gesichter im Skisport auf. Spannende und außergewöhnliche Persönlichkeiten wie der Italiener **ZENO COLÒ**, einer der tollkühnsten Abfahrer der Geschichte. Der Holzfäller aus Abetone war eine rustikale Erscheinung, bereits in jungen Jahren vom Kahlschlag in der Kopfbehaarung heimgesucht und schon allein optisch ein Star der raueren Art. Auch seine Fahrweise hatte nichts Elegantes, aber das machte er mit einem Draufgängertum wett, wie man es zuvor kaum gesehen hatte. Und er gravierte seinen Namen in die Geschichtsbücher des Skisports ein, weil er 1950 der erste Weltmeister in der neuen Disziplin Riesentorlauf wurde. Aber nicht nur das: Bei derselben WM in Aspen gewann er auch noch Gold in der Abfahrt und Silber im Slalom. Und mit dem Olympiatriumph in der Abfahrt zwei Jahre später in Oslo krönte er sich endgültig zu einem der ganz Großen in der Nachkriegs-Skigeschichte.

Doch die Rasanz von Abfahrten allein reichte dem Italiener nicht und so wurde er auch zweimal Geschwindigkeits-Weltrekordler auf Skiern. Auf dem Plateau Rosa bei Cervinia schaffte er auf einer 100 Meter langen Messstrecke schon 1946 unglaubliche 151,5 km/h, die er nach seinem Abfahrtstriumph von Oslo auf 159,2 Stundenkilometer erhöhte. Weil er für seine Olympia-Goldene ein Auto geschenkt bekam und mit seinem Namen für Skibekleidung warb, wurde er aber 1954 gesperrt und beendete die Karriere. Sein Name bleibt aber unvergessen. Denn zu seinen Ehren nannte man den 1998 entdeckten Asteroiden 58709 Zenocolò – und damit bewegt er sich jetzt, schneller als je zuvor, in bester Gesellschaft von Himmelskörpern wie Zappafrank, Zauberflöte und Zeus.

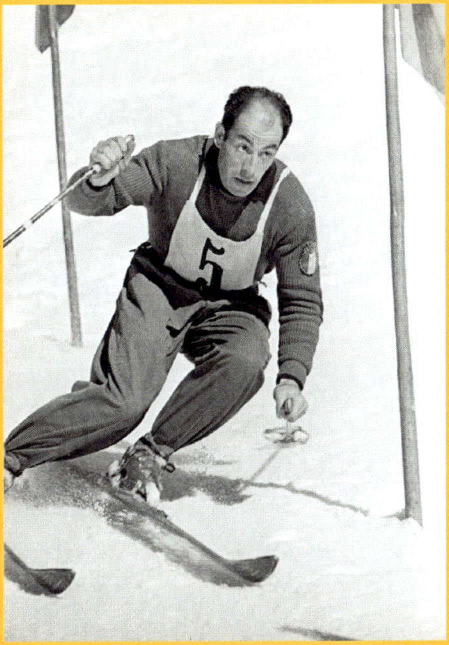

War Colò in seiner wilden, naturbelassenen Art noch ein typischer Star der Anfangszeit, als es im Skisport tatsächlich noch überwiegend um den Kampf Mensch gegen Berg ging, wurde ein anderer bereits zum Vorgriff auf den Skisportler als Popstar. Der Norweger **STEIN ERIKSEN** vereinte grandioses Können mit mitreißendem Charisma und souveräner Außendarstellung. Deshalb gilt der dreifache Weltmeister von Åre 1954 und Riesentorlauf-Olympiasieger von Oslo 1952 als erster Superstar des Skisports. Er war auch einer der Ersten, die die Chance ihrer Popularität nicht nur erkannten, sondern auch konsequent ausnützten. Wie so viele nach ihm ging er nach Amerika und machte dort große Karriere – unter anderem als Direktor der später weltberühmten Skistation Park City in Utah. Dass er daneben Norweger-Pullover vertrieb, sprach für seinen Geschäftssinn. Nur eines wollte Eriksen in seiner neuen Heimat nie: die Staatsbürgerschaft. Das hatte mit der sentimentalen Erinnerung an seinen größten Triumph zu tun, den Olympiasieg in der Heimat, wie Eriksen im Buch *Die großen Skisport-Stars* von Jupp Suttner zitiert wird: »Ich werde nie vergessen, wie 50 000 Landsleute die Nationalhymne

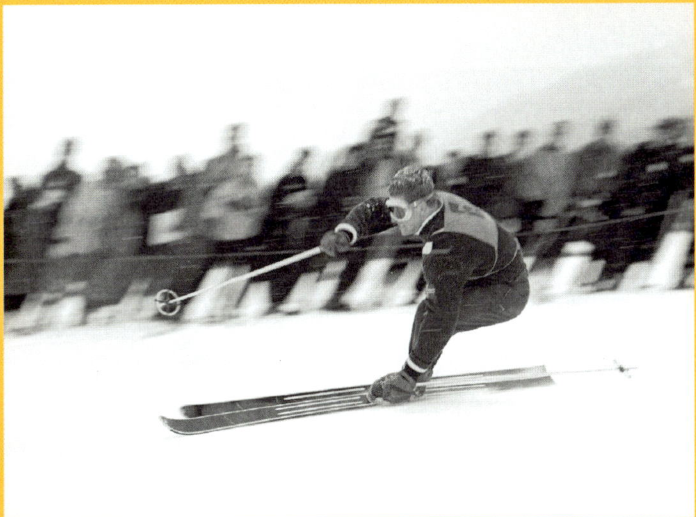

sangen, als ich in Oslo meine Goldmedaille in Empfang genommen habe. Ich bin Norweger und werde es immer bleiben.«

In Österreich dauerte es eine Weile, ehe man in Regionen von Colò, Eriksen oder der starken Franzosen vorstoßen konnte. Zuerst waren es die Damen, die Medaillen heimbrachten. **TRUDE BEISER-JOCHUM**, die sich als Kind in Lech ein paar Skier mit ihren zehn Geschwistern hatte teilen müssen, eroberte bei Olympia in St. Moritz 1948 Gold in der Kombination und Silber in der Abfahrt. Ihre Art, Sport und Familie zu vereinbaren, ist in der Skigeschichte einmalig geblieben. Gleich nach den Olympischen Spielen trat sie zurück, heiratete und brachte Sohn Alfred zur Welt. 1950 bei der WM kam sie zurück, holte Abfahrts-Gold und Riesentorlauf-Silber und verabschiedete sich erneut aus dem Skizirkus. Aber vor den Olympischen Spielen in Oslo 1952 hieß es »Ich bin wieder da«, um nach Abfahrts-Gold ebendort zum dritten und letzten Mal die Karriere zu beenden.

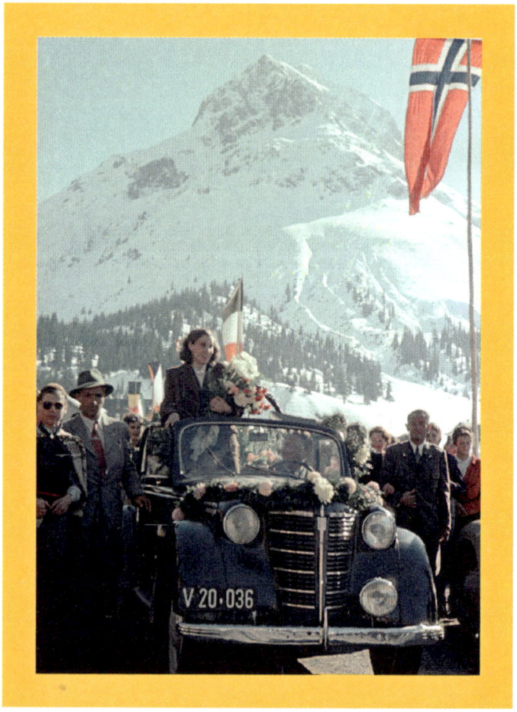

Dagmar Rom wurde 1950 in Aspen Doppelweltmeisterin, übrigens auch die erste in der neuen Disziplin Riesentorlauf, und erhielt sofort danach ein Filmangebot. In *Nacht am Mont Blanc* spielte die blonde Innsbruckerin an der Seite von Dietmar Schönherr und Oskar Sima. Ein beruflicher Seitensprung, der sie beinahe den Amateurstatus und die Olympischen Spiele von Oslo gekostet hätte. Weil auf den Ankündigungsplakaten für den Film aber im letzten Moment der Zusatz »Doppelweltmeisterin« vor ihrem Namen überklebt wurde, durfte sie starten und gewann Silber im Riesentorlauf.

Die dritte bemerkenswerte Österreicherin dieser frühen Nachkriegsjahre war Erika Mahringer, die bei Olympia 1948 zweimal Bronze und bei der WM in Aspen 1950 zweimal Silber holte. Sie heiratete später den Skirennläufer Ernst Spieß und ist die Mutter von Uli Spieß und Nicola Werdenigg. Nach ihrem Karriereende gründete Mahringer mit ihrem Mann in Tirol den ersten Ski-Kindergarten der Welt und war später auch eine der Initiatorinnen des Skigymnasiums Stams.

Die österreichischen Herren hatten zu dieser Zeit einen wirklich außergewöhnlichen Fahrer, der zum Vorbild der »Goldenen Generation« um Toni Sailer werden sollte und das so genannte »Weiße Wunderteam« mit Martin Strolz, Toni Spiss, Ernst Oberaigner und dem jungen Andreas Molterer anführte: **CHRISTIAN PRAVDA**, der 1933 im zarten Alter von sechs Jahren sein erstes Skirennen bestritten und erst 36 Jahre später, nachdem er sich noch mit dem großen Jean-Claude Killy duelliert hatte, seine Skier endgültig ins Eck stellte. Seine lange und auch sehr erfolgreiche Karriere umspannte somit den Zeitraum von den Anfängen des Rennsports auf Schnee bis zur Weltcup-Gründung. So sehr dieser Mann mit seiner unerschrockenen Fahrweise späteren Pistenstars als Idol den Weg zu Ruhm und Reichtum gewiesen hatte, so holprig gestaltete sich trotz all seiner Erfolge aber der eigene. Obwohl er 1954 in Åre Abfahrtsweltmeister wurde und von Olympia 1952 in Oslo mit Silber und Bronze heimgekehrt war, blieb er, wie Dieter Seefranz in *Der weiße Rausch* schrieb, »ein Stiefkind des Glücks.«

Einer der ersten »Preise«, den Pravda gewonnen hatte, war noch ein gerahmtes Foto von ihm vor der ausgeleuchteten Kulisse des Kitzbüheler Ganslernhanges gewesen. Später scheffelte er als Profi in den USA zwar richtig viel Geld, aber dann ereilte ihn wieder, wie Seefranz schreibt, »ein Schicksal, das ihm mitunter zugelächelt und ihn umso öfter brutal verstoßen hat.« Durch den Verfall des Dollarkurses verlor er fast alles. Sein Haus, das er nach der Rückkehr aus Amerika zu bauen begonnen hatte, blieb ein Rohbau. Er musste wieder bei seinen Eltern einziehen und sich als Servicetechniker verdingen. Dabei präparierte er auch die Skier des jungen, aufgehenden Abfahrtssterns Franz Klammer. Aber als der später seine großen Triumphe feierte, war Pravda längst nicht mehr dabei. Ein Stiefkind des Glücks eben.

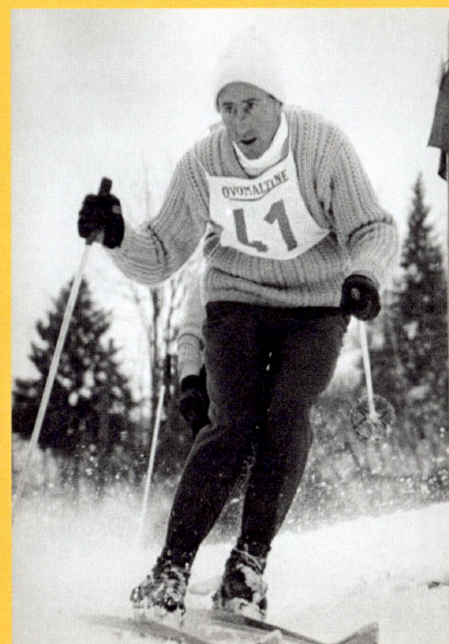

Der Mann, der die Goldene Ära des Kitzbüheler Skilaufs mit Sailer, Molterer, Hinterseer und Kollegen einleitete, hatte aber auch wohl das Pech, am Höhepunkt seiner sportlichen Leistungskraft genau auf die Schnittstelle zu treffen, an der sich das mutige, aber weitgehend unbelohnte Bezwingen der Hänge zu einem professionellen und – anfangs nur unter der Hand – auch lukrativen Job zu entwickeln begann. Denn während Pravda noch für ein Jahr gesperrt wurde, weil er mit seinem Konterfei für eine französische Skifirma posiert hatte, kassierten andere, offiziell immer noch Amateure, längst Geld fürs Skifahren.

Es ging alles sehr schnell und innerhalb von ein paar Jahren verwandelten sich die Hobbysportler mit Brotberufen in De-facto-Profis, die endlich auch mitnaschen wollten an einem Kuchen, der für die Veranstalter immer mehr Geld abzuwerfen begann.

Olympia 1948 war noch graue Ski-Vorzeit gewesen in diesem Punkt. In einer Dissertation zum Thema *Alpiner Skisport und die Erfindung der österreichischen Nation* von Christoph Hack erinnert sich Erika Mahringer: »Für meine Medaillen bekam ich nach meiner Heimkehr nach Österreich Gutscheine für je fünf Kilogramm Zucker.« Und Franz Gabl, der einzige österreichische Medaillengewinner dieser ersten Spiele nach dem Krieg, erhielt ein Schreiben des Österreichischen Olympischen Comitées (ÖOC) folgenden Inhalts: »Es freut uns, Ihnen mitteilen zu können, dass Ihnen … 1 Paket Reis

(5 Kilo) und 1 Paket Zucker (5 Kilo) gewidmet wurden, welche Sie gegen Vorweisung der beiliegenden Bestätigung in ... Wien ... beheben können.« Gabl war aus St. Anton am Arlberg, hatte also einen ziemlich weiten Weg, um sich die Belohnung für sein Abfahrts-Silber abzuholen.

Olympia 1956 war im Vergleich dazu bereits Ski-Moderne. 23 TV-Stationen übertrugen die Bewerbe von Cortina d'Ampezzo live – und der große Star dieser Spiele, **TONI SAILER**, verdiente, wie Sigi Bergmann in seiner Biografie über den »schwarzen Blitz von Kitz« ausführte, mit seinen drei Olympia- und vier WM-Medaillen dieser Veranstaltung schon 164.000 Schilling. Zum Vergleich: Sailers Monatsgehalt als Spenglerlehrling betrug zu dieser Zeit 124 Schilling im Monat. Der damals erst 21-jährige Kitzbüheler war somit der erste Großverdiener in einer neuen Ära des Skisports. Und das offiziell noch als Amateur. Aber für Sailer galten zu diesem Zeitpunkt in vielen Bereichen andere Gesetze, weil er viel mehr getan hatte, als dreimal am schnellsten einen Berg hinunter zu fahren.

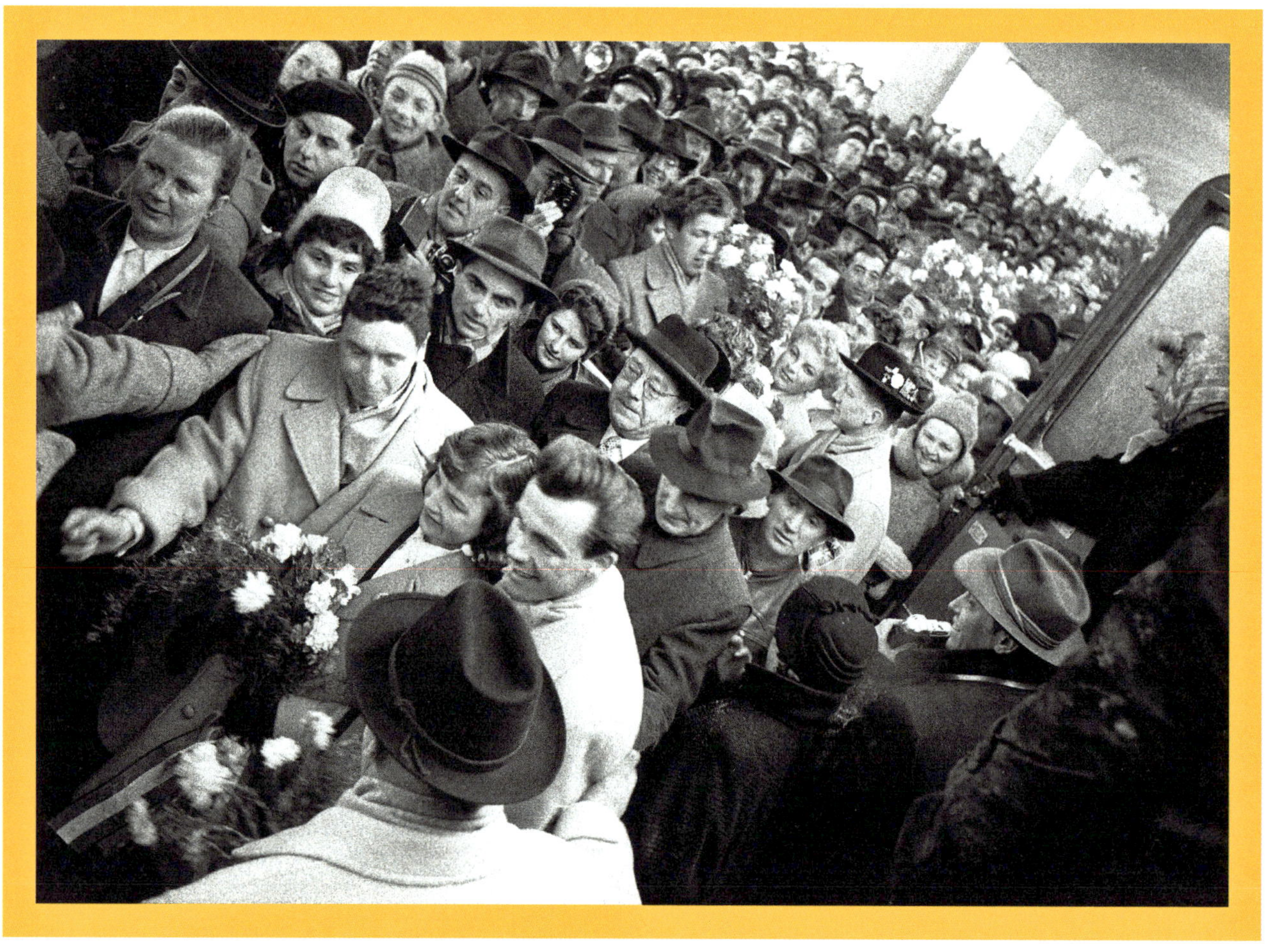

Christoph Hack beschreibt die Wirkung des Phänomens Sailer so: »Seine Person ist der Kristallisationspunkt aller Hoffnungen einer jungen, noch wenig definierten Nation ... Es ist, als hätten ihn die besten Werbefachmänner des Landes generiert: seine Jugend, verbunden mit einer inszenierten Bodenständigkeit, welche innerhalb der illustren Ski-Society zur charmanten Naivität transformiert, wirkt, besonders in Kombination mit seinen fulminanten Siegen bei den Olympischen Spielen 1956 und der alpinen Ski-WM 1958, wie ein kitschiger und märchenhafter Heimatfilm.« Sieben Jahre lang war der Begriff »Helden« missbraucht worden, um gnadenlose, grausame Kriegshandlungen als heroische Leistung zu verschleiern. Nun konnte man einen wirklichen »Helden« feiern, einen unverdächtigen, gänzlich unpolitischen Verkünder der Botschaft: »Österreich ist wieder wer.«

Diese Spiegelung durften die Menschen im Land an einem durchführen, der einem Hochglanz-Katalog entsprungen schien, einer Verkörperung so vieler Sehnsüchte nach Erfolg und Bedeutung nach dem Motto: Frisch, fröhlich und frei. Und das ließ sich nur wenige Monate nach Unterzeichnung des Staatsvertrages auf so viel mehr übertragen als auf einen, wenn auch fulminanten, Erfolg bei einem sportlichen Wettkampf.

Was sich binnen fünf Jahren in Karriere und Leben des Toni Sailer tat, spiegelt zudem wider, in welch rasender Geschwindigkeit sich eine Sportart, die als Mutprobe begonnen hatte, zu einem lukrativen und von allen Beteiligten immer professioneller angelegten Geschäftszweig zu entwickeln begann. Hatte Sailer zu Beginn seiner Karriere etwa vor einem Lauberhorn-Rennen in Wengen noch wählen können zwischen zwei Franken, einer Tafel Schokolade oder einem Wurstbrot, schwamm er wenige Jahre später vergleichsweise in Geld. Jausnete er 1954 vor einem Abfahrtsrennen noch rasch ein paar Würstel mit zwei Semmeln, so stellte er wenig später seine Ernährung um, erfand für sich das Einfahren vor einem Rennen und schlich heimlich in den Wald, um mit Gymnastik seine Muskeln zu lockern. Er hätte sich damals zum Gespött gemacht, wenn ihn dabei jemand beobachtet hätte.

Die »Generation Sailer« lernte noch beides kennen in ihren Karriereverläufen: Die fast armselige Abspeisung mit dem Notwendigsten, wie auch das für damalige Verhältnisse große Geldverdienen, erinnert sich ERNST HINTERSEER, der Slalom-Olympiasieger von 1960 und langjährige Weggefährte Sailers: »Wir sind am Anfang mutterseelenallein mit unseren Skiern im Gepäck zu Rennen gefahren. Da war kein Betreuer, keiner, der uns irgendetwas abgenommen hätte. Mich wundert heute am meisten, dass wir überall hingefunden haben.«

Mit 17 Jahren startete Hinterseer zum ersten Mal im Ausland, bei einem Rennen in Wildhaus in der Schweiz: »Ich bin da irgendwann einmal am Bahnhof gestanden und wurde dann zu einer Hühnerfarm gebracht, wo ich übernachten musste. Ich dachte, na

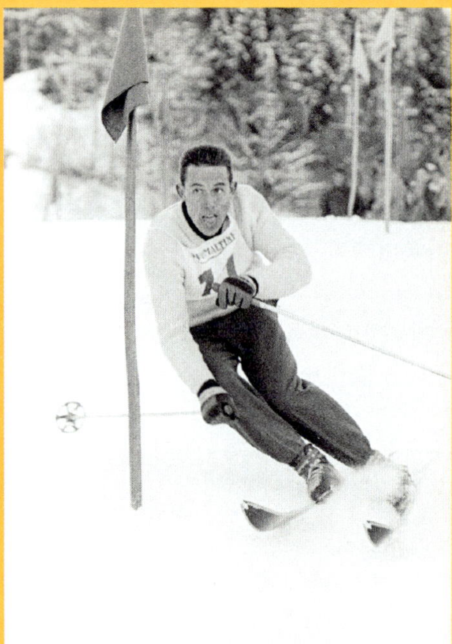

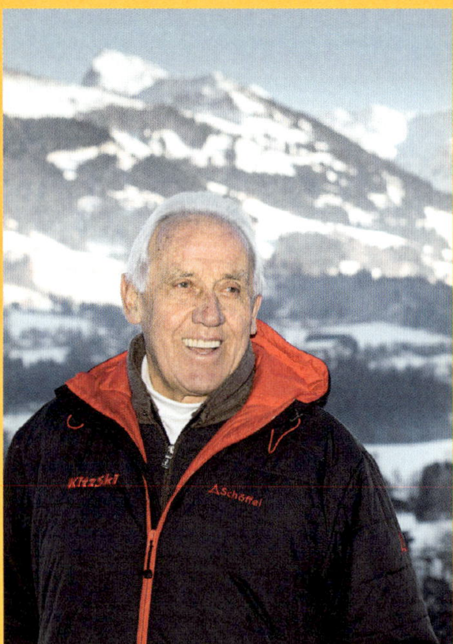

gut, schlafe ich halt bei Hühnern, da gibt's zum Frühstück wenigstens Eier. Nur Ei habe ich bei diesem seltsamen Ausflug kein einziges zu Gesicht bekommen.«

Aber so karg es für die Sportler dieser Generation begann, so lukrativ wurde es wenig später: »Bei einem Rennen in Zermatt bekam ich dann schon 1.000 Franken und eine Armbanduhr. Das war schon was«, erzählt Hinterseer. Der seinen Olympiasieg in Squaw Valley dann auch nützte, um in den USA bei Profirennen wirklich viel Geld zu verdienen: »In einer guten Saison waren das schon einmal umgerechnet 450.000 Schilling. Das ganze Geld habe ich dann zu Saisonende in einen Koffer getan und bin damit heimgeflogen. Ertappt hat mich da am Zoll nie einer, die haben immer nur freundlich gegrüßt und mich durchgewinkt.«

Einmal erwischte es den Vater von Hansi Hinterseer aber doch – nur nicht wegen ins Land geschmuggelter Pisten-Dollars. Als ein mit Schokolade beladener Lkw eines befreundeten Spediteurs aus Krefeld einen Unfall hatte und Hinterseer gerade zu Gast war, belud der Freund den Kofferraum des Skistars und meinte: »Nimm das mit für die Kinder.« Prompt hielten ihn die Zöllner am Grenzübergang Kiefersfelden bei Kufstein auf, beschlagnahmten die süße Fracht und zeigten Hinterseer beim Finanzamt an.

Den Ausweg, den strengen Amateur-Richtlinien der FIS und des IOC (Internationales Olympisches Komitee) zu entkommen und, vorwiegend in Amerika, professionell Geld zu verdienen, wählten, wie Christoph Hack in seiner Dissertation herausarbeitete, insgesamt fast 30 Prozent aller zwischen 1945 und 1964 im Österreichischen Skiverband (ÖSV) aktiven Läufer. Etliche blieben in den USA und wurden wohlhabend, viele kamen wieder zurück – wie Ernst Hinterseer: »Man hatte mir angeboten, in Vail Direktor zu werden. Aber ich hatte immer Heimweh, so gut es mir in Amerika auch gefallen hat. Wenn ich den Kitzbüheler Kirchturm zu lange nicht sehe, werde ich unrund.«

Als in den USA von Friedl Pfeifer, dem Arlberger und Bronzemedaillengewinner des WM-Slaloms von Mürren 1935, die International Professional Ski Race Association (ISPRA) gegründet wurde, dockten einige Läufer mit großen Namen, aber überschrittenem Zenit an – wie Stein Eriksen, Christian Pravda, Othmar Schneider sowie die Kitzbüheler Hinterseer und Anderl Molterer. Sportliche Anerkennung fand dieser Profi-Skibetrieb aber außerhalb der USA kaum, wie eine von Wehmut getragene Kolumne von Martin Maier in der *Arbeiterzeitung* aus dem Jahr 1965 beweist: »Mich stimmt diese Begegnung mit der Vergangenheit melancholisch ... Viel vom Gestern war dabei, wenig vom Heute, nichts vom Morgen, auch nicht eine einzige Bewegung ... Sie fahren jetzt als Gladiatoren, und seit Rom hat sich nur eines verändert: Die Löwen treten nicht mehr auf.« Es ist möglicherweise symptomatisch, dass ANDERL MOLTERER, einer der herausragendsten Rennläufer seiner Zeit, der über 50 FIS-Rennen in den 50er-Jahren gewonnen hatte, dem als Amateur aber die seinem Können angemessene Belohnung in Form von Gold bei Großereignissen stets verwehrt geblieben war, bei den Profis unmittelbar nach seinem Wechsel im Jahr 1960 Weltmeister wurde. Aber das halt nicht als Primus inter Pares gegen Kaliber wie Sailer, sondern als Heutigster in einem »viel vom Gestern.«

Es war die Zeit der großen Verlogenheit im alpinen Skisport. Da der Profizirkus, der vorgab, gutes Geld für ehrliche Leistung zu zahlen, im Endeffekt aber nur einträglichen Handel mit langsam verblassender Prominenz betrieb. Und auf der anderen Seite stand ein Amateurbetrieb, der, gemessen an den strengen Bestimmungen, längst keiner mehr war. Die Skifirmen zahlten selbstverständlich Geld an ihre Athleten, bei anderen Einkünften ging es oft nur darum, ob sie aufflogen oder nicht. Und so kam es 1965, bei einem Gastspiel des Profizirkus in Europa, zur fast schon absurden Situation, dass Friedl Pfeifer, der Präsident der Berufsfahrer, die »Amateure« bezichtigte, nur deshalb nicht ins Profilager zu wechseln, weil sie unter der Hand mehr verdienen würden als die Berufsfahrer hochoffiziell. Dunkle Wolken begannen sich aufzutürmen und ein mächtiges Gewitter braute sich zusammen, dessen gewaltigster Blitz sieben Jahre später stellvertretend für den unehrlichen Umgang mit professionellem Skisport zu dieser Zeit einen Mann treffen sollte, der kurioserweise nicht durch seine zahllosen Erfolge, sondern durch diesen Blitz zum Nationalhelden wurde.

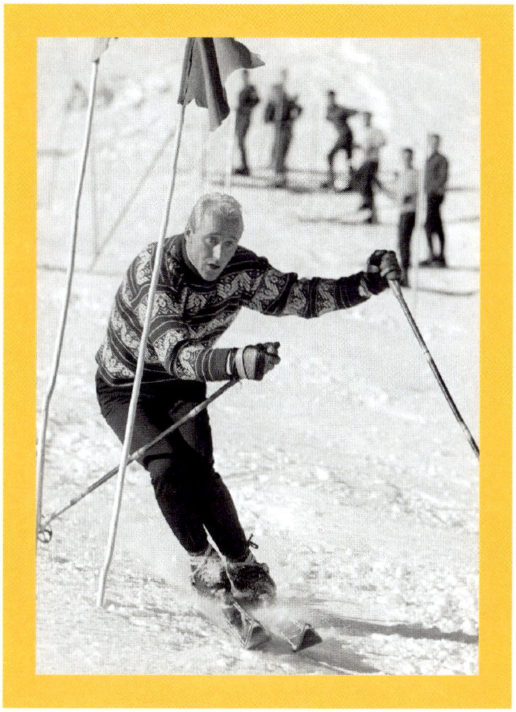

KARL SCHRANZ war aus österreichischer Sicht sportlich zum legitimen Nachfolger Toni Sailers geworden, der den lästigen Befragungen durch die FIS wegen seiner Schauspieler-Tätigkeit und Spekulationen über eine mögliche Sperre für die Olympischen Spiele 1960 durch seinen Rücktritt mit erst 23 Jahren selbst ein Ende bereitet hatte. Dabei war der Eisenbahnersohn aus St. Anton am Arlberg vom Typ her die Antithese zum Strahlemann und Medienliebling aus Kitzbühel. Hatte Sailer als einer der Ersten den Skizirkus

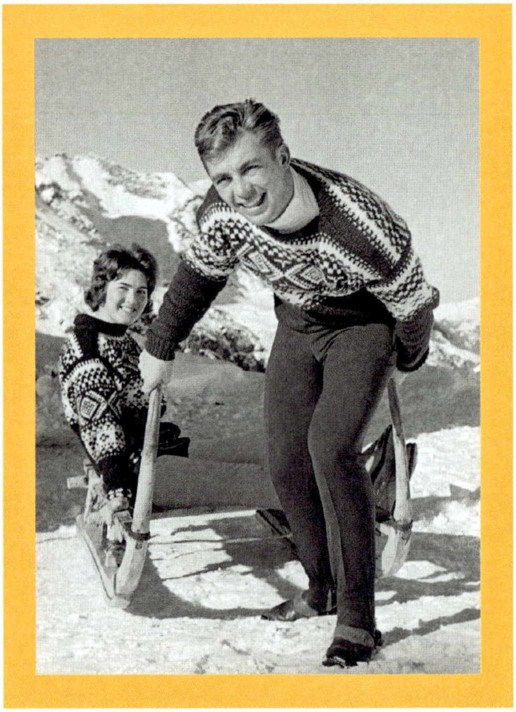

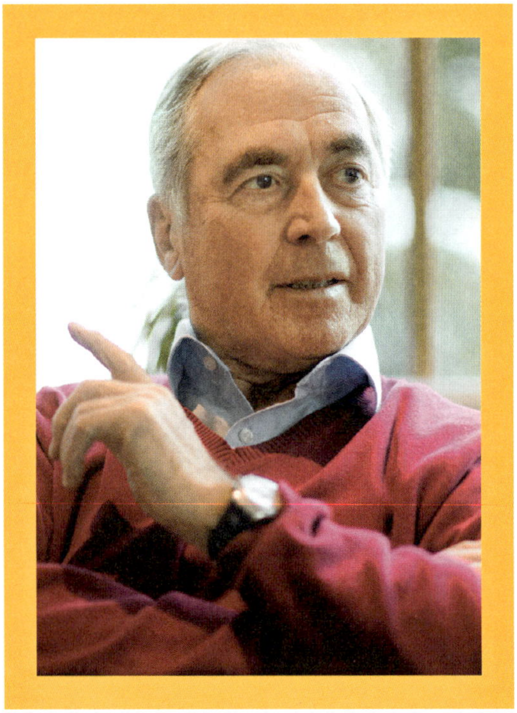

auch als Bühne begriffen und als perfektes Sprungbrett für seine Ambitionen als Leinwandstar, verkörperte Schranz den Typ des verbissenen Arbeiters und Tüftlers, dem jede Anwandlung von Show zutiefst zuwider war. Ihm ging es immer nur ums Gewinnen: »Ich hatte nie Angst vor einer Strecke, die einzige Angst, wenn man es so nennen will, die ich kannte, war die, zu verlieren.«

Und er gewann viel von 1957 an – alle Klassiker wie Wengen, Kitzbühel oder die wahlweise in St. Anton, Mürren, Garmisch-Partenkirchen, Chamonix und Sestriere ausgetragenen Kandahar-Rennen, unzählige »normale« FIS-Rennen und gegen Ende seiner 15 Jahre dauernden Karriere an der Weltspitze noch zweimal den Gesamt-Weltcup. Dazu wurde er noch dreimal Weltmeister. Aber trotz dieser beeindruckend langen Liste an Erfolgen wird der Name Schranz auch heute noch damit verbunden, was er nicht gewonnen hat. Es waren die Olympischen Spiele, bei denen dem Erfolgsverwöhnten ein ums andere Mal die lange Nase gezeigt wurde. Vor seinen ersten, 1960 in Squaw Valley, rammte er sich eine Slalomstange in den Unterleib und musste sich derart beeinträchtigt mit zwei siebenten Plätzen in Abfahrt und Riesentorlauf zufriedengeben. Das warf den Großmeister der Selbstdisziplin dermaßen aus der Bahn, dass er in den USA blieb, sich dort in Casinos umtrieb und ernsthaft damit spekulierte, gar nicht mehr heimzukommen, sondern sich in Übersee als Profi zu verdingen. Weil man ihn inzwischen in Österreich aber zum »Sportler des Jahres« gewählt hatte und er zur Ehrung erscheinen sollte, kehrte er doch wieder zurück. Vier Jahre später, 1964 in Innsbruck, bekam der hohe Favorit 38 Grad Fieber, war in der Abfahrt als Elfter chancenlos, flog im Slalom mit bester Zwischenzeit zehn Tore vor dem Ziel raus und wurde im Riesentorlauf Zweiter hinter dem Franzosen François Bonlieu. Eine Silbermedaille, die seine einzige olympische bleiben sollte, ihn aber deshalb keinen Deut mehr freute: »Für mich hat immer nur der erste Platz gezählt.«

1968 in Grenoble kam es noch schlimmer für den ehrgeizigen Arlberger. Nach einem fünften Platz in der Abfahrt und einem sechsten im Riesentorlauf, für ihn also verheerende Niederlagen, schien sich im Slalom endlich sein Traum vom olympischen Gold zu erfüllen. Aber im zweiten Durchgang brach er den Lauf ab, weil ihn ein Pistenarbeiter irritierte. Einen vorangegangenen Torfehler führte er darauf zurück und durfte seinen Lauf wiederholen. Er kam als Erster ins Ziel und jubelte über Gold. Aber dann tagte die Jury und nach fünf Stunden war Schranz seine Medaille wieder los. Mit 3:2 Stimmen wurde entschieden, dass der Pistenarbeiter nicht verantwortlich für den Torfehler davor gewesen wäre. Der Franzose Jean-Claude Killy hatte damit sein drittes Gold bei Olympia gewonnen und Toni Sailers Rekord von 1956 eingestellt. Schon damals rankten sich Verschwörungsgeschichten um die Disqualifikation, bereitwillig sprangen manche Medien auf die Theorie auf, man hätte alles unternommen, um Killy zur olympischen Unsterblichkeit zu verhelfen. Und der, auf dessen Rücken das angeblich ausgetragen worden war, wurde erstmals zum tragischen Helden in Österreich und sagt noch heute kurz und bündig: »Da haben sie mich beschissen.«

Und an den Olympischen Spielen, bei denen er sich als zweifacher Weltcup-Gesamtsieger endlich holen wollte, was ihm seiner Ansicht nach längst zugestanden wäre, durfte er dann gar nicht teilnehmen. Sapporo 1972 gebar einen Skihelden, der dort keinen Meter fuhr. Doch das braucht eine kurze Rückblende ins Jahr 1964.

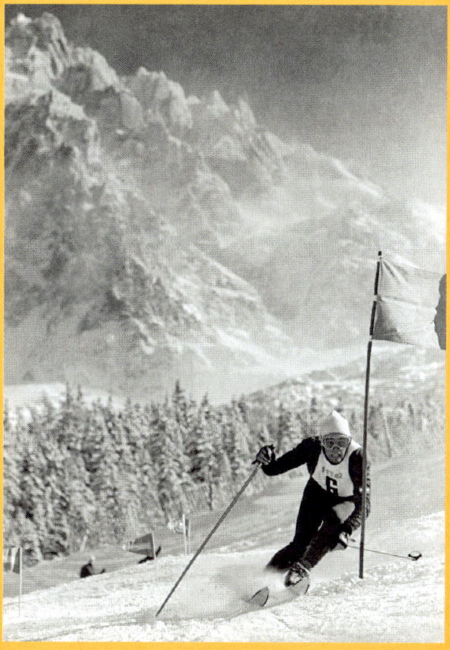

Statt des fiebrigen Favoriten Schranz gewann dort der junge **EGON ZIMMERMANN** Gold in der Abfahrt. Ein aufgeweckter Bursche aus Lech am Arlberg, der erst spät in den Skibetrieb einsteigen durfte, weil seine Eltern darauf bestanden, dass er vorher seine Kochlehre beendete und ihn danach noch zur Weiterbildung nach Paris schickten. Aber als er dann endlich durfte, wie er wollte, war er nicht mehr zu stoppen, wurde 1962 Riesentorlauf-Weltmeister und dann zwei Jahre später Olympiasieger. Zimmermann war auch einer der neuen Generation, der früh die Macht der Fernsehbilder begriffen hatte – und so hielt er nach seinem Abfahrtstriumph in Innsbruck seine Skier in die Kamera. Zum Entsetzen vom Chef des Internationalen Olympischen Komitees (IOC), Avery Brundage, der damals auch die Siegerehrung vornahm – nach diesem Vorfall, den er als Affront sah, übrigens zum letzten Mal, denn von dort an weigerte sich der Mann aus Detroit, solchen Leuten, die seiner Ansicht nach das hehre Bild des Amateurs mit Füßen traten, auch noch mit Medaillen den Hals zu schmücken. Und er begann damit, eine »schwarze Liste« jener zu erarbeiten, die, wie er meinte, gegen die Amateur-Bestimmungen verstoßen würden. Auf der stand schon damals ziemlich weit oben auch der Name Karl Schranz.

1965 ging dann der Vorwurf der Profiskifahrer, die Amateure würden mehr verdienen als sie, durch die Medien und auch an Brundage nicht vorüber, der sich dem Kampf um einen von der Realität längst überholten Amateurbegriff zunehmend besessener widmete. Dann traten zwei ganz Große ab, die der greise IOC-Chef gewiss auch im Visier gehabt hatte: Jean-Claude Killy und dessen Entsprechung im Damensport, **MARIELLE GOITSCHEL**. Beide ließen sich 1968 bei Olympia in Grenoble noch einmal vergolden, um dann im Abgang mit der verlogenen Praxis im Skisport abzurechnen, wie Jupp Suttner in *Die großen Skisport-Stars* schreibt. Goitschel, die sich nie ein Blatt vor den Mund genommen hatte, sagte nicht einmal drei Monate, bevor Schranz in Sapporo ausgesperrt wurde: »Seit dem Winter 1965 habe ich wie alle internationalen Klasseläufer viel Geld verdient. Ist das nicht logisch, wenn man sieht, wie die Firmen mit unserem Namen Geld machen?« Schon zuvor hatte ihr Landsmann Killy das Festhalten an einem hehren Amateurstatus als unzeitgemäß und hinfällig bezeichnet: »Wer von den Spitzensportlern ist denn heute noch Amateur gemäß den Vorstellungen von Herrn Brundage? Was die Leute sehen wollen, ist Spitzensport – und der war selbst den ersten Siegern olympischer Wettkämpfe im Jahr 776 vor Christus nicht ohne die entsprechende Vorbereitung, zu der auch die materielle Seite gehört, möglich.«

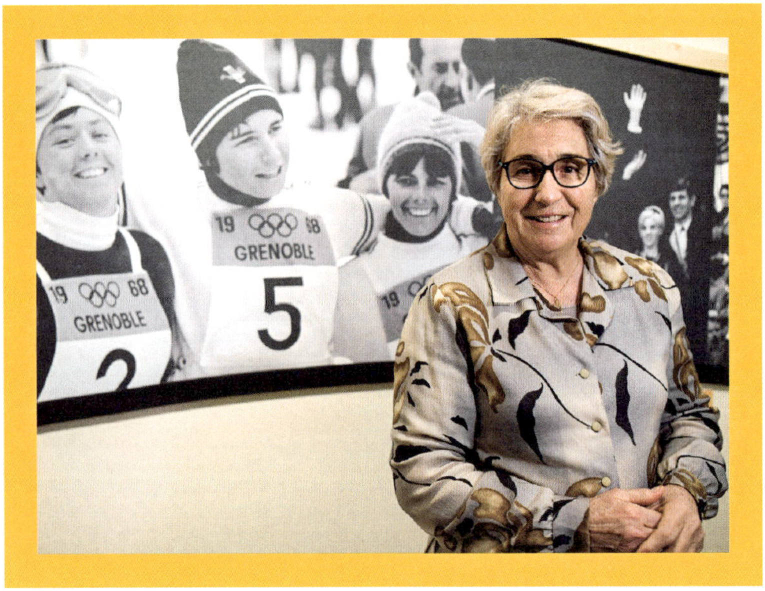

Das waren Breitseiten gegen Brundage und seine Vorstellungen vom »reinen« Sport, und all das trug gewiss dazu bei, dass dieser Schranz als Opfer brachte, um eine von der Realität längst ad absurdum geführte Idee künstlich weiter zu beatmen. Schranz brachte er damit um die Möglichkeit, sich mit Olympia doch noch zu versöhnen, aber gleichzeitig erhob er ihn damit in den Rang eines österreichischen Nationalhelden, der nach seiner Rückkehr in Wien vom Balkon des Bundeskanzleramtes aus 100 000 Menschen zuwinkte und gefeiert wurde, wie es der Gewinn von drei Goldmedaillen nicht hätte bewirken können. Dieter Seefranz hat in *Der weiße Rausch* sehr gut beschrieben, warum das gerade in Österreich so war: »Der Schranz gehört zu den Identifizierungen des Herrn Österreichers mit seinem Staat. Der Österreicher hat nämlich eine Vorliebe für tragische Helden. Seine repräsentativsten Plätze sind voller Denkmäler von Schlachtenlenkern, deren Siege nur Ouvertüren zu Niederlagen waren, auf deren Glück binnen kurzem, mitunter sogar nur Stunden, das Unglück folgte ... Die Bewohner dieses Landes haben ein Faible für den, der widrigen Umständen zum Opfer fällt, eine kultische Verehrung für jeden, den die Götter den Triumph auskosten lassen, um ihn dann umso härter zurück zu stoßen. Sie beten den an, dem das Letzte versagt bleibt. Es ist die Anziehungskraft des Unvollendeten.«

Der 84jährige Brundage hingegen, der noch im Jahr des Schranz-Ausschlusses sein Amt niederlegte, konnte nichts mehr aufhalten. Zu viele Weichen waren schon gestellt, um den Skisport auf eine neue, professionelle Basis zu stellen, die auch zunehmend besser zu vermarkten war. Zu viele Athletinnen und Athleten hatten mit ihren Leistungen für eine weitere Verbreitung dieser Sportart gesorgt. Ob das Rosa „Ossi" Reichert war, die 1956 als erste deutsche Olympiasiegerin der Nachkriegszeit in ihrer Heimat einen wichtigen Impuls setzte. Oder ANDREA MEAD-LAWRENCE (Bild oben l. mit Dagmar Rom), die als erste amerikanische Doppel-Olympiasiegerin 1952 diesen Sport in der Heimat populär machte. Oder die kanadische Doppel-Weltmeisterin von Bad Gastein, Lucille Wheeler, deren Erfolge die Skisport-Förderung in Kanada revolutionierten.

Vor allem aber war 1967 auf Betreiben des französischen Sportjournalisten Serge Lang der Ski-Weltcup ins Leben gerufen worden, der den boomenden, aber unstrukturierten Sport systematisierte und in überschaubare Rubriken einteilte. Die ersten Gesamtsieger waren die Kanadierin NANCY GREENE und der Franzose JEAN-CLAUDE KILLY. Beiden bescherten ihre Siege lukrative Werbeverträge mit dem amerikanischen Sportmanager Mark McCormack, dem Begründer des modernen Sportmarketings. Und beide kamen so unter anderem zu Werbeverträgen mit General Motors. Der von Killy, über fünf Jahre abgeschlossen, beinhaltete angeblich die Auflage, dass er während der Laufzeit nicht heiraten dürfe – wohl, um das Image des coolen Junggesellen nicht zu gefährden. Somit musste der Ski-Superstar bis 1973 warten, ehe er seine Langzeitfreundin Danièle Gaubert zum Traualtar führen konnte. Aber er hatte ja aus dem Skisport schon ausreichend Erfahrung damit, etwas im Verborgenen so lange zu tun, bis es offiziell erlaubt war.

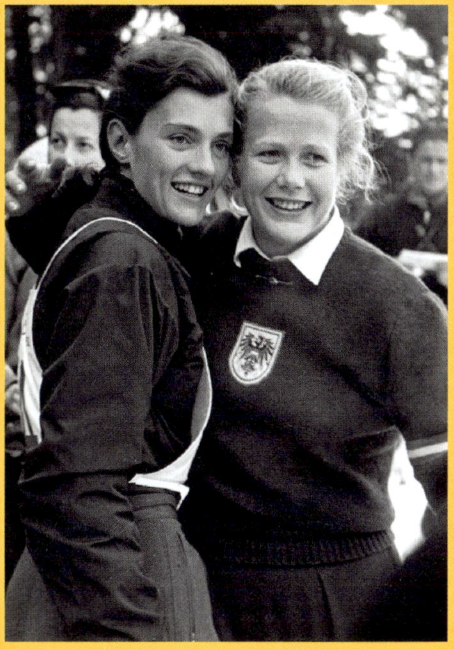

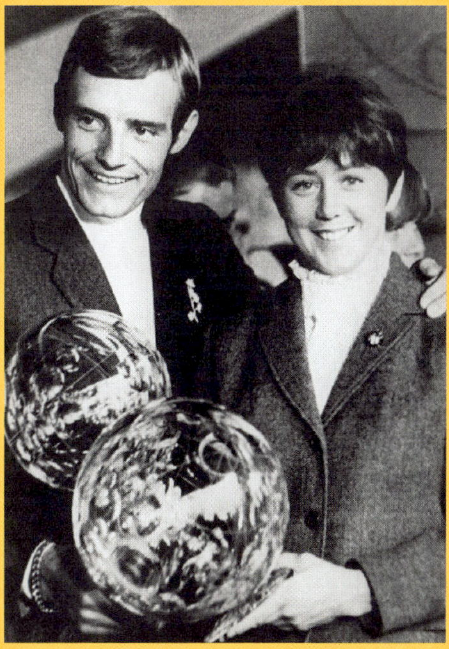

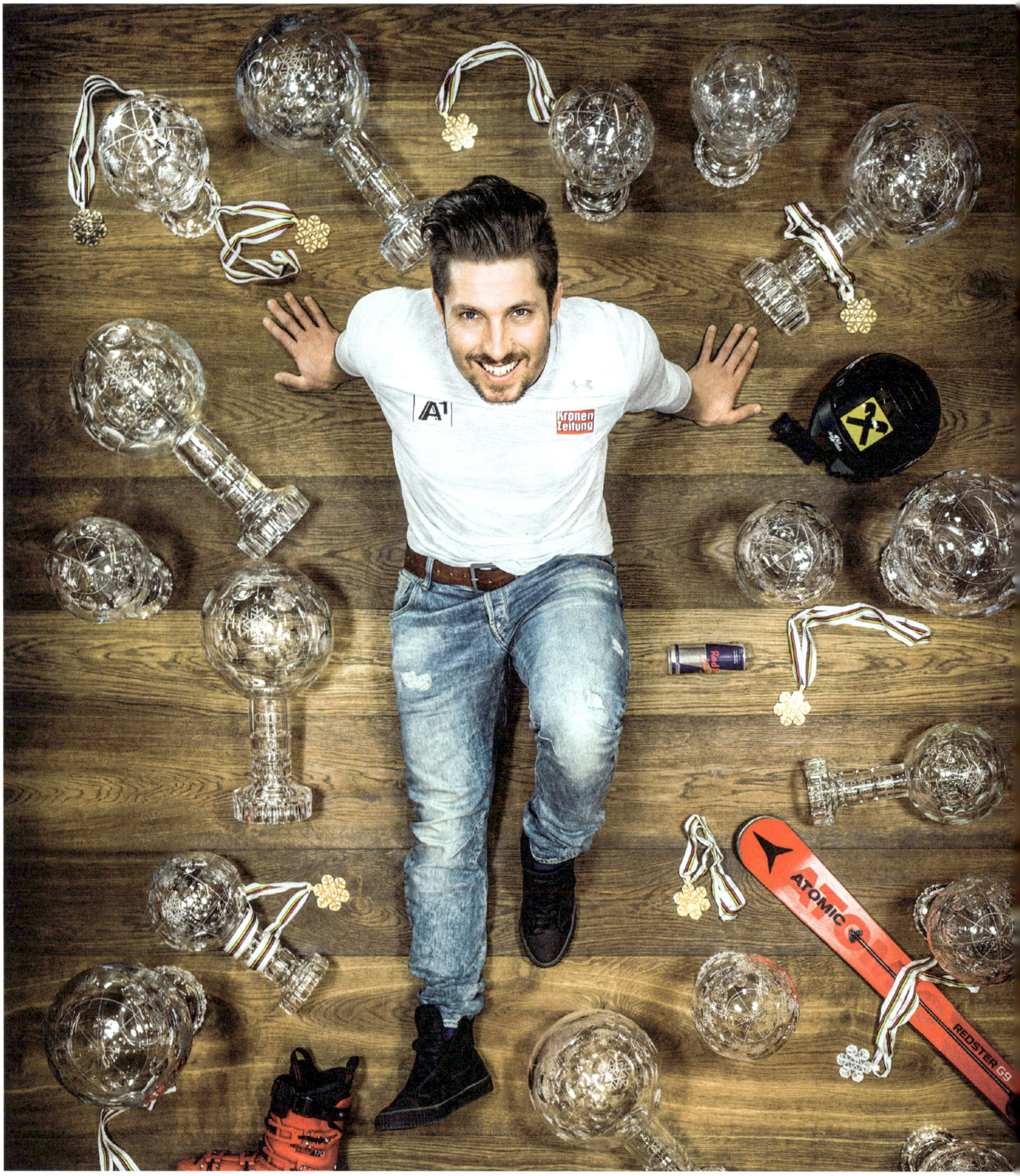

KAPITEL 3

MARCEL HIRSCHER

WELTKLASSE IM DUTZEND

Nur sechs Damen und sechs Herren gewannen bisher 40 Weltcuprennen und mehr.

Wer tatsächlich die Idee als Erster hatte, wird sich nach mehr als einem halben Jahrhundert nicht mehr eruieren lassen. Aber zumindest das Wann und das Wo sind unbestritten. Es war zwischen 5. und 14. August 1966 im chilenischen Wintersportort Portillo, wo gerade die 19. Alpine Skiweltmeisterschaft stattfand. Das Wetter war schlecht, es kam zu Verschiebungen, und die Athletinnen und Athleten mussten – wie auch der mitgereiste Tross aus Funktionären und Journalisten – viel Wartezeit überbrücken. In einem der Hotelzimmer rauchten dabei die Köpfe vierer Herren: Der französische L'Équipe-Journalist Serge Lang saß mit Frankreichs Nationaltrainer Honoré Bonnet und dessen amerikanischem Kollegen Bob Beattie sowie dem österreichischen Sportwart Sepp Sulzberger zusammen und brütete über einem Wettkampfmodus, mit dem Jahr für Jahr die besten und komplettesten Skifahrer ermittelt werden könnten. Olympische Spiele und Weltmeisterschaften hatten schon zu viele sogenannte Zufallssieger produziert, etliche Große waren durch diese Fokussierung auf ein einzelnes Ereignis, das nur alle paar Jahre stattfand, leer ausgegangen oder zumindest nicht ihrer Qualität gemäß belohnt worden.

Es sollte ein Bewerb werden, der die Leistungen einer ganzen Saison gerecht widerspiegelte und am Ende die tatsächlich besten Damen und Herren als Sieger kürte. Das Resultat ihrer Gedankenarbeit nannten die vier Herren »Weltcup« und präsentierten es auch dem Weltverband FIS. Dessen damaliger Präsident Marc Hodler war Feuer und Flamme und verkündete die Geburt des Weltcups noch während der WM am 11. August 1966.

Laut dem ersten Sieger dieses Bewerbs, Jean-Claude Killy, war die Initiative aber von den Läufern des französischen Teams ausgegangen. Killy soll sich mit seinen Kollegen Guy Périllat, Léo Lacroix und Jules Melquiond in einem anderen Hotelzimmer dieselben Gedanken gemacht und Serge Lang erst auf die Idee gebracht haben. Im Buch *40 Jahre Ski-Weltcup* von Armin Assinger und Claus Schönhofer wird der französische Ausnahmefahrer wie folgt zitiert: »Wie viele unserer Rennläuferkollegen waren wir es leid, unsere größten Erfolge dem Glück zu überlassen, ob wir ausgerechnet an einem bestimmten Tag alle vier Jahre in Topform sein würden, dass das Material, der Schnee, die Startnummer, der Wind passen würden. Wir waren begeisterte Formel-1-Fans und fanden das System, jedes Jahr den Besten einer ganzen Saison zu küren, am fairsten.«

Von diesen Tagen in Portillo an ging alles sehr schnell. Fast ein bisschen zu schnell. Denn als am 5. Jänner 1967 in Berchtesgaden der erste Weltcup-Slalom ausgetragen wurde, hielten die Veranstalter das zunächst für ein ganz normales Rennen, wie es schon so viele davor gegeben hatte. In der Eile hatte man nämlich verabsäumt, sie auf den neuen Modus und damit den historischen Wert dieses Skirennens hinzuweisen. Aber trotz dieser kleinen Panne nahm die erste Weltcupsaison, die eigentlich nur eine halbe war, ihren Lauf – und am Ende standen mit Killy und der Kanadierin Nancy Greene tatsächlich zwei würdige Gewinner fest und nahmen die ersten Kristallkugeln der Skigeschichte entgegen. Aber auch das war ein bisschen zu schnell gegangen, denn offiziell gab die FIS erst im Juni 1967 beim Kongress in Beirut ihr nachträgliches Okay zum Weltcup. Die Läufer waren, wenn man so will, auf der bürokratischen Piste schon vor dem Startschuss ins Ziel gekommen.

Seither sind 52 Jahre vergangen und der Versuch von damals ist längst eine unumstrittene Institution geworden. Eine, an der vom Modus her im Lauf der Jahrzehnte wohl immer wieder herumgedoktert wurde, bei der sich aber eines nie verändert hat: Sie ermittelt zuverlässig würdige Siegerinnen und Sieger. Für manche, wie die großen Triumphatoren der 60er-Jahre, etwa die starken Französinnen um Marielle Goitschel oder bei den Herren Karl Schranz, kam der Weltcup zu spät, um in den Wertungslisten ganz nach vorn zu kommen. Für andere, wie Annemarie Moser-Pröll hingegen, gerade zur rechten Zeit, um sich in den Rekordbüchern des neuen Bewerbs nachhaltig zu verewigen.

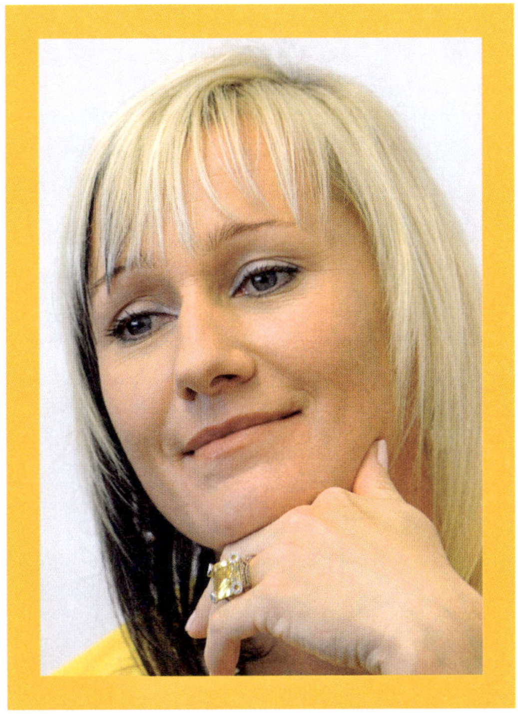

Die spätere sechsfache Gesamt-Weltcupsiegerin ist eine von nur zwölf Damen und Herren, die in ihren Karrieren 40 oder mehr Weltcupsiege einfahren konnten. Nur Ingemar Stenmark (86 Siege), Lindsey Vonn (82), Marcel Hirscher (67) und Mikaela Shiffrin (66) überboten bisher die 62 Triumphe der Bergbauerntochter aus Kleinarl im Salzburger Pongau. Die Amerikanerin Shiffrin kann mit ihren erst 25 Jahren als Einzige dieser »Fantastischen 12« ihre Position noch verbessern, weil alle vor ihr nicht mehr aktiv sind und auch hinter ihr mit Vreni Schneider (55), Hermann Maier (54), Alberto Tomba (50), Marc Girardelli (46), RENATE GÖTSCHL (46), ANJA PAERSON (42) und Pirmin Zurbriggen (40) durchwegs Sportlerinnen und Sportler liegen, die ihre Karrieren längst beendet haben. Dieses Dutzend an konzentrierter Weltklasse bildet eine durchaus repräsentative »Hall of Fame« des Skisports ab. Gemeinsam ist diesen zwölf Ausnahmesportlern, dass sie in ihren besten Jahren eine Liga für sich waren oder sind, Spezialisten nicht nur für große, punktuelle Momente, sondern Sonderklasse über einen längeren Raum darstellten. Aber das ist auch schon die einzige Gemeinsamkeit. Denn in dieser Ruhmeshalle findet sich ein scheuer Schweiger wie Stenmark ebenso wie ein exzentrischer Partylöwe wie Tomba. Menschen mit Karrierestarts unter erschwerten Bedingungen wie Moser-Pröll oder Schneider bis hin zu den modernen

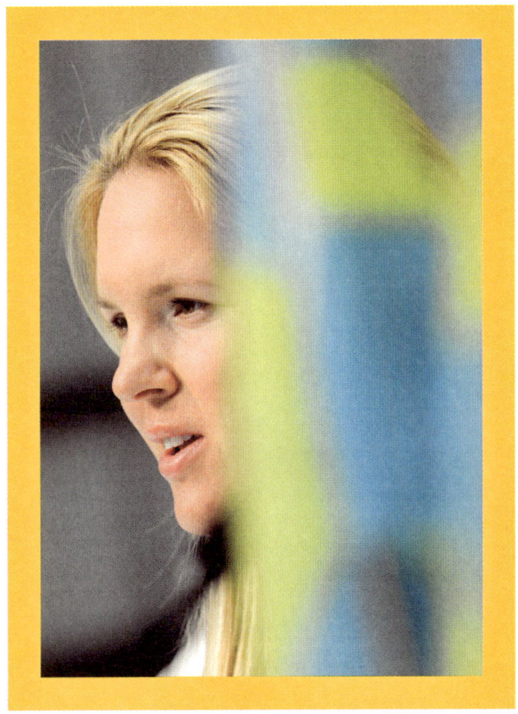

Gladiatoren mit eigenem Stab wie Marcel Hirscher oder **MIKAELA SHIFFRIN**. Spezialisten wie **ALBERTO TOMBA** oder Götschl, aber auch große Allrounder wie Paerson oder **PIRMIN ZURBRIGGEN**. Es sind solche darunter, die Glück hatten, nie nennenswert blessiert gewesen zu sein, aber auch solche wie Lindsey Vonn, Marc Girardelli und, nicht zu vergessen, Hermann Maier, die sich nach schweren Verletzungen mühsam wieder zurückkämpfen mussten.

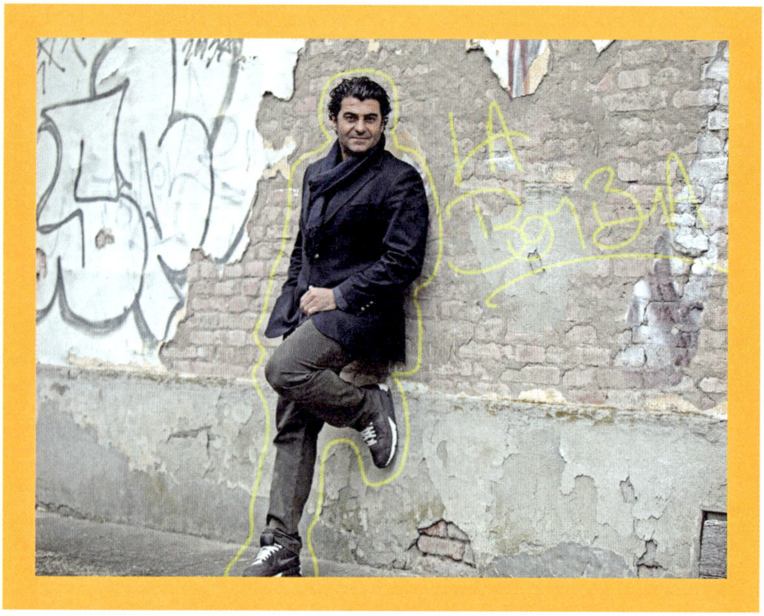

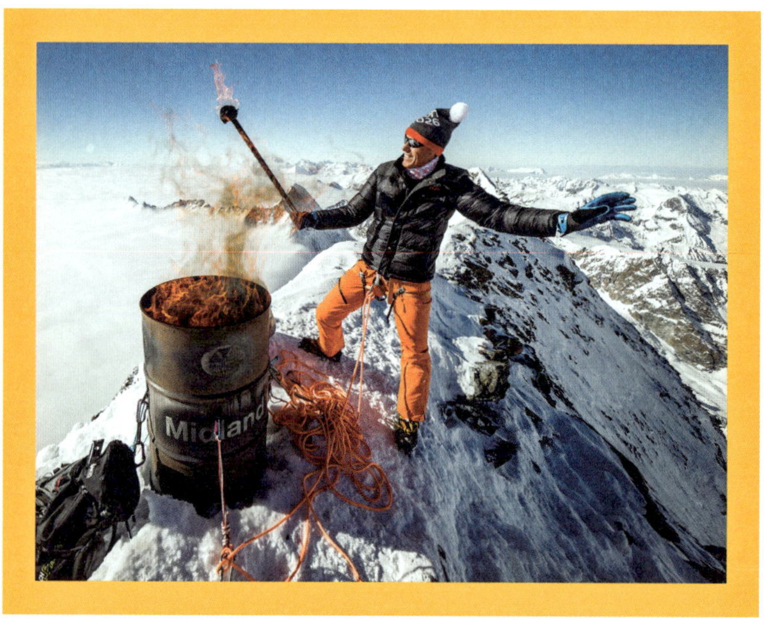

Es sind also auch sehr unterschiedliche Charaktere und Karrieregeschichten in dieser Liste der Erfolgreichsten vertreten und deshalb ist die Frage so spannend, was jemanden auszeichnen muss, um sich von den Guten abzuheben und auch den sehr Guten noch als Bester vorzustehen. Die Antworten darauf sind so unterschiedlich wie die Menschen, um die es in diesem Kapitel geht. Nur in einem sind alle einig: Wer als Seriensieger und Ausnahmekönner Geschichte schreiben will, erreicht das nicht, wenn er nicht um das entscheidende Bisschen mehr arbeitet als die Konkurrenz.

»Ich glaube schon, dass ich mehr trainiert habe als die anderen. Nicht im regulären Training, sondern daheim. Ich bin in der Früh aufs Kitzsteinhorn und erst am Nachmittag wieder heimgekommen, ich war praktisch immer auf dem Berg – auch ohne Trainer. Vielleicht hat auch das zu meinen Erfolgen beigetragen«, glaubt Annemarie Moser-Pröll. Marcel Hirscher, der achtfache Gesamtweltcup-Sieger, erklärt in der nur ihm gewidmeten *Red-Bulletin*-Sonderedition *Heroes*, warum es für ihn in jedem Training wichtig war, dieses in einem, wie er es nennt, »Racemodus« zu absolvieren und dabei nicht nur an, sondern über seine Grenzen zu gehen: »Ich ziehe mich nicht für ein Training in

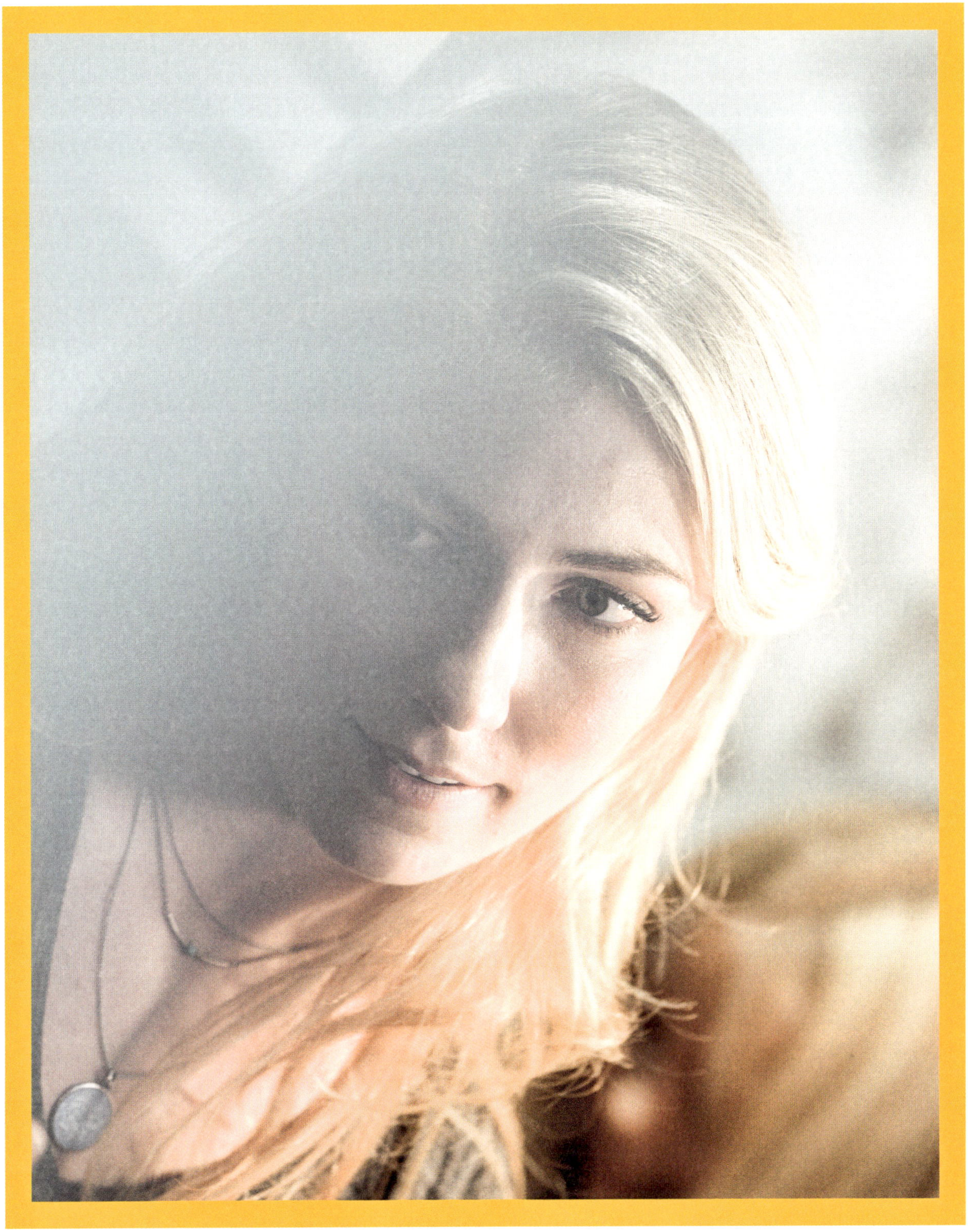

Freude um, von dem ich schon weiß, dass es wehtun wird. Dieser Racemodus, der pusht! Treibt mich und trägt mich durch. Auch den einen Schritt über mein Limit hinaus. Der Schritt macht den Unterschied. Weil: Den können nicht viele gehen.«

Wie sich so eine Einstellung auswirkt, beschreibt der inzwischen ebenfalls aus dem Skizirkus zurückgetretene Norweger Aksel Lund Svindal, auch einer der ganz Großen dieses Sports, der einen Herausragenden wie MARCEL HIRSCHER so charakterisiert: »Bei ihm bekamst du keine Sekunde Pause, keinen Millimeter Spielraum. Hermann Maier konnte das im Super G, ich auch, aber Marcel machte das über viele Jahre im Slalom und Riesentorlauf. Wenn du ihn sahst, schaute es für die anderen zwar immer wie Risiko aus, aber bei ihm war es keines, weil er im Ziel ankam.« Für Svindal ist die ehrliche, wenn auch manchmal unangenehme Bestandsaufnahme des eigenen Aufwands der Schlüssel, um von einem Sieger zum Seriensieger aufzusteigen: »Wenn ich sehe, ein anderer trainiert mehr, tut mehr für den Erfolg, muss ich so ehrlich sein, um zu sagen: Ich kann der Zweitbeste sein. Diese Ehrlichkeit ist der größte Unterschied zwischen den Besten und denen dahinter, denn nur mit ihr kannst du deine Schwächen verbessern. Ob das mental, technisch oder im Kraftsegment ist: Du musst mit deiner Arbeit in die ganz schwierigen Bereiche vordringen, die du nicht so gern hast.«

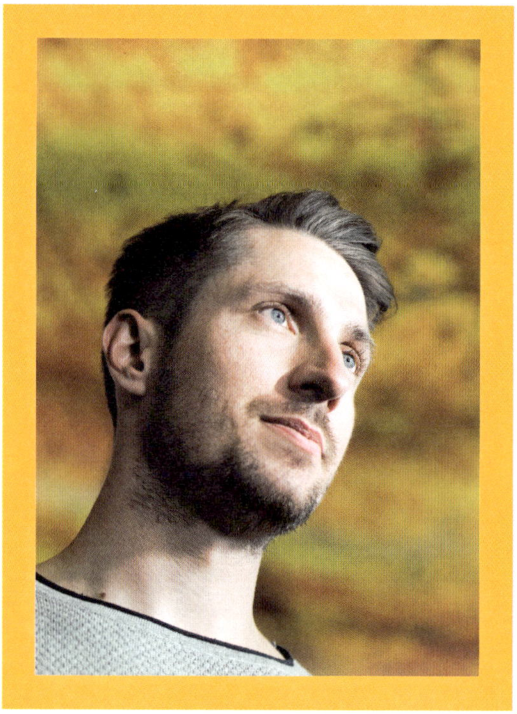

Und auch wenn sich vom Material, den Pisten und der Trainingslehre in den Jahrzehnten unglaublich viel geändert hat, war das in der sogenannten guten alten Zeit nicht anders. Denn wenn etwa der ehemalige deutsche Skifahrer Christian Neureuther, dessen Sohn Felix sich unzählige packende Duelle mit Hirscher geliefert hat, von seinem Freund INGEMAR STENMARK (im Bild als Kandidat bei der schwedischen Ausgabe von *Dancing Stars*) redet, kommt beim Erklärungsversuch für die Klasse des bis heute an Einzelsiegen erfolgreichsten Fahrers im Weltcup zwar schon ein Satz wie dieser: »Da hat der liebe Gott so viel Genetik, angeborene Eigenschaften wie Schnellkraft, Koordinationsfähigkeit, vor allem aber auch mentale Stärke in diesen einen Menschen hineingepackt. Und vor allem die mentale Stärke ist entscheidend, wenn es ums letzte Tüpferl geht. Da war der Ingemar uns allen haushoch überlegen.« Aber dass Stenmark ein phlegmatischer Geselle gewesen wäre, der sich auf seine Eleganz und seinen Stil verlassen hätte, ist eine Mär, weiß Neureuther aus erster Hand: »Da wurde immer vom ruhigen Schweden gesprochen. Na, die hatten eine Ahnung. Ingemar war innerlich ein Vulkan, der hat gebrodelt, weil er nicht verlieren konnte. Der war ehrgeizig bis dorthinaus und nicht zu siegen, war für ihn das Allerschlimmste.«

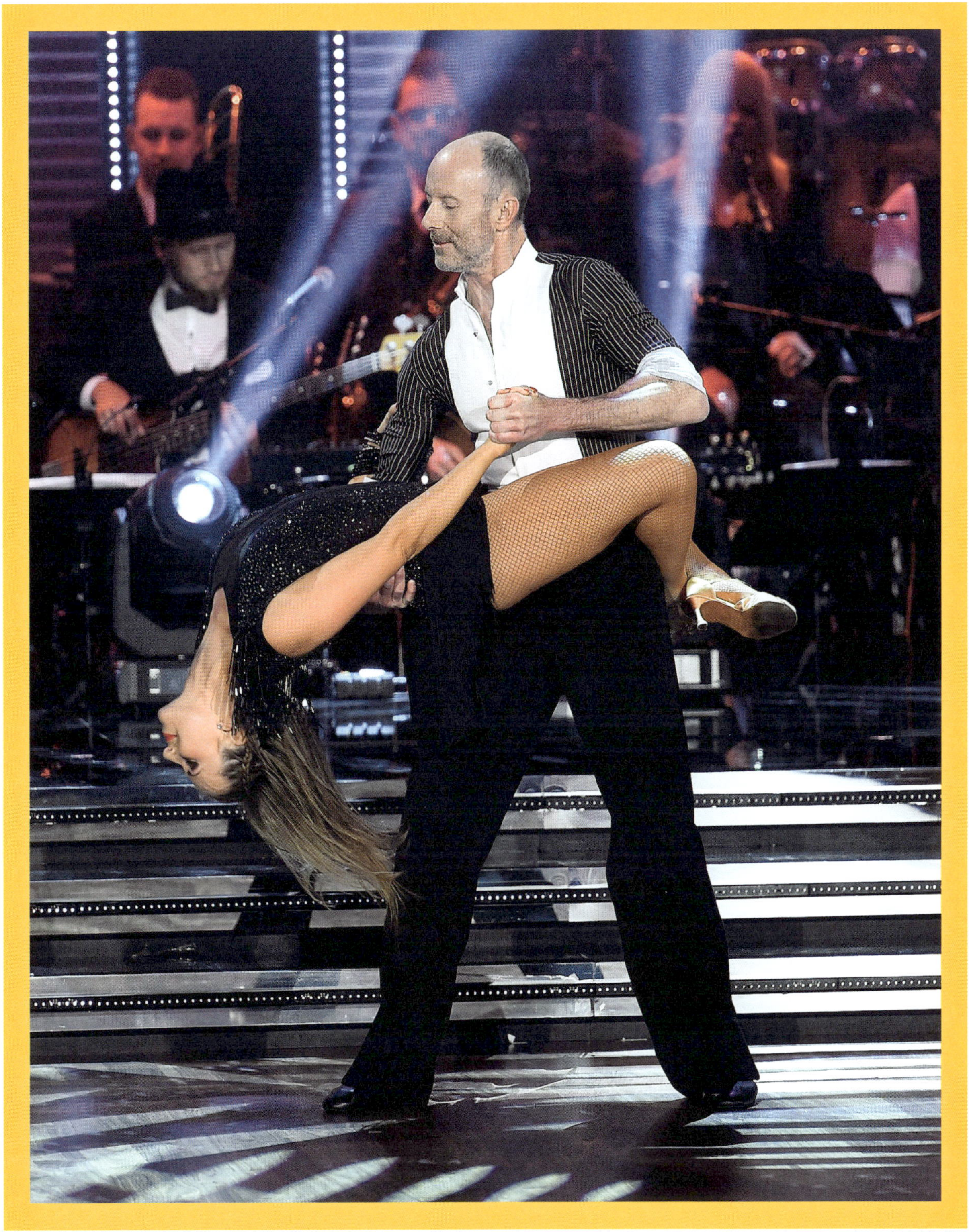

Dafür war auch Stenmark bereit, mehr zu tun als alle anderen. Nach dem Gewinn des Gesamt-Weltcups 1976 zum Beispiel flog er heim nach Schweden, wurde von einem Freund abgeholt und forderte den auf, bei der Heimfahrt einen Umweg zum Skihang zu machen, damit er die Schneeverhältnisse prüfen konnte. Denn bereits am nächsten Tag trainierte er wieder, als alle anderen nach der langen und kraftraubenden Olympiasaison einmal eine Weile keine Skier mehr sehen wollten: »Ich kenne keinen anderen Skirennfahrer, der das gemacht hätte«, sagt Neureuther.

Den brennenden Ehrgeiz, dieses Nicht-Verlieren-Können, kennt auch **ANNE-MARIE MOSER-PRÖLL** noch sehr gut: »Wenn ich am Start war, wollte ich siegen. Ich habe keinen Mentaltrainer gebraucht, weil ich mir im Starthaus selbst eingeredet habe, ich gewinne, weil ich die Beste bin. Ich bin immer für mich selbst gefahren und wer hinter mir Zweite wurde, war mir egal. Nur wenn ich die Zweite war, hatte ich einen regelrechten Hass.« Eine, die oft hinter Moser-Pröll Zweite war, das aber auch umdrehen konnte, wie etwa bei den Olympischen Spielen in Sapporo 1972, ist die Schweizerin Marie-Theres Nadig. Sie erzählt, dass trotz der erbitterten Rivalität auf der Piste das gegenseitige Verhältnis stets von großem Respekt getragen war und nennt das auch als Voraussetzung, um Seriensieger werden zu können: »Wenn ich durch meine Erfolge die Überzeugung gewinnen kann, dass ich alle schlagen kann, mir niemand mehr im Weg steht und trotzdem den Respekt vor der Konkurrenz nicht verliere, dann kann ich ein Siegläufer sein. Ohne Respekt den anderen gegenüber geht's nicht, glaube ich. Denn Hochnäsigkeit führt nicht zu Seriensiegen.«

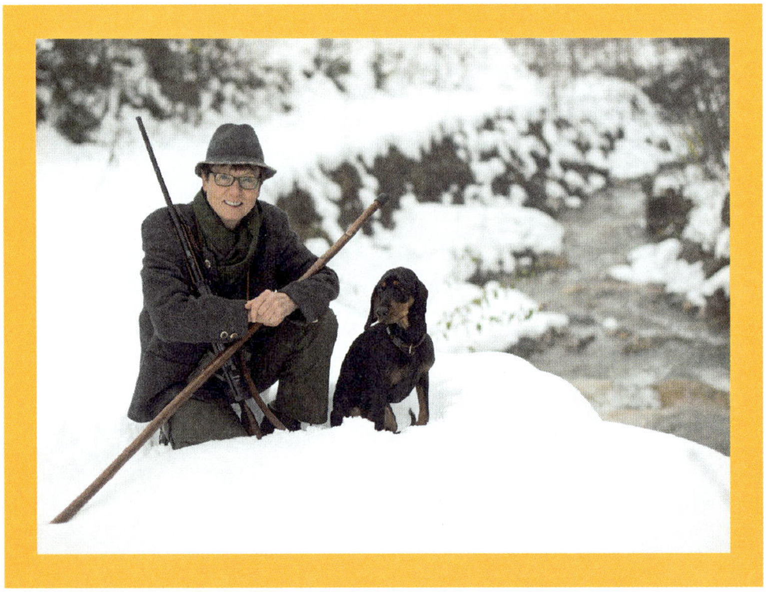

Nicht ganz so ausgeprägtes Talent kann man also offenbar mit noch härterer Arbeit kompensieren, nicht ganz so harte Arbeit mit Talent allein schon nicht mehr. Und ohne diese Siegermentalität im Kopf geht gar nichts, erzählt auch Ivica Kostelić, der Gesamt-Weltcupsieger von 2011: »Manchmal kann einer ein schlechterer Skifahrer sein, aber wenn er im Kopf und im Herzen ein Gewinner ist, kann er stärker sein als ein technisch perfekter Läufer.« Auch für Gustav Thöni, den vierfachen Gewinner der großen Kristallkugel, ist das Mentale entscheidend: »Ich hatte etliche Kollegen, die im Training sogar schneller waren als ich. Aber sobald das Weltcup hieß und sie eine Startnummer am Leib hatten, waren sie dann oft zwei Sekunden hinter mir.« Was die Großen ausmacht, weiß auch Franz Klammer, der bis heute die meisten Weltcup-Abfahrtssiege geholt hat: »Diese Leute gewinnen oft nur um Hundertstel, aber sie wollen den Sieg um genau das mehr. Stenmark war so einer, Tomba auch, der war eine Macht – und natürlich Hermann Maier. Der Sieg kommt nie zu dir, du musst immer zum Sieg kommen. Und viele sehr gute Skifahrer haben diesen Punch nicht.«

Dass das nicht zwingend so genannte »harte Hunde« sein müssen, sondern durchaus sehr sensible Wesen sein können, beweist die Schweizerin **VRENI SCHNEIDER**, mit ihren 55 Siegen hinter Vonn, Moser-Pröll und Shiffrin die vierterfolgreichste Skirennläuferin der Weltcup-Geschichte: »Ich hatte nicht so gute Nerven. Beim Warten hinter dem Starthaus bin ich oft fast draufgegangen. Aber kaum war ich dann drinnen, wusste ich, jetzt bin ich stark und sagte mir: Schneiderlein, jetzt gibt's aber einen Bombenlauf. Und ich glaube, wenn man sich in so einem extremen Moment vom Druck und der Nervosität wieder befreien kann, ist man schon jemand, der dann auch mehrere Sachen gewinnen kann.»

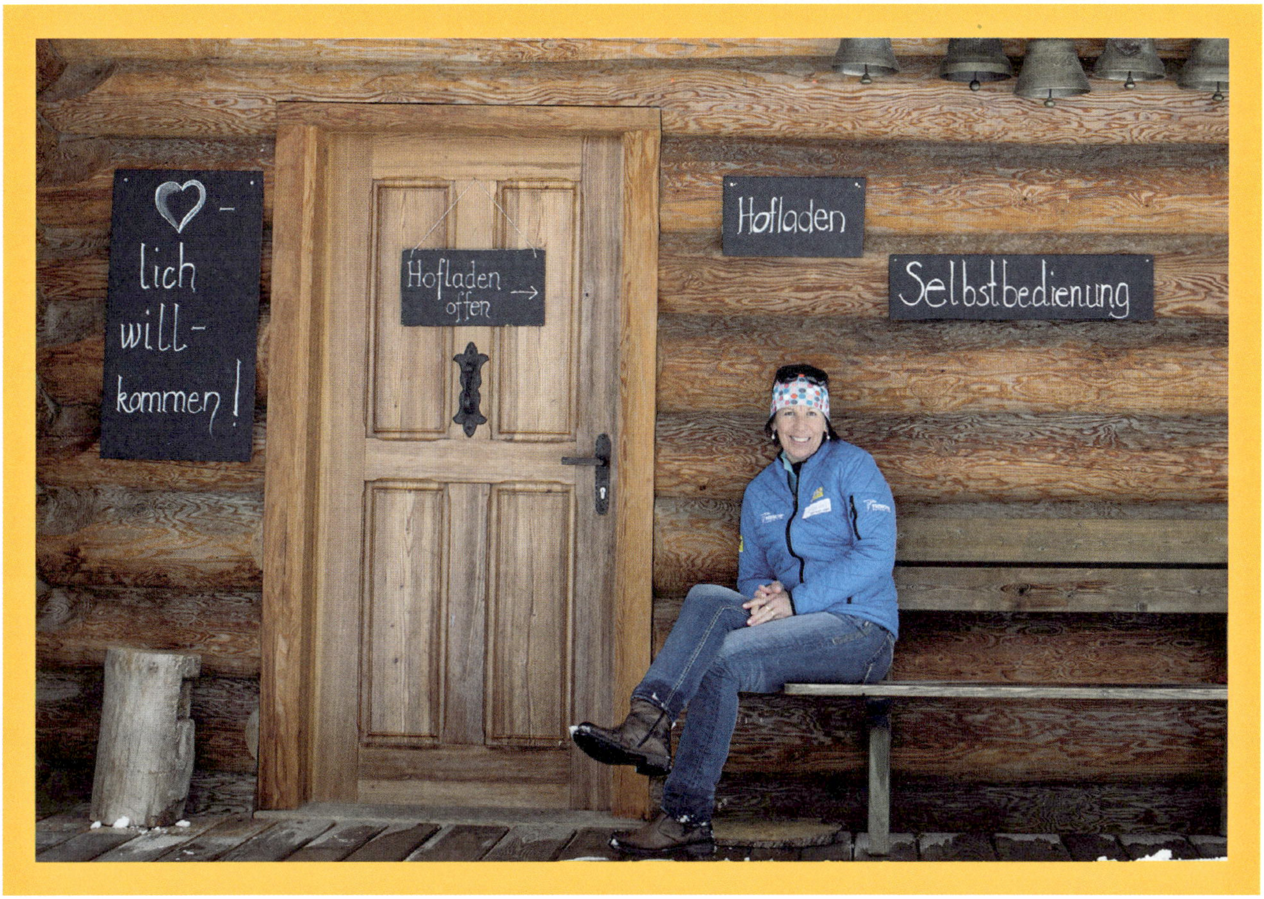

Stärke im Kopf, ungeheure Selbstdisziplin und Willenskraft braucht es aber nicht nur auf der Piste, sondern auch nach schweren Verletzungen, von denen drei der »Glorreichen Zwölf« besonders schlimm betroffen waren. Bei LINDSEY VONNs Krankengeschichte bekommt man beim Lesen fast schon selbst Schmerzen, aber die Amerikanerin ließ sich von Kreuzbandrissen und diversen Brüchen nicht aus der Bahn werfen, kam immer wieder zurück und brach einen Rekord nach dem anderen. Nur der von Stenmark ging sich nicht mehr aus, denn irgendwann zeigt ein Körper auch dem stärksten Geist die Grenzen auf. MARC GIRARDELLI wiederum startete seine Karriere bereits als Beeinträchtigter: Nach einer schweren Knieverletzung stufte ihn die Versicherung als 15-prozentigen Teilinvaliden ein. Aber weder das noch weitere schwere Verletzungen hielten ihn vom fünfmaligen Gewinn des Gesamt-Weltcups ab. Und dann ist da natürlich noch die Geschichte von HERMANN MAIER, den am Höhepunkt seiner Erfolge ein Motorradunfall in die Intensivstation brachte, der dort um sein Leben und, nachdem diese Gefahr gebannt war, um sein Bein zittern musste. Die Geschichte seiner Rückkehr in den Skisport ist einzigartig, sagt aber mindestens so viel über diesen Aus-

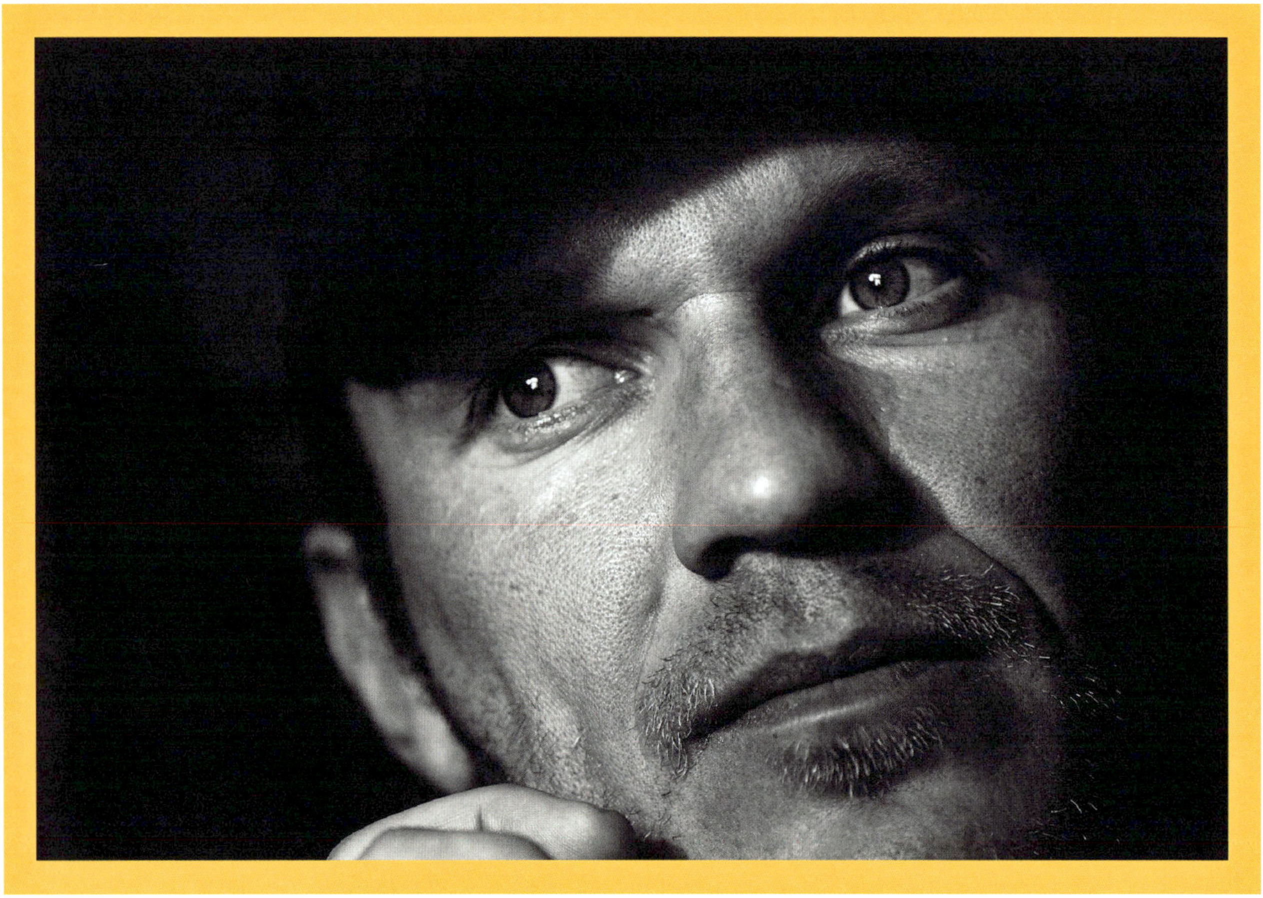

nahmesportler und ungewöhnlichen Menschen aus wie seine Siege. In seiner Autobiografie *Das Rennen meines Lebens* schrieb er: »Maurer sein, das ist ein feines Leben. Aber Skirennläufer zu sein, das ist ein Traum!« Menschen wie er sind offenbar mehr als die meisten anderen bereit, diesen Traum nicht nur zu haben, sondern dafür auch härter zu arbeiten. Sie machen nicht nur auf dem Gipfel gute Figur, sondern kommen manchmal mit noch mehr Kraft- und Energieaufwand als beim Aufstieg auch aus den Tälern wieder heraus. Um unverzüglich das nächste hohe Ziel anzuvisieren.

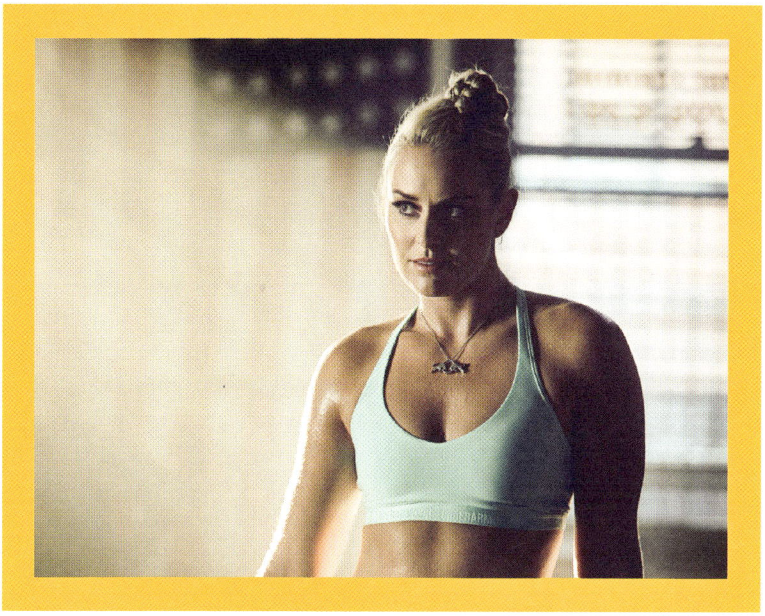

Und egal, wieviel sie in einer Saison auch erreicht haben: In der neuen stehen sie im Sinn des Wortes Jahr für Jahr wieder am Start. Stephan Eberharter, viele Jahre der größte Rivale von Hermann Maier und selbst zweifacher Weltcup-Gesamtsieger, beschreibt das so: »Für mich ist Marcel Hirscher der größte Superstar, den es gibt. Aber er hat keinen Bonus, weil er bei Olympia eine Medaille oder weil er den Weltcup gewonnen hat. Er kriegt dafür in der neuen Saison nicht einen einzigen Punkt geschenkt, sondern muss wieder bei null anfangen wie alle anderen. Und er muss ab April Vollgas geben, damit er seine Leistung im Winter wieder bringen kann. Da gibt es nichts Ehrlicheres als den Sport.«

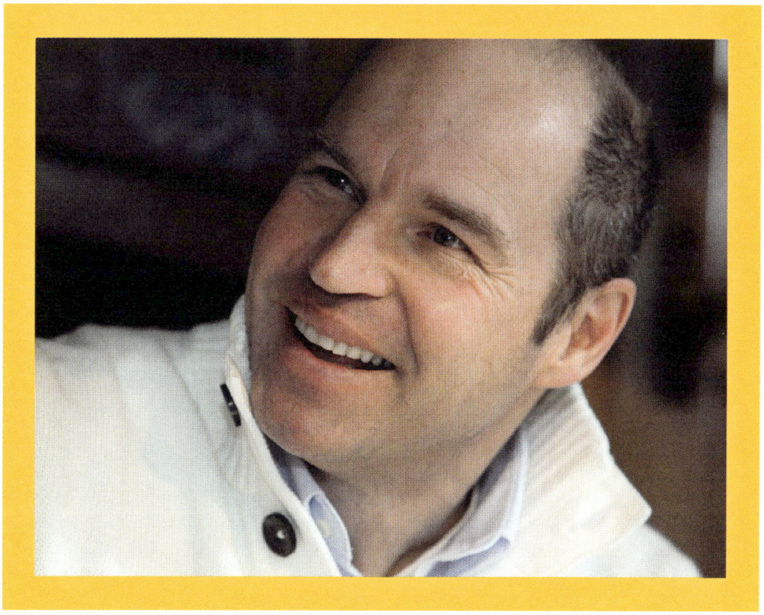

Da hat Eberharter zweifellos recht, und das gilt grundsätzlich alle Jahre wieder für jeden. Aber manche schaffen es trotzdem schneller und über einen Zeitraum von vielen Jahren von null wieder auf hundert als andere. Und deshalb stehen deren Namen zurecht ganz oben in den Ski-Geschichtsbüchern.

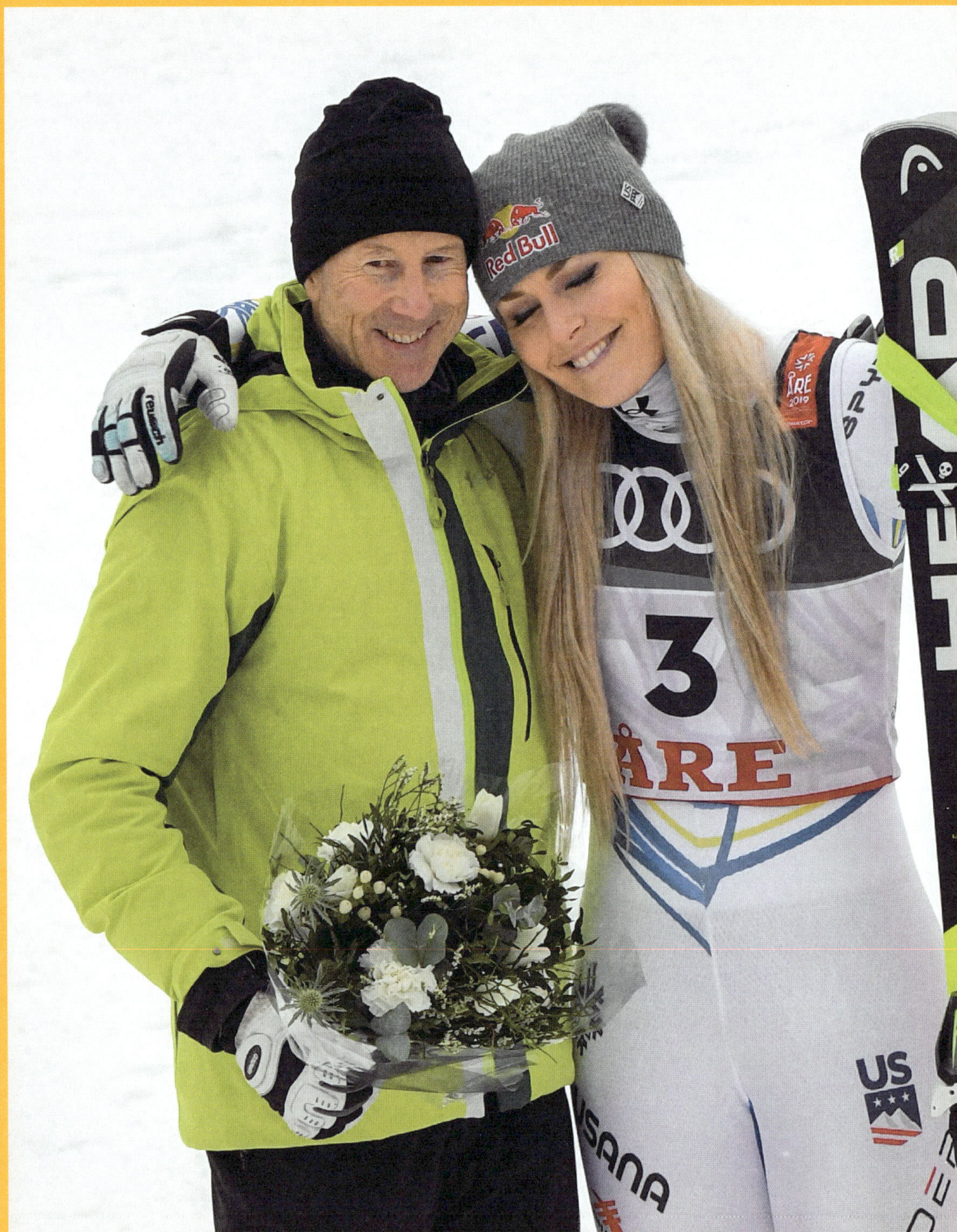

INGEMAR STENMARK + LINDSEY VONN

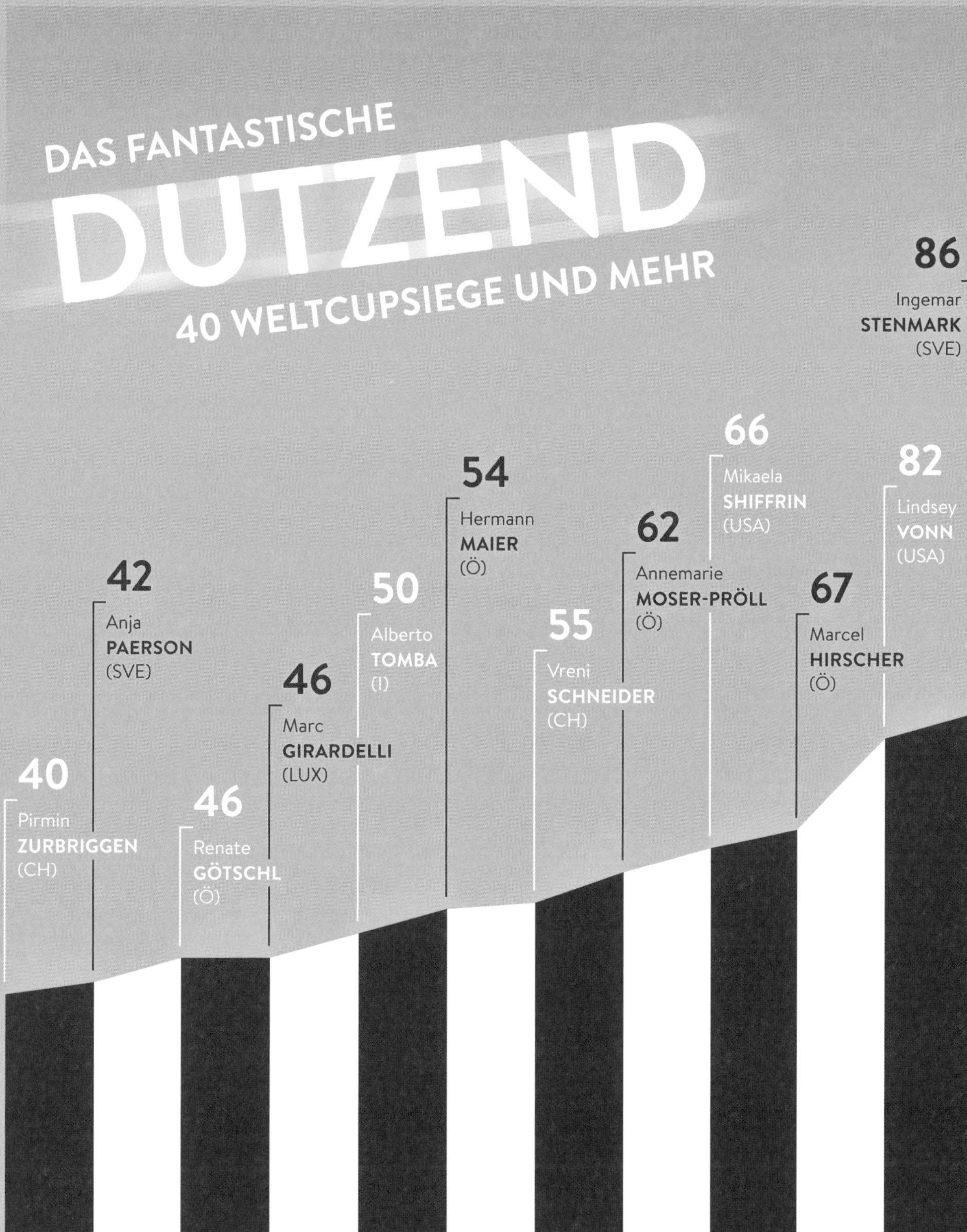
DAS FANTASTISCHE
DUTZEND
40 WELTCUPSIEGE UND MEHR
40
Pirmin
ZURBRIGGEN
(CH)
42
Anja
PAERSON
(SVE)
46
Renate
GÖTSCHL
(Ö)
46
Marc
GIRARDELLI
(LUX)
50
Alberto
TOMBA
(I)
54
Hermann
MAIER
(Ö)
55
Vreni
SCHNEIDER
(CH)
62
Annemarie
MOSER-PRÖLL
(Ö)
66
Mikaela
SHIFFRIN
(USA)
67
Marcel
HIRSCHER
(Ö)
82
Lindsey
VONN
(USA)
86
Ingemar
STENMARK
(SVE)

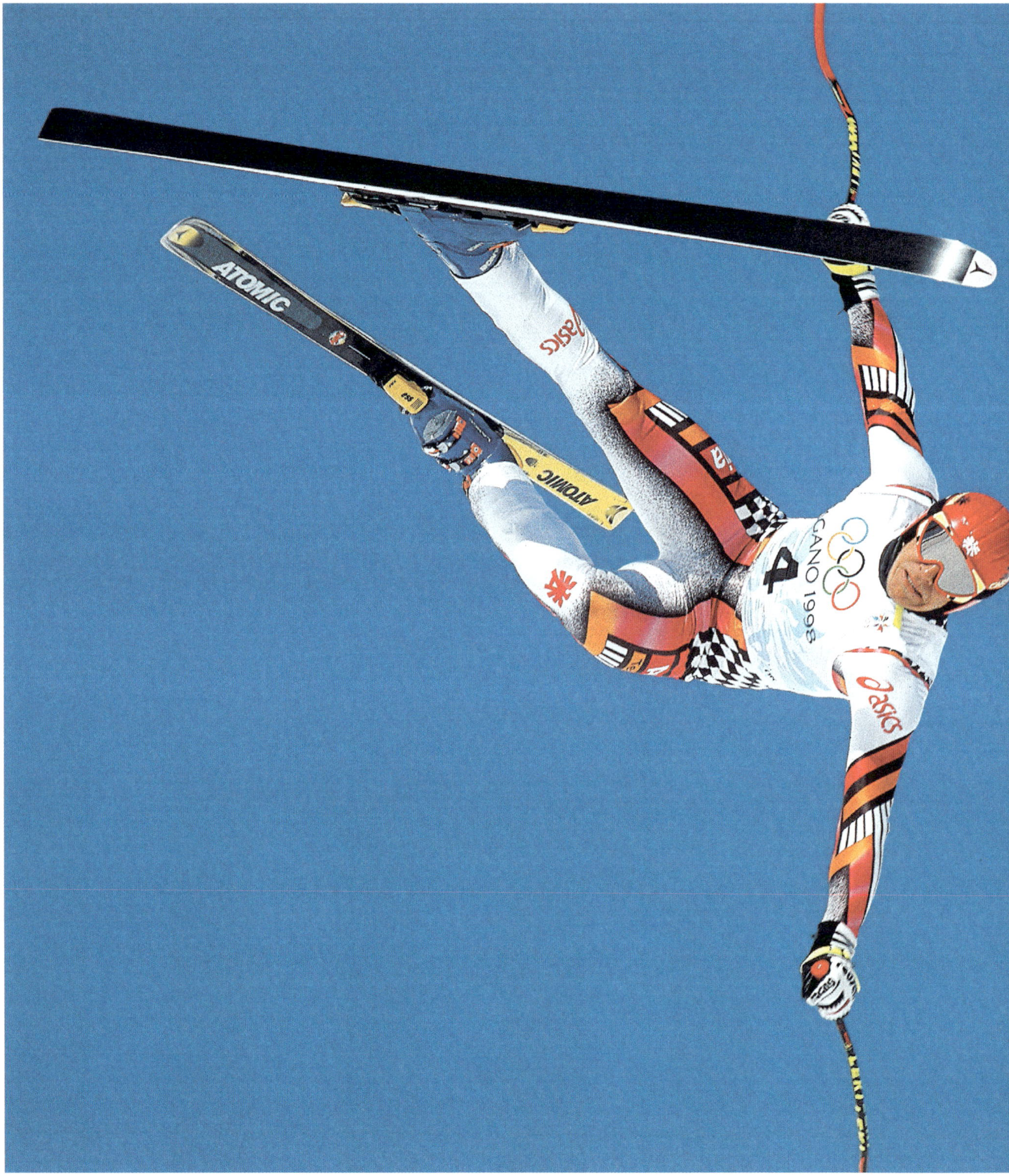

HERMANN MAIER (NAGANO 1998)

KAISER UND ÜBER-IRDISCHE

Warum Olympische Spiele immer wieder einen ganz speziellen Ruhm begründen.

Hand aufs Herz: Wer kann auswendig die Namen der Weltcup-Gesamtsieger von 1972, 1976 oder 1998 sagen, ohne im Internet nachzuschauen oder schnell zum Anhang dieses Buches weiterzublättern? Aber Schranz 1972, Klammer 1976 und Maier 1998 – das sagt wohl jedem spontan etwas. Weil es um Skigeschichte geht, die im Zeichen der olympischen Ringe geschrieben wurde. Und das ist, wenn man so will, das gleichermaßen Faszinierende wie auch Ungerechte, denn Annemarie Moser-Pröll, Gustav Thöni, Rosi Mittermaier, Ingemar Stenmark, Katja Seizinger und ja, richtig, Hermann Maier sind ja jetzt nicht gerade Namen, die man erst einmal nachblättern müssen sollte.

Aber merkt man sich im eigenen Leben als einfacher Durchschnittsbürger nicht auch den spannendsten Moment eines Zeitraums von vier Jahren eher, als den wiederkehrenden Alltag mit seinen Berg- und Talfahrten? Deshalb ist die seit Jahrzehnten aufflammende Diskussion über die Wertigkeit einer Olympiamedaille im Vergleich mit einem Weltcup-Gesamtsieg obsolet. Weil es um zwei ganz verschiedene Dinge geht. Das eine ist solider Leistungsnachweis für konsequente, harte Arbeit über einen langen Zeitraum, der kaum Platz für Überraschungen und Unwägbarkeiten aller Art lässt. Und der letztlich immer Gewinner erzeugt, die unstrittig sind. Das andere ist ein inzwischen zum gigantischen Geschäftszweig angewachsenes Sport-Event, das in erster Linie von zwei Dingen lebt: Von seiner mit antiker Helden-Historie verbrämten Exklusivität und der Tatsache, dass es sich rar macht, indem es nur alle vier Jahre stattfindet. In der durchschnittlichen Karriere eines Athleten mit wenigen Ausnahmen also nur zwei- bis dreimal.

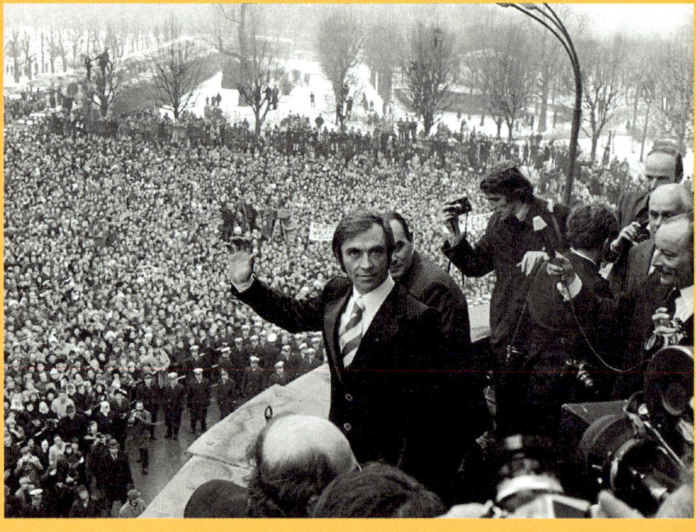

Öfter hat kaum jemand der Ski-Gladiatoren die Möglichkeit, sich – wie es im Zusammenhang mit Olympia so oft heißt – »unsterblich« zu machen. Ein Begriff, der gut dazu passt, dass die Spiele in der Antike eine eher religiöse als sportliche Veranstaltung waren und zu Ehren von Göttervater Zeus abgehalten wurden. Wenn man jetzt die drei anfangs erwähnten Herren hernimmt und sich anschaut, was sie ausgelöst haben, kommt das schon durchaus mehr einem »religiösen« Anhimmeln gleich, als einer Anerkennung sportlicher Leistung. **KARL SCHRANZ** musste 1972 nicht einmal einen Meter auf dem Schnee von Sapporo fahren – er wurde allein wegen seines Ausschlusses von den Spielen gleichermaßen als »Kaiser Karl« wie als Märtyrer im Kampf gegen finstere

Mächte gefeiert und verehrt. Manch griechischer Held wäre da nachträglich vor Neid erblasst.

Als der 22-jährige Bauernbub **FRANZ KLAMMER** am 5. Februar 1976 im kanariengelben Rennanzug als Schnellster den Patscherkofel in Innsbruck herunterfuhr, titelte die *BILD-Zeitung* am nächsten Tag: »Österreich ist wieder Monarchie!« Und bis heute wird der Abfahrts-Champion da und dort noch als »Kaiser Franz« angesprochen.

In ganz andere Sphären drang der Dritte im Bunde vor. Für **HERMANN MAIER**s 40-Meter-Flug samt Sturz in den Tiefschnee bei der Abfahrt von Nagano 1998 und den darauffolgenden Gewinn zweier Goldmedaillen fand man medial keine Entsprechung mehr auf diesem Planeten und beförderte ihn folgerichtig gleich zum Über- und Außerirdischen. Sogar die *Süddeutsche Zeitung*, ansonsten eher für distanzierte Zurückhaltung bekannt, konnte nicht mehr an sich halten und schrieb später einmal über das Phänomen Maier: »Nahe dran an Zeus ... Das mag überhöht klingen, zu heroisch, zu kitschig, aber was soll man sagen: So ist es nun mal!«

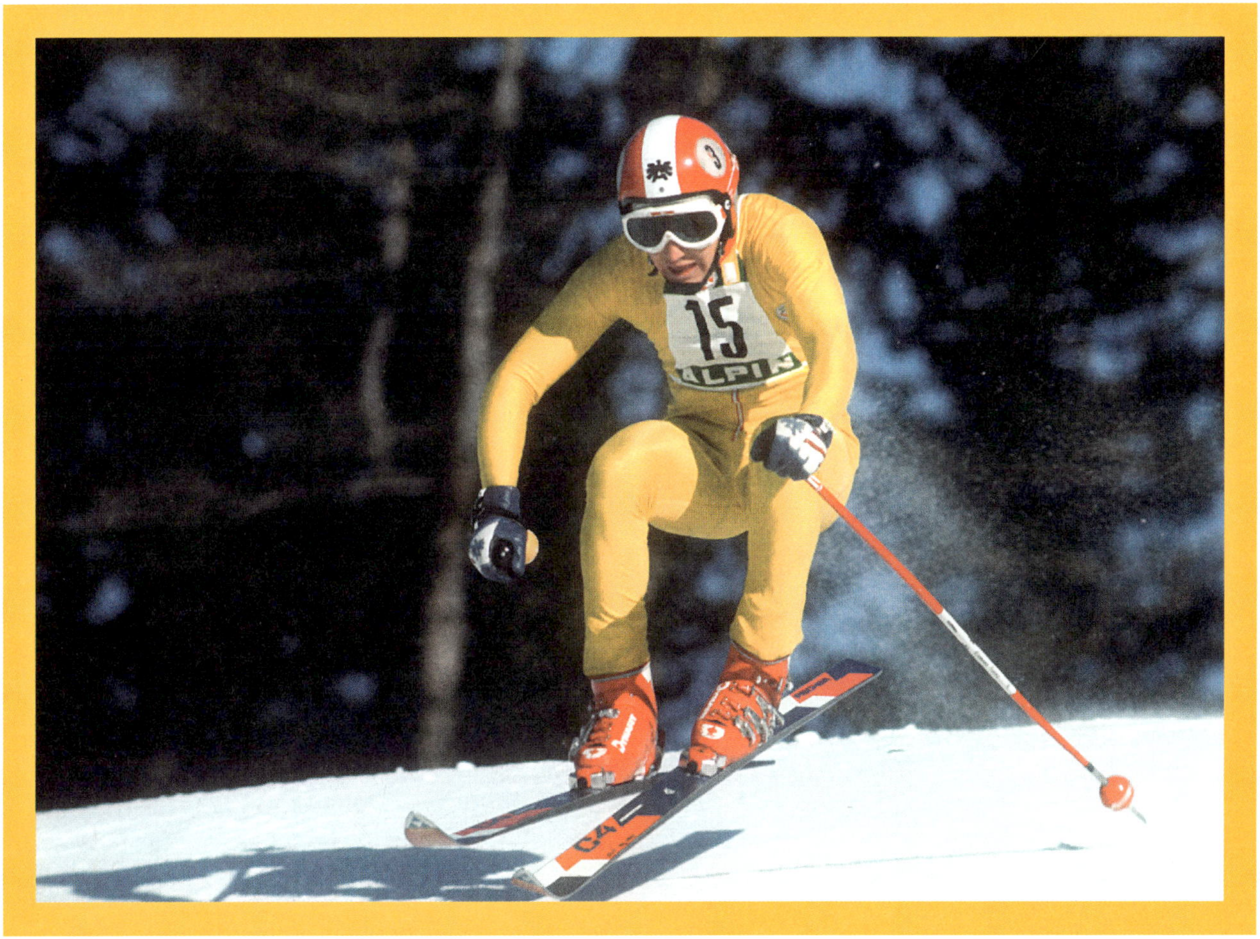

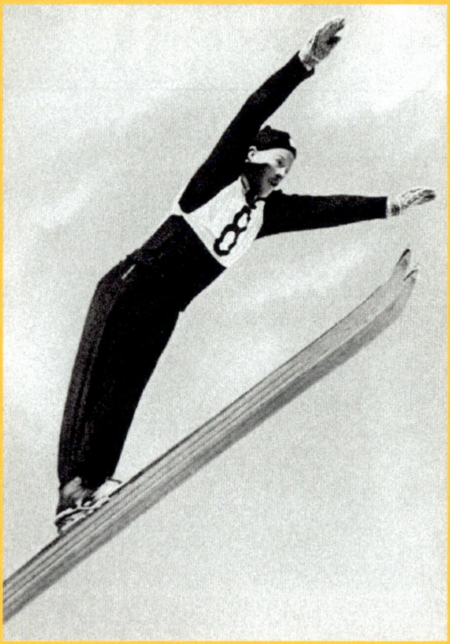

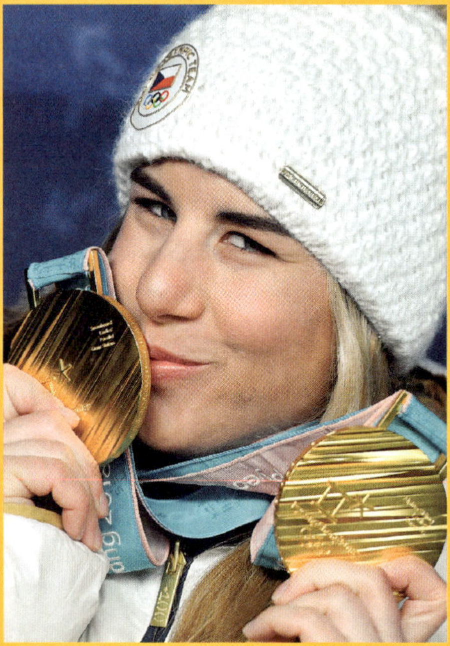

Man sieht also zusammenfassend eines: Bei Olympia geht es schon auch um das Gebären moderner Heldensagen, nicht nur um schnelle Zeiten.

Ob diese Geschichten für Hollywood geeignet sind oder nur fürs Vorstadt-Kino taugen, hängt natürlich von den Protagonisten ab, ist aber manchmal auch der Zeit geschuldet, in der sie stattfinden. Als der Norweger **BIRGER RUUD** bei den Olympischen Spielen 1936 in Garmisch-Partenkirchen nicht nur den alpinen Abfahrtslauf, sondern auch das Skispringen gewann, rührte, salopp gesprochen, kaum jemand ein Ohrwaschel. Denn es war damals nicht die Ausnahme, sondern die Regel, dass sich viele Skifahrer auch als Springer versuchten – es hüpfte halt nicht jeder so weit wie Ruud.

Als 82 Jahre später in Pyeongchang die 23-jährige Tschechin **ESTER LEDECKÁ** den olympischen Super G gewann und eine Woche darauf auf dem Snowboard den Parallel-Riesentorlauf, spielte es hingegen Traumfabrik. Da waren alle Zutaten für ein neues Wintermärchen drinnen: Die junge, coole Athletin aus der jungen, coolen anderen Sportart, die um eine Hundertstelsekunde der Alpin-Gigantin Anna Veith Gold wegschnappte, die ihrerseits auch eine wunderbare Erfolgsgeschichte abgegeben hätte an diesem Tag und im Zielraum schon erste Interviews als vermeintliche Siegerin gegeben hatte. Das alles gelang Ledecká auch noch auf alten Skiern der neuen Ski-Königin Mikaela Shiffrin. Mehr brauchte es nicht für Pisten-Hollywood in Südkorea. Und wenn, dann hätte es da noch Esters Opa Jan gegeben, der mit dem tschechischen Eishockey-Nationalteam 1968 Olympia-Silber geholt und 1972 den WM-Titel erobert hatte. Oder Ledeckás Vater Janek, der in der Heimat ein gefeierter Popstar ist und unter anderem ein Musical nach Shakespeares »Hamlet« komponiert hat.

Zuviel Glitter? Zuviel Drumherum? Definitiv, aber es geht auch anders: Das beste Ergebnis im alpinen Super G war für die tschechische Snowboard-Weltmeisterin im Ski-Weltcup bis zu ihrer Goldfahrt von Pyeongchang ein 19. Platz gewesen, den Gesamtweltcup schloss sie in der Olympiasaison auf Rang 54 ab. Und genau das ist Reiz und Dilemma von Olympia. Da ist auf der einen Seite eine wirklich schöne, außergewöhnliche Geschichte, und Ester Ledecká war eine sympathische Siegerin, ohne Frage – eine verdiente nach über einen längeren Zeitraum messbaren sportlichen Kriterien war sie im alpinen Super G nicht.

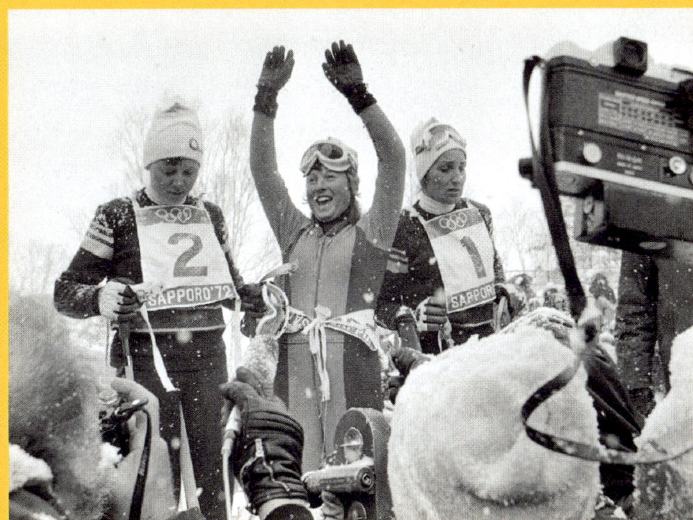

Es gibt aber auch die Gegenbeispiele, jene von Athletinnen und Athleten, die sich über Jahre an der Spitze manifestiert haben, ihre Klasse aber nicht in olympischem Gold ausdrücken können. Wie eben Karl Schranz, der bei drei Anläufen die für ihn selbst enttäuschende Ausbeute von nur einer Silbermedaille ergatterte und vor dem geplanten vierten und letzten Versuch vorzeitig des Teilnehmerfeldes verwiesen wurde. Oder Annemarie Moser-Pröll, die schon sechsmal den Gesamt-Weltcup gewonnen hatte und erst im letzten Abdruck 1980 bei den Spielen in Lake Placid zu ihrem ersehnten Gold kam, nachdem sie in Sapporo zweimal von Marie-Theres Nadig besiegt worden war und in Innsbruck 1976 gerade pausierte. »Ich wollte ja eigentlich nur bis 1978 fahren, aber zum Schluss habe ich es mir schon selbst eingebildet, dass ich diese Goldmedaille unbedingt noch brauche«, erinnert sie sich. Man würde jetzt meinen, dass beim Abfahrtsrennen eine völlig verbissene Moser-Pröll am Start gestanden wäre, aber betrachtet man die Bilder von damals, sieht man sie im Starthaus lachen: »Ich habe mich in dem Moment so gefreut auf dieses Rennen, aber mein Gesichtsausdruck muss aus dem Unterbewusstsein gekommen sein, anders kann ich mir das nicht vorstellen. Denn ich habe mich nicht an den Start gestellt und bewusst gelacht.« Im Ziel konnte sie das tun und heute ist diese 1972 so große Wunde der Besiegten von Sapporo nicht nur geschlossen, sondern die erfolgreichste Läuferin ihrer Zeit ist nicht einmal mehr sicher, ob es für sie nicht wichtig war, dort eben nicht zu gewinnen: »Ich hatte davor schon Erfolge gehabt und mir war der Rummel damals viel zu viel. Ich hatte das Gefühl, die Leute spinnen alle, die erdrücken mich innerlich. Ich weiß nicht, wie es gewesen wäre, wenn ich wie erwartet Doppel-Olympiasiegerin geworden wäre, wie ich das verkraftet hätte. Heute sehe ich Sapporo als Lebenserfahrung, auf der vielleicht viele Erfolge gewachsen sind.«

Der, die in Sapporo dieses doppelte Gold holte, und zwar ohne vorher ein Weltcup-Rennen gewonnen zu haben, war der Triumph über die große Moser-Pröll übrigens fast peinlich, wenn man **MARIE-THERES NADIG** heute sagen hört: »Ich habe verstanden, dass sie traurig ist, sie musste vor mir ja keine Angst haben. Ich habe mich nie auf einer Stufe mit ihr verglichen. Ob ich Doppel-Olympiasiegerin war oder nicht – sie war trotzdem höher als ich.« Ein wunderschönes Kompliment einer großen Sportlerin. Aber die zwei Medaillen lagen dann halt doch bei Nadig daheim in Flums in der Vitrine und nicht bei der »Höheren« in Kleinarl.

Aber was Moser-Pröll geschafft hatte, nämlich im Wissen um den allerletzten Versuch die ganze Klasse abrufen zu können für den einen, den entscheidenden Moment, das gelingt nur den ganz Großen. Einem wie **STEPHAN EBERHARTER** zum Beispiel, der 2002 als Seriensieger und haushoher Favorit in seinen Paradedisziplinen Super G und Abfahrt zu den Spielen nach Salt Lake City angereist war – und für seine Verhältnisse enttäuschend »nur« Silber und Bronze gewann. Der Riesentorlauf war die letzte Chance seiner langen und erfolgreichen Karriere, doch noch olympisches Gold zu gewinnen: »Erst zehn Minuten vor dem Start war ich im Kopf genau dort, wo ich in dem Moment hinmusste: Ich wusste, mein späteres Leben hängt nicht davon ab, ob ich diese Goldmedaille gewinne – aber ich wusste in diesem Moment auch, dass sie an diesem Tag mir gehören würde.« Tat sie dann auch. Eberharter nützte seine letzte olympische Chance, gewann vor **BODE MILLER** und **LASSE KJUS** und reiste mit Medaillen in allen Farben wieder in die Heimat zurück.

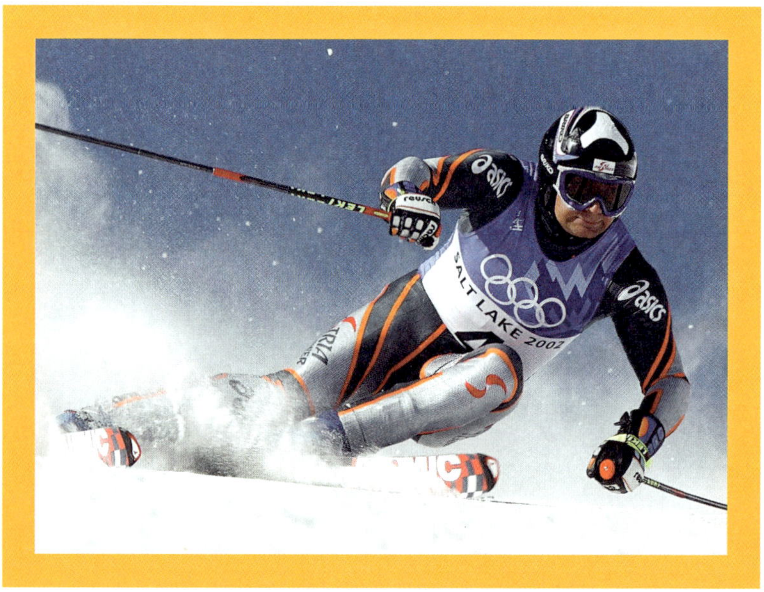

Diese Fähigkeit, dem Gehirn im alles entscheidenden Moment die richtige »Software« für den Sieg einzuspielen, zeichnet die Allerbesten aus, und deshalb haben fast alle von denen, die über Jahre ihre Sonderklasse gezeigt haben, auch irgendwann die olympische Beute gemacht. Die einen mit der Zeit, die anderen bei der ersten Gelegenheit – wie Franz Klammer bei seinem legendären Husarenritt zu Abfahrtsgold in Innsbruck 1976: »Ich wusste, ich muss es gewinnen und ich bin dort auch hingefahren, um Olympiasieger zu werden. Es war immer meine Stärke, die Leistung abzurufen, wenn es brenzlig wird«, erzählt er, gesteht aber auch, dass es nicht ganz ohne psychologischen Trick gegangen ist. Denn immerhin war die Erwartungshaltung so groß, dass in Österreich etliche Schulen den Kindern frei gaben, um die Herren-Abfahrt im Fernsehen mitverfolgen zu können: »Ich habe vorher irgendwo gelesen, dass sich **JEAN-CLAUDE KILLY** vor seinem Olympia-Triumph 1968 auf eine Almhütte zurückgezogen hat. Das habe ich dann auch getan – ohne Zeitung, ohne Radio, ohne Fernsehen. Aber trotzdem kamen mir leichte Zweifel, als Bernhard Russi ausgerechnet mit meiner Lieblingsnummer 3 eine Bestzeit hingeknallt hat, an die keiner herankam. Erst als ich ins Starthaus hinein bin, wusste ich: Ich gewinne dieses Rennen.« Die anderen waren da nicht mehr ganz so sicher, als ihm gleich einmal ein Fehler unterlief. Doch seine legendäre Aufholjagd im unteren Streckenteil ließen ihn und die Nation letztlich doch noch jubeln. Und begründete eine Popularität, die er damals in dem Ausmaß gar nicht fassen konnte: »Ich habe in der Sekunde realisiert, was ich gemacht habe, aber nicht, was daraus entstehen wird, und dass das Jahrzehnte später immer noch da ist.« Klammer war schlau genug, seine Bekanntheit als Steigbügel für das Leben nach dem Skisport zu nützen. Aber gereizt hat den bodenständigen Burschen, der ein paar Jahre vor seinem Gold-Rennen in Kärnten noch als Holzknecht gearbeitet hatte, das glatte Parkett nie wirklich, auf das man ihn danach natürlich zerrte: »Ich habe das mitgenommen und auch genossen, aber nicht gesucht und gebraucht. Es ist schön, in diese Gesellschaftsschichten reinzuschnuppern, aber mindestens so schön, sich dann auch wieder zurückziehen zu können. Ich habe das Außen mitgenommen, ohne dass es mich innerlich berührt hätte.«

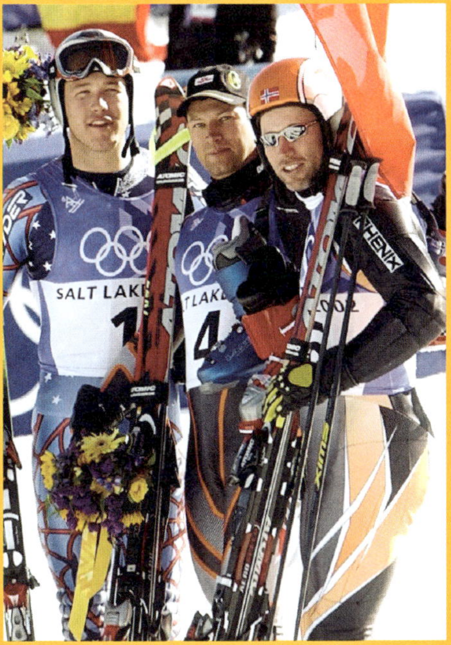

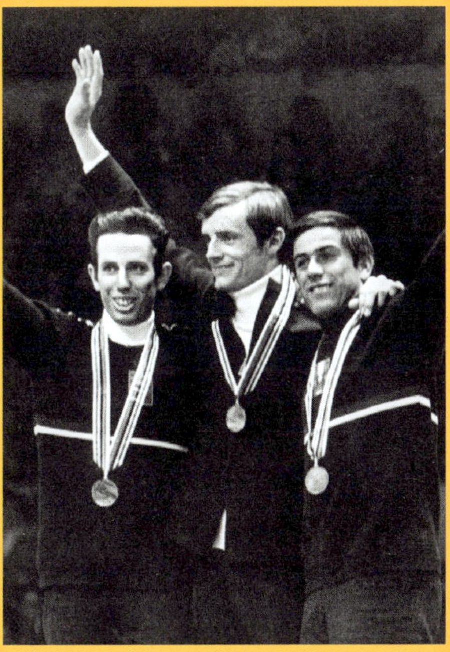

Innerlich zu sehr berührt war wohl eine, deren Name in sämtlichen Best-of-Rankings in diesem Buch aufscheinen würde, hätte sie ihre Karriere nicht nach nur drei Jahren mit erst 23 Jahren beendet – und das in dieser kurzen Zeit als bereits dreifache Gesamtsiegerin im Weltcup, als Weltmeisterin und Doppel-Olympiasiegerin: Petra Kronberger, die sehr früh entschieden hatte, »außen« nichts mehr mitzunehmen, weil es ihrem Innen fast während der gesamten kurzen, aber so erfolgreichen Laufbahn nicht gut genug gegangen war: »Es ist bei mir alles so schnell gegangen mit den Erfolgen, dass ich die gar nicht auskosten konnte. Sofort wurde von außen ein Druck aufgebaut, was ich denn nicht noch alles erreichen könnte«, sagt sie, und es ist wahrscheinlich symptomatisch, dass sie im ganzen Gespräch zwei Momente als positive Erlebnisse erwähnt, die auf den ersten Blick allem zuwider laufen, was man mit einer so erfolgreichen Spitzensportlerin verbindet.

Das eine war ein Autounfall in der Saison 1990/91, der sie zu einer dreiwöchigen Pause zwang: »Das war der Punkt, an dem ich runterfahren konnte und den ganzen Druck rauslassen, der vorher da gewesen war.« Es wurde, als sie wieder einstieg, ihre erfolgreichste Saison. Als erste Frau gewann sie Rennen in allen fünf Disziplinen, und in Saalbach-Hinterglemm krönte sie sich auch noch zur Abfahrts-Weltmeisterin. Der zweite Moment war einer, den so viele ersehnen und so wenige erreichen, den die meisten als Basis genommen hätten, um zu den Allergrößten in diesem Sport aufzusteigen. Es war der Moment, in dem **PETRA KRONBERGER** in Albertville 1992 nach der Kombination im Slalom ihr zweites Gold bei diesen Spielen gewonnen hatte: »Das war für mich der Punkt, an dem mein erster Gedanke war: Danke, das war's jetzt. Ich bin um diesen Moment so froh, weil er mir das Gefühl gibt, ich könnte jetzt eigentlich abtreten.«

Sie war körperlich und geistig schon so ausgezehrt von ihrem Erfolgslauf, dass sie in diesem Glücksmoment nur daran denken konnte, endlich aufzuhören. Stephan Eberharter erklärt sich das so: »Die Petra war ein ganz normales Mädel vom Land, und der

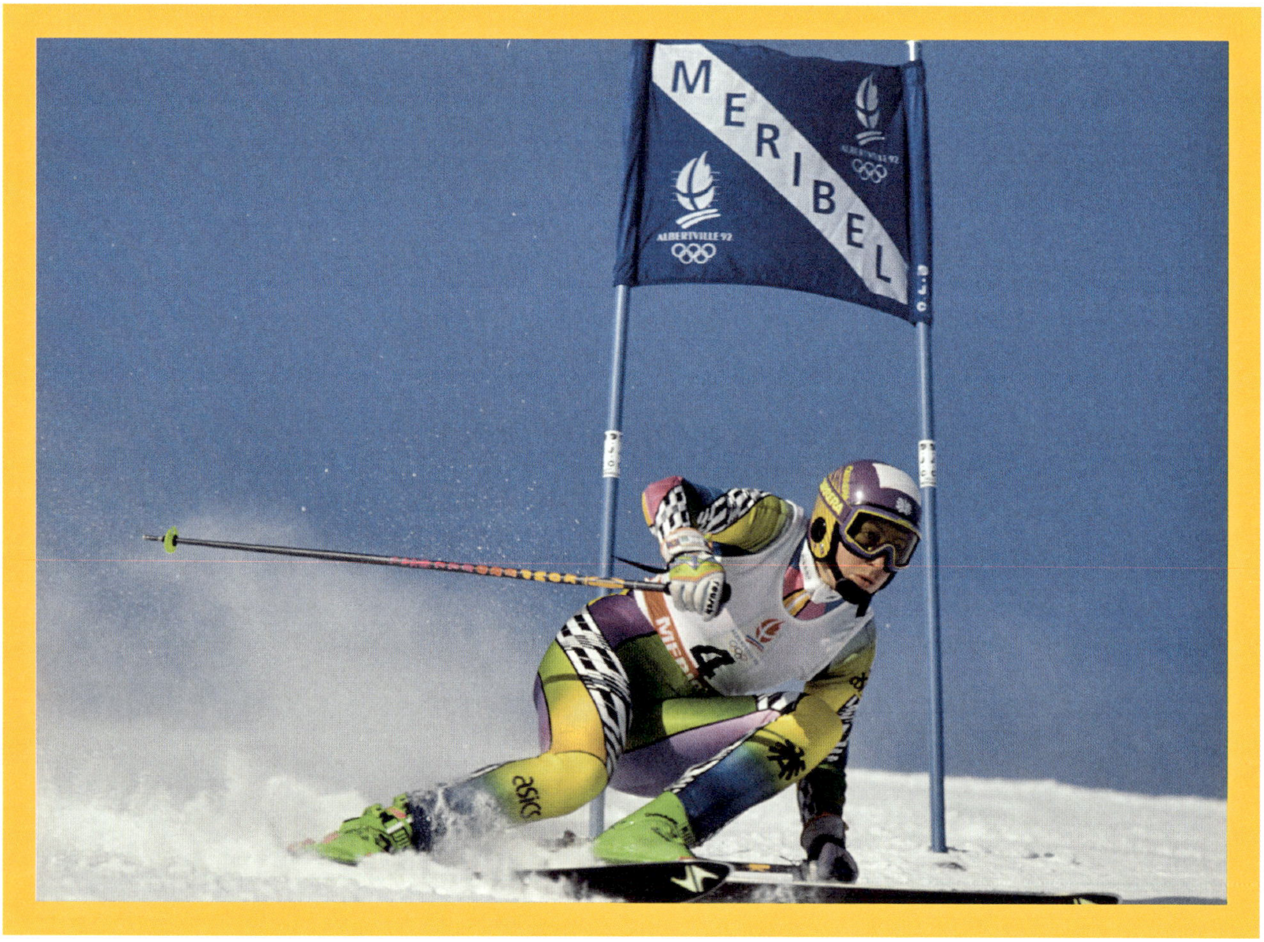

Erfolg, den sie in so kurzer Zeit gehabt hat, hat sie überrollt. Rein vom Menschen her, nicht von der Sportlerin, da ist sie ja auf ihrem Level geblieben. Aber sie konnte, glaube ich, nicht mehr sein, wie sie wollte und musste deshalb einfach weg. Raus. Irgendwo hin, wo sie keiner mehr kennt. Wenn du nämlich deine Anonymität verlierst, ist das etwas, mit dem nicht jeder in unserem Job klarkommt.« Kronberger bestätigt das indirekt auch, wenn sie sagt: »Ich wusste die Aufmerksamkeit schon zu schätzen, die mir entgegengebracht wurde, aber sie war auch eine Belastung, denn ich war schon ein scheuer Mensch. Ich hätte jemanden gebraucht, der mich da behutsam hineinführt, aber ich war so jung und es war keiner da, der mich ein bisschen an der Hand genommen und mich auf Dinge vorbereitet hätte, die man als Sportlerin auch braucht – wie eine Interviewschulung. Ich hätte ein bisschen mehr Zeit benötigt, aber die hatte ich nie.« Kurioserweise, weil sie sich auf der Straße des Erfolgs selbst überholt hat. Und irgendwann war die Karriere-Vollbremsung für Kronberger der letzte Ausweg. Nur wenige Monate nach ihrem doppelten Olympia-Triumph. Aber auch, wenn sie auf dem Weg in die olympische Ruhmeshalle in dem Moment abgebogen ist, in dem ihr dort die Türen sperrangelweit offenstanden: Geschichten wie die von Petra Kronberger sind oft die wichtigeren – im Leben wie im Sport. Sie glitzern zwar nicht so grell wie die vieler anderer, kommen ohne Lametta aus, aber dafür haben sie eine tiefe, nachhaltige Strahlkraft. Die von Menschlichkeit.

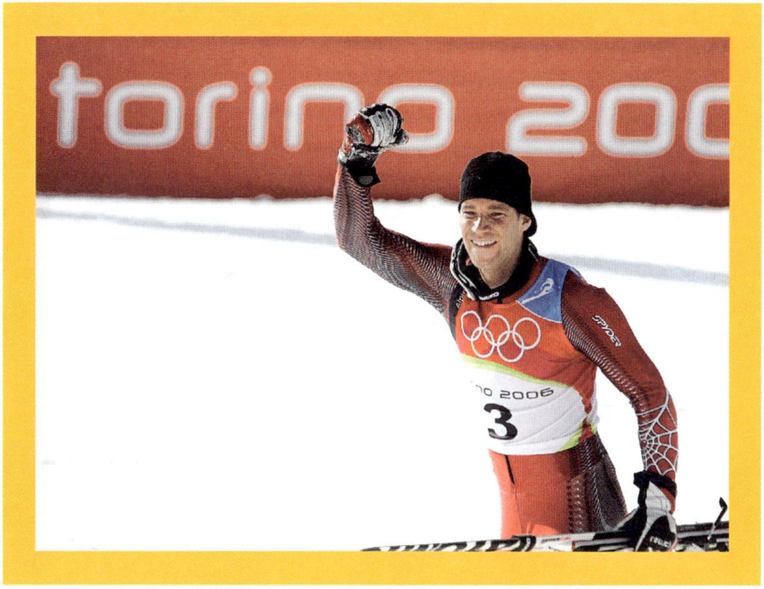

Ein Attribut, das auch auf einen der erfolgreichsten Skirennläufer hundertprozentig zutrifft. **BENJAMIN RAICH**, der so nett ist, dass bei seinen Rennen sogar Schweizer mit ihm mitgezittert haben, wie der Vater von Vreni Schneider: »Wenn der Benni gewonnen hat, hatte der Tränen in den Augen – so wie früher bei mir. Das war schon ein bisschen seltsam für mich, aber ich hab's verstanden, weil der ist einfach so ein Lieber.« Folgerichtig gestaltet er auch die Geschichte seines doppelten Goldmedaillen-Gewinns in Turin 2006 zur Hommage an die Menschen, die ihn das ganze Jahr über unterstützten, damit er seine Ziele überhaupt erreichen kann: »Ich habe mir 1988, mit zehn Jahren beim Olympia-Schauen das Ziel gesetzt, selbst einmal Olympiasieger zu werden. Vorstellen habe ich mir da nicht viel drunter können, aber 2006 war ich es dann. Und erst wenn du das erreichst, wird dir klar, was das eigentlich heißt. Das gibt es ja nur alle vier

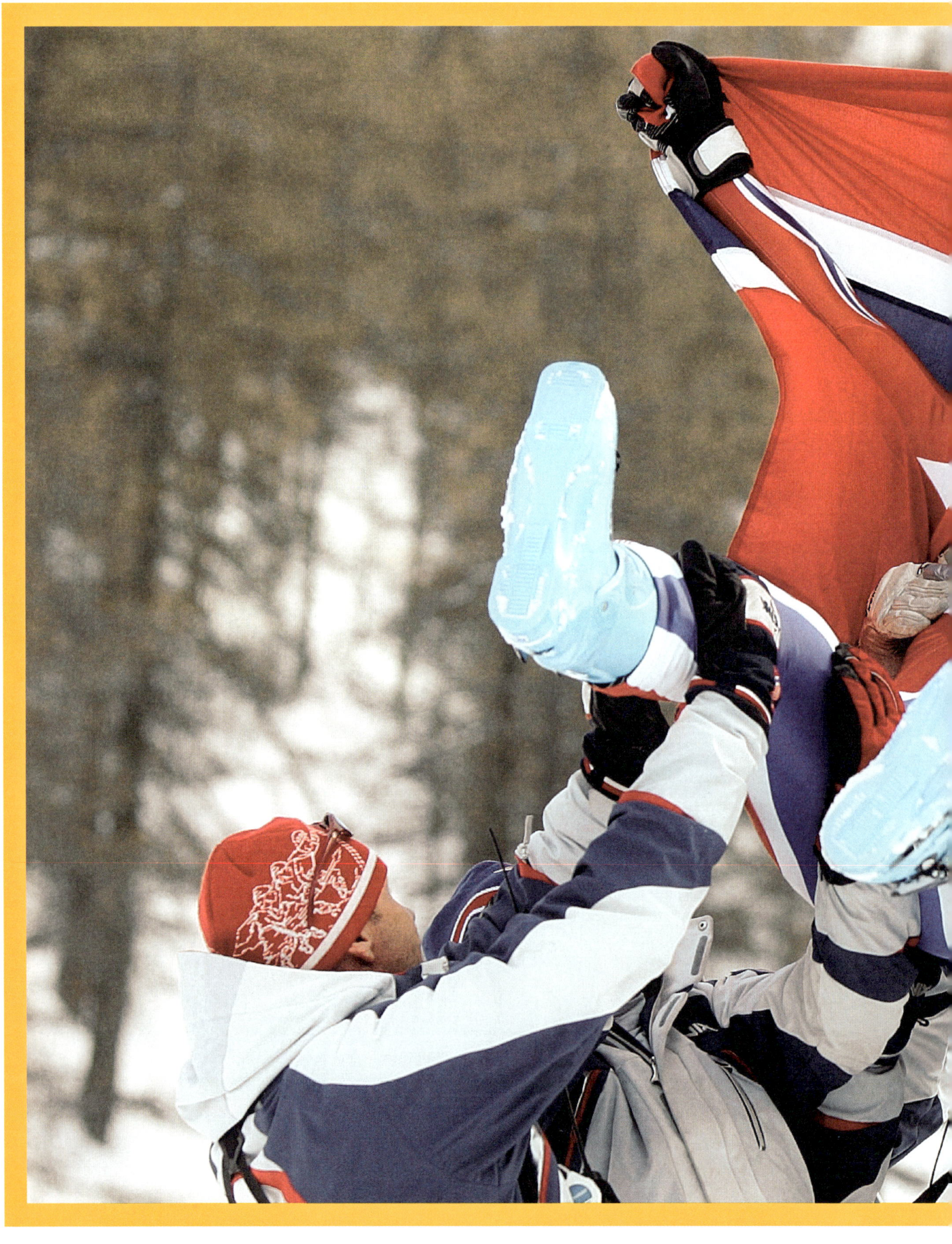

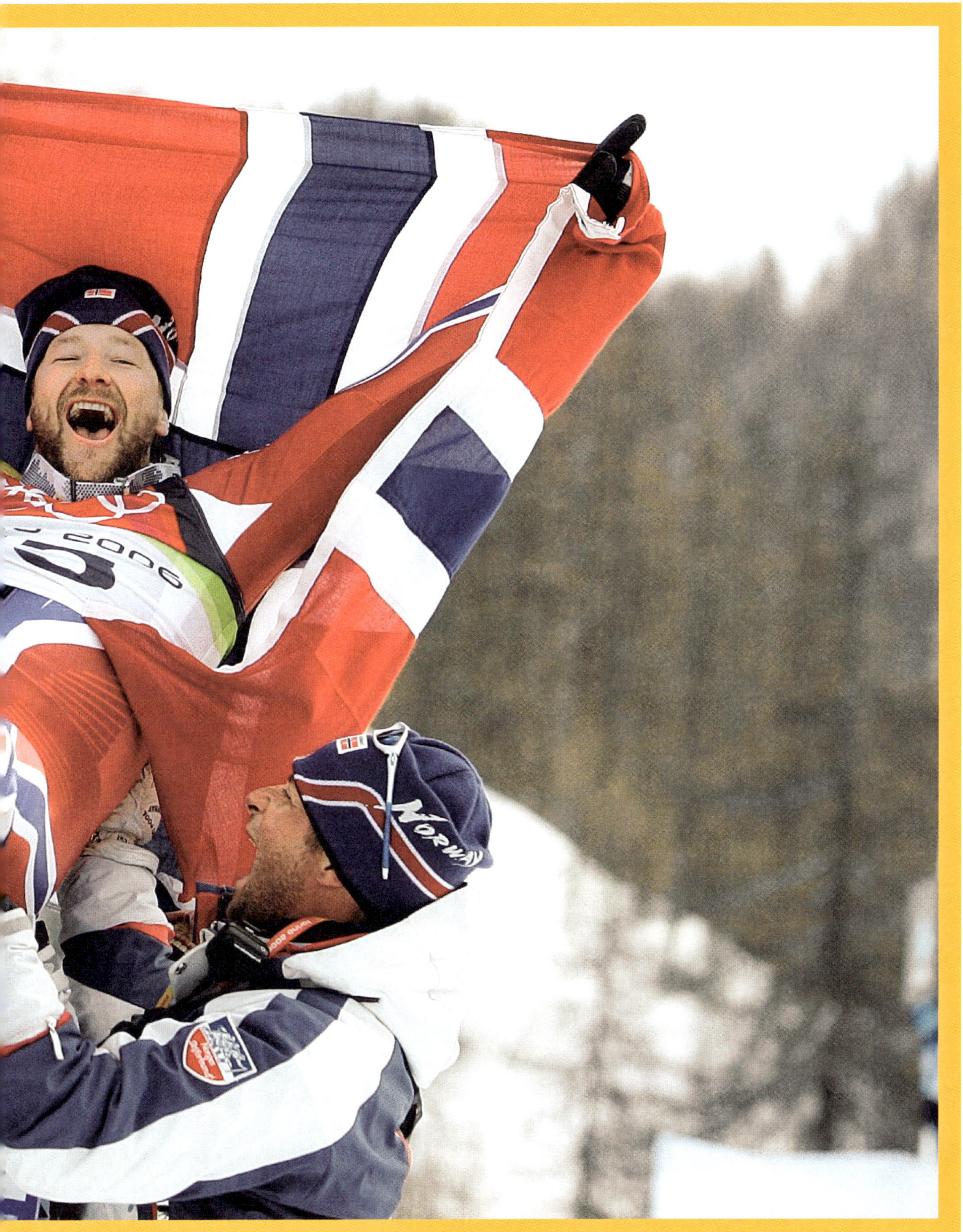
NORWAY

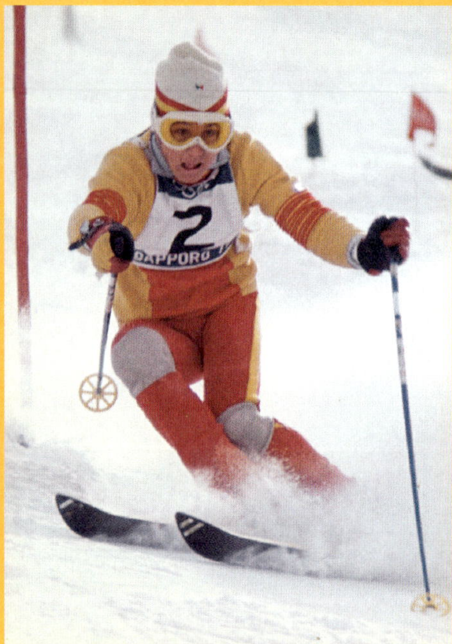

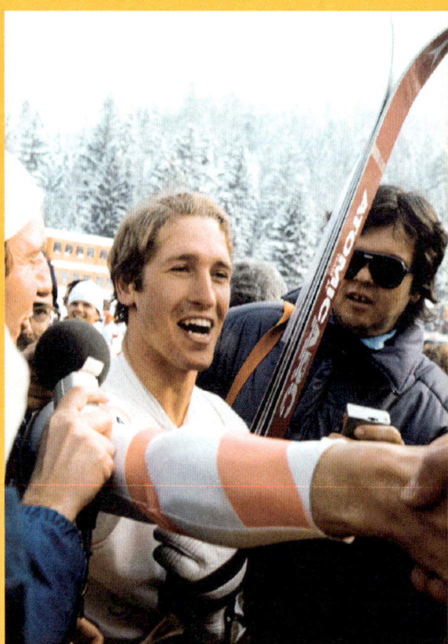

Jahre – und du hast das jetzt geschafft. Dann kommst du heim und siehst, wie viele Leute das sind, die dir auf diesem Weg geholfen haben, die immer da waren, ob am Sonntag, ob am 24. Dezember. Und das war für mich dann die eigentliche Freude, die schönste. Zu sehen, wie die sich alle mit dir freuen. Im Ziel, wenn du es geschafft hast, da kommen die Emotionen, die Tränen. Aber daheim kommt die Freude, wenn du siehst, dass du nicht allein bist auf deinem Weg.«

Die Geschichte der Olympischen Spiele spiegelt sich in der Betrachtung in der Regel im Glanz der Medaillen, die irgendwann zu Statistik mit Namen verarbeitet werden. Aber letztlich sind es immer die Menschen mit ihren ganz individuellen Geschichten und Zugängen, die sie schreiben – und es ist letztlich wohl doch mehr Reiz, als Fluch, dass sich immer wieder auch unbekanntere »Autoren« ins Buch der fünf Ringe eintragen können. Wie der Spanier **FRANCISCO FERNÁNDEZ OCHOA**, der 1972 in Sapporo für alle überraschend Gold im Slalom holte. Der bis heute einzige spanische Olympiasieger gewann zwar in seiner ganzen Karriere nur ein Weltcuprennen, etablierte sich aber im Sog dieses unerwarteten Sieges in der Spitze und spornte wohl auch seine Schwester Blanca an, die 20 Jahre nach ihrem großen Bruder mit Bronze im Slalom von Albertville auch ihre olympische Medaille holte.

Oder der Amerikaner **BILL JOHNSON**, der 1984 in Sarajewo einen angekündigten, aber deshalb nicht weniger überraschenden Olympiasieg in der Abfahrt holte. Nachdem er, dessen bestes Weltcup-Resultat bis dahin ein sechster Platz gewesen war, vor den Spielen überraschend die verkürzte Lauberhorn-Abfahrt in Wengen gewonnen hatte, tönte er nicht nur: »Jetzt werde ich Olympiasieger!« Er wurde es auch. Glück fürs weitere Leben brachte ihm dieses Gold aber nicht. Vier Jahre später konnte er sich nicht mehr für Olympia qualifizieren, sein Versuch, mit 40 Jahren in Hinblick auf Salt Lake City 2002 ein Comeback zu probieren, endete mit einem schweren Trainingssturz und einem Schädel-Hirn-Trauma.

Sieht man sich aber die olympischen Bestenlisten an, erkennt man, dass trotz aller Kritik an der Möglichkeit von Zufallssiegern nur die Extraklasse die vorderen Ränge belegt. Die meisten Medaillen bei den Damen haben **JANICA KOSTELIĆ** und Anja Paerson mit je sechs, sowie Vreni Schneider und Katja Seizinger mit fünf, bei den Herren liegt mit Chef-Medaillenhamster **KJETIL ANDRÉ AAMODT** (8), Bode Miller (6), Alberto Tomba, Lasse Kjus und Kjetil Jansrud (alle 5) auch ein erlesenes Quintett voran. Auffallend ist die Norweger-Dichte bei den Herren – drei unter den Top 5, auf Platz 6 ex aequo mit Hermann Maier liegt mit Aksel Lund Svindal schon der Vierte. Was die »Elche« speziell bei Großereignissen so stark macht, darüber gehen die Meinungen auseinander. Es wird schon auch damit zu tun haben, dass auf dem Weltcup in diesen Jahren nicht das Hauptaugenmerk liegt: »Ich glaube schon, dass das daran liegt, dass die jedes Rennen grundsätzlich gleich angegangen sind – egal, ob das ein Weltcup-, oder Olympiarennen war. Der Aamodt war zu Saisonstart oft nirgends. Dann kam der Jänner und am Tag X war er da. Und wie«, erinnert sich der Liechtensteiner Marco Büchel. Eine Theorie, der Aamodts Landsmann Aksel Lund Svindal aber nicht ganz zustimmt, weil er durchaus großen und zielgerichteten Ehrgeiz bei seinen berühmten Landsleuten festgestellt hat: »Kjetil hat mir einmal gesagt, dass er nur mit zehn Prozent seiner Rennen zufrieden ist.« Auf Olympiastarts bezogen kann er das allerdings nicht gemeint haben: Denn bei vier Teilnahmen acht Medaillen zu erobern, ist eine Ausbeute, an der nicht einmal der zu sich selbst Strengste etwas auszusetzen haben kann. Noch dazu, wenn gleich vier dieser acht Trophäen golden glänzen.

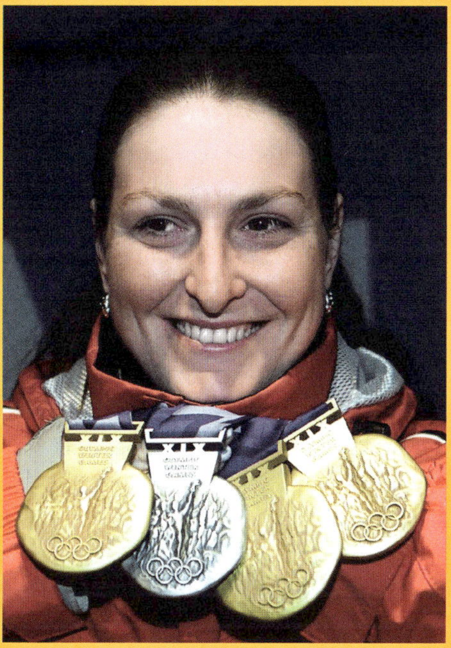

OLYMPISCHE MEDAILLEN-HAMSTER

4

Kjetil André **AAMODT** (NOR)	1992, 1994, 2002, 2006
Janica **KOSTELIĆ** (CRO)	2002, 2006

3

Deborah **COMPAGNONI** (I)	1992, 1994, 1998
Maria **HÖFL-RIESCH** (D)	2010, 2014
Jean-Claude **KILLY** (F)	1968
Anton **SAILER** (Ö)	1956
Vreni **SCHNEIDER** (CH)	1988, 1994
Katja **SEIZINGER** (D)	1992, 1994, 1998
Alberto **TOMBA** (I)	1988, 1992, 1994

8
MEDAILLEN

- Kjetil André **AAMODT** (NOR)

6
MEDAILLEN

- Janica **KOSTELIĆ** (CRO)
- Bode **MILLER** (USA)
- Anja **PAERSON** (SVE)

5
MEDAILLEN

- Kjetil **JANSRUD** (NOR)
- Lasse **KJUS** (NOR)
- Vreni **SCHNEIDER** (CH)
- Katja **SEIZINGER** (D)
- Alberto **TOMBA** (I)

4
MEDAILLEN

- Deborah **COMPAGNONI** (I)
- Stephan **EBERHARTER** (Ö)
- Maria **HÖFL-RIESCH** (D)
- Ivica **KOSTELIĆ** (CRO)
- Hermann **MAIER** (Ö)
- Julia **MANCUSO** (USA)
- Tina **MAZE** (SLO)
- Benjamin **RAICH** (Ö)
- Marlies **SCHILD** (Ö)
- Aksel Lund **SVINDAL** (NOR)
- Hanni **WENZEL** (LIE)

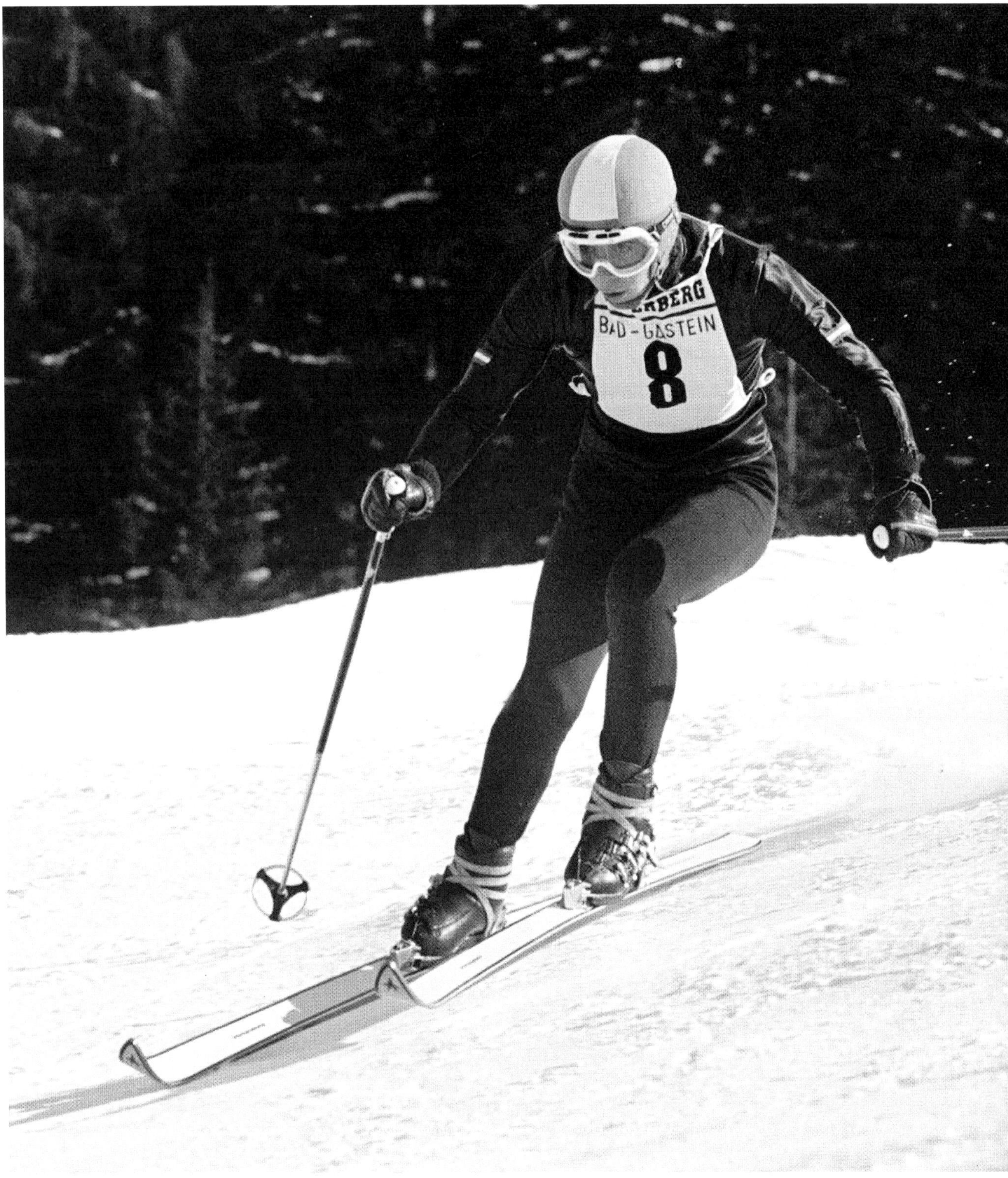

KAPITEL 5

ERIK(A) SCHINEGGER

EIN MANN ALS WELT-MEISTERIN

Es gibt zahllose wunderschöne WM-Geschichten – und eine ganz besonders tragische.

Normalerweise geht das ja zügig mit der Belohnung. Zieldurchfahrt, Interviews, Fotos, und spätestens am Abend werden vom Podest aus artig die Köpfe hingehalten, damit die Medaillen um die stolzen Hälse gehängt werden können. Aber manchmal kann es sich auch ganz schön ziehen. Als David Zogg 1931 bei der 1. Alpinen Ski-Weltmeisterschaft in Mürren den wegen Schneeschmelze in nur einem Durchgang ausgetragenen Slalom gewonnen hatte, musste er ungeschmückt heimfahren nach Azmoos, sein Heimatdorf im Kanton St. Gallen. Nur als halber Weltmeister quasi. Als König ohne Krone. Denn die Veranstalter waren nicht sicher, ob sie den halben Slalom als ganzen WM-Bewerb werten sollten und stempelten ihn vorsichtshalber einmal als »inoffiziell« ab.

David Zogg wurde dann aber doch noch ganz hochoffiziell Weltmeister, und die Schweiz durfte sich über eine Goldmedaille mehr in der ewigen WM-Bilanz freuen. Der Haken für den Champion an dieser Anerkennung war nur, dass er zu diesem Zeitpunkt bereits 36 Jahre tot war. Denn erst 2013 segnete die FIS den Slalom von 1931 amtlich als WM-Bewerb ab.

Umgekehrt lief es mit der Ski-Weltmeisterschaft 1941 in Cortina d'Ampezzo. Weil wegen des Krieges neben Deutschland und Italien nur noch Bulgarien, Finnland, Schweden, Norwegen, Jugoslawien, Ungarn und die Schweiz Athleten entsandt hatten, wurde die WM 1946 beim FIS-Kongress in Frankreich nachträglich für ungültig erklärt und auch alle dort errungenen Medaillen durften nicht mehr gezählt werden. Die Nun-doch-nicht-Weltmeister der Herren-Bewerbe konnten sich darüber aber nicht mehr ärgern: Josef Jennewein, der Abfahrt und Kombination gewonnen hatte, sowie Slalom-Sieger Albert Pfeifer waren beide schon drei Jahre vor dem FIS-Entscheid im Krieg ums Leben gekommen.

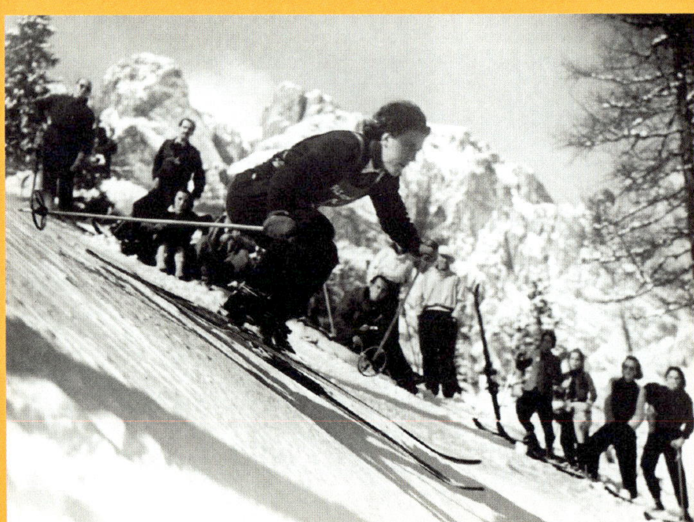

Zwei krasse Beispiele, die belegen, dass die Geschichte der Ski-Weltmeisterschaften im Prinzip von Anfang bis in die Neuzeit ein ziemlicher Reglementierungs-Slalom war, eine sehr bewegliche Materie mit im Lauf der Jahrzehnte sehr unterschiedlichen Voraussetzungen für die Sportler. So wurde dieser Bewerb bis 1939 jährlich ausgetragen, was erklärt, wie die in der ewigen Medaillenwertung bis heute führende Deutsche **CHRISTL CRANZ** in nur fünf Jahren, zwischen St. Moritz 1934 und Zakopane 1939, zwölf Gold- und drei Silbermedaillen gewinnen konnte. Eine Ausbeute, die erst in jüngster Zeit wieder erreichbar scheint, wo es für die Sportler in bereits sechs Disziplinen möglich ist, Medaillen zu holen. Denn seit 2005 ist auch das Mannschaftsrennen ein WM-Bewerb, und ab 2021 soll auch noch ein Parallel-Rennen dazukommen. Das wird künftigen Rekordstatistiken ein anderes Gesicht geben und so manches bekannte aus vergangenen Tagen rascher daraus verschwinden lassen. Denn im Mannschaftsbewerb, zum Beispiel, werden auch die Ersatzläufer, die keinen einzigen Pistenzentimeter gefahren sind, mit Medaillen geschmückt. Das mag sinnvoll sein als Teambuilding-Maßnahme, erzeugt aber, sportlich betrachtet, schon eine ziemlich schräge Optik für diesbezügliche Statistiken.

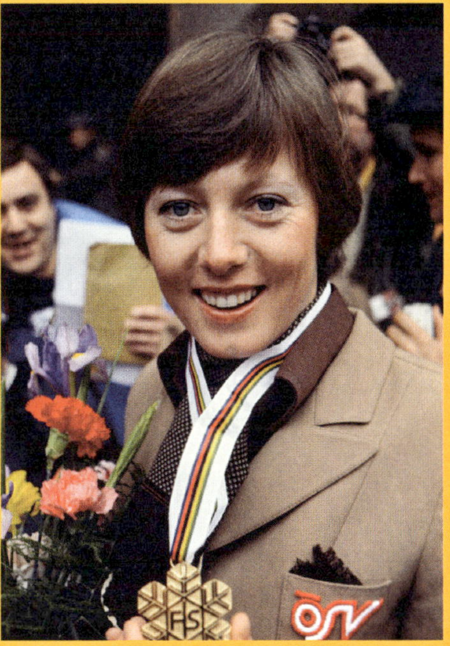

Ehe nun aber Stimmen laut werden, die meinen, dass früher alles besser, sportlicher und gerechter gewesen wäre, muss man der Wahrheit die Ehre geben und erwähnen, dass von 1948 bis 1980 alle Olympischen Spiele gleichzeitig auch als Weltmeisterschaft gewertet wurden. Und dass damit etliche Große, von Toni Sailer über Jean-Claude Killy bis **ANNEMARIE MOSER-PRÖLL** für ein Rennen mit gleich zwei Titeln belohnt wurden. **ROSI MITTERMAIER** zum Beispiel, die Triumphatorin bei Olympia 1976, wurde mit nur drei Rennen Doppel-Olympiasiegerin und dreifache Weltmeisterin – weil sie auch noch die nicht zu den Spielen, sondern nur für die WM zählende Kombination gewonnen hatte. Gleich wie die Liechtensteinerin Hanni Wenzel vier Jahre später in Lake Placid. Sechs ihrer insgesamt neun WM-Medaillen hat die zweifache Gesamtweltcup-Siegerin in Summe als »Olympia-Bonus« erhalten. Das soll keinesfalls die Leistungen dieser unbestritten in ihrer Zeit herausragenden Sportlerinnen und Sportler schmälern, aber besonders fair war das gegenüber denen vor 1948 und denen nach 1980 halt auch nicht. Und es zeigt, dass sich ein und dieselbe Statistik aus ganz schön vielen völlig unterschiedlichen Einspeisungen zusammensetzen kann. Aber welche Regeln auch immer von Verbands-Bürokraten gerade ersonnen wurden: Zu jeder Zeit waren es die Frauen und Männer auf den Pisten, die auch bei Weltmeisterschaften die eindrucksvollsten Geschichten schrieben.

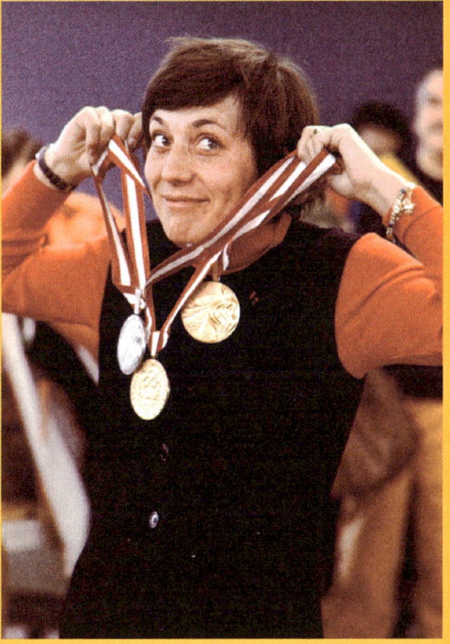

Als die Innsbruckerin Inge Wersin-Lantschner zum Beispiel ausgerechnet bei der WM in ihrer Heimatstadt 1933 als erste alpine Skiläuferin der Welt alle drei Bewerbe gewann. Es hatte sich für sie ausgezahlt, dass sie in Ermangelung von ausreichend Damenrennen immer wieder bei den Herren nicht nur mit-, sondern denen auch gelegentlich um die Ohren gefahren war. In der WM-Abfahrt hängte sie die zweitplatzierte Schweizerin Nini Zogg, die Schwester des späten Slalom-Weltmeisters von 1931, um mehr als 20 Sekunden ab, im Slalom hatte sie knapp acht Sekunden Vorsprung.

In drei Bewerben bei einer Weltmeisterschaft zu gewinnen, das gelang in den 86 Jahren seit Wersin-Lantschners Husarenstück nur noch sieben Skirennläuferinnen. Eine davon ist die Schweizerin **ERIKA HESS**, die, obwohl sie sich schon mit 25 Jahren wieder aus dem Skizirkus verabschiedete, sechsfache Weltmeisterin wurde. Drei dieser Goldmedaillen holte sie sich allein bei der WM 1982, als sie in Haus im Ennstal Slalom, Riesentorlauf und die Kombination gewann: »Ich war erst 20 – und dann dieser Erfolg. Das war sicher das Größte in meiner Karriere«, sagt sie heute. Entscheidend für den großen Triumph war für sie die erste Goldmedaille in der Kombination: »Als ich die gewon-

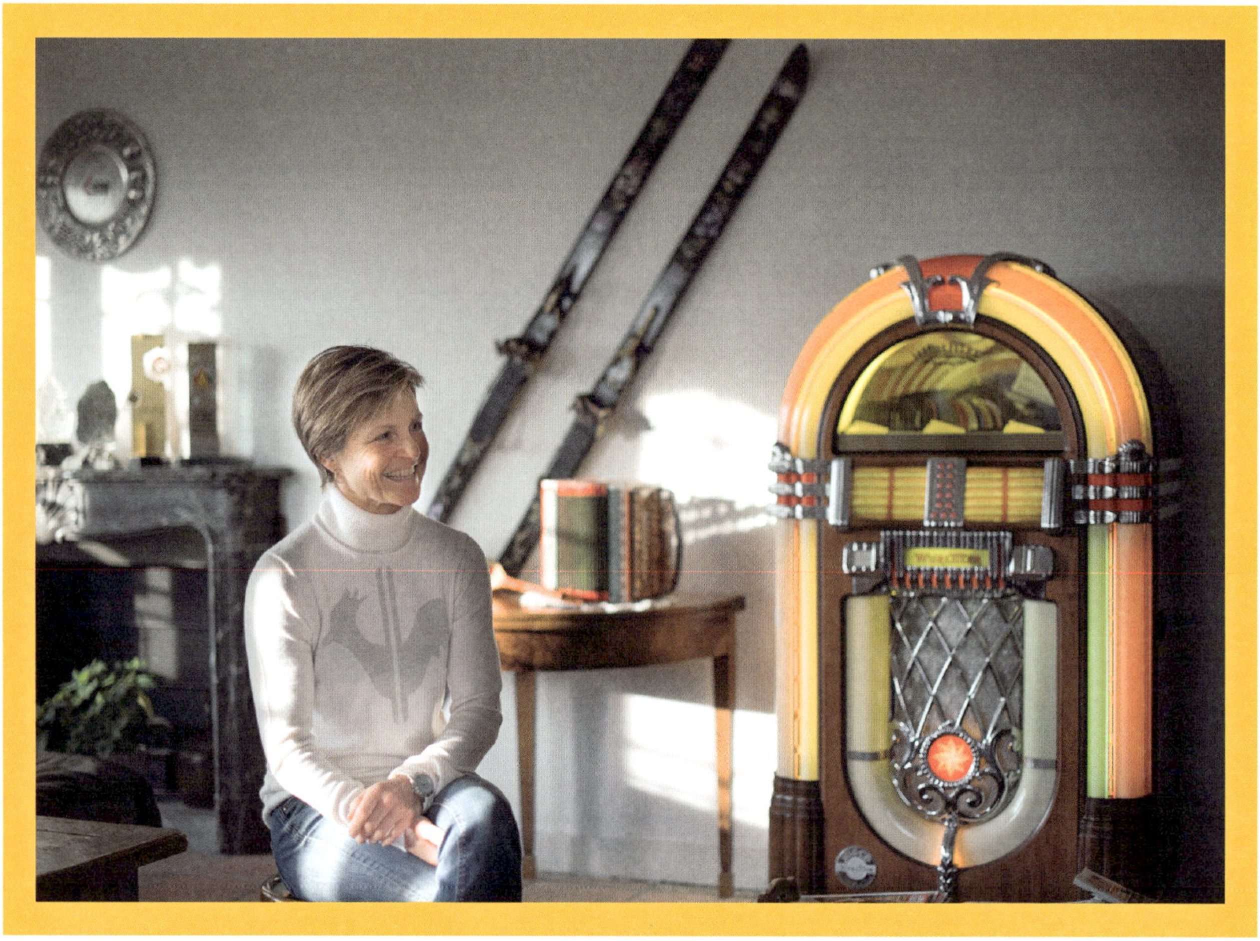

nen hatte, ist plötzlich alles ganz einfach geworden. Es hatte sich dadurch etwas gelöst in mir, ich habe mich sehr wohl gefühlt, und dann hat auf einmal rundherum alles geklappt.« Die Mitglieder des damals noch relativ überschaubaren Hess-Fanklubs waren übrigens allesamt bei Einheimischen untergebracht: »Die sind dann noch viele Jahre immer wieder nach Haus ins Ennstal gefahren, um diese Menschen zu besuchen, die damals im Augenblick meines Erfolges zu Freunden geworden sind. Diese Freundschaft ist geblieben, und das finde ich schön«, sagt Hess.

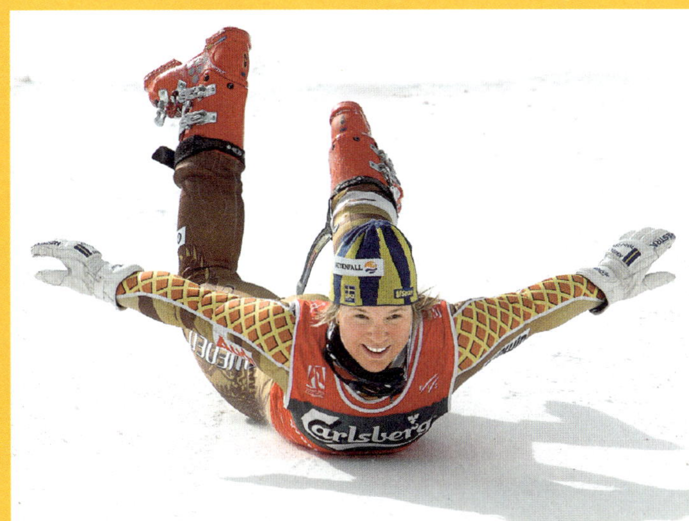

Eine unglaubliche Geschichte schrieben zwei Damen, die mehr als zwei Jahrzehnte nach Hess in diesen elitären Zirkel der Dreifachgewinnerinnen aufgenommen wurden: Die Kroatin Janica Kostelić reiste 2005 als Titelverteidigerin im Slalom und in der Kombination zur WM nach Bormio an und wurde dort gleich einmal von einer heftigen Erkältung niedergestreckt. Vom Hotelbett aus musste sie zuschauen, wie die Schwedin **ANJA PAERSON** im Super G zu Gold raste. Da hielt es sie nicht mehr unter der Decke, sie startete bei der Kombination und in der Abfahrt und wurde in beiden Bewerben Weltmeisterin. Der sportlichen Hochstimmung folgte aber sofort der gesundheitliche Tiefschlag und Kostelić musste den Riesentorlauf auslassen, den wieder Paerson gewann. Für den abschließenden Slalom drei Tage später fühlte sie sich dann aber wieder fit genug und holte ihre dritte Goldmedaille. Zweimal vom Krankenbett aus zu drei WM-Titeln – das war einmalig in der Geschichte.

Naja, fast. Denn da war ja auch noch jene Dame, die die Weltmeisterschaft von Bormio zum Fall für zwei gemacht hatte. Anja Paerson, eine von nur sieben Skifahrerinnen, die in allen Disziplinen Weltcuprennen gewinnen konnten, reiste nämlich zur folgenden Heim-WM in Åre ohne einen einzigen Weltcup-Sieg in dieser Saison an – eine Spätfolge der Knie-Operation, der sie sich hatte unterziehen müssen. Doch dann legte sie eine Auferstehung hin, die jene von Kostelić zwei Jahre davor fast verblassen ließ: Mit Gold in Abfahrt, Super G und Super-Kombination, Silber im Mannschaftsbewerb und Bronze im Slalom gestaltete Paerson die Weltmeisterschaft in ihrer Heimat zum spektakulärsten Triumphzug ihrer an Erfolgen schon bis dahin nicht armen Karriere.

Bei den Herren ist der Club der Dreifachsieger bei Weltmeisterschaften interessanterweise kleiner. Zwar haben mit Toni Sailer 1956 in Cortina und Jean-Claude Killy 1968

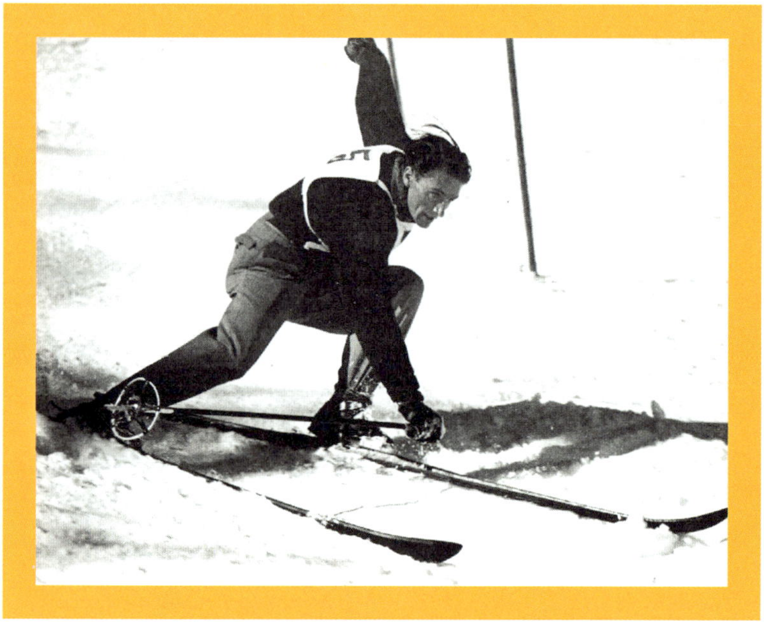

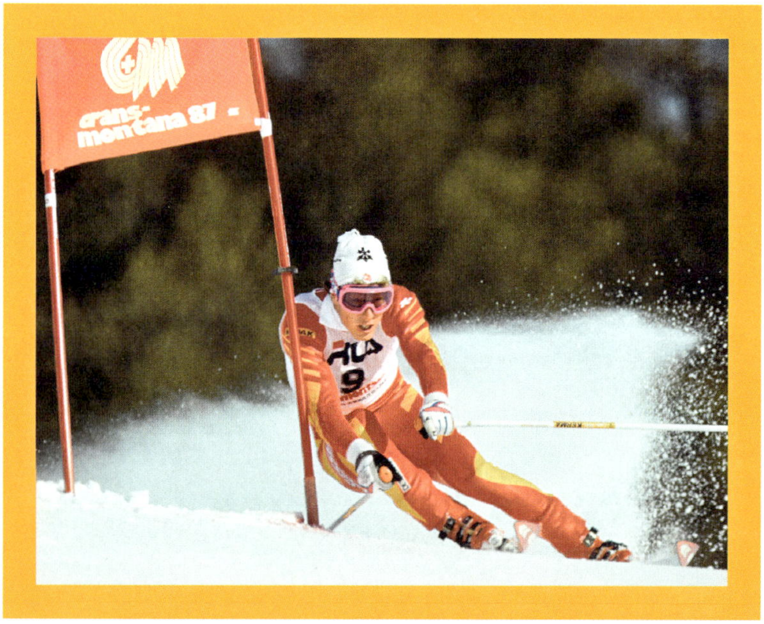

in Grenoble zwei davon gleich vier WM-Titel geholt, aber das mit dem oben erwähnten olympischen Bonus. Sailer zeigte immerhin, dass er auch bei einer »richtigen« Weltmeisterschaft zuschlagen kann und gewann 1958 in Badgastein Abfahrt, Riesentorlauf und Kombination, musste sich nur im Slalom mit Silber bescheiden. Dieses Kunststück hatten vor ihm der Franzose **ÉMILE ALLAIS** 1937 in Chamonix und der Norweger Stein Eriksen 1954 in Åre zuwege gebracht – danach, sieht man von Killy ab, aber nur noch einer.

Es dauerte bis zum Jahr 2013, ehe sich bei der WM in Schladming wieder einer die Krone mit den drei goldenen Zacken aufsetzen konnte. **TED LIGETY**, der Riesentorlauf-Spezialist aus Salt Lake City, triumphierte nicht nur in seiner Paradedisziplin, sondern auch im Super G und in der Super-Kombination und durfte somit sporthistorisch betrachtet am Tisch der Großen Platz nehmen. Weil Ligety schon davor in Val d'Isère und Garmisch-Partenkirchen Bronze und Gold geholt hatte und dieselbe Ausbeute danach auch von der Weltmeisterschaft in Vail/Beaver Creek 2015 heimbrachte, wurde er zum erfolgreichsten nichteuropäischen Skirennläufer bei Weltmeisterschaften.

Viele große Sportler schrieben große WM-Geschichte. Ob das der überragende Schweizer **PIRMIN ZURBRIGGEN** war, der bei den aufeinander folgenden Weltmeisterschaften in Bormio und Crans Montana gleich vier Gold- und drei Silbermedaillen erbeutete. Oder **GUSTAV THÖNI**, der sich 1972 und 1974 zum Doppel-Weltmeister krönte. Oder der Norweger **AKSEL LUND SVINDAL** mit neun Medaillen von sechs Weltmeisterschaften, die Österreicherin **ANNA VEITH** mit zweimal Gold und einmal Silber in Vail, ihre Landsfrau **MICHAELA DORFMEISTER**, die bei drei WM-Dreifachsiegen von Österreicherinnen binnen zwei Jahren immer auf dem Podest stand,

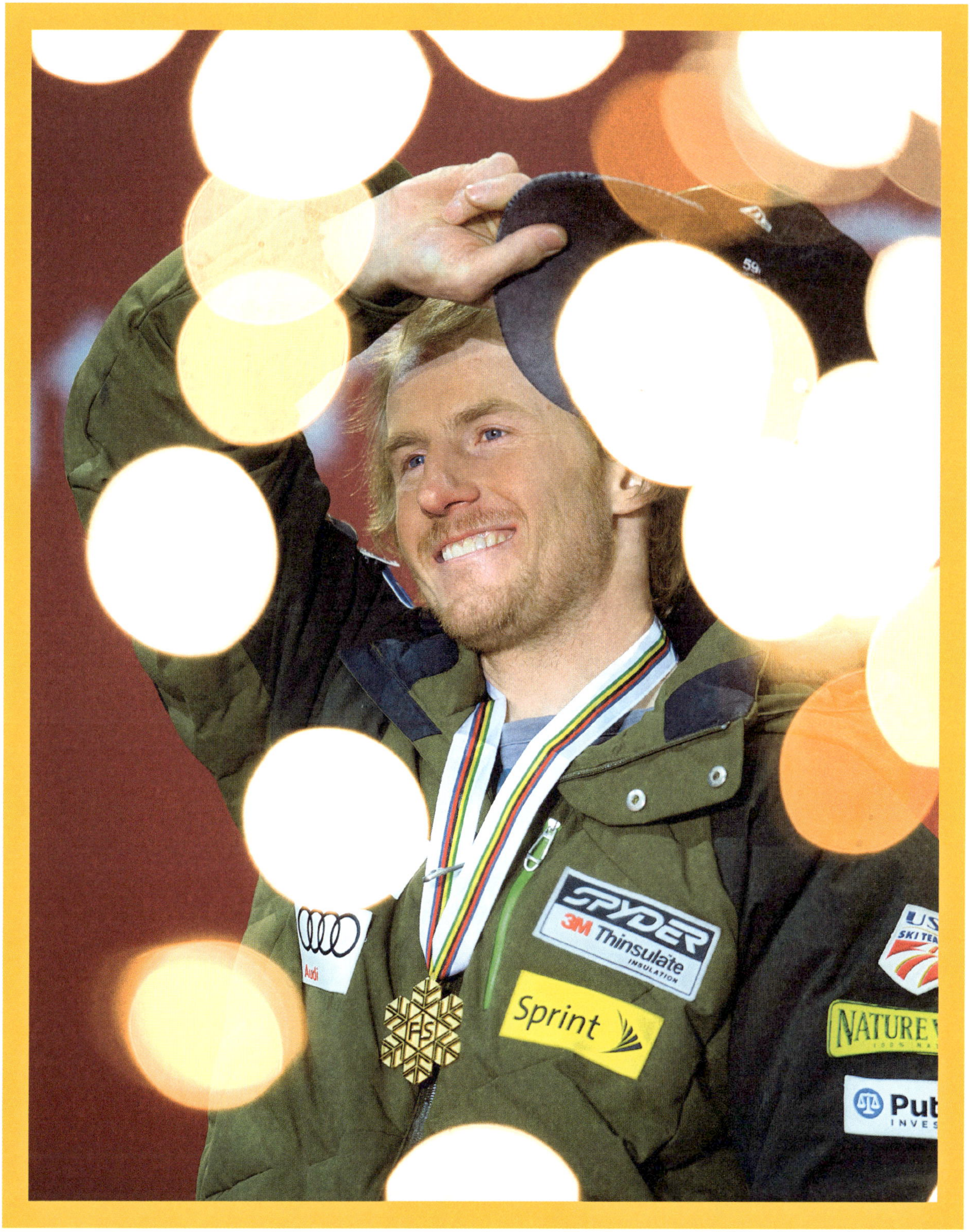
SPYDER
3M Thinsulate
INSULATION
Sprint
Audi
FIS

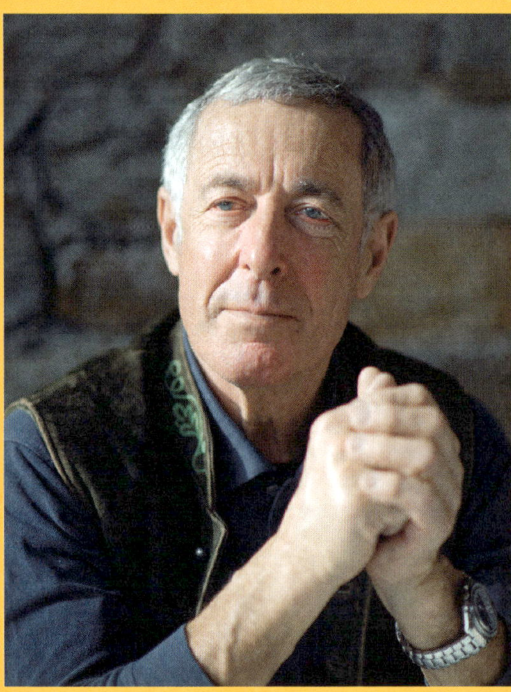

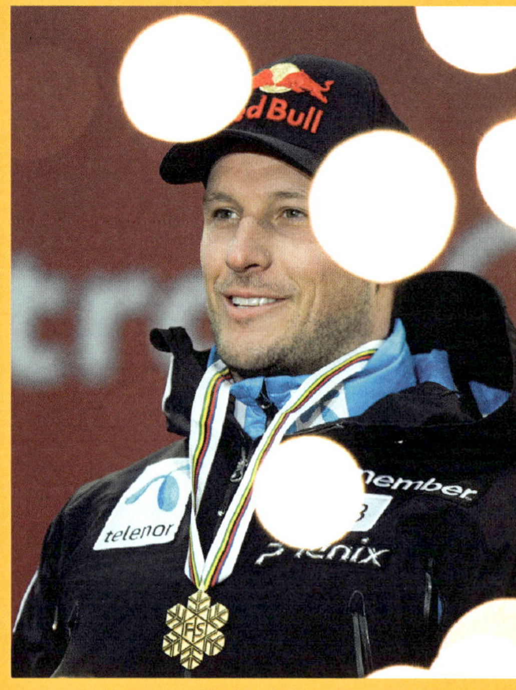
telenor

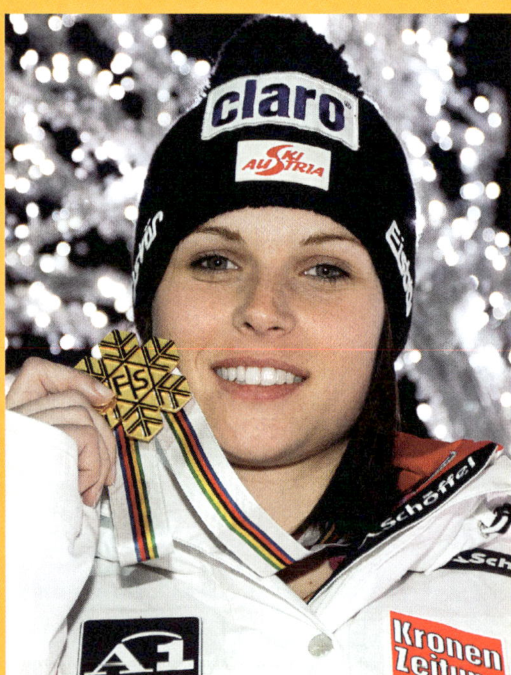
claro
SKI AUSTRIA
Schöffel
A1
Kronen

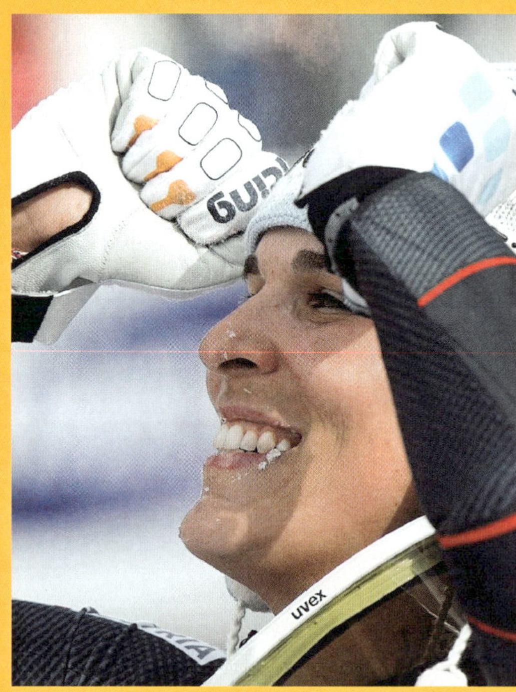
uvex

einmal davon, 2001 in St. Anton, mit Gold um den Hals, die großartige Schwedin PERNILLA WIBERG mit ihren insgesamt vier WM-Titeln – oder der aktuell alles und alle überragende Marcel Hirscher mit seinen bereits sieben Goldmedaillen.

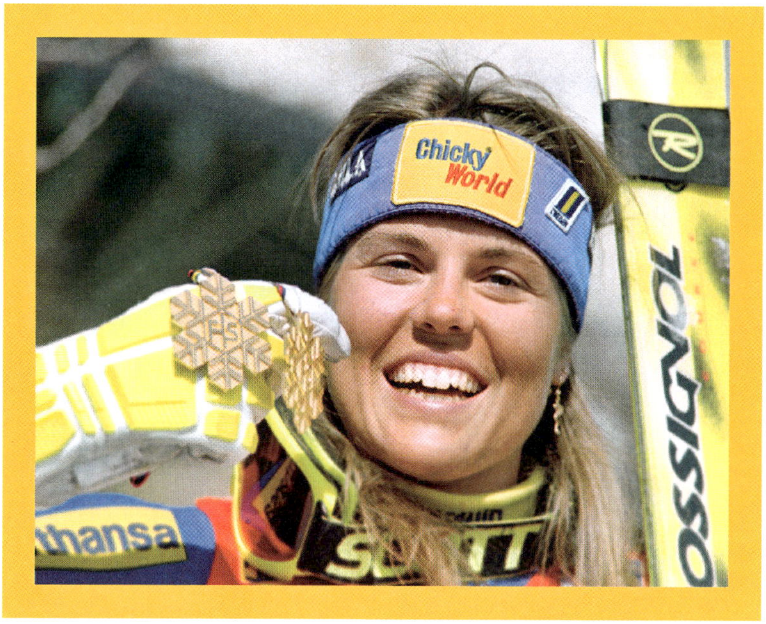

Aber es gibt auch die Geschichten, die nicht golden glänzen, die nicht hergenommen werden, um mit Bildern von Medaillenglanz und Siegerlächeln als immer wiederkehrende TV-Endlosschleife auf das nächste schillernde Großereignis einzustimmen. Geschichten wie die der Bronzemedaille des Australiers MALCOLM MILNE bei der WM-Abfahrt 1970 in Gröden. Es ist eine schöne Geschichte allein deshalb, weil es die erste Medaille für Australien bei Weltmeisterschaften war – und weil Milne ein Jahr davor schon mit seinem ersten und einzigen Weltcupsieg bei der Abfahrt in Val d'Isère für sein Land Sportgeschichte geschrieben hatte. Es ist aber auch eine schaurige Geschichte, weil der Farmersohn aus Myrtleford, einer Kleinstadt knapp 300 Kilometer von Melbourne, diese Bronzemedaille seinem Bruder Ross Milne widmete. Der war 1964 bei einem Trainingslauf für die Olympia-Abfahrt in Innsbruck von der Strecke abgekommen, gegen einen Baum geprallt und auf dem Weg in die Universitätsklinik im Alter von erst 19 Jahren seinen Verletzungen erlegen.

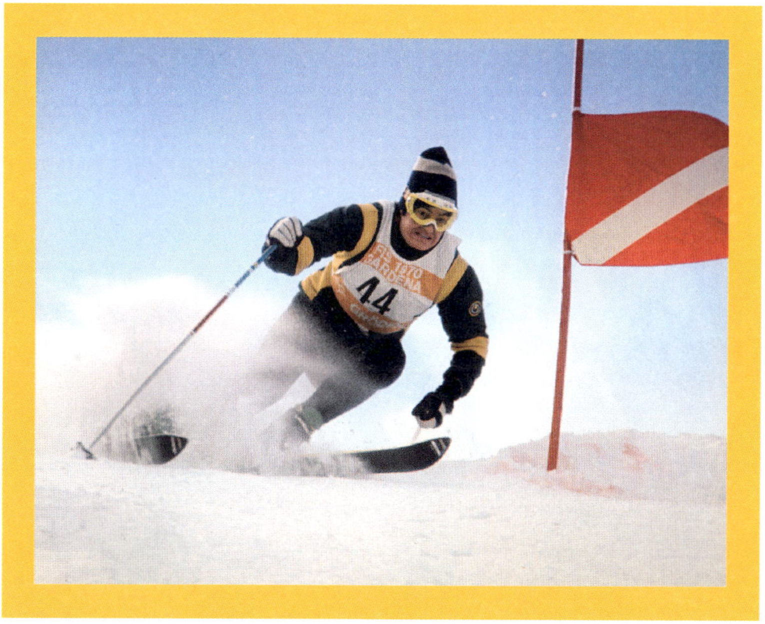

Und dann gibt es noch diese eine Geschichte, die wohl auch mit Medaillen zu tun hat, aber von etwas ganz anderem handelt. Es ist die Geschichte des Mannes, der Ski-Weltmeisterin wurde, die persönliche Tragödie des ERIK SCHINEGGER, der 19 Jahre lang eine Erika war. Der Reflex ist nicht zu unterdrücken, wenn er, der inzwischen 70 Jahre alt ist, ins Untergeschoß seines Hauses in St. Urban im Bezirk Feldkirchen in

Kärnten bittet: Nichts wie weg! Es ist, als würden die unzähligen Bilder an den Wänden in den kleinen Räumen, die im schmalen Gang an die Wand gehefteten Zeitungsausschnitte, Ergebnislisten und Briefe auf einen einschlagen in diesem Mausoleum einer zu kurz und unter falschen Voraussetzungen gelebten sportlichen Karriere. Und so schlimm das klingen mag, es ist in diesem Haus wahrscheinlich sogar stimmig, denn auf Erik Schinegger hat das, was hier an den Wänden hängt, tatsächlich ein Leben lang eingeprügelt.

Als er am 19. Juni 1948 in Agsdorf in Kärnten das Licht der Welt erblickte, sagte die Hebamme: »Ein Mäderl ist es.« Und der Vater verließ wortlos das Zimmer, denn das war noch eine Zeit, in der man lieber einen Buben gehabt hätte. Dass er einen hatte, sollte er erst fast 20 Jahre später erfahren, denn bei dem kleinen Menschen, den man für ein Mädchen hielt und später Erika taufte, waren die männlichen Geschlechtsmerkmale nach innen gewachsen. Als Schinegger 1967 in Innsbruck auf dem Operationstisch zum Erik wurde, fand der Chirurg einen Hoden in der Leistengegend, den anderen im

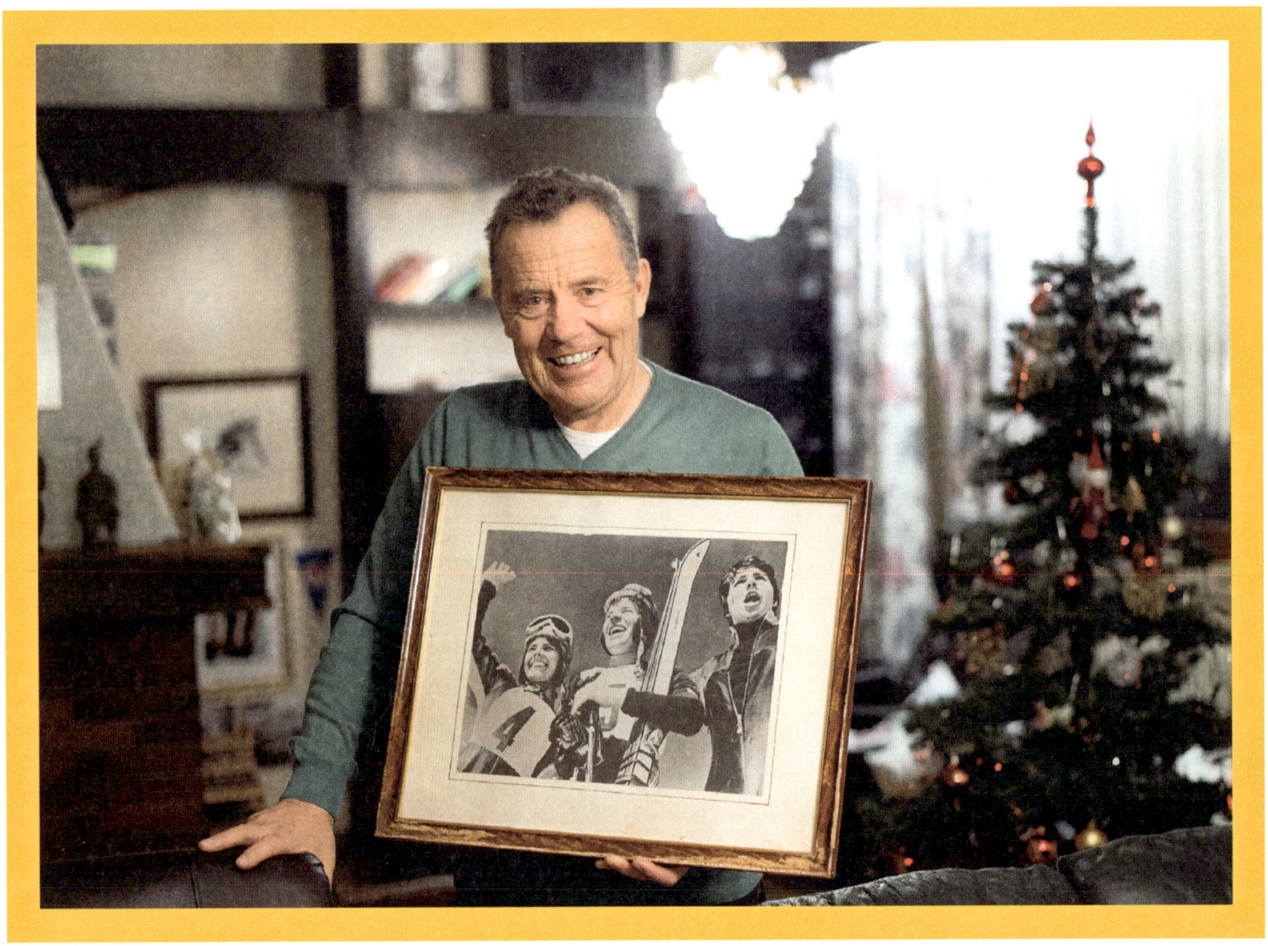

Bauchraum. Bei unserem Besuch 51 Jahre später sprudelt das Trauma dieser Verwandlung aus dem 70-Jährigen heraus, als wäre er erst gestern aus der Innsbrucker Klinik entlassen worden. Aber der Reihe nach. Zurück in die Zeit der Erika.

Schinegger wuchs auf in dieser ländlichen Enge, die dazu neigt, das zu erdrücken, was nicht »normal« erscheint. In einer Zeit, die das noch verstärkte. Auf Erika übte der Traktor vor dem Haus von klein auf den größeren Reiz aus als jede Puppe, die es zu Weihnachten gab. Sie war anders und deshalb auch oft das Ziel der Gehässigkeiten anderer Kinder. Nur wenn sie sich auf die Skier stellte, war es egal, wie sie sonst war, denn da war sie schnell. Und nicht nur das, sie war schneller. Bald als alle anderen, bald über die Enge der Heimat hinaus und dann mit gerade 18 Jahren diejenige, die mit dem Ski-Nationalteam zur Weltmeisterschaft nach Portillo flog. Was bis dorthin in diesem jungen Menschen innerlich vorgegangen war, wusste ja niemand: »Ich habe natürlich, je älter ich wurde, schon gemerkt, dass ich in Frauenkleidern Defizite hatte und war sehr unglücklich. Und ich war auch davon überzeugt, dass ich lesbisch bin, weil mir die Frauen besser gefallen haben als die Männer.«

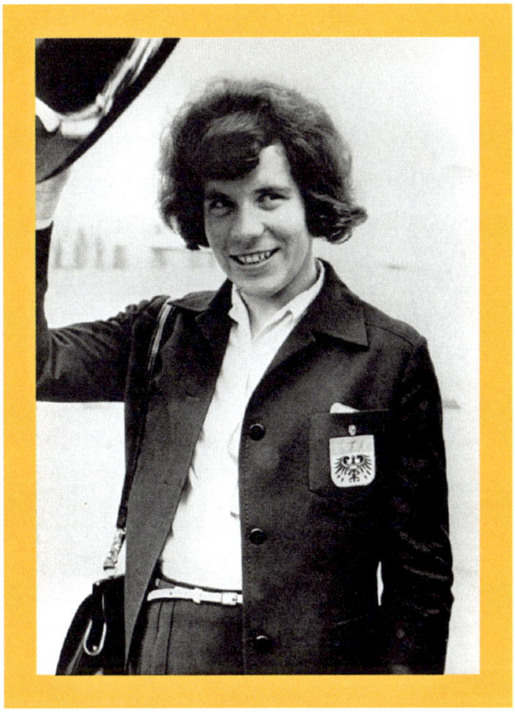

Die einzige Bodenhaftung, die einzige Sicherheit in dieser Zeit boten die Skier. Und als am 8. August 1966 im Zielraum der Damen-Abfahrt nach Schineggers Fahrt Platz 1 angezeigt wurde, war alles weg. Die ganzen Zweifel, die kleinen Nadelstiche, wenn die Mitglieder des österreichischen Herrenteams wieder einmal »der Schinackl« statt »die Erika« sagten. Nicht mehr Sonderling in Kärnten, sondern Weltmeisterin für Österreich! Nummer 1 der Welt! Und auf einmal waren sie da. Der Skifabrikant, die Funktionäre, die Politiker – dieser gefangene Mensch atmete endlich Freiheit. Vermeintlich.

Denn nur ein Jahr später, vor den Olympischen Spielen in Grenoble, mussten alle antanzen, um sich testen zu lassen. Weil etliche Athletinnen aus diversen Sportarten aus dem damaligen Ostblock in Verdacht geraten waren, durch Verabreichung von Hormonen »männlicher« und damit leistungsfähiger gemacht worden zu sein, ließ auch der Skiverband in Österreich seine Fahrerinnen testen. Und plötzlich wurde Schinegger in Innsbruck in ein Hotelzimmer beordert, in dem der Sportwart, ein Funktionär und ihr Trainer saßen: »Etwas ist nicht in Ordnung, du musst den Test noch einmal machen«, wurde ihr knapp mitgeteilt.

Als Erika Schinegger für diesen »Test« im Spital eincheckte, wusste sie nicht, dass sie sechs Monate bleiben und als Mann wieder gehen würde. Denn es wurde zweifelsfrei festgestellt, dass Schinegger keine Frau war, aber das sollte unter keinen Umständen an die Öffentlichkeit gelangen: »Die vom Verband wollten unbedingt, dass ich mich einer Hormonbehandlung unterziehe, ich sollte auch optisch wie eine Frau wirken. Sie haben mir immer gesagt: Wenn du bis an dein Lebensende die Erika bleibst, bleibst du auch Weltmeisterin«, erzählt Schinegger. Und da lag im Spitalsbett auf einmal kein Skistar mehr, sondern nur noch ein im Innersten erschütterter, gerade erst 19-jähriger Mensch aus einfachsten Verhältnissen, der nur einen Gedanken hatte: »Kann ich wieder Skifahren? Das habe ich immer wieder gefragt. Und sie haben gesagt: Ja, schon, aber keine Rennen mehr. Und dann haben sie mir einen vorgefertigten A4-Zettel zum Unterschreiben in die Hand gedrückt – es war meine Rücktrittserklärung. Aus persönlichen Gründen, stand da, weil mir der Druck zu groß geworden wäre.«

So stand es dann auch in den Zeitungen, denn Schinegger war zu strengstem Stillschweigen verpflichtet worden. Die Folgen waren ein Nervenzusammenbruch und dann die Hoffnung in Gestalt eines Arztes, der sagte: »Es gibt noch einen anderen Weg, und der wäre der richtige. Erika, ich mach' aus dir ein richtig gutes Mandl.« Die einzige Bedingung war, dass es eine sogenannte Schau-OP, also vor Studenten, sein dürfe, aber das war diesem Häufchen Elend, das nicht mehr wusste, wie ihm geschah, auch schon recht: »Ich bin dann noch vor der Operation in einen großen Saal geschoben worden, Kopf und Oberkörper mit einem Leintuch verdeckt, und dann hat er gut 200 Studenten anhand meines entblößten Unterleibs erklärt, wie er das anlegen wird. Ich bin mir vorgekommen wie eine Jahrmarkts-Attraktion, ich habe mich noch nie so erniedrigt gefühlt. Ausgehalten habe ich das nur, weil ich dachte: Der wird dir helfen, das ist halt ein Tauschgeschäft«, erzählt Schinegger, und man hat dabei das Gefühl, als würde all das gerade eben passieren.

Vier Operationen und ein halbes Jahr später konnte dann Erik das Krankenhaus verlassen. Als Mann, der noch nicht einmal ansatzweise wusste, was das überhaupt sein sollte. Der Genetik näher, von einer Ahnung, wie das Leben anzulegen sei, weiter entfernt als je zuvor. Denn der einzige Orientierungspunkt bis dahin, das Skifahren, war ja weg: »Sicher habe ich mich immer nur im Skigewand gefühlt und ich wusste immer, ich bin sonst ein Nichts.« Auf der Basis in ein neues Leben zu starten, plötzlich mit anderem Geschlecht, das war dann die schwierigste Aufgabe, härter, als es ein Skirennen je hätte sein können. Schinegger, der mit seiner Entscheidung nicht nur den Verband vor den Kopf gestoßen, sondern auch sein bisheriges soziales Umfeld verloren hatte, versuchte, so Mann zu sein, wie sich das halt jemand vorstellt mit einem 20-jährigen Kopf und einem 19-jährigen Leben in anderer Geschlechterrolle. Er kaufte einen Porsche und Maßanzüge, stürzte sich in Affären – und blieb trotzdem allein mit seiner Geschichte, die nicht aufhörte, ihn zu quälen.

Irgendwann wurde es ein bisschen leiser und leichter, er heiratete, wurde Vater, lebt heute mit seiner zweiten Frau Christa als Skischulbesitzer daheim in St. Urban und sagt: »Mein ganzes Leben war ein Kampf. Aber ich habe heute keinen Gram mehr.« Zumindest nicht, solange nicht jemand kommt, den er in den Keller führt zu diesen Wänden mit den Erinnerungen, die wieder auf ihn einschlagen, als wäre alles gestern gewesen.

Die Goldmedaille von Portillo hat man ihm entgegen der Funktionärs-Drohungen nicht genommen. Aber er wollte sie von sich aus zurückgeben – und zwar der Frau, die zunächst hinter ihm Zweite geworden war, der Französin MARIELLE GOITSCHEL: »Ich habe zu ihr gesagt, ich gebe sie dir, weil ich habe sie zu Unrecht gewonnen. Aber sie sagte, ich soll sie behalten, weil sie mir so viel bedeutet hat und ich so viel dafür geleistet habe.« Marielle Goitschel hatte zu dem Zeitpunkt ohnehin längst ihre eigene. Denn auch die FIS wollte nicht zu viel Aufmerksamkeit auf die »Affäre Schinegger« lenken und entschied sich für den diplomatischen Weg: Man nahm dem einen zwar den Titel, ließ ihm aber die Medaille und schickte der Französin einfach eine goldene nach. Marielle Goitschel ist übrigens die siebente Dame im erlauchten Kreis jener Rennläuferinnen, die bei einer Weltmeisterschaft drei Bewerbe gewonnen haben. Weil sie eben nachträglich zur Abfahrtssiegerin erklärt wurde. Und deshalb kann man ihre Geschichte dieser WM in Chile auch nicht ohne die von Erik Schinegger erzählen, der damals noch eine Erika war.

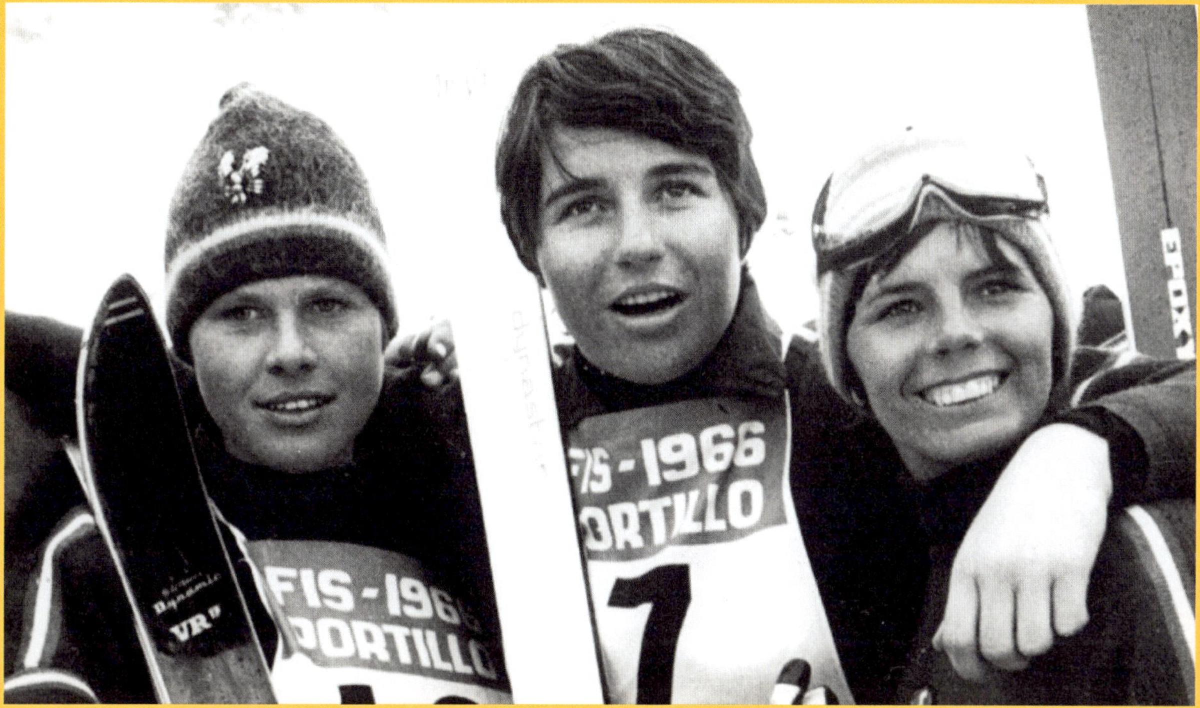

WM-MEDAILLEN-HAMSTER

12

Christl **CRANZ** (D)	1934–1939

7

Marielle **GOITSCHEL** (F)	1962–1968
Marcel **HIRSCHER** (Ö)	2013–2019
Anja **PAERSON** (SVE)	2001–2011
Anton **SAILER** (Ö)	1956, 1958

6

Erika **HESS** (CH)	1980–1987
Jean-Claude **KILLY** (F)	1966, 1968

5

Kjetil André **AAMODT** (NOR)	1991–2003
Janica **KOSTELIĆ** (CRO)	2003, 2005
Ted **LIGETY** (USA)	2009–2015
Annemarie **MOSER-PRÖLL** (Ö)	1970–1980
Mikaela **SHIFFRIN** (USA)	2013–2019
Ingemar **STENMARK** (SVE)	1976–1982
Aksel Lund **SVINDAL** (NOR)	2005–2019
Gustav **THÖNI** (I)	1972–1976

4

Émile **ALLAIS** (F)	1935–1938
Stein **ERIKSEN** (NOR)	1950–1954
Marc **GIRARDELLI** (LUX)	1985–1996
Tina **MAZE** (SLO)	2009–2015
Bode **MILLER** (USA)	2003, 2005
Rudolf **ROMINGER** (CH)	1936–1939
Anton **SEELOS** (Ö)	1931–1935
Hanni **WENZEL** (LIE)	1974–1980
Pernilla **WIBERG** (SVE)	1991–1999
Tessa **WORLEY** (F)	2011–2017
Pirmin **ZURBRIGGEN** (CH)	1985–1989

15 MEDAILLEN

Christl **CRANZ** (D)

13 MEDAILLEN

Anja **PAERSON** (SVE)

12 MEDAILLEN

Kjetil André **AAMODT** (NOR)

11 MEDAILLEN

Marc **GIRARDELLI** (LUX)
Marielle **GOITSCHEL** (F)
Marcel **HIRSCHER** (Ö)
Lasse **KJUS** (NOR)

10 MEDAILLEN

Benjamin **RAICH** (Ö)

9 MEDAILLEN

Renate **GÖTSCHL** (Ö)
Nicole **HOSP** (Ö)
Tina **MAZE** (SLO)
Annemarie **MOSER-PRÖLL** (Ö)
Aksel Lund **SVINDAL** (NOR)
Hanni **WENZEL** (LIE)
Pirmin **ZURBRIGGEN** (CH)

8 MEDAILLEN

Émile **ALLAIS** (F)
Lisa **RESCH** (D)
Anton **SAILER** (Ö)
Lindsey **VONN** (USA)

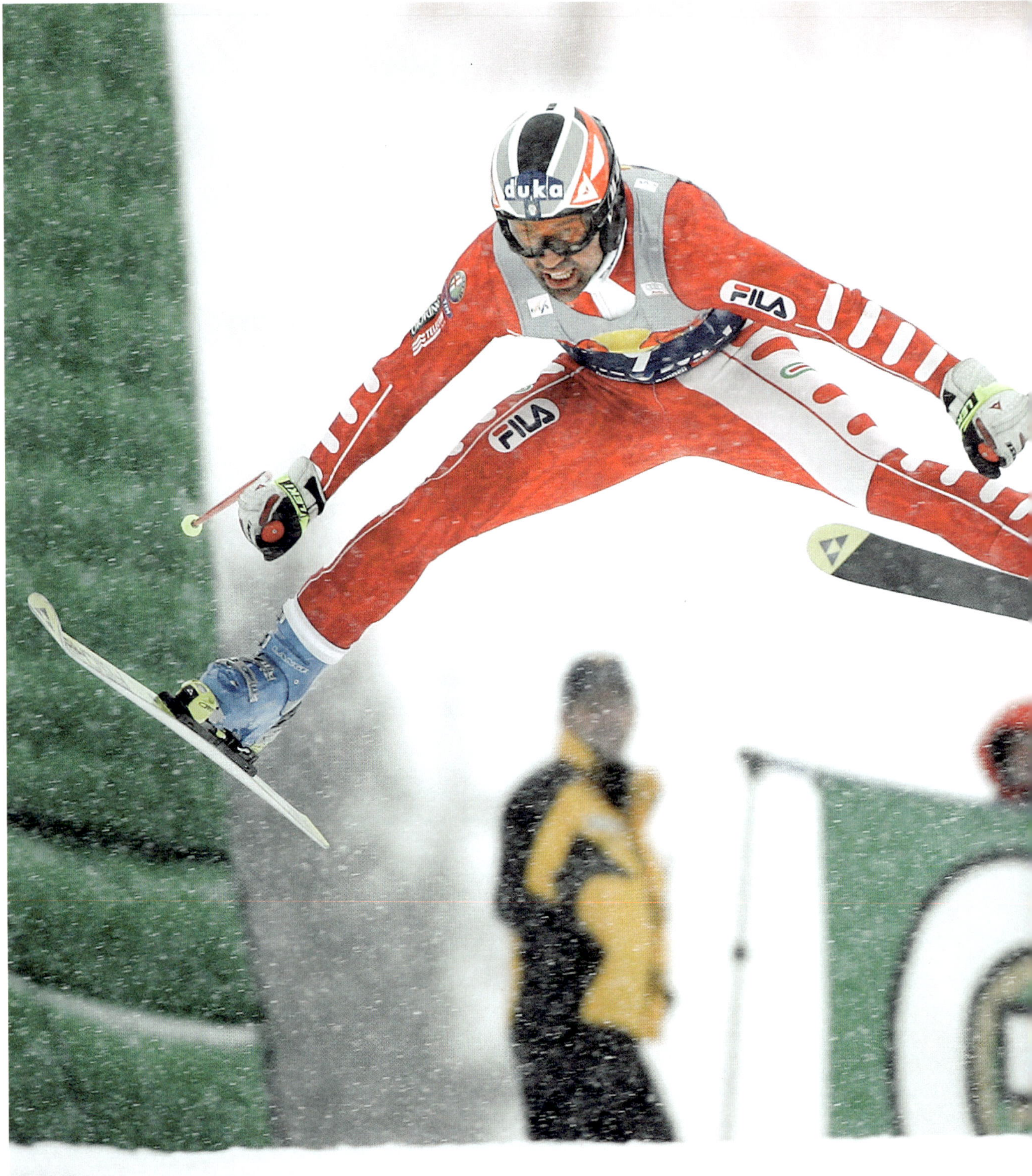

KAPITEL 6

KRISTIAN GHEDINA

DIE SPEED-ZIALISTEN

Wer mit durchschnittlich 100 km/h über blankes Eis rast, muss schon sehr speziell sein.

Dann sagen sie immer, es geht nicht gegen andere Läufer, sondern nur gegen den Berg. Rivalität? Aber nein! Fokussieren aufs Rennen, unterschwellige Angst ruhigstellen, Strecke bezähmen und im Ziel nicht derjenige sein, der seine Niederlage erklären muss. Darum, und nur darum geht es. Sagen sie. Bei jeder Gelegenheit und in jedes Mikrofon, das ihnen unter die Nase gehalten wird. Ja eh. Und dann schaut man sich die Wertungsliste der besten Abfahrer an und findet unter den fünf Besten der Welt zwei Duellpaare, bei denen man sich schon fragen muss: Was außer gnadenloser Rivalität hat je zwischen diesen zweimal zwei Menschen existiert? Denn dass sich die Herren Eberharter und Maier oder Müller und Heinzer je zu einem gemeinsamen Kinobesuch verabreden würden, ist definitiv auszuschließen. Und der fünfte im Bunde, Franz Klammer, hat seinen damaligen internen Rivalen Werner Grissmann so demoralisiert, dass der gar nicht erst in einer Liste aufscheint. Das aber, im Unterschied zu den anderen vieren, in aller Freundschaft.

Wie so vieles ist auch die Gestaltung solcher Rivalitätsbeziehungen in den individuellen Persönlichkeiten und ihren Geschichten angelegt, und ein Blick darauf verrät mehr als so manche Ergebnisliste. Man schaue sich die Karriere des **HERMANN MAIER** an, dieses lange Verschmähten, Missachteten, bei dem es viel zu kurz griff, wenn die TV-Kommentatoren seine Mimik im Starthaus dahingehend deuteten, dass er die Piste

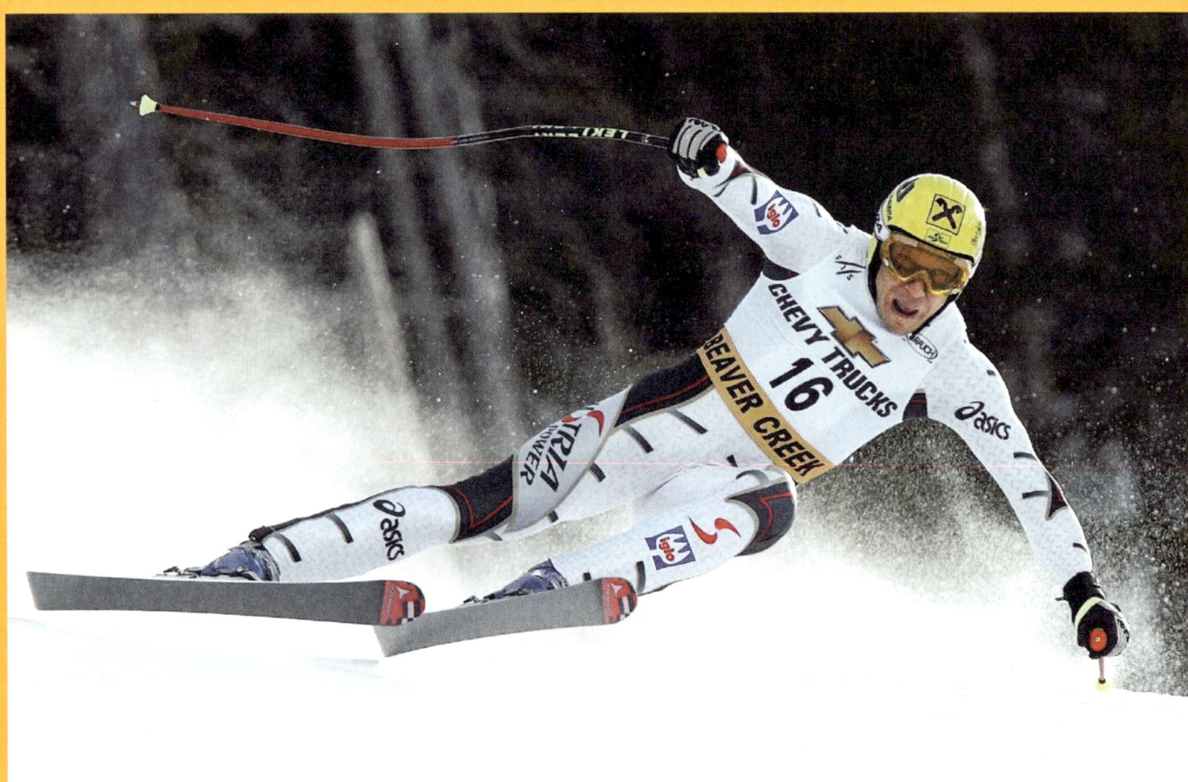

»fressen« wollte. Nein, es ging da – natürlich überwiegend unbewusst – wohl noch ein ganzes Stück weiter: Maier wollte in jedem Rennen wahrscheinlich auch dieses System fressen, das ihn einst ausgespien hatte und dessen sportliches Vorzeigeprodukt er nun geworden war. Auch als er es längst nicht mehr nötig gehabt hätte, wollte irgendetwas in ihm auch noch zu einem Zeitpunkt, zu dem längst klar war, dass er mit seiner Einschätzung von sich selbst richtig gelegen hatte, immer noch auf dieses einst erlittene Unrecht hinweisen. Seine oft spöttischen Kommentare waren nicht nur rurale Skilehrer-Witzchen, es schwang, wie bei einem Statement über die Kitzbüheler Streif nach dem Motto »Das soll die schwierigste Abfahrt der Welt sein?«, vermutlich auch immer wieder der Hinweis darauf mit, dass er in einer anderen Liga spielte und dass es eine Frechheit war, das so lange nicht erkannt zu haben.

So einer ist in einem rivalisierenden Umfeld nicht gut verträglich, auch wenn er privat der netteste Kerl ist. So einer wird kein Teamplayer mehr. Und so einer bekämpft mit aller Macht auch solche, die es kein bisschen leichter hatten als er, weil ihn das in einer Wettkampfsituation nicht interessiert. Nicht interessieren kann und darf. Denn dass **STEPHAN EBERHARTER** als zweifacher Weltmeister von Saalbach-Hinter-

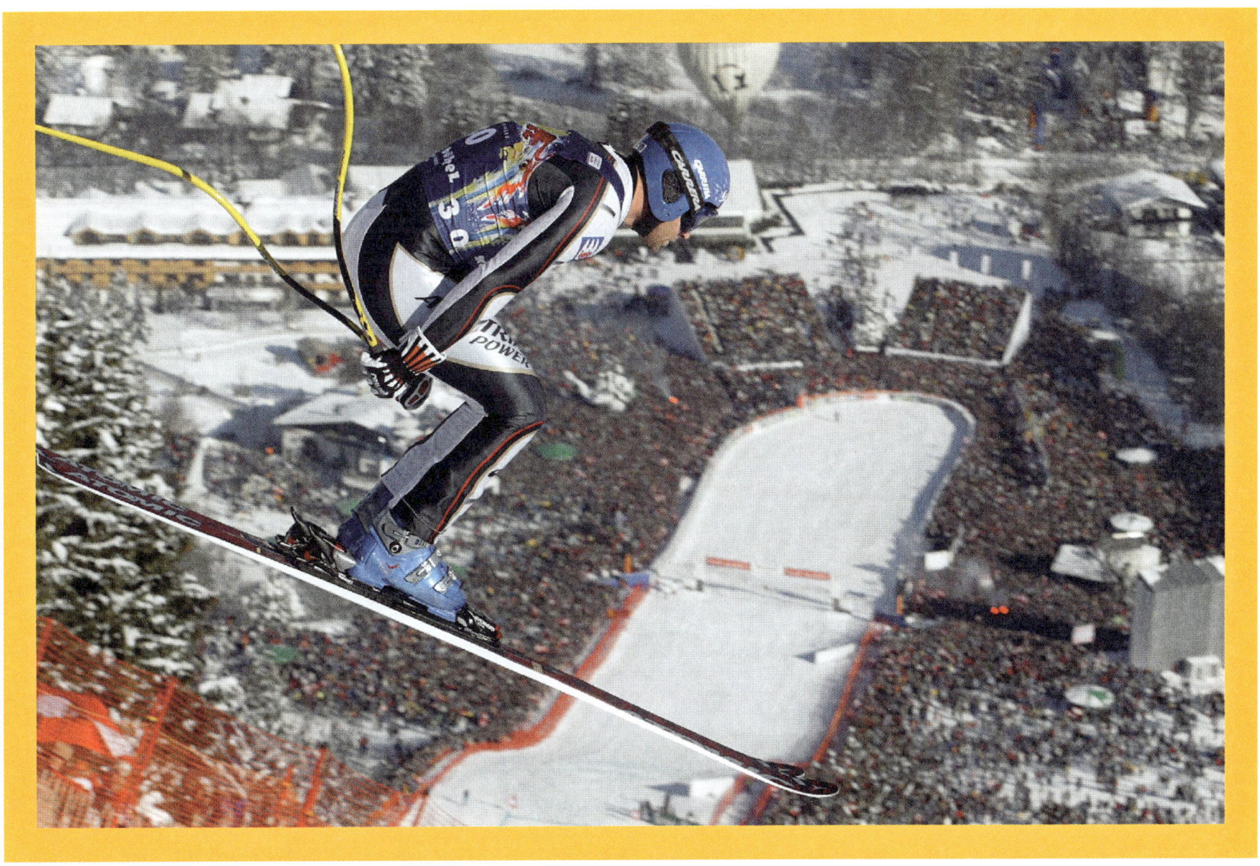

glemm 1991 fünf Jahre später aus dem ÖSV-Kader flog, weil er nach schweren Verletzungen keine Resultate mehr liefern konnte, war eine mindestens so schlimme Geschichte wie die des späteren »Herminators« – und Eberharters Weg zurück um nichts leichter als Maiers Weg hinein. Aber da trafen wohl auch zwei zusammen, die einander ähnlicher waren, als ihnen lieb war, zumindest, was ihre Einstellung zum Job betraf: »Ich war in dem Moment, in dem ich rausgeflogen bin, gar nicht so down, weil ich ja ein sturer Hund bin, ein Durchbeißer. Ich habe gewusst, ich muss jetzt gesund werden, brauche ein gutes Material und dann bin ich wieder dabei – und über diese Gedanken habe ich nichts kommen lassen. Ich wusste, was ich kann, ich wusste, dass ich eine riesige Leidenschaft für diesen Sport in mir trage, und mir war aber auch klar, dass ich dann die guten und die schlechten Zeiten annehmen muss. In dem Moment war halt die Kehrseite der Medaille dran«, erinnert sich Eberharter.

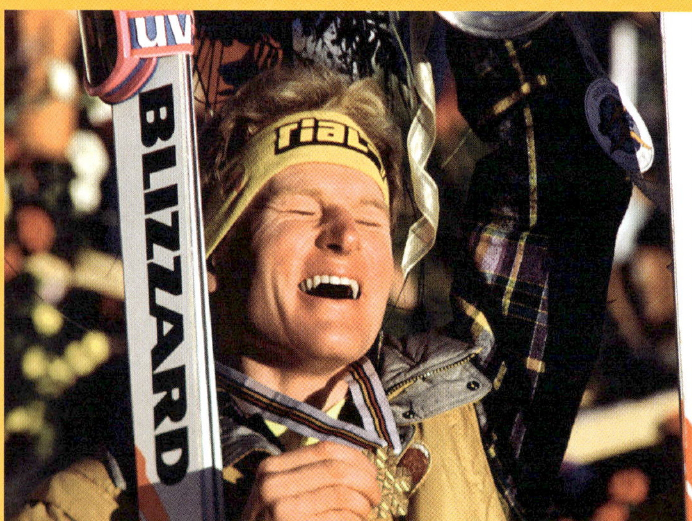

Er schaffte diesen Turnaround, kam zurück im Gefühl, stärker zu sein als je zuvor. Und dann war er da. Maier. So schön so ein Comeback ist, bei dem man im Gesamtweltcup von null aus plötzlich vorn dabei ist, bei Olympia in Nagano Silber holt – es fängt alles irgendwann bitter zu schmecken an, wenn man weiß, ohne den da wäre man selbst derjenige ganz an der Spitze: »Mir hat schon geholfen, dass ich gewusst habe, das ist bei mir noch nicht das Ende der Fahnenstange. Und ich habe mir immer wieder gesagt: Der ist schwierig zu biegen, weil er wirklich gut ist, aber er ist zu biegen. Ich muss nur herausfinden, wie«, sagt Eberharter.

In Maiers Abwesenheit nach dessen Unfall wurde Eberharter prompt zweimal in Folge Gesamt-Weltcupsieger und dann schlug ihm die Stunde: Nachdem ihn Maier davor bei seinem Comeback in der Kitzbühel-Abfahrt besiegt hatte, schlug Eberharter bei der WM in St. Moritz 2003 ausgerechnet in der Leibdisziplin des Rivalen zurück und wurde zwölf Jahre nach seinen Titeln in Saalbach wieder Super-G-Weltmeister. Dass der Geschlagene das in ersten Statements auf seine Fehler und nicht auf Eberharters Leistung zurückführte, wurmte den Tiroler natürlich. Aber heute sagt er: »Ich glaube, es war für uns beide wichtig, dass wir zur selben Zeit da waren. Wir konnten uns dadurch beide nie zurücknehmen und haben uns gegenseitig gepusht bis ans Limit. Das hat dem Hermann was gebracht und mir auch.«

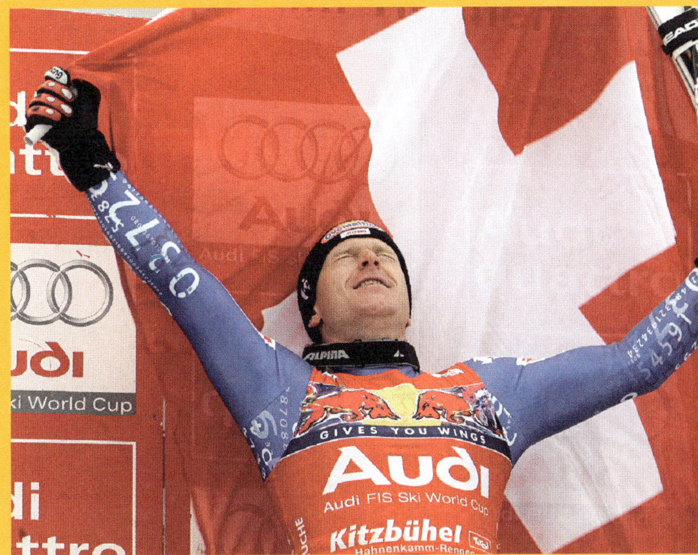

Und das ist in Wahrheit der stimmigere »Film« als jeder, den sich die beiden je gemeinsam anschauen könnten. Weil es einer ist, in dem jeder seine Hauptrolle hatte und dazu auch noch sein eigener Regisseur sein konnte. Das brachte die »Speedzialisten« auch in die ewigen Bestenlisten: Maier ist im Super G Erster und in der Abfahrt Vierter, Eberharter Dritter bei den Abfahrern und Sechster im Super G – gemeinsam mit dem Kitzbühel-Rekord-Triumphator DIDIER CUCHE (fünf Siege), Günther Mader, Hannes Reichelt und Markus Wasmeier.

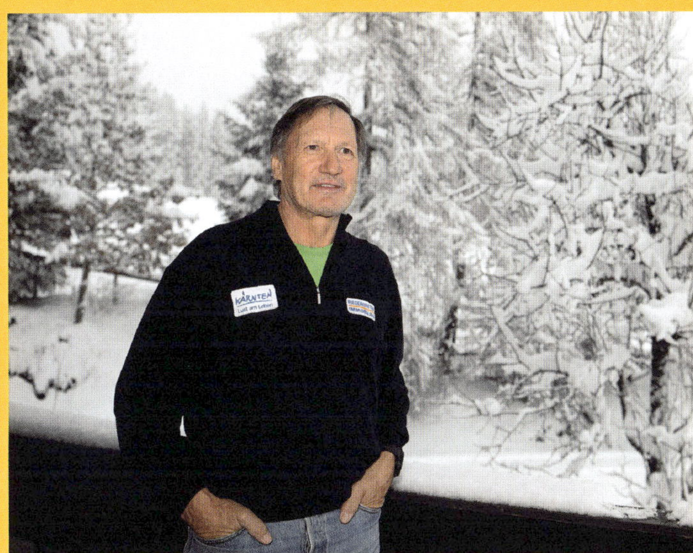

Missachtung und mangelnde Wertschätzung waren ein paar Jahre davor auch in der Schweiz die Triebfeder für einen, es den anderen und der Welt zu zeigen: PETER MÜLLER, mit 19 Siegen Zweiter hinter FRANZ KLAMMER in der ewigen Abfahrts-Bestenliste, ist auch so einer, der sein eigenes, unbedingtes Wollen auch daraus nährte, dass man ihn dessen, was er am liebsten tat, für nicht würdig erachtete. Die Züricher sind so schon in der restlichen Schweiz nicht rasend beliebt, aber ein auf Skipisten rasender Großstädter inmitten der Bergler, das ging gar nicht: »Wenn so ein Stadt-Züricher in die Skigebiete kommt, hat er Umsatz zu bringen und nicht auf der Piste den Einheimischen um die Ohren zu fahren. Das kam für die einer Todesstrafe gleich, die mussten dann im Dunkeln heimgehen – oder es hat manche gepusht und sie sind besser geworden«, sagt der inzwischen 61-Jährige mit einem Schmunzeln, das immer noch nicht ganz entspannt daherkommt.

Man wollte ihn nicht. Zunächst legte sich der Skiverband quer, und als sich das nicht mehr ausging wegen Müllers Leistungen, stand er im Team im Eck. Nun muss man schon sagen, dass er gewiss nicht der jovialste Charakter war, kein Kumpeltyp, sondern ein in seine Ziele verbissener Ehrgeizling, der es nicht nur wissen, sondern auch zeigen wollte: »Die anderen waren davon überzeugt, dass ich nichts kann und nicht dazugehöre und haben mich bei jeder Gelegenheit geschnitten. Da habe ich doppelt so viel trainiert wie sie und mir ein Einzelzimmer genommen bei den Trainingslagern. So war das dann auch, als ich in den Weltcup gekommen bin, aber ich habe denen gesagt: Ein Jahr noch, und ihr seid alle hinter mir.« Zog Müller aber dann gegen den überragenden Pirmin Zurbriggen noch relativ oft den Kürzeren, wusste er sich der »jungen Wilden«, die langsam frech wurden, zunächst besser zu erwehren. Meistens jedenfalls.

FRANZ HEINZER, gemeinsam mit Hermann Maier Vierter in den ewigen Abfahrts-Top-Ten, erzählt dazu seine Version der gemeinsamen Geschichte mit Müller: »Ich habe mir schon mit 18 gedacht, also, wenn ich mit dem im späteren Leben einmal nichts mehr zu tun habe, ist's mir schon recht. Aber er war auf seine Art ein Reißer. Er ist immer ans Limit gegangen und hat uns schon beim Konditionstraining am Morgen alle verrückt gemacht damit. Aber man hat dadurch automatisch auch selbst mehr gegeben.« Einmal, als die Mannschaft wieder einmal genug hatte von Müllers gnadenlosem Ehrgeiz, standen Waldläufe an – und da heckten Heinzer, Gustav Oehrli, Daniel Mahrer und Karl Alpiger einen Plan aus: »Wir haben vereinbart, dass jeder von uns bei den vier Runden, die anstanden, einmal Vollgas gibt, damit der Müller immer Zweiter wird. Es hat zwar jeder von uns einmal zwischen die Bäume gekotzt, aber wir haben unser Ziel erreicht. Er aber auch, denn wir haben einander brutal gefordert und jeder ist einmal über sein Limit gegangen. Letztlich nur wegen Müller. Und da muss ich dann schon sagen, egal, ob ich ihn privat treffen möchte oder nicht: In einer Mannschaft brauchst du diese extremen Typen.«

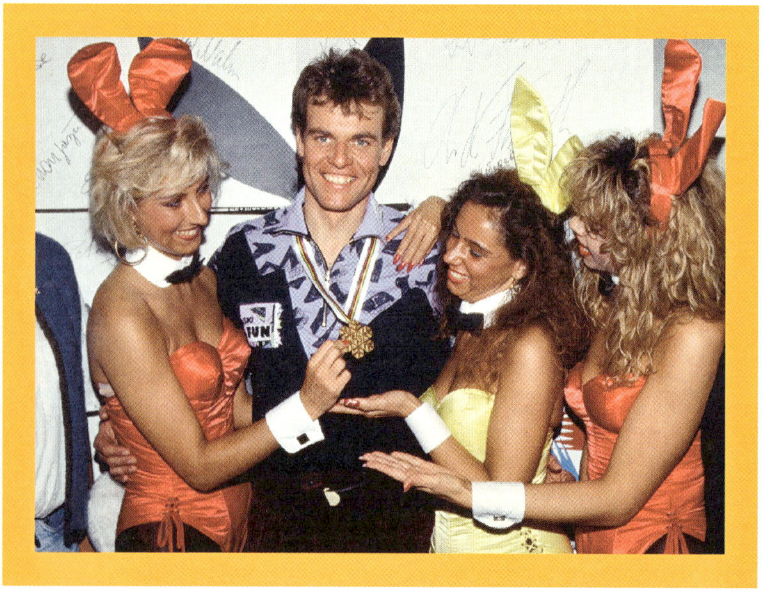

Wer weiß, ob der joviale Sunnyboy Heinzer ohne einen wie Müller im Team Weltmeister und dreifacher Gewinner des Abfahrts-Weltcups geworden wäre. Und wer weiß, ob Müller seinen WM-Titel und seine Abfahrts-Weltcups gewonnen hätte, wenn er mit offenen Armen empfangen worden wäre. Er selbst gibt die Antwort: »Ich bin sicher: Wenn alle lieb zu mir gewesen wären, hätte ich viel weniger Rennen gewonnen. Dass man mich nicht akzeptierte, gab mir noch mehr Motivation zum Trainieren. Es ist halt immer so: Die einen zerbrechen am Druck, die anderen werden stärker.« Eine ähnlich konstruktive Konkurrenzsituation gab es zu dieser Zeit übrigens auch im

Schweizer Damenteam. Dort pushten sich die Speed-Spezialistinnen **MICHELA FIGINI** und **MARIA WALLISER** gegenseitig zu immer neuen Höchstleistungen – basierend auf aufrichtiger und wenig zurückhaltend gelebter Aversion. Und sie machten dadurch die Schweiz ein halbes Jahrzehnt lang dominant im Damen-Skisport und fetteten mit ihrer weit über das Sportliche hinausgehenden Rivalität auch ihre persönlichen Erfolgsstatistiken gehörig auf: Von 1985 bis 1988 holte jede der beiden je zweimal den Gesamtweltcup, von 1984 bis 1989 hieß die Gewinnerin des Abfahrts-Weltcups immer Walliser oder Figini, wobei die Tessinerin hier mit vier Triumphen die Nase vorn hatte. Dafür wurde Walliser einmal öfter Abfahrts-Weltmeisterin.

Man muss aber nicht zwingend in Antipathie leben, um einander pushen zu können, wie im deutschen Team lange Zeit etwa **KATJA SEIZINGER** und **HILDE GERG** vorzeigten.

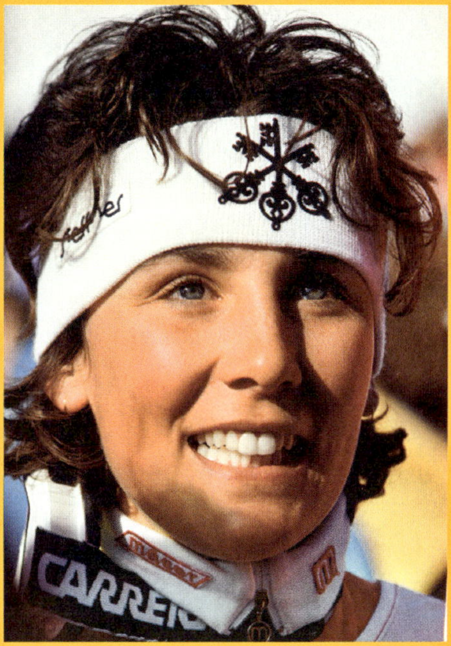

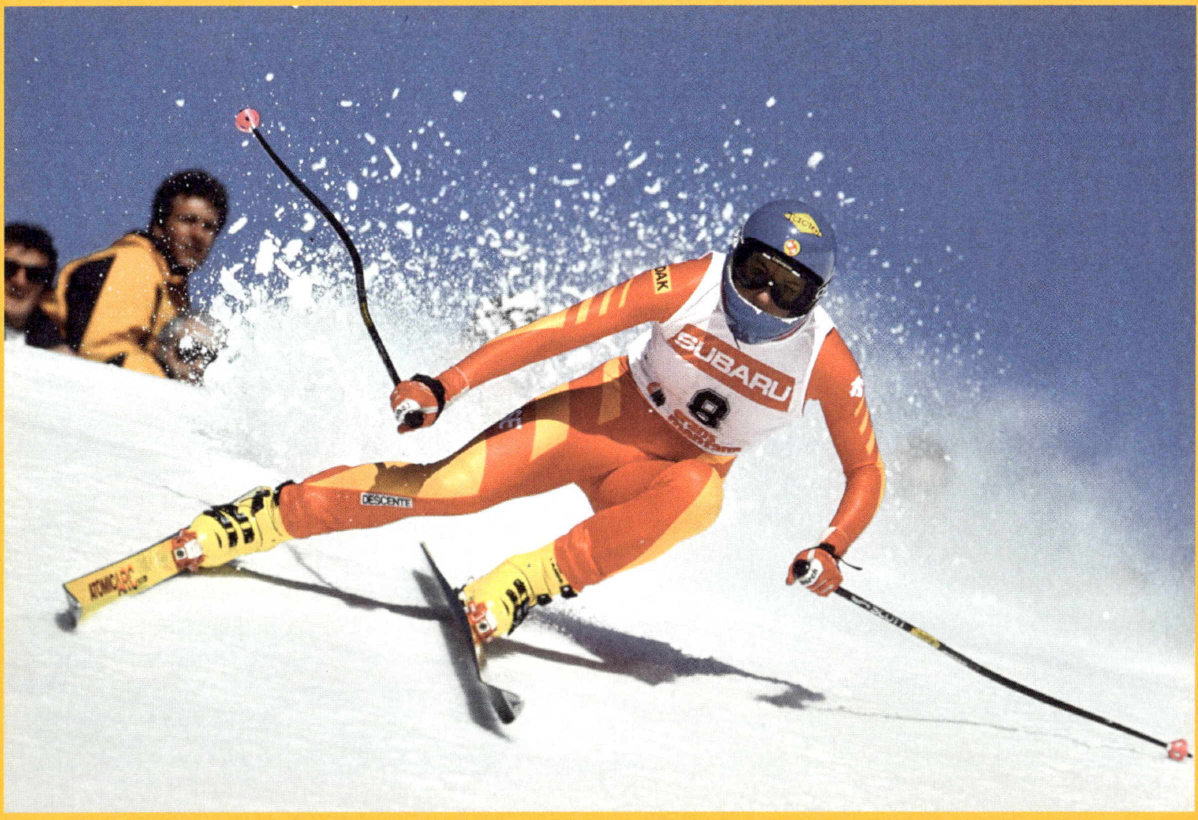

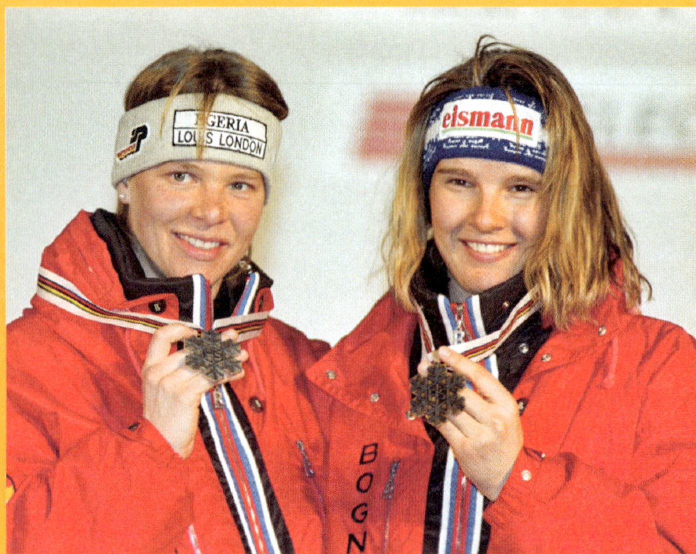

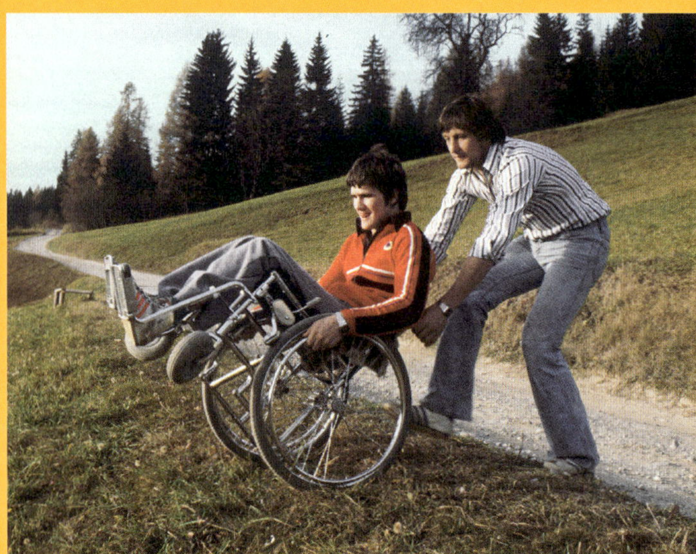

Am Beginn seiner Karriere hatte auch der weltbeste Abfahrer Franz Klammer seinen Rivalen, auf den er sein ganzes Augenmerk richtete: Den Schweizer Roland Collombin, der zwei Jahre lang das Geschehen dominierte und auch seinen prominenten Teamkollegen Bernhard Russi an den Rand der Verzweiflung brachte – außer bei den Olympischen Spielen in Sapporo, wo er sich hinter Russi mit Silber begnügen musste. Aber 1973 und 1974 gewann der »letzte Schweizer Rock'n'Roller« im Skizirkus, wie er wegen seiner lebenslustigen, lockeren Art gern bezeichnet wird, den Abfahrts-Weltcup. Klammer erinnert sich: »Der hat mich beschäftigt, und wenn ich ehrlich bin, bin ich in dieser Zeit in Gedanken eigentlich immer gegen ihn gefahren. Bis ich mir eines Tages gedacht habe: Franz, du bist ein fester Trottel. Denk an dich und vergiss die anderen – und von dort weg habe ich angefangen zu gewinnen.«

Und lange nicht aufgehört. Für Collombin hingegen war die Karriere viel zu früh vorbei. In Val d'Isère stürzte er im Dezember 1974 schwer, zog sich Wirbelverletzungen zu und musste ein Jahr pausieren. Bei seinem Comeback erwischte es ihn an derselben Stelle noch schlimmer, er war sogar zwei Tage gelähmt, erholte sich zwar wieder, musste aber mit dem Skifahren aufhören. Franz Klammer, sein Nachfolger als Seriensieger in den 70er-Jahren, hätte dieses Schicksal drei Jahre vorher mit etwas weniger Glück auch ereilen können. Beim Training für eine Europacup-Abfahrt in Chamonix hob der Kärntner 1971 in Maier-Nagano-Manier ab und krachte nach einem 50-Meter-Flug in den Gegenhang: »Ich war damals 14 Tage lang gelähmt und konnte danach auch nicht mehr wirklich springen«, erzählt Klammer. Für den sich im Kopf fürs eigene Fahren aber gar nicht so viel änderte, als sein damals nicht einmal 20-jähriger Bruder **KLAUS KLAMMER** bei einem

FIS-Rennen in Lienz so schwer stürzte, dass er gelähmt blieb und seither im Rollstuhl sitzt: »Meine Einstellung hat das nicht beeinflusst, da entwickelt man als Rennläufer einen Schutzmechanismus. Ich habe Klaus dann gleich einmal nach dem Unfall bei der Reha in Tobelbad bei Graz besucht und gesehen, dass da unter 100 Leuten nur ein Profisportler ist. Das war für mich damals auch der Grund, nicht aufzuhören und meine Risikofreudigkeit nicht aufzugeben, weil ich gesehen habe: Wir Sportler sind einfach besser vorbereitet.« Klammer fiel zwar später auch in ein Leistungs-Loch, kam aber noch einmal zurück, gewann ein fünftes Mal den Abfahrts-Weltcup und trat nach seinem 25. Abfahrtssieg zurück – die bis heute unerreichte Bestmarke.

Aber er blieb nicht nur wegen seiner Rekordsiege ein Popularitäts-Gigant, sondern wegen seiner natürlichen Art, die Jupp Suttner in seinem Buch über die großen Skistars treffend beschreibt: »Ihm fehlte zu jener Zeit zwar der Charme eines Bernhard Russi, die Raffinesse eines Roland Collombin, das feine Lächeln eines Toni Sailer, die Redegewandtheit eines Jean-Claude Killy und die Tragik eines Karl Schranz. Klammer ist lediglich Klammer. Aber trotzdem hält sich eine ganze Nation an ihm fest. Oder vielleicht gerade deswegen. Weil er nicht mehr aus sich machen will, als er ist.«

Die Karriere seines teaminternen Rivalen in den 70er-Jahren, **WERNER GRISSMANN**, hätte hingegen möglicherweise eine andere werden können, hätte ihn die sogenannte »Königsdisziplin« des Skisports nicht frühzeitig traumatisiert. Bei der Abfahrt in Mégève am 23. Jänner 1970 stürzte der damalige Youngster so schwer, dass er einen Beckenbruch erlitt und mit dem Hubschrauber abtransportiert werden sollte. Aus dem hoben sie ihn aber wieder heraus, um Platz zu machen für den noch schwerer gestürzten Franzosen Michel Bozon, der aber wenig später im Spital starb: »Ich habe drei Jahre gebraucht, um damit einigermaßen klar zu kommen«, erzählt der Lienzer: »Und ich habe dabei sehr viel Angst wegschieben müssen.« Viele meinen, er hätte es in seiner Laufbahn nur deshalb lediglich zum »Zwischenzeit-Weltmeister« gebracht, weil ihm im zweiten Streckenteil aufgrund seiner, wie soll man sagen, Feinkost-Wölbungen am Leib die Kraft ausgegangen wäre. Aber möglicherweise war lange, bevor der »Grizzly« Speck ansetzte, in Mégève das entwichen, was man in dieser so reizvollen wie spannenden Disziplin am drin-

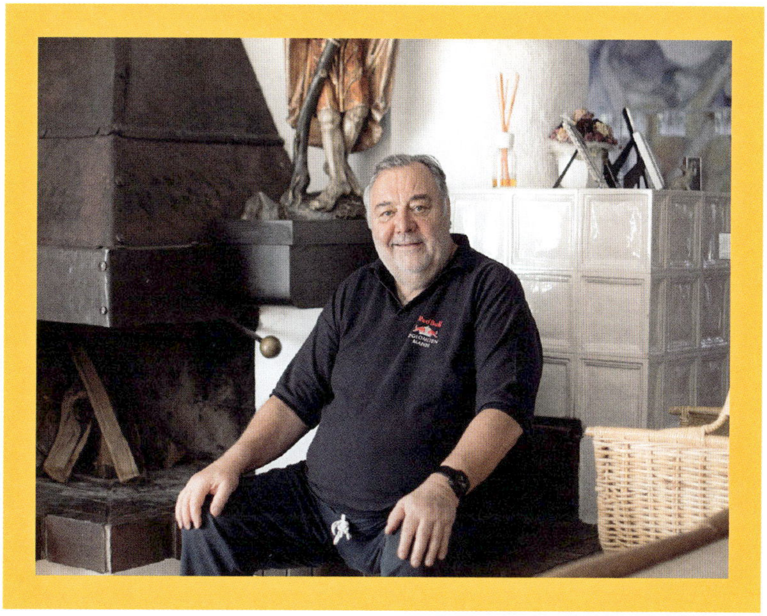

gendsten braucht und das Kitzbühel-Sieger Marco Büchel so formulierte: »Du kriegst die Angst nie ganz weg, aber es ist entscheidend, ob du sie ruhigstellen kannst, wenn du fährst.« Seine eigenen Gefühle bei den Abfahrten beschrieb der Liechtensteiner in seiner Autobiografie so: »Das Unterbewusstsein sträubt sich mit aller Kraft dagegen. Es schreit förmlich, dass ich mich dieser Gefahr nicht aussetzen darf, dass ich aufhören muss damit. Aber mein Bewusstsein befiehlt mir, noch tiefer in die Hocke zu gehen und um jede Hundertstelsekunde zu kämpfen.«

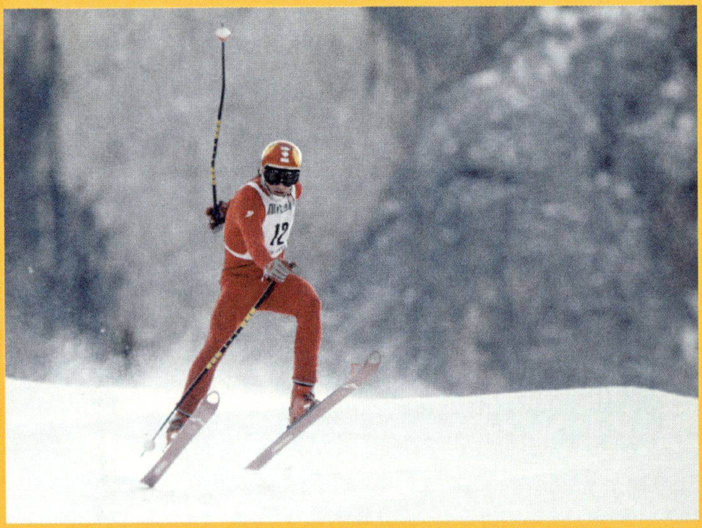

Das konnte Grissmann wahrscheinlich nicht mehr abrufen und war trotzdem oft so knapp dran, auch an Klammer. Aber über den sagt er: »Der hat nicht nur Kraft gehabt wie ein Stier, das war ein Siegläufer. Es gibt Auserwählte, die sind einfach besser.« Und knapp dran ist halt etwas anderes als knapp voran. Werner Grissmann nahm das letztlich mit Humor, wurde zum Clown des Skizirkus und begründete Zeitverluste im unteren Streckenteil Journalisten gegenüber auch schon einmal so: »Nur wegen euch. Ich muss mir ja ab der Zwischenzeit schon überlegen, was ich euch erzähle, warum ich nur Zweiter geworden bin.«

Zu jener Zeit tauchten fünf Burschen aus Übersee im Abfahrtszirkus auf, die als *Crazy Canucks* Geschichte schreiben sollten: **KEN READ**, Steve Podborski, Dave Irwin, Jim Hunter und Dave Murray wirbelten die etablierten Europäer mit unerschrockener, waghalsiger Fahrweise mächtig durcheinander – wobei man manchmal speziell bei Dave Irwin nicht den Eindruck gewinnen konnte, dass die Grenzen zwischen Siegesambition und Suizidversuch stets klar abgesteckt waren. Was dem Kanadier im Skizirkus auch relativ rasch den Namen »Dave Irrsinn« einbrachte. Wohl verbuchte das furchtlose Quintett zwischen 1975 und 1984 14 Siege und 26 weitere Podestplätze, in Erinnerung blieben sie aber auch wegen ihrer fürchterlichen Stürze. Weil dort gleich nach der Minschkante 1976 zuerst Dave Irwin und dann Ken Read in die Strohballen gestürzt waren, heißt ein Streckenabschnitt der Lauberhorn-Abfahrt in Wengen bis heute *Canadian Corner*.

»Wir kamen damals völlig unbedarft, aber auch ganz unbelastet, ohne Erwartungsdruck nach Europa«, erzählt Ken Read: »Erfolg im Skisport hatten bis dahin nur kanadische Damen gehabt, wir hatten mit Nancy Greene ja auch die erste Weltcup-Siegerin, aber von uns hat keiner etwas erwartet.« In Europa gelandet, lernten sie schnell etwas kennen, was Read so beschreibt: »Da war schon ein gewisser Chauvinismus da, als wir kamen. Es war von vornherein festgelegt, wer gut ist und wer nicht – und gut waren die Europäer. Wir waren zuerst einmal niemand und mussten uns erst beweisen. Und uns vor allem selbst helfen.« Das führte einerseits ganz gewiss zu einer Risikobereitschaft, die dann eben später als »crazy« eingestuft wurde, aber die Kanadier verschworen sich auch zu einer Einheit, die es den Älplern zeigen wollte: »Wir vereinbarten, dass wir immer zusammenarbeiten, obwohl das, Team hin, Team her, ein Sport für Individualisten ist. Aber wir haben das durchgezogen und einander auch Informationen gegeben, die es deinem Kollegen ermöglicht haben, dich zu schlagen. Anders hätten wir aber keinen Erfolg haben können.« Und es dauerte nicht lang, bis Read, Podborski und Irwin den »Chauvinisten« in Kitzbühel, Wengen oder Schladming den Herren zeigten: »Wir haben es damals geschafft, dass heute in Kanada nach Eishockey und Curling das Skifahren an dritter Stelle der beliebtesten Sportarten im Winter ist. Und dass sich die Menschen heute zum Beispiel die Abfahrten von Kitzbühel und Wengen im Fernsehen anschauen.«

Und ehrlicherweise muss man sagen, dass das so »crazy« gar nicht war, was die

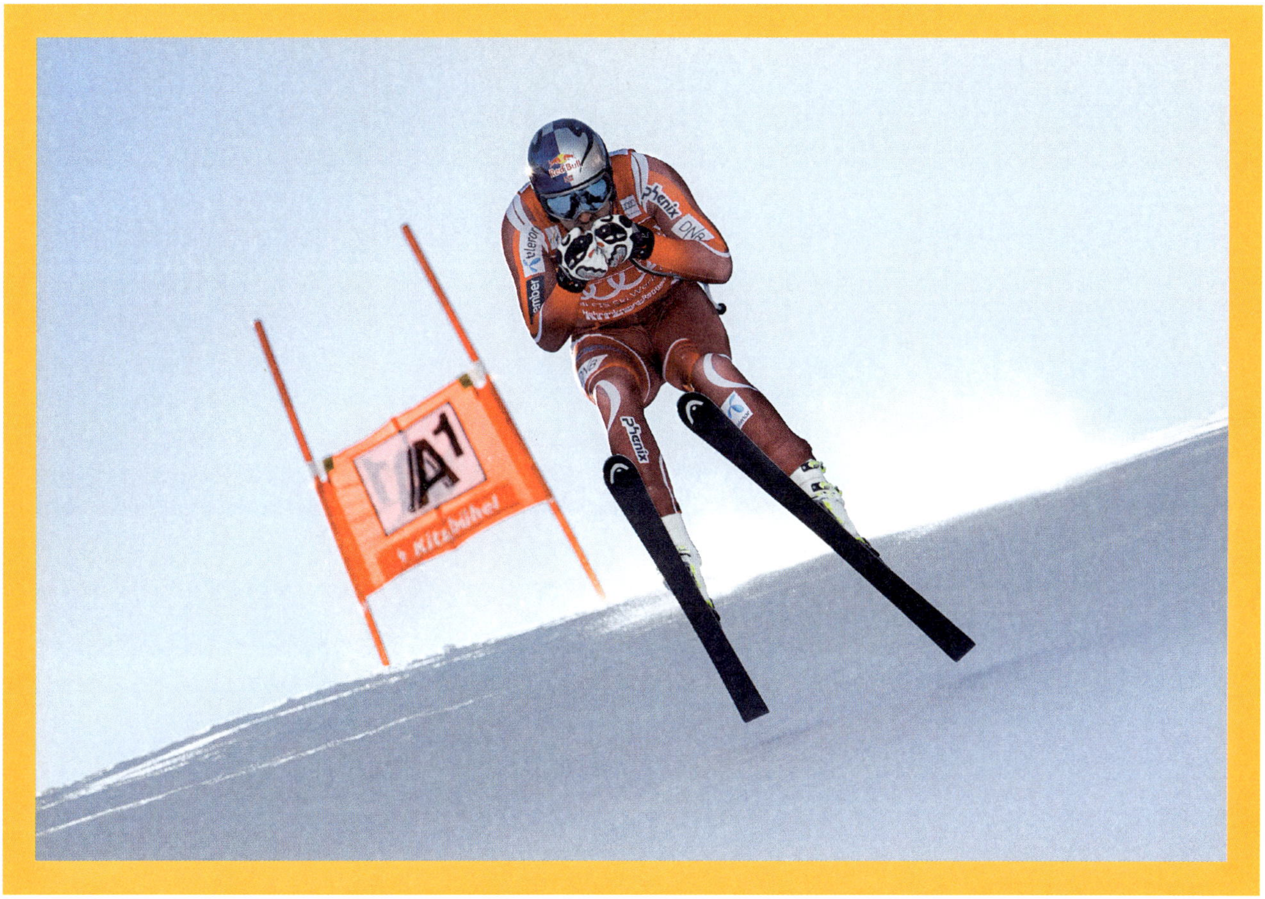

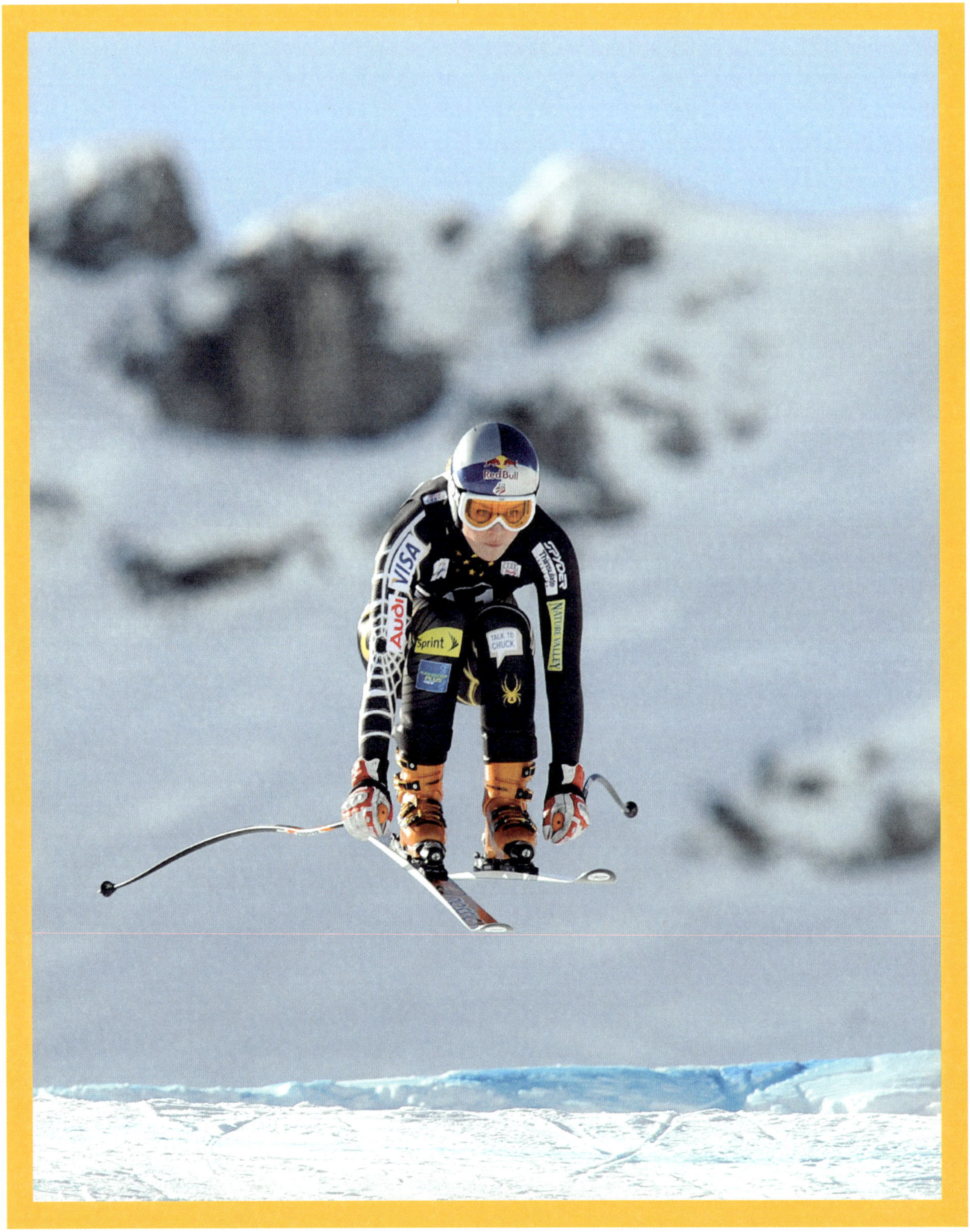
Red Bull
Audi
VISA
Sprint
TALK TO CHUCK
SPYDER
NATURE VALLEY

rasanten Kanadier damals abgeliefert haben. Denn im Vergleich zu anderen aus dem Abfahrts-Metier ist Dave Irwin, der ärgste Sturzpilot des einstigen Quintetts, heute körperlich noch in großer Form. Der Körper von Speed-Queen **LINDSEY VONN** etwa ist schwer gezeichnet von unzähligen Stürzen und Verletzungen, nach denen sie immer wieder weitermachte – bis zum nächsten Crash, nach dem sich alles wiederholte. **AKSEL LUND SVINDAL**, der beste, kompletteste und auch erfolgreichste Speed-Fahrer der jüngeren Skigeschichte, hätte ohne immer wieder schwerste Verletzungen wohl noch mehr gewonnen als ohnehin. Und dabei geht eine gewisse Unbekümmertheit verloren, wie der Norweger verrät: »Ich wusste auch, dass ich stürzen kann, als ich jung war. Aber da ging ich davon aus, dass dabei nichts passiert. Aber du kommst an den Punkt, an dem du mehr Erinnerungen daran hast, dass es eben nicht gutgegangen ist. Dann kannst du dir nicht mehr einreden, dass es immer gut geht.« Eine Erfahrung, die auch Speed-Queen **RENATE GÖTSCHL** nach mehreren Knieverletzungen gemacht hatte.

Wenn es meistens gut geht, kann man es so sehen wie Franz Klammer: »Abfahrt ist Freiheit. Da oben wegzufahren, mit der Geschwindigkeit zu spielen und mit dem Limit.

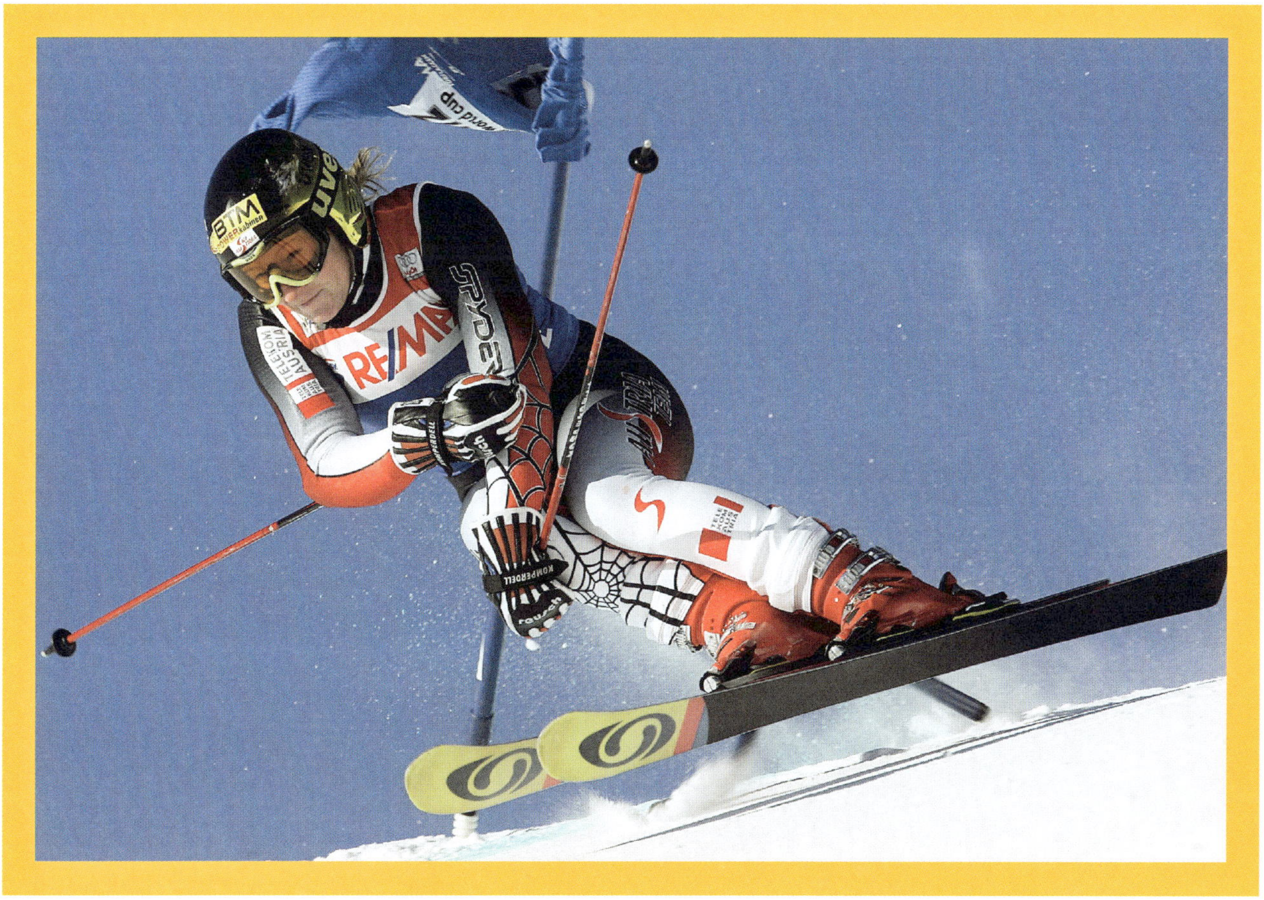

Zu wissen, wenn ich einen Blödsinn mache, fliege ich raus, das hat mir dieses Kribbeln im Bauch gemacht – und wenn ich das nicht hatte, hat's mich nicht interessiert.« Gut gegangen ist es auch bei Stephan Eberharter, der 2004 bei seinem Sieg in Kitzbühel den so genannten perfekten Lauf hingelegt hat, aber trotzdem zugibt: »Ich spreche jetzt nicht für alle, aber sicher für den Großteil: Ich habe bei den Speed-Disziplinen immer diesen dicken Knödel im Bauch gehabt. Und ich habe mir immer gedacht: Wenn's nur schon vorbei wäre. Diese Stunde vor dem Rennen, die ist brutal. Weil die Strecke, ganz egal welche, ist heavy. Du donnerst mit einem Schnitt von 100 km/h runter. Blankes Eis. Du lebst ständig in Gefahr. Eigentlich in Lebensgefahr, wenn's blöd hergeht.« Und er sagt auch dazu, wann Schluss sein muss: »Du machst von Kind auf einen Sport, der hochriskant ist. Und du vertraust, dass nichts passiert, weil du sagst, das kann ich, das beherrsche ich. Die Liebe dazu hat den höheren Stellenwert als die Gefahr. Aber sobald das kippt, musst du es lassen.«

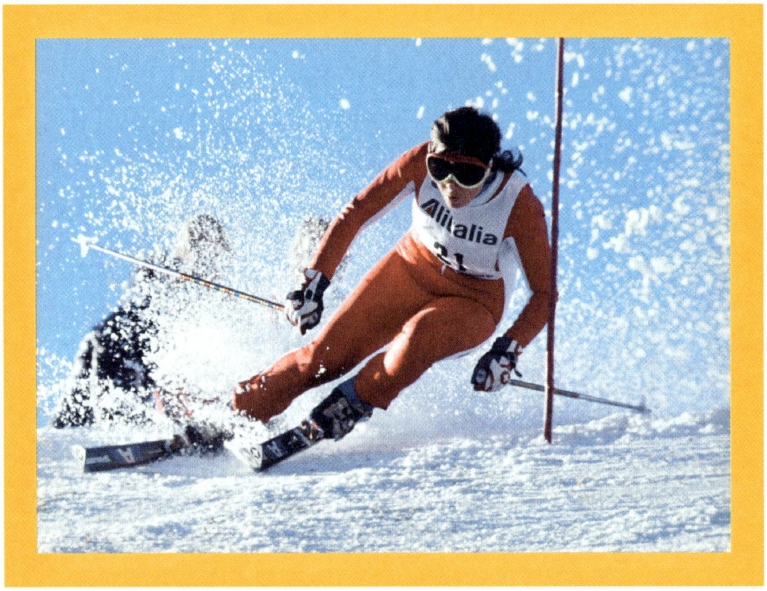

Klare Worte. Und offenbar geht es dann doch mehr um einen selbst und den Berg und darum, dass man spürt, wann Sicherheit besser ist als Adrenalin – und nicht um Rivalität. Schade eigentlich, denn die kann auch so schön romantisch sein, wenn man hört, warum **MARIE-THERES NADIG**, die Konkurrentin von Annemarie Moser-Pröll, einst aufgehört hat: »Ich hatte keine Angst vor ihr, das hatte ich nie. Ich hatte Respekt, aber keine Angst. Und ich wusste, ich kann sie schlagen. Aber trotzdem traue ich mich bei ihr nicht zu sagen, dass wir auf Augenhöhe sind. Sie hat so viel gewonnen und mich immer angespornt, noch besser zu werden. Dann ist sie auf einmal zurückgetreten und der Reiz war weg. Ich habe aufgehört, weil sie aufgehört hat.«

SIEGE ABFAHRT

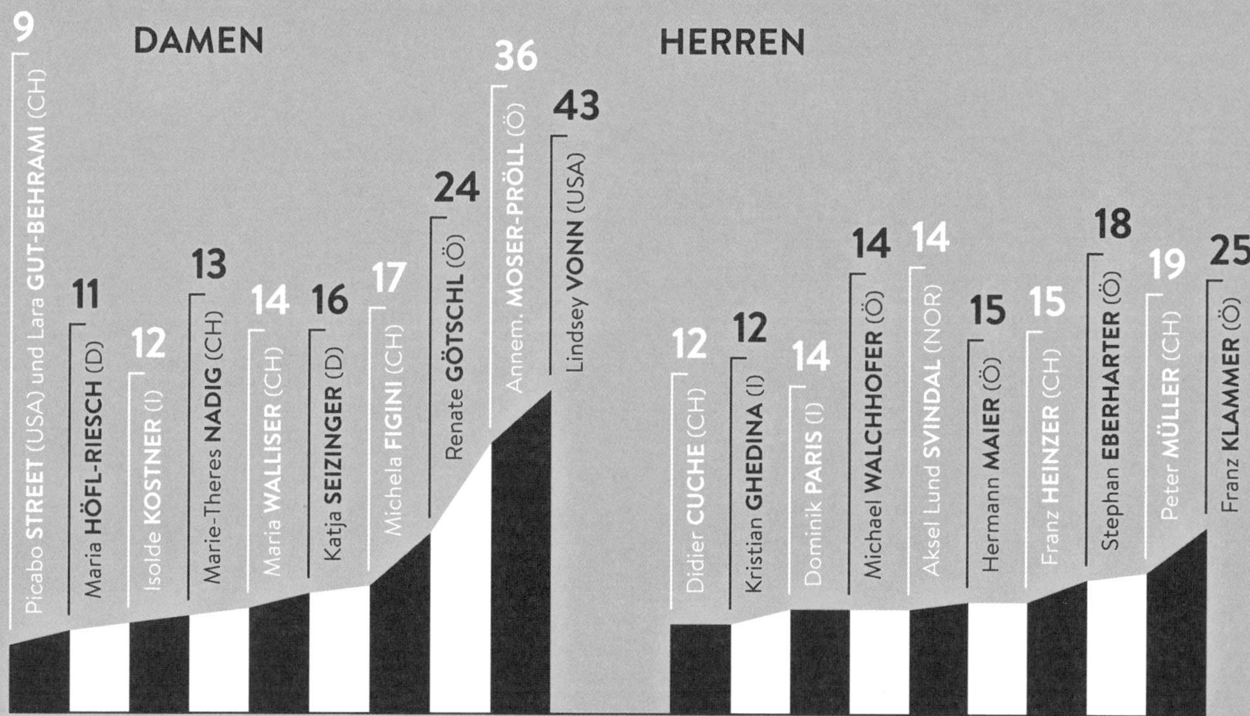

SIEGE SUPER G

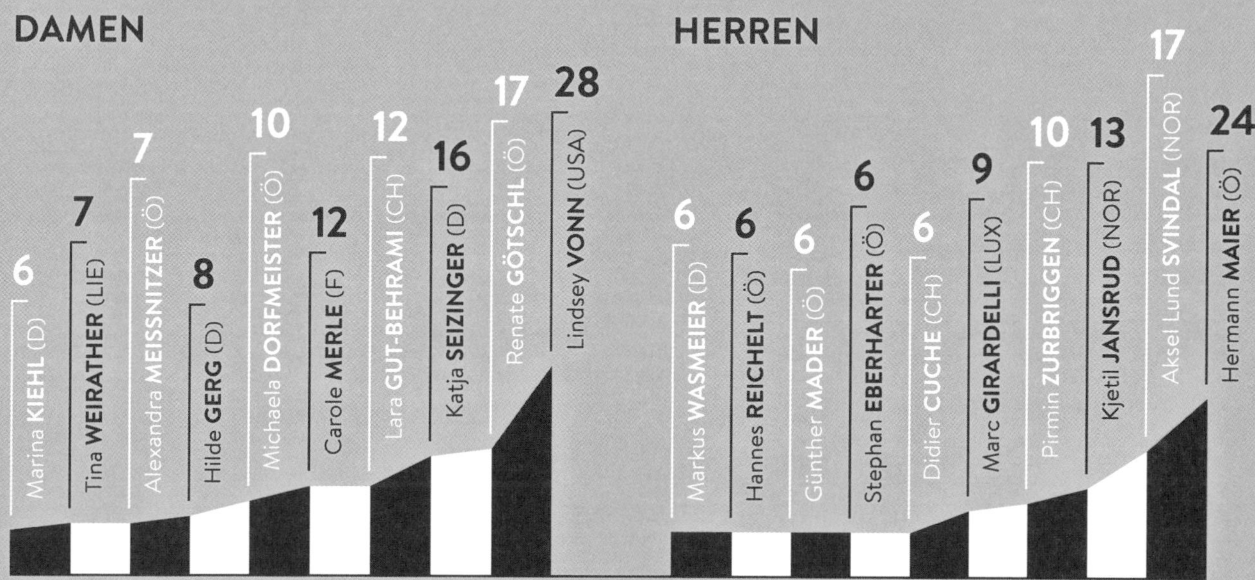

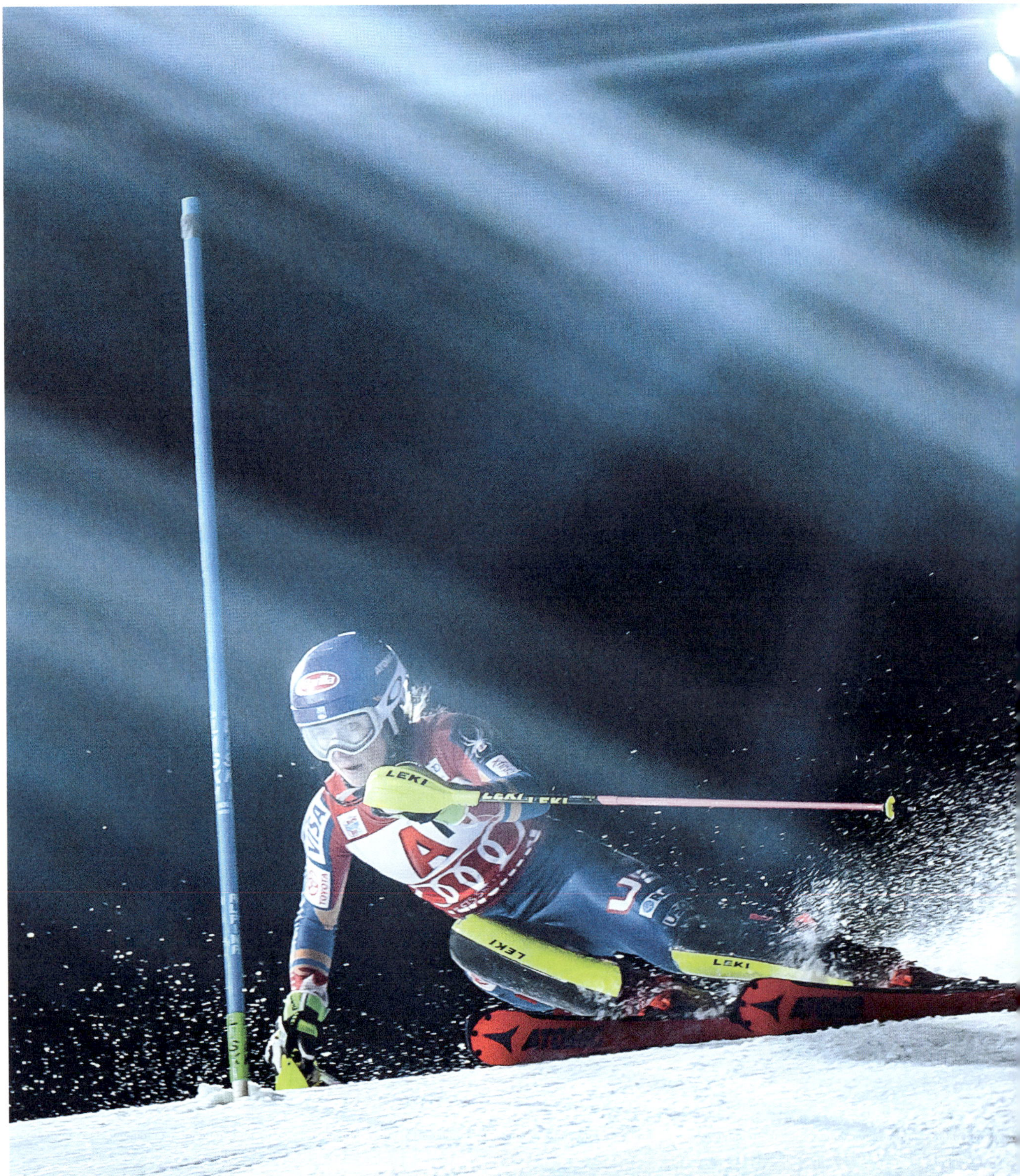

KAPITEL 7

MIKAELA SHIFFRIN

DIE KURVEN-STARS

Zwischen den engen Toren kommen seit jeher die ganz Großen des Skisports hervor.

Es war ihr erstes Mal, und die österreichische Tageszeitung *Der Standard* schrieb an diesem 20. Dezember 2012: »Die US-Amerikanerin Mikaela Shiffrin hat beim Weltcup-Damen-Slalom in Åre ihren Premierensieg gefeiert. Das erst 17-jährige Ausnahmetalent setzte sich am Donnerstag 0,29 Sekunden vor der Schwedin Frida Hansdotter und 0,52 Sekunden vor der Gesamtweltcup-Führenden Tina Maze durch.« So weit, so nüchtern.

58 Jahre davor wurde über erfolgreiche Frauen im Skisport noch so berichtet, wie dieses Beispiel aus der *Arbeiterzeitung* vom 26. Jänner 1954 nach einem Kitzbühel-Skiwochenende zeigt: »So belegte Marisette Agnel den zweiten Platz im Slalom und in der Kombination. Marisette ist ein zierliches Persönchen, ihr Vorname könnte der Titel eines französischen Chansons sein. Aber das ist das Erstaunliche am modernen alpinen Skisport: er erzieht keine Mannweiber. Der Typ, der heute über die Eisstrecken fährt, ist zart, nervös und längst nicht mehr muskelbepackt. Seit man im Skilauf den Schnee und die Geschwindigkeit nicht mehr mit roher Gewalt meistert, sondern mit der Technik überlistet, haben auch die zartesten Frauen ihre Chance.« Die nicht ganz so zarten aber auch, wie dasselbe Blatt vier Jahre später beim Riesentorlaufsieg der – wie Shiffrin anno 2012 – erst 17-jährigen Schweizerin **ANNEMARIE WASER** in Kitzbühel schrieb: »Im Frühjahr treibt sie die Herde auf die Alm und bleibt dort mit ihr bis zum Wintereinbruch. Ein starkes Mädchen, etwas untersetzt, mit tausend fröhlichen Sommersprossen im Gesicht, zu denen kein Lippenstift passt, und dass sie das weiß und nicht ihr Sternchengesicht mit Rouge verunstaltet, ist schön.« Rot wurde man auch als Autor solcher Zeilen in dieser Zeit nicht. Man hielt es offenbar für normal, so über Frauen zu schreiben. Dass Waser gewonnen hatte, wurde übrigens erwähnt. Kurz.

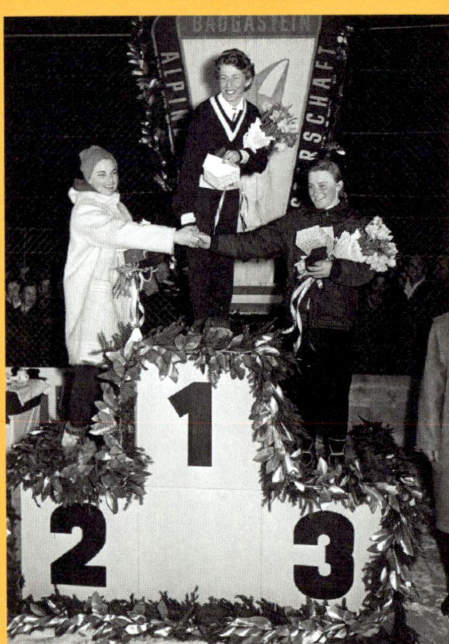

Nun muss man dazu wissen, dass die junge Frau zu diesem Zeitpunkt, mit erst 15 Jahren, bereits an Olympischen Spielen teilgenommen hatte, im selben Jahr, als in der Zeitung ihre Sommersprossen beschrieben wurden, die Bronzemedaille bei der WM in Bad Gastein (Bild links) gewann und 1960 auch in Squaw Valley bei Olympia dabei war. Ob das mit dem Sternchengesicht und dem Lippenstift wirklich die adäquate Botschaft war?

Daheim in der Schweiz war Annemarie Waser spätestens seit ihrer Bronzemedaille aber für viele junge Mädchen ein Idol und ein Grund, sich beim Skifahren besonders ins Zeug zu legen, um auch einmal so zu werden wie sie. Für eines dieser Mädchen steckte Waser später, als sie selbst schon Kinder hatte, gelegentlich einen Slalom oder Riesentorlauf. Es war ihre Nichte **ERIKA HESS**, die später eine überragende Slalom-

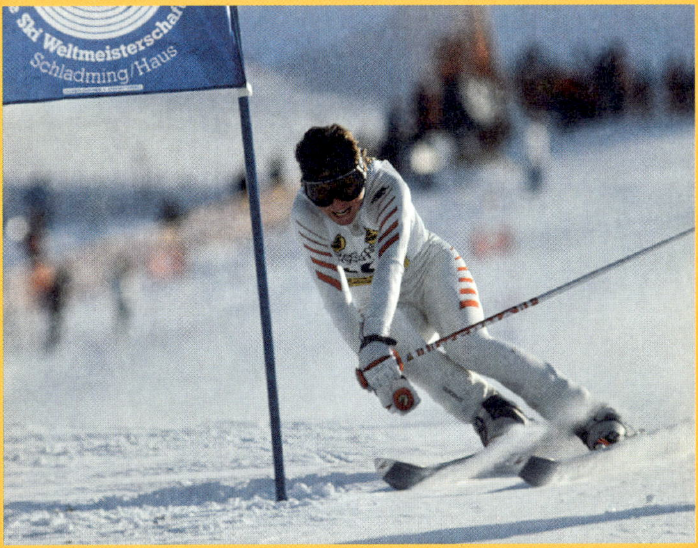

läuferin und sechsfache Ski-Weltmeisterin werden sollte: »Meine Tante hat mich auf meinen Weg gebracht. Sie war unser Idol und hat mir bei allem geholfen. Dass ich zu Rennen fahren konnte, dass ich ordentliches Material bekam. Und das war ausschlaggebend, dass ich mit 15 schon im Weltcup gefahren bin«, erzählt Hess, über die dann bei ihren großen Triumphen in den 80er-Jahren auch schon ein wenig anders berichtet wurde. Denn spätestens bei der WM 1966 in Portillo hatte es auch der Ski-»Experte« der *Arbeiterzeitung* auf seine immer noch sehr spezielle Art begriffen: »Heute gibt es keinen Damenstil mehr, die letzten Reste des Mädchenskilaufs, das leichte Anstemmen im Schwung, der zögernde Bogen und die breitere Spur, sind hier endgültig verschwunden. Heute fahren sie alle gleich, der Karl und der Egon und der Jean-Claude, die Christl, die Heidi und die Marielle, Hose wie Jacke, Schwung wie Schuss. Der Unterschied liegt nur noch darin: Es gibt gute und bessere Läuferinnen, und es gibt die Weltklasse.«

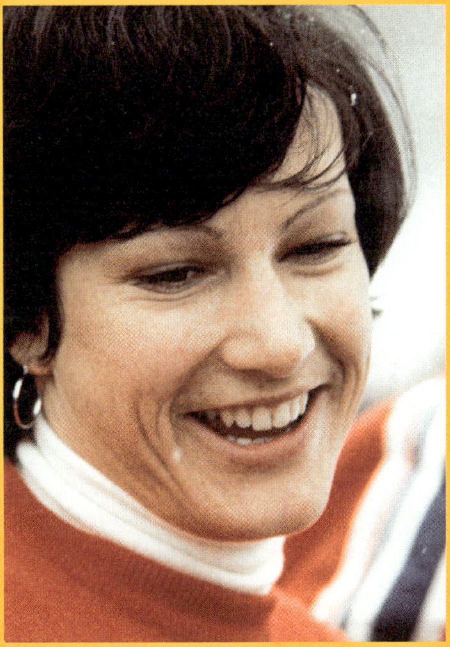

Hess wurde Weltklasse und spürte das auch relativ rasch: »Als ich kurz vor meinem 15. Geburtstag bei den Schweizer Meisterschaften hinter **LISE-MARIE MOREROD** und noch vor Bernadette Zurbriggen Zweite wurde, wurde mir bewusst, dass ich ziemlich weit kommen könnte.« Das tat sie, denn neben ihren sechs WM-Titeln fuhr sie sich mit 21 Siegen in ihrer Spezialdisziplin Slalom auf Platz 4 der Weltcup-Bestenliste und wurde, wie einst ihre Tante, selbst zum Vorbild für viele, die nachkamen. Und wie ihre Tante stieg Erika Hess sehr früh wieder aus dem Skizirkus aus: »Ich war zwar erst 25, aber schon sehr müde. Denn während einer Saison kann man nicht abschalten, und das kostet sehr viel Energie. Selbst die Interviews, bei denen man immer wieder dasselbe gefragt wird und man immer wieder dasselbe antwortet, rauben mit der Zeit immer mehr von dieser Energie. Ich wollte meine Siege eigentlich genießen, aber das musste man immer aufschieben bis ins Frühjahr – und da war ich dann eine Woche lang komplett flach. Für mich hat der Zeitpunkt gepasst, um es auch wieder sein zu lassen. Ich habe den Skirennsport genos-

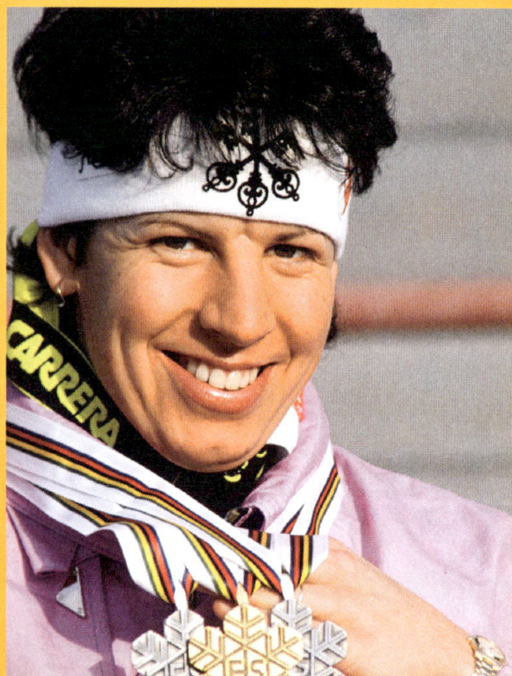
CARRERA

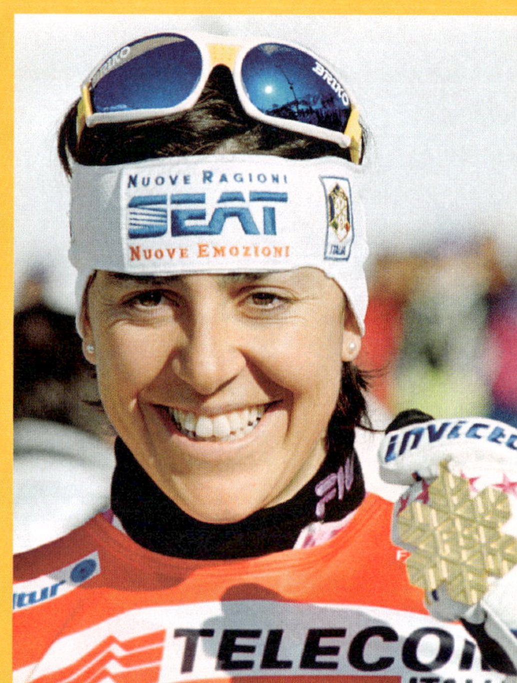
NUOVE RAGIONI
SEAT
NUOVE EMOZIONI
TELECO

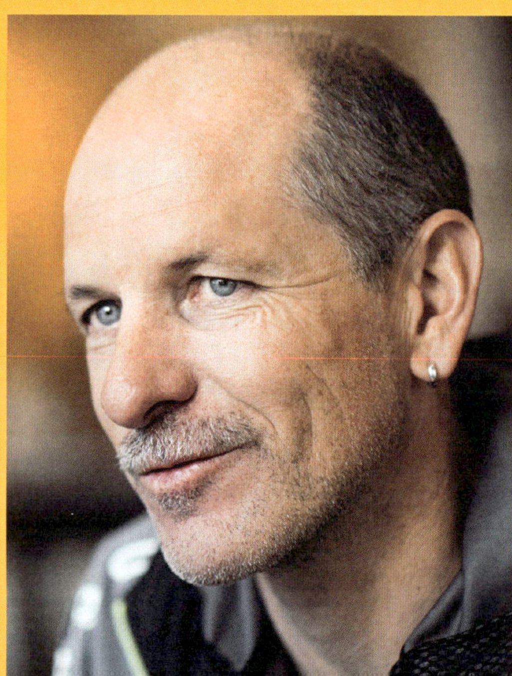

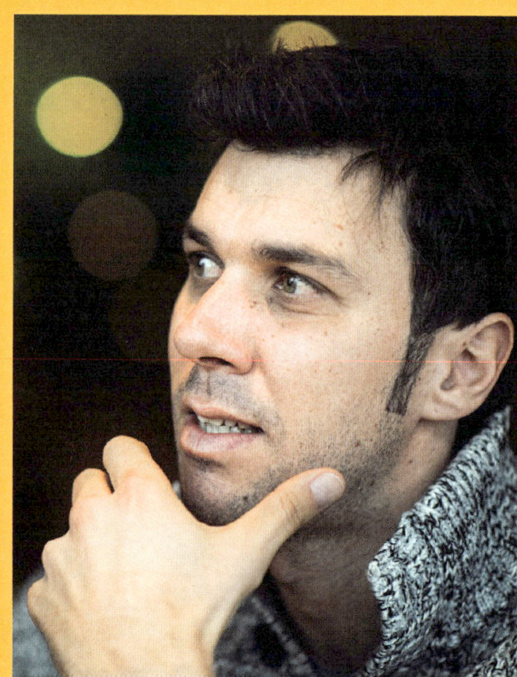

sen, aber er hat mich als Mensch nicht verändert. Ich bin mir immer treu geblieben.« Erika Hess war aber nicht nur Idol für Schweizer Jugendliche, sondern auch ein wichtiger Gradmesser innerhalb des Teams. Zum Beispiel für **VRENI SCHNEIDER**, die von dieser Klasse am Anfang aber zunächst verunsichert war: »Ich war zu Beginn meiner Karriere immer nervös, weil ich dachte: Mein Gott, die Erika im eigenen Team, die italienische Weltklasseläuferin **DEBORAH COMPAGNONI**, die jungen Sloweninnen, die fahren ja – wie soll ich da mitkommen. Meine Trainer konnten diese Sätze in meinem Hirn aber offenbar sehen und wussten: Stauchen dürfen sie mich jetzt nicht auch noch. Deshalb haben sie mir gesagt: Du siehst die anderen, aber du hast ja dich noch gar nicht gesehen, wie gut du fährst. Wir sehen das schon.«

Wie wichtig die Möglichkeit für die Entwicklung ist, sich auch im eigenen Team an den Besten messen zu können, erzählt **MICHAEL VON GRÜNIGEN**, zu seiner Zeit einer der besten Riesentorläufer der Welt: »Wenn du anfängst, ist es gut, wenn du an jemandem wachsen kannst, wenn sich Gleichgesinnte auf hohem Niveau pushen können. Unser interner Kampf um Startplätze im Riesentorlaufteam mit Paul Accola, Urs Kälin und Co. hat jeden von uns stärker gemacht.« Auch für **MARIO MATT**, einen der besten österreichischen Slalomfahrer der Geschichte, ist das ein entscheidender Faktor, nicht nur am Beginn einer Karriere: »Starke Konkurrenz im Team hilft dir, bei dir selbst immer noch ein Schäuferl nachzulegen. Für mich war das ein Grund, warum wir im österreichischen Team fast ein Jahrzehnt lang immer wieder Siegläufer hatten.«

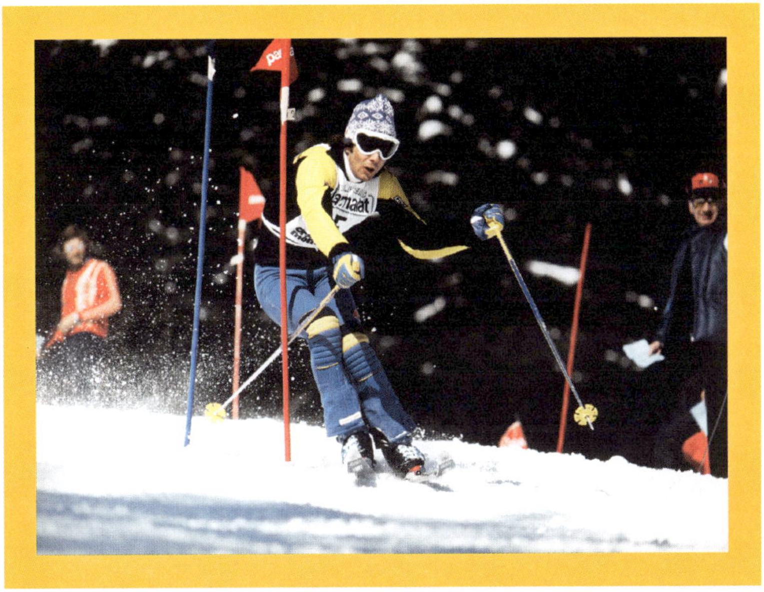

Von dem Moment an, in dem sie die Besten nicht mehr fürchtete, sondern von diesen angestachelt wurde, lief es auch bei Schneider. Sie wurde nicht nur dreifache Olympiasiegerin, sondern gewann in ihrer Karriere 55 Weltcuprennen und überbot in der Saison 1988/89 mit 14 Siegen den acht Jahre alten Rekord von **INGEMAR STENMARK**: »Mir war das in der Saison selbst gar nicht bewusst, dass ich den übertroffen hatte. Stenmark war mein Vorbild, der war für mich unerreichbar. Ich fand es dann aber auch nicht ganz fair, weil er weniger Rennen hatte als ich. Aber es war die einzige Saison meiner Karriere, in der ich dosieren oder Gas geben und mir in jeder Situation sicher sein konnte, dass ich gewinne.« Ihr Rekord von 34 Slalomsiegen hielt dann fast 20 Jahre – ehe Österreichs beste Slalomläuferin der Skigeschichte, **MARLIES SCHILD**, 2013 mit einem Erfolg mehr als Schneider die Führung in der ewigen Bestenliste übernahm. Ihre Gefühle dabei beschreibt Vreni Schneider so: »Was ich erreicht habe, war wirklich schön – und ich bin natürlich auch Patriotin. Aber als ich die Marlies fahren sah, als offensichtlich wurde, wie unglaublich stark sie nach ihrer schweren Verletzung zurückgekommen war, da drückte ich ihr vor dem Fernsehgerät die Daumen. Für mich war es eine Ehre, von dieser Läuferin überholt zu werden. Und für sie kann es ja auch nicht mehr lustig gewesen sein, dauernd den Namen Schneider zu hören.«

Sie, Marlies Schild, hatte Schneiders Bestmarke einen guten Teil ihrer Laufbahn für sich aber gar nicht auf dem Radar gehabt: »Als ich mein neuntes Rennen gewonnen hatte, war ich die mit den meisten Siegen in Österreich und dachte mir schon: Wow! Da habe ich noch nicht einmal gewusst, dass da jetzt 34 Siege zu schlagen wären.« Erst als sie 2009, wieder einmal nach Verletzungen, in Lienz als Siegläuferin zurückkam und damit ihr Slalom-Siegkonto auf 19 aufstockte, rückte dieses Ziel ein bisschen ins Bewusstsein: »Ich war da schon noch weit weg von Vreni, aber ich hatte wieder im

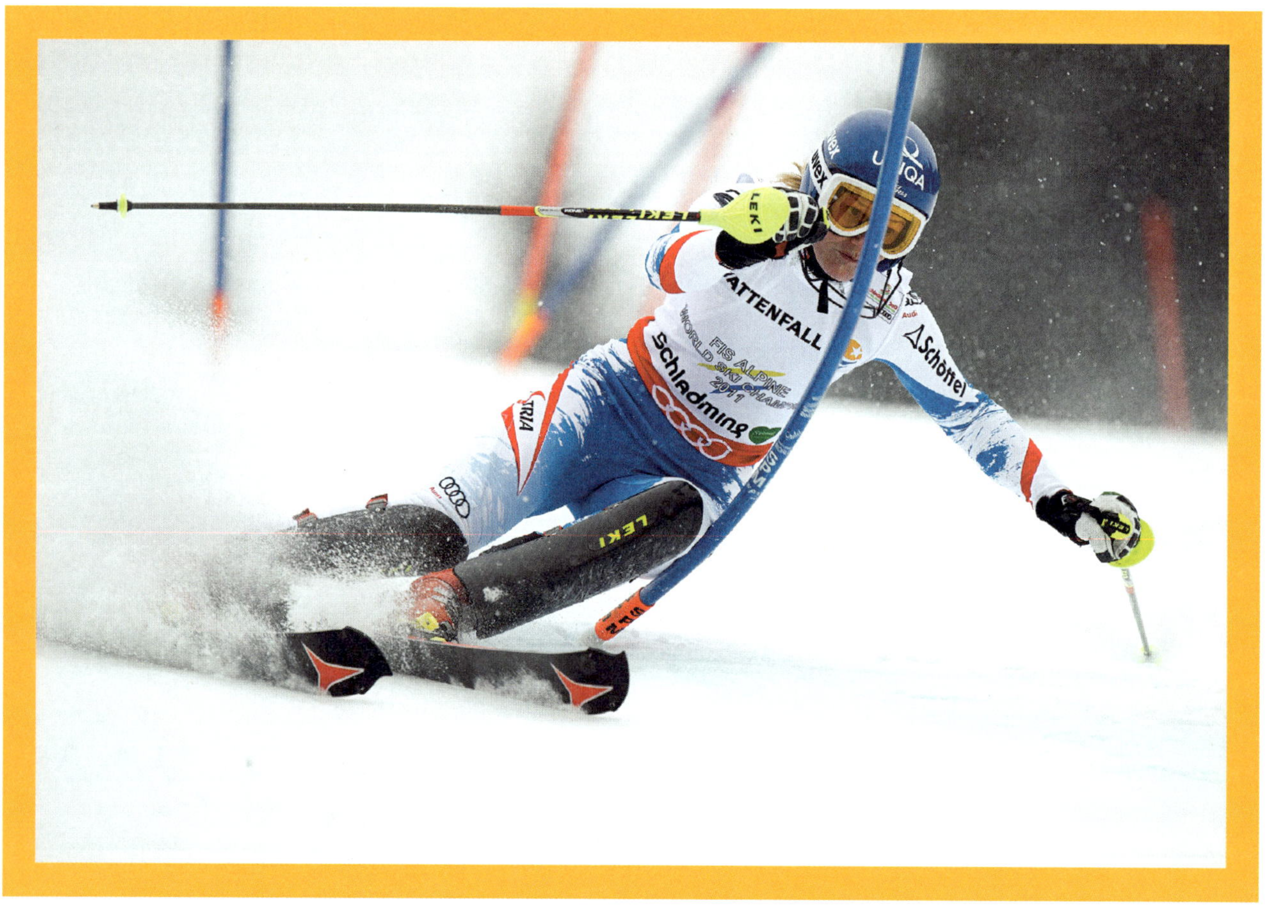

Gefühl, was es braucht, wie man durch die Tore fliegt und ich wusste dadurch wieder, dass das passt, was ich mache.« Bis dann gegen Ende von Marlies Schilds erfolgreicher Laufbahn Schneiders Daumendrücken Erfolg hatte. Inzwischen ist Rekordjägerin **MIKAELA SHIFFRIN** aber an beiden vorbeigezogen und wird, wie es derzeit aussieht, noch ganz andere Dimensionen eröffnen.

Es ist ja ein wenig eigenartig: Bei der Abfahrt spricht man nach wie vor von der »Königsdisziplin« im Skisport. Aber das echte »Königspaar« kommt seit geraumer Zeit aus dem Lager der »Kurvenstars«: Shiffrin regiert seit drei Jahren bei den Damen auch im Gesamt-Weltcup, bei den Herren währt die absolutistische Herrschaft von Marcel Hirscher über den Skizirkus inzwischen schon acht Jahre. Aber nicht nur diese beiden aktuell herausragenden Protagonisten faszinieren die Massen. Längst hat es auch die Disziplin Slalom an sich geschafft, nicht mehr nur das zu sein, was nach der Abfahrt auch noch kommt. Knapp 50 000 Menschen jedes Jahr im Zielraum beim Nachtslalom in Schladming beweisen eindrucksvoll, dass diese Disziplin für sich allein magnetisch wirken kann – ohne, dass sich zuvor jemand die Planai in der Hocke herunterstürzen

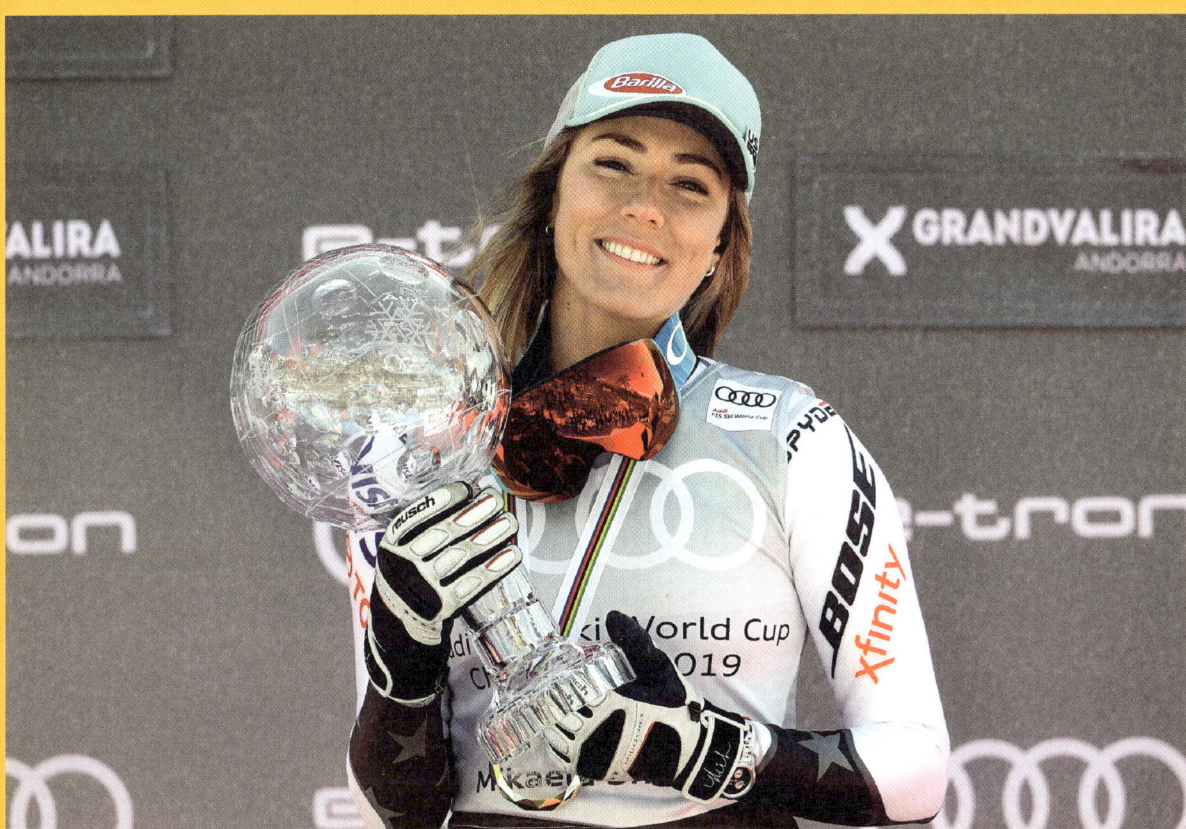

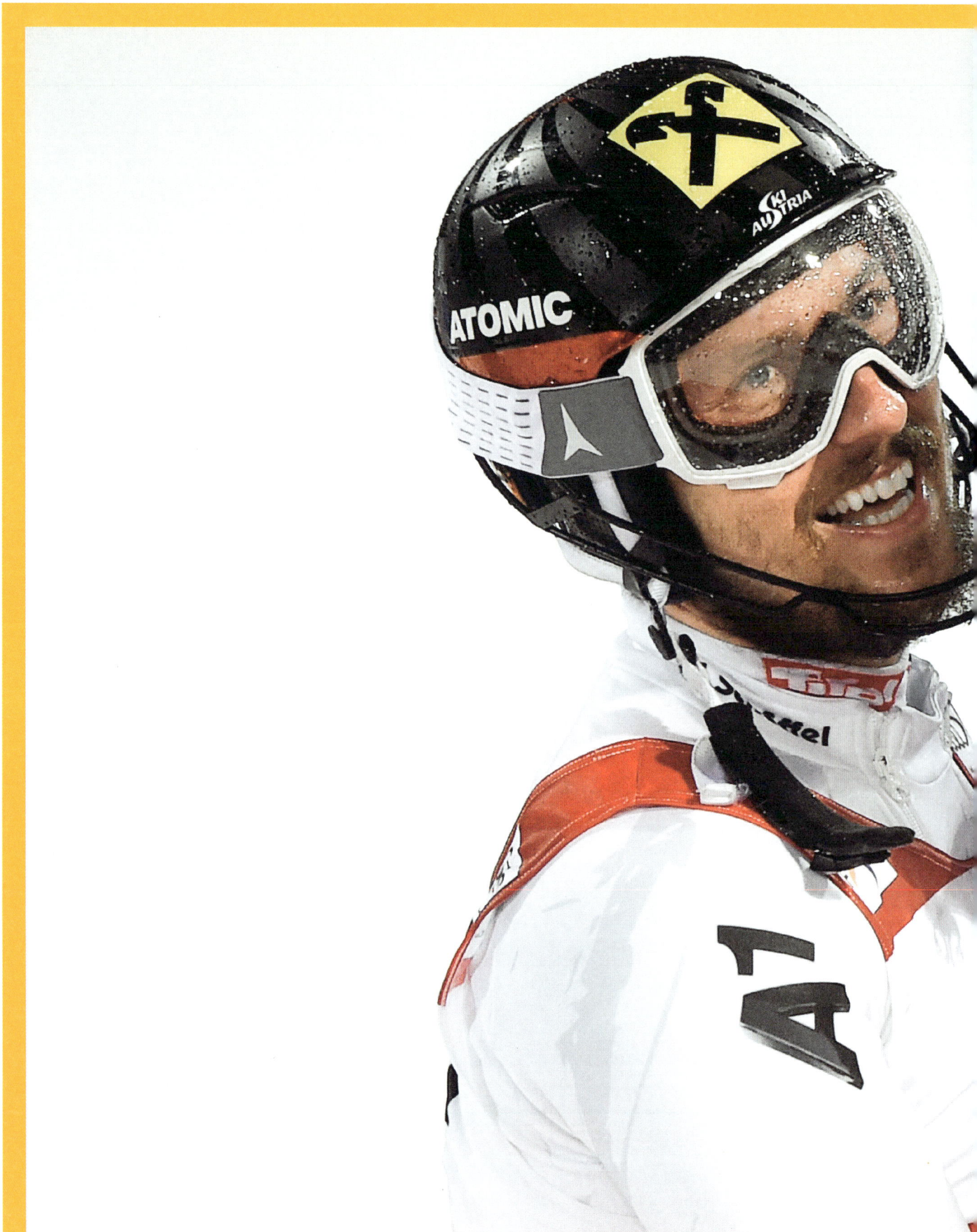
ATOMIC
SKI AUSTRIA
A1

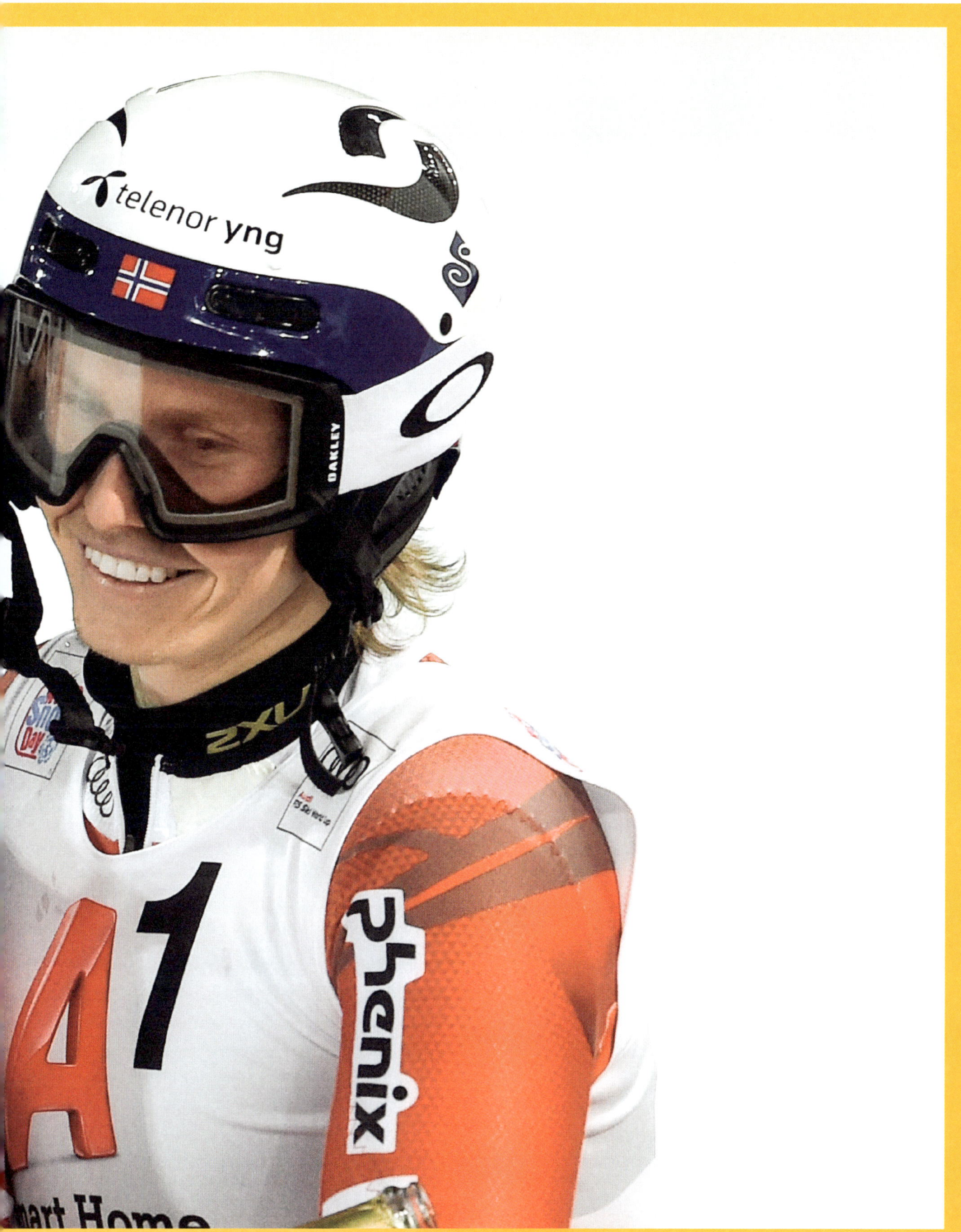
telenor yng
OAKLEY
2XU
A1
phenix

muss, um das Interesse anzuheizen. Ein Duell Hirscher gegen den Norweger **HENRIK KRISTOFFERSEN** zum Beispiel, in so einem Ambiente, das reichte ganz locker auch allein für Gänsehaut.

In Schladming ging am 7. Jänner 1999 auch der Stern von **BENJAMIN RAICH** auf, als der damals gerade erst 20-Jährige nach Rang 23 im ersten Durchgang unter dem Jubel der Fans im Zielraum seinen ersten Weltcup-Sieg schaffte. Eine Geschichte, die der mit 36 Weltcupsiegen nach Marcel Hirscher und Hermann Maier dritterfolgreichste österreichische Rennläufer bis heute nicht ohne innerliches Prickeln erzählen kann: »Als ich mit dem Lift raufgefahren bin vor dem zweiten Durchgang und auf diese 50 000 Menschen geschaut habe, hat es sich ordentlich abgespielt in meinem Kopf. Unterschiedlichste Gedanken kamen da in Sekunden: Ich kann das gewinnen, war der erste. Darf ich das überhaupt denken und will ich das überhaupt, kam aber sofort wie ein Reflex. Bis ich mich eingekriegt habe und mir sagte: Was ist eigentlich mit dir los? Du trainierst das ganze Jahr auf so etwas hin und dann fragst du dich, ob du das willst. Klar willst du! Und dann habe ich es tatsächlich geschafft.«

Natürlich genießt so ein Event wie Schladming eine Ausnahmestellung, selbstverständlich spielt die fast schon unglaubliche Dominanz von Shiffrin und Hirscher eine Rolle, und es liegt auch auf der Hand, dass der Weg zu einem Sport-Popstar-Image im Twitter- und Instagram-Zeitalter ein kürzerer geworden ist. Die im wirklichen Leben notgedrungen nahezu unnahbar gewordenen Skistars sind ihren Bewunderern virtuell dafür ein gutes Stück näher gerückt, als das früher möglich gewesen wäre. Ein Tweet nach der Kraftkammer, ein Facebook-Posting aus dem Kurzurlaub, ein Instagram-Bild vom jüngsten Fotoshooting – das kann heute ein Gefühl von Tuchfühlung auch bei Lichtjahren an realer Entfernung erzeugen.

Bei zwei herausragenden Technikern der 70er-Jahre war es da eher umgekehrt. Die waren noch nicht so abgeschottet, aber dafür in anderer Hinsicht unerreichbar. Der schlimmste Job für einen Journalisten in dieser Zeit wäre wahrscheinlich ein Doppel-Interview mit Gustav Thöni, dem Gesamt-Weltcupsieger der Jahre 1971, 1972, 1973 und 1975, und mit Ingemar Stenmark, dem bis heute unerreichten Rekordhalter im Slalom und Riesentorlauf, gewesen. Bei ihnen hatte man stets das Gefühl, dass sie die wenigen Sätze, zu denen sie ansetzten, kurz vor dem Einsatz der Stimmbänder am liebsten wieder verschluckt hätten. »Skifahren – das ist nur Sport«, war eine der knappen Standard-Botschaften Stenmarks. Aber er hätte damals aus eigener Erfahrung schon wissen müssen, dass das nicht stimmt, denn es war auch zu seiner Zeit schon Politik. Sonst wäre nach seinen drei Gesamt-Weltcupsiegen in Serie nicht plötzlich das Reglement geändert worden, um ihn mit seiner Dominanz in Slalom und Riesentorlauf als Abonnement-Gewinner der großen Kristallkugel zu verhindern. Das – später auch wieder veränderte – neue Reglement begünstigte in der Folge die Allrounder, weil aus allen Diszi-

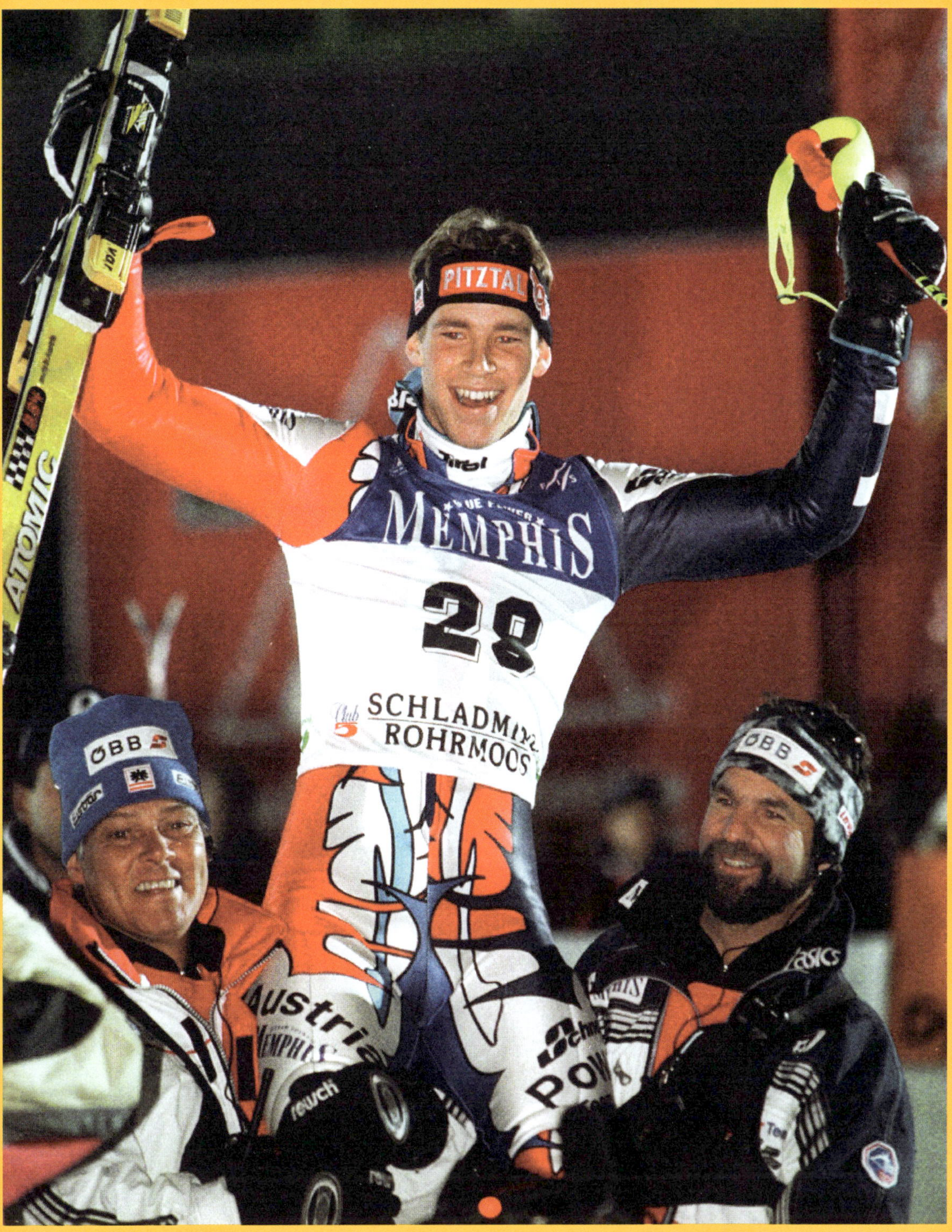
PITZTAL
MEMPHIS
28
SCHLADMING
ROHRMOOS
ATOMIC
ÖBB
Austria
reusch

plinen nur noch die besten Resultate gewertet wurden und Stenmark seine Seriensiege dadurch für den Gesamtweltcup nichts mehr nützten. Aber trotz seiner Öffentlichkeitsscheu und seiner Schweigsamkeit konnte nicht einmal der stille Schwede verhindern, dass er eine Art Starrummel auslöste, wenn auch einen aus heutiger Sicht manchmal eher hausbackenen: Denn Strickanleitungen in Frauenzeitschriften für die Hauben, die Stenmark bei den Rennen trug, lösten nicht das große Prickeln aus.

Aber es gab zwischen den Slalomstangen zu dieser Zeit schon auch andere Typen. Nicht ganz in der sportlichen Liga von Thöni oder Stenmark – sonst aber hui! **HANSI HINTERSEER** oder **PIERO GROS** Anfang der 70er-Jahre mit ihren im Fahrtwind wehenden Mähnen, das waren Mädchenzimmer-Sehnsüchte auf Skiern, wenn man so will: *BRAVO*-Poster aus Fleisch und Blut. Oder, wie man heute sagen würde: Sie wären perfekte Testimonials für die Positionierung der Marke Slalom im Bewusstsein der Menschen gewesen.

Als dann Ende der 80er-Jahre ein Mann erschien, der für diese Rolle wie geschaffen gewesen wäre, war der aber letztlich mit sich selbst als Marke so ausgelastet, dass seine

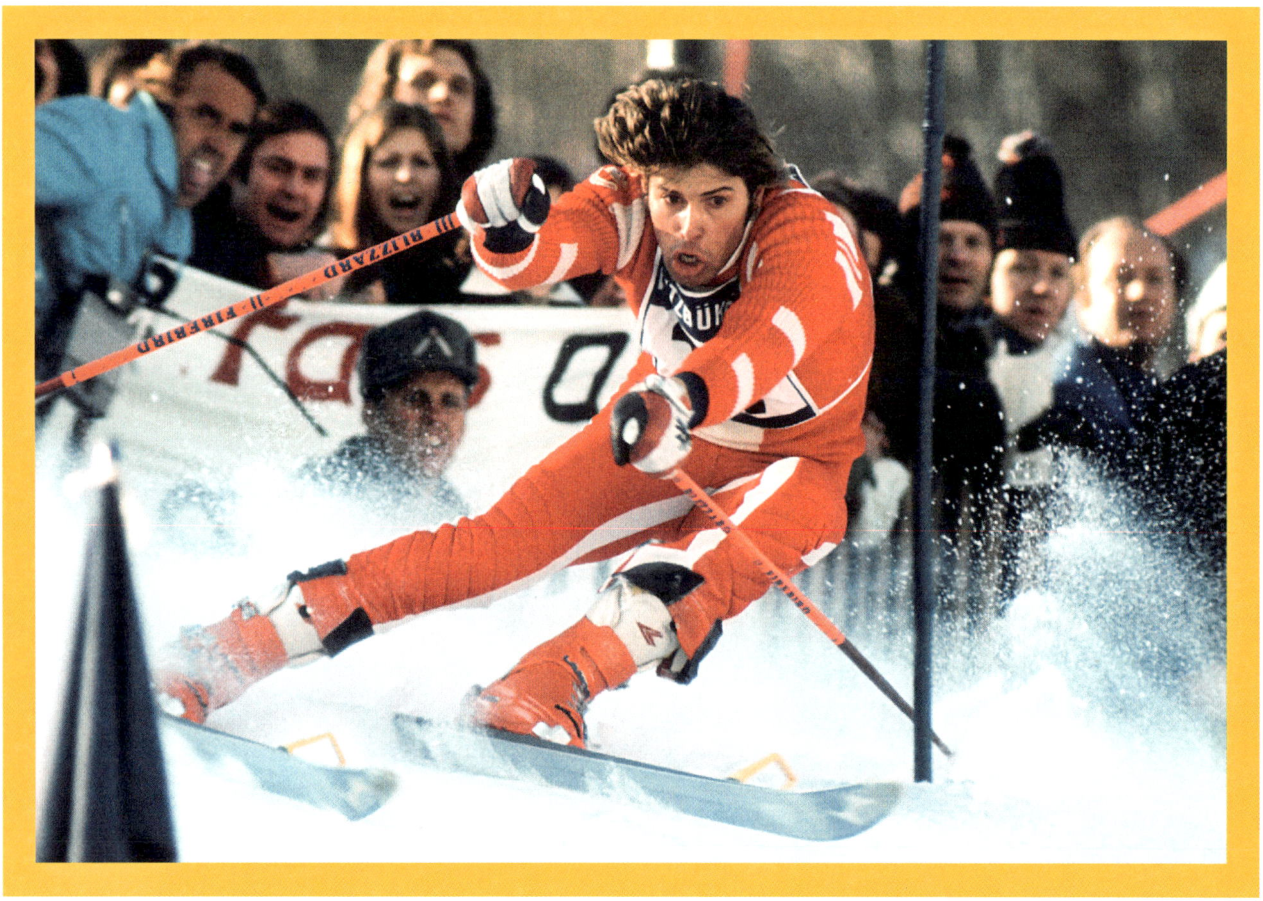

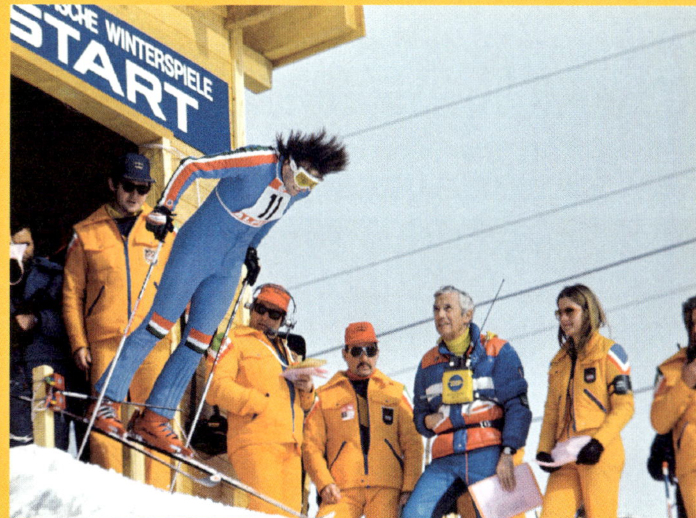

ganze Hinwendung zu diesem Sport nur darin bestehen konnte, ihn den Großteil seiner Laufbahn besser zu beherrschen als alle anderen. Er war definitiv mehr Werbung für sich, seine Art zu leben, zu fahren, hinein zu strahlen als personifizierte Sinnlichkeit in diesen oft so humorlosen und bierernsten Betrieb, als dass er sich auch noch der Disziplinen hätte annehmen können, die er dominierte. **ALBERTO TOMBA** war ein grandioser Techniker, einer der erfolgreichsten Skirennläufer der Geschichte – und eine Lichtgestalt im Skizirkus, wie es sie mit viel Glück nur alle paar Jahrzehnte einmal gibt. So virtuos, wie er sich zwischen den Torstangen bewegte, bediente er aber auch die Mechanismen der Medien. Nach seinen Spielregeln. Und viele spielten bereitwillig mit, weil sie sein Spiel nicht durchschauten. Wenn Tomba, der Städter aus Bologna, der Lebemann aus reichem Haus, um ein Rennen herum nach Mitternacht in einer Diskothek auftauchte, blieb er dort genau so lange, bis ihn die richtigen Leute gesehen hatten und er sich verlassen konnte, dass die üblichen Schlagzeilen wieder in Produktion gingen. Er fütterte die, die ihm immer wieder auf den Leim gingen, mit einer Vorstellung von Sports- und Lebemann, die selten in der Wirklichkeit, aber ständig in den Köpfen der Berichterstatter fröhliche Urständ' feierte. Er spielte auf diese Art mit den Vorurteilen, die über ihn im Umlauf waren und entlastete sich so mit Humor.

Was viele nicht wussten: Oft hatte Tomba um zehn schon geschlafen, war dann für seine Showrunde um ein Uhr früh aufgestanden, und während in der Disko die Diskussion über seinen Lebenswandel gerade wieder einmal voll entflammte, schlief er bereits wieder tief und fest. In einem in den *Oberösterreichischen Nachrichten* im Jahr 2013 abgedruckten Interview räumte Tomba das auch selbst ein: »Das war bei mir auch Show, ich war clever. Mit nur drei Stunden Schlaf nach durchzechter Nacht ein Rennen gewinnen? Keine Chance. Man muss Freiheiten haben, es ist ein individueller Sport. Aber man muss sich fokussieren, wenn es drauf ankommt.« Das bestätigt auch Gustav Thöni, der jahrelang als Privattrainer mit Tomba gearbeitet hat: »Mir hat er ab und zu wirklich leid getan wegen all dem, was da um ihn herum verbreitet und an Wirbel inszeniert wurde. Er war sicher nicht ganz leicht zu haben und brauchte seine Freiheiten, aber der hat schon auch mit vollem Einsatz gearbeitet. Er war eine Ausnahmeerscheinung als Athlet und physisch unheimlich stark.« Was nichts daran ändert, dass Tomba grundsätzlich anders an den Skizirkus heranging als die meisten anderen – und das

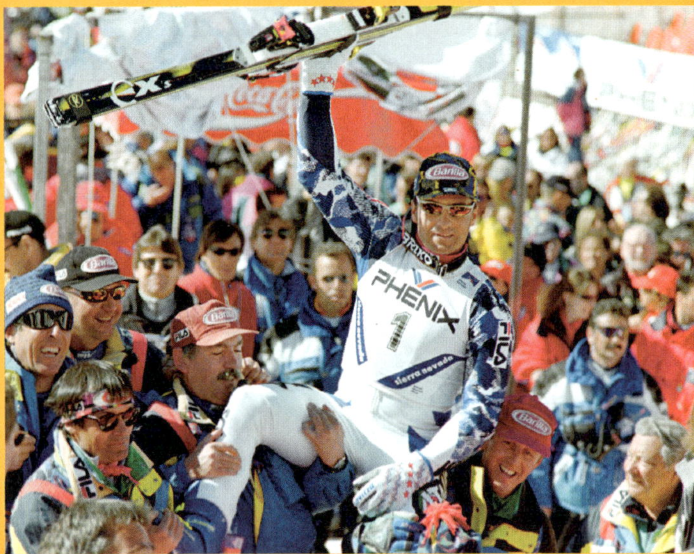

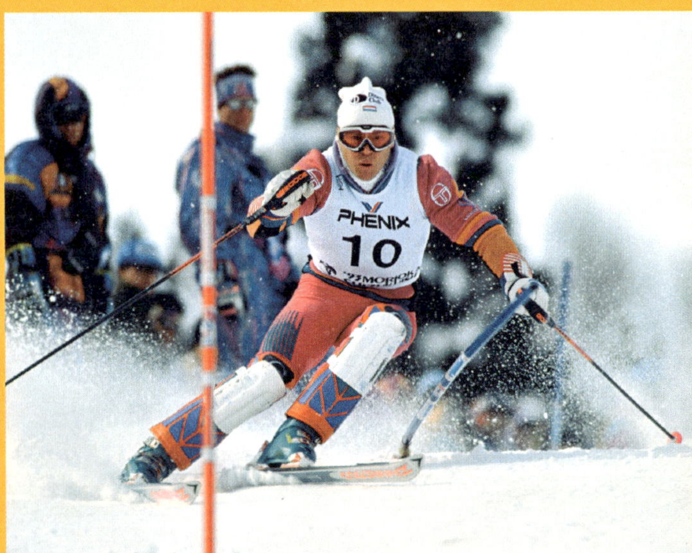

hatte auch mit seiner Herkunft zu tun, wie er der *Welt am Sonntag* im Jahr 2006 verriet: »Ich bin in Wirklichkeit kein Mann aus den Bergen. Ich bin in Bologna geboren und Städter sind anders. Für den jungen Alberto aus der Stadt war es nicht leicht, den Skifahrer Tomba als Druck auf sich zu spüren.« Er konnte ziemlich lange diesen Druck in Power verwandeln, indem er es sich eben so lustig und lustvoll wie möglich machte, was ihm nicht schwerfiel, weil er das ja auch war und gewiss nicht immer nur zum Schein zur Schau stellte. Mit praller Lebensfreude, schönen Frauen, schnellen Autos inszenierte er wohl sein kokettes Spiel mit den Medien, baute all das aber schon auch gern ins wirkliche Leben ein, wenn er sich nicht auf die Piste fokussieren musste. Aber all das wird im Sport nur so lange akzeptiert, wie es mit Ergebnissen aufgewogen werden kann. Wenn die Balance einmal nicht mehr funktioniert, kann sich das schnell ändern. Auch Tomba hatten sie nicht mehr so lieb, als er nicht mehr alles gewann, und es kippte völlig, als später seine Probleme mit der Finanz aufkamen: »Ich war 20 Jahre, als ich flott war und berühmt wurde. Das war ein Problem. Wenn du zu viel gewinnst, ist das gefährlich. Ich habe es geschafft, dass die fußballverrückten Italiener Ski geschaut haben. Sie lieben dich – aber sie kriegen dich.«

Nicht gekriegt hat ihn in der Saison 2018/19 Marcel Hirscher, der in der von Stenmark mit 40 Siegen angeführten Slalom-Wertung mit 34 Erfolgen um nur einen Sieg hinter Tomba Dritter ist. Vierter in dieser Reihung der weltbesten Slalomfahrer in der Geschichte des Weltcups ist einer, der dieser Kategorie gar nicht richtig zuzurechnen ist – weil er alles überdurchschnittlich gut konnte. **MARC GIRARDELLI**, der wie **IVICA KOSTELIĆ** in seiner Karriere 16 Slaloms gewonnen hat, ist einer von nur fünf

Läufern in der Geschichte des Weltcups, die Siege in allen fünf Disziplinen geschafft haben. Die anderen sind Pirmin Zurbriggen, Kjetil André Aamodt, Günther Mader und der Amerikaner **BODE MILLER**, der als einziger in diesem Quintett in jeder Disziplin mindestens fünfmal gewonnen hat und wohl einer der außergewöhnlichsten Läufer in der Geschichte des Skisports ist. Er war ja nicht nur für seinen unkonventionellen Fahrstil, sondern auch für sein Motto »Sieg oder Sturz« bekannt. Und er ist es bis heute – für eine der wunderbarsten Begründungen, die jemals jemand für seinen individuellen Stil genannt hat: »Ich hätte öfter gewinnen können, aber dann hätte ich das geistige Niveau meines Skifahrens senken müssen.«

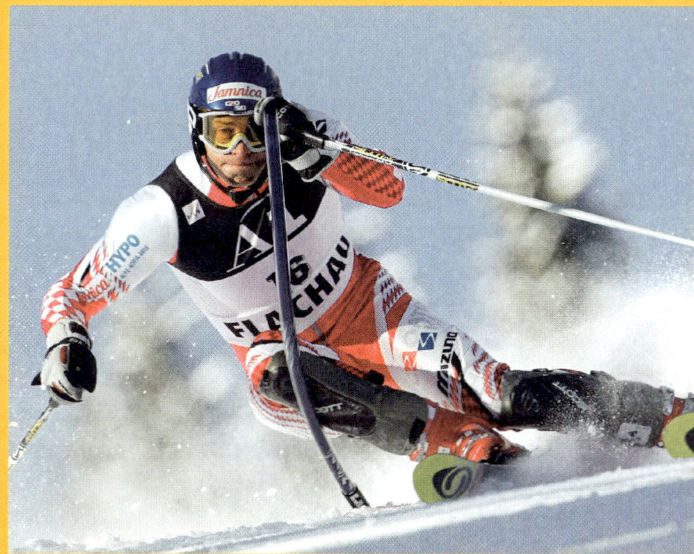

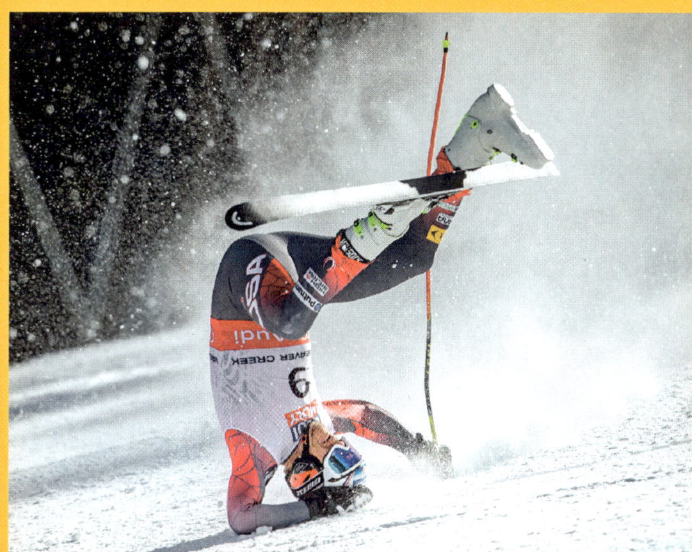

Bei den Damen sind es sieben, die in jeder Disziplin gewonnen haben: Lindsey Vonn, Anja Paerson, Janica Kostelić, Tina Maze, Pernilla Wiberg, Petra Kronberger und, man ist schon fast versucht zu sagen, natürlich, Mikaela Shiffrin.

Letzterer traut Ingemar Stenmark zu, seinen Rekord von 86 Weltcupsiegen zu brechen und sogar mehr als 100 zu schaffen. Sie ist erst 24 Jahre jung, dosiert ihre Einsätze in Speed-Disziplinen sehr klug und gewinnt fast nach Belieben. Im November 2018 gab sie aber der *Süddeutschen Zeitung* ein Interview, in dem Interessantes zu lesen war: »Ich merke selbst, dass ich aus Siegen gar keinen großen Vorteil für mich ziehen und sie angesichts des Terminkalenders gar nicht richtig feiern kann.« Auf die Frage, ob sie sich vorstellen könnte, eines Tages aufzuwachen und zu sagen: Das war's, sagte sie: »Wenn ich ehrlich bin, könnte das schon passieren. Aber es wird nicht bald passieren. Wenn ich weiter dieses Feuer, diese Leidenschaft und Motivation in mir spüre, wenn ich jeden Tag von Neuem die Lust habe aufzustehen, um hart im Kraftraum und auf Skiern im Schnee daran zu arbeiten, eine komplette Skifahrerin zu werden, mache ich weiter. Aber wenn ich diese Motivation verlieren und merken sollte, dass ich lieber etwas anderes machen würde, dann wird es mit Sicherheit nicht lange dauern, bis ich zurücktrete.«

Schon 30 Jahre vor diesem Shiffrin-Interview hatte sich auch Ingemar Stenmark, ausnahmsweise einmal nicht ganz so einsilbig, in der *Zeit* gegen Ende seiner Karriere zum Thema Siege geäußert – und dabei erstaunlich ähnlich in der Grundsubstanz geklungen: »Früher musste ich unbedingt gewinnen. Ich wollte es, und die Leute und die Presse erwarteten es. Aber man kann nicht immer gewinnen wollen, wenn man älter wird. Irgendwann erträgt man den Druck nicht mehr, hat die Nerven dazu nicht mehr. Heute habe ich mehr Spaß daran, wenn ich einmal gewinne, als früher, wo ich dauernd gewann. Das Leben ist jetzt viel schöner für mich als damals. Ich spüre keinen Druck mehr – ich bin frei.«

SIEGE SLALOM

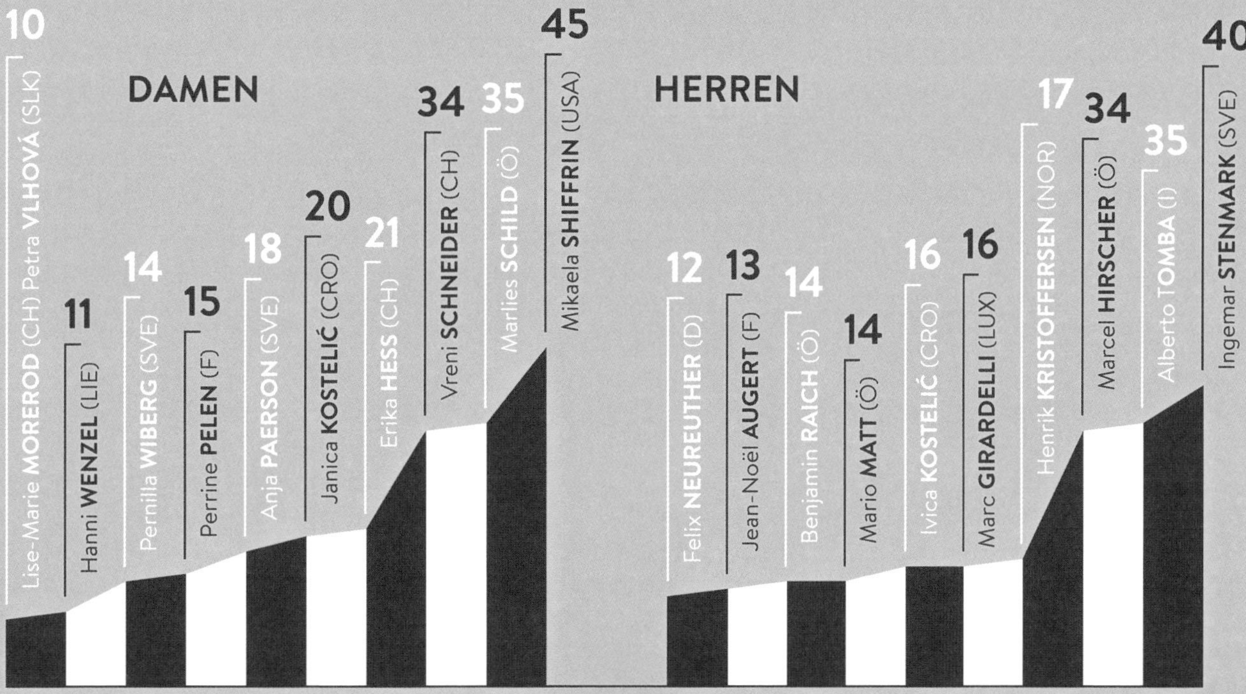

SIEGE RIESENTORLAUF

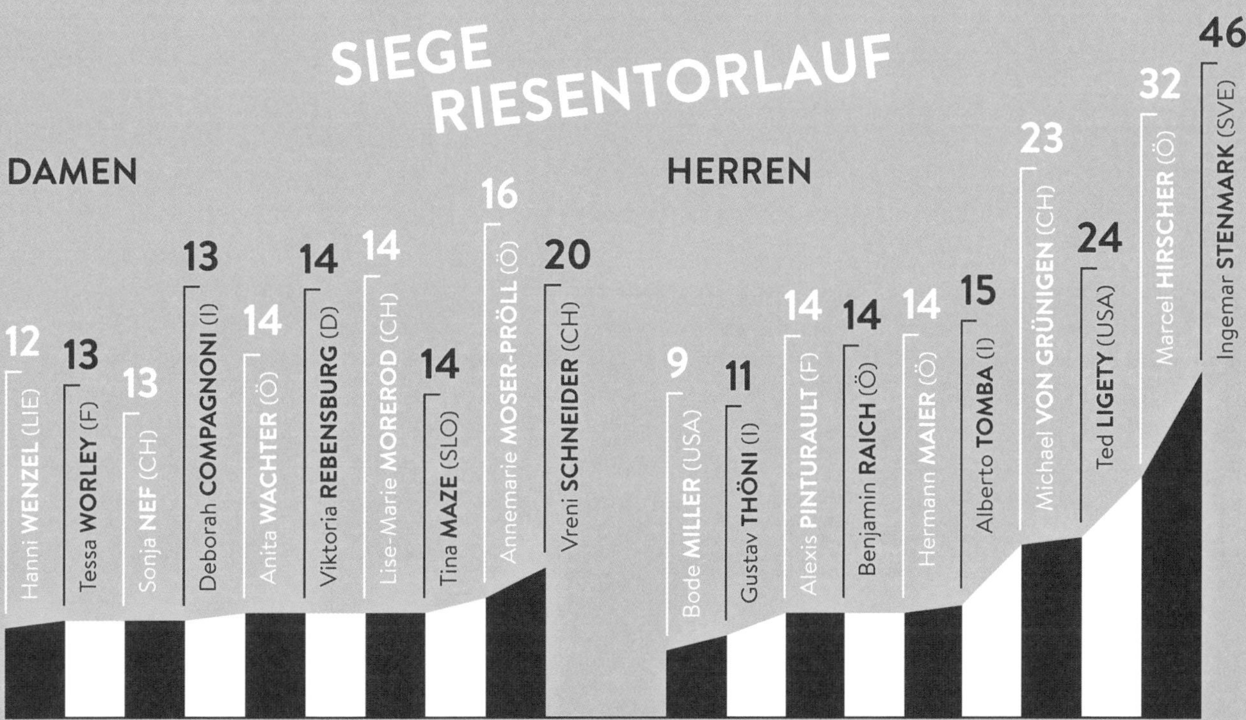

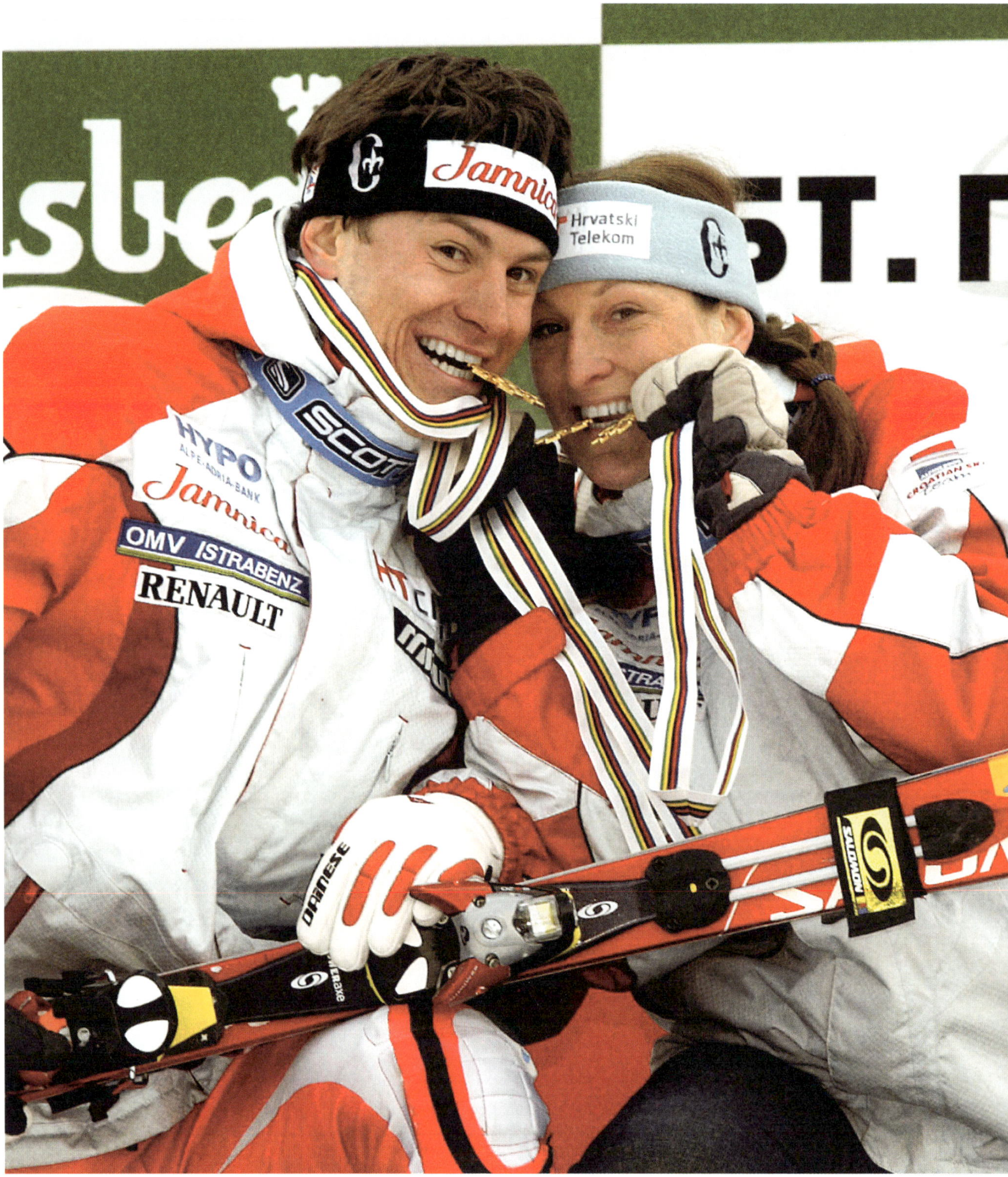

KAPITEL 8

IVICA + JANICA KOSTELIĆ

FAMILIEN-SACHE SKISPORT

Nicht nur Geschwister sorgen im Skizirkus für Furore – Erfolg geht auch über Generationen.

Eine ganze Weile sah es danach aus, als könnte sie tatsächlich weitergeschrieben werden, die Geschichte der unerschrockenen Mädchen vom Bergbauernhof über dem malerischen Dörfchen Kleinarl im Salzburger Land. Die große Schwester Annemarie hatte in Lake Placid endlich ihre ersehnte olympische Goldmedaille erobert, danach die von Triumphen und Trophäen geprägte Karriere beendet – und wie auf Knopfdruck startete das jüngste der acht Pröll-Kinder, Cornelia, im Weltcup so richtig durch.

In Pfronten gewann sie im Jänner 1981 ihre erste Weltcup-Abfahrt, und mit weiteren Top-Resultaten schaffte es die »kleine Pröll«, hinter den Schweizer Speed-Gigantinnen Marie-Theres Nadig und Doris de Agostini, in dieser Saison Dritte im Abfahrts-Weltcup zu werden. Aber so schnell sie ins Weltcup-Spitzenfeld gerast war, so hurtig ging es für CONNY PRÖLL auch wieder in die Gegenrichtung. Nachdem in der Saison danach die guten Resultate fehlten und auch die Heim-WM 1982 in Schladming mit einem 15. Abfahrtsrang enttäuschend verlief, drohte Pröll die Rückversetzung in den B-Kader. Dazu ließ sie es aber gar nicht kommen, denn vorher beendete Cornelia mit erst 21 Jahren lieber ihre Laufbahn, die für die Schwester der später zur Jahrhundert-Sportlerin gewählten ANNEMARIE MOSER-PRÖLL nicht einmal ein halbes Jahrzehnt gedauert hatte.

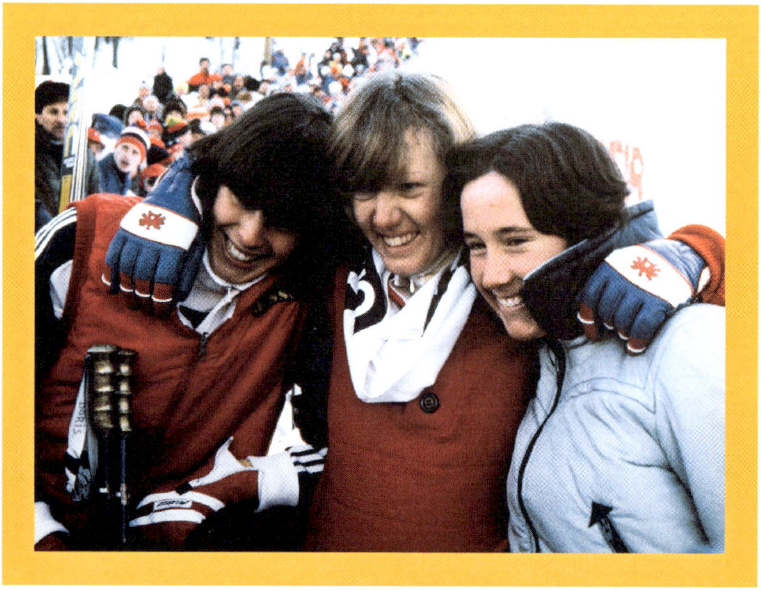

Ein Schicksal, mit dem sie allerdings nicht allein war. Denn die Geschwister zahlreicher großer Siegerinnen und Sieger konnten der Familiengeschichte im Skisport oft nur Kapitel anfügen, die sich in einer sportlichen Vita durchaus gut machten, denen aber letztlich die außerordentlichen Passagen, die glanzvollen Momente fehlten, die man mit diesen berühmten Namen verband. Manche Ausnahmekönner warfen einfach einen etwas zu langen Schatten, als dass Bruder oder Schwester genügend Licht für die eigene Karriere erwischt hätten. So wie Doppel-Olympiasiegerin ROSI MITTERMAIER, deren jüngere Schwester EVI zwar in der Abfahrt über mehrere Jahre eine sehr gute Rolle spielte, in dieser Disziplin sogar eine Weile Deutschlands Beste war, die letztlich aber doch nur zwei Weltcuprennen gewinnen konnte. Oder Heini Hemmi, der Riesentorlauf-Olympiasieger von Innsbruck 1976 und im Folgejahr auch Weltcupsieger in seiner Spezialdisziplin, dessen Bruder Christian zwar auch solide Rennen fuhr, aber für den goldenen Glanz des Namens Hemmi war auch ein zweiter Platz in einem Weltcuprennen hinter einem wie

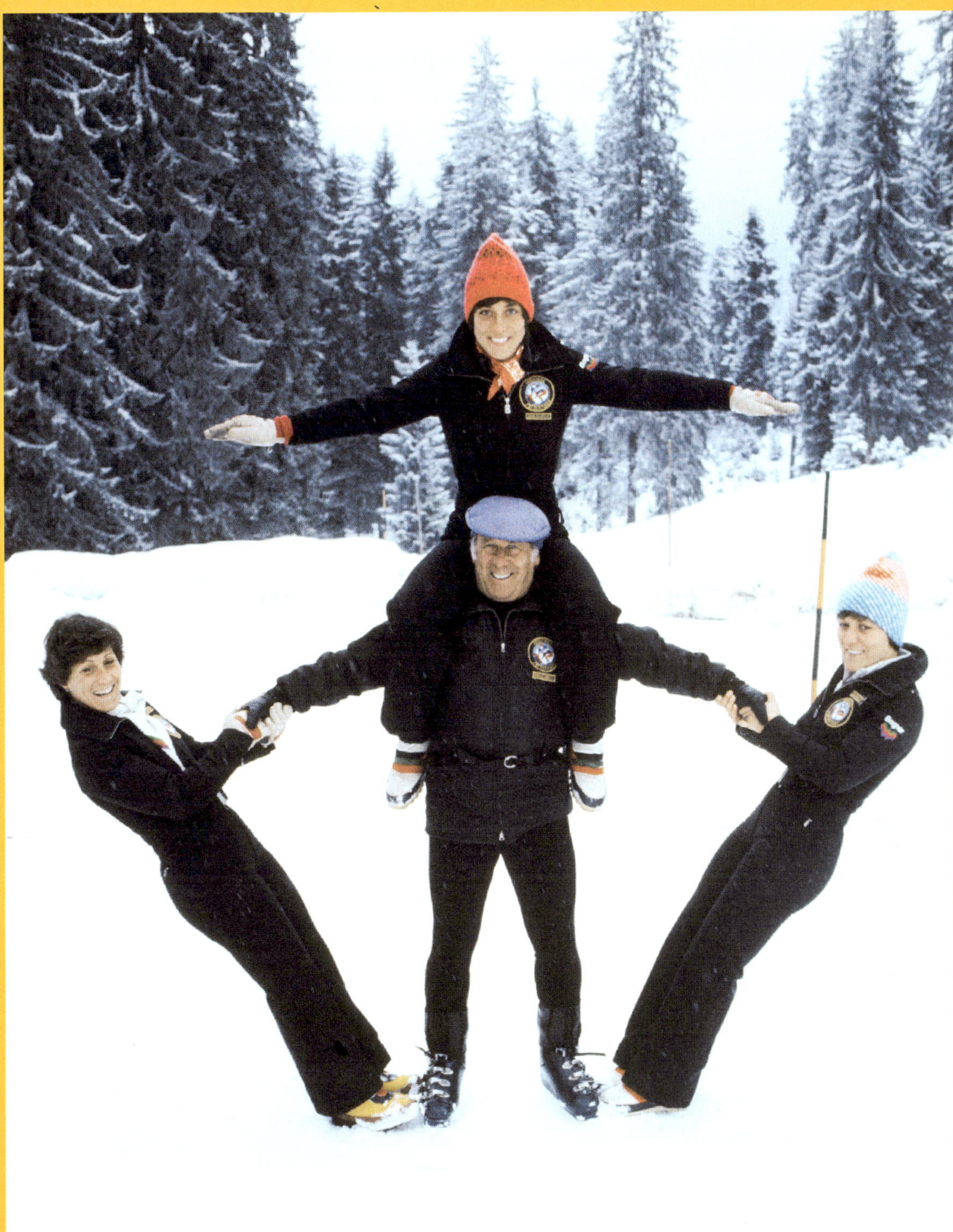

Ingemar Stenmark nicht gut genug. Hatte der große Bruder dem großen Schweden bei Olympia doch nur Bronze gelassen.

Es ist gewiss nicht fair, aber trotzdem fast immer so, dass manche nur aufgrund ihres Namens ihren eigenen sportlichen Weg in den meist viel zu großen Schuhen berühmter Geschwister beschreiten müssen. Selbst wenn zum Beispiel Rudi Sailer ganz viele Skirennen gewonnen hätte, wäre er immer nur der Bruder des berühmten Toni geblieben, denn wie hätte er Cortina 1956 toppen sollen? BERNADETTE SCHILD ist eine ausgezeichnete Slalom-Läuferin, und sieben Podestplätze sind ein solider Qualitätsnachweis dafür. Aber wenn man die Schwester der österreichischen Slalom-Königin ist, die in ihrer Karriere 35 Rennen gewonnen hat, bekommt die Tatsache, dass bei diesen sieben Plätzen auf dem Podest der ganz oben bisher nie dabei war, ein anderes Gewicht. Nicht oder selten zu gewinnen, erregt in der Regel keine Aufmerksamkeit, da ist man eine oder einer von vielen. Mit einem gewissen Namen nicht oder selten zu gewinnen, setzt der eigenen Karriere in der Außenwahrnehmung hingegen stets ein »Nicht-So-Erfolgreich-Wie« voran. Davon können viele ein Lied singen – von Martina

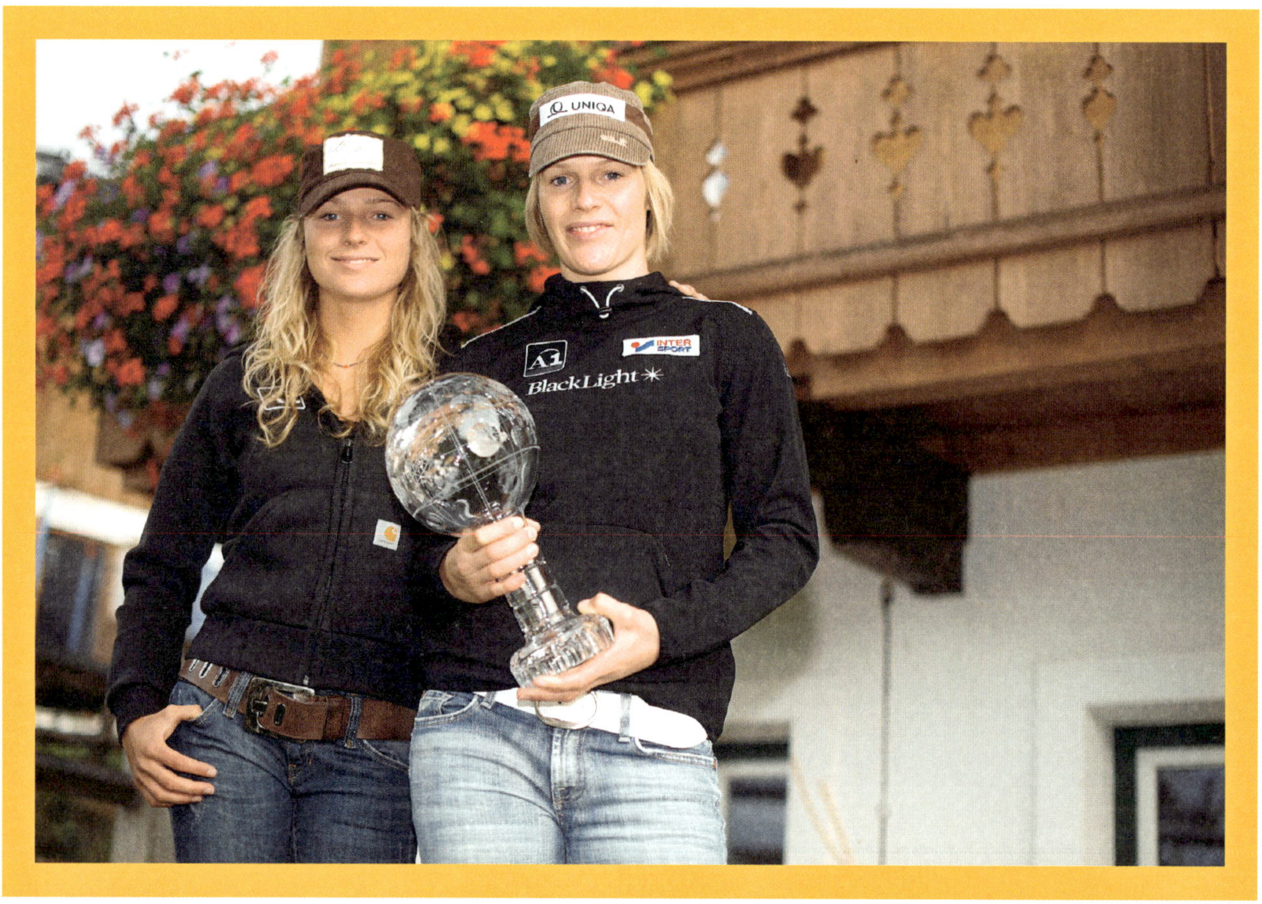

Accola, der Schwester des Gesamtweltcup-Siegers von 1992, Paul Accola, bis Roland Thöni, dem Cousin des gleich vierfachen Gesamtsiegers Gustav Thöni.

Normalerweise wäre auch **HEIDI ZURBRIGGEN**, die jüngere Schwester des in den 80er-Jahren überragenden **PIRMIN ZURBRIGGEN**, so ein Fall. Aber bei diesem Geschwisterpaar gibt es eine Geschichte zu erzählen, die etwas anders liegt, bei der es nicht darum geht, dass einer an den Erfolgen des anderen gemessen wird, sondern dass der eine für den anderen in einem ganz wichtigen Moment einfach nur da war. Heidi erfüllte schon in jungen Jahren sämtliche Voraussetzungen für eine glänzende Ski-Karriere, eine, die der ihres älteren Bruders möglicherweise um gar nicht so viel nachgestanden wäre. Der dominierte gemeinsam mit Marc Girardelli von 1984 bis 1990 den Herren-Skisport, wechselte sich mit dem Austro-Luxemburger in diesen Jahren als Gesamtweltcup-Sieger ab – und die beiden waren im Verein mit Bode Miller und den Norwegern Kjetil André Aamodt und Lasse Kjus die wahrscheinlich besten Allrounder und komplettesten Rennläufer der Skigeschichte.

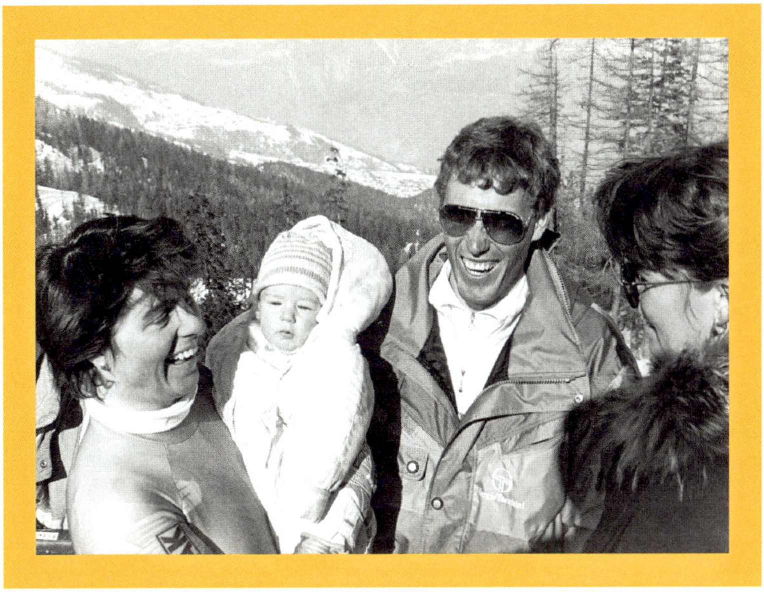

Aber mit Heidi meinte es das Schicksal nicht gut. Kurz nachdem sie Junioren-Weltmeisterin geworden war und davor als 17-Jährige schon ihre ersten Weltcup-Punkte geholt hatte, fing sie sich ein rätselhaftes Virus ein und war phasenweise sogar an den Rollstuhl gefesselt. Sie kämpfte sich mühsam zurück und landete beim Comeback-Rennen, der Abfahrt von Val d'Isère, als Dritte gleich auf dem Siegespodest. Ein Jahr später brach sie sich aber Schien- und Wadenbein und fiel wieder lange aus. Es war eine Zeit, in der Heidi schon den Hut drauf hauen wollte auf eine Karriere, in der ihr vermeintlich keine besonders glückliche Rolle zugedacht zu sein schien. Denn an Pirmin, der da gerade auf dem Weg zu seinem dritten Gesamtweltcup-Sieg war, sah sie ja, wie Karriere auch gehen kann. Doch der Erfolgreiche war in der schwärzesten Stunde für die Schwester da und baute sie wieder auf: »Ich weiß, dass du das kannst«, sagte er und animierte sie zum Weiterkämpfen.

Heidi, die 1984 in den Weltcup gekommen, 1986 im Rollstuhl gesessen war und sich 1987 das Bein gebrochen hatte, machte weiter – und feierte 1996 (!) ihren ersten Sieg im Weltcup, gewann im selben Jahr bei der WM die Silbermedaille im Super G und wurde 1997 in Sestriere Vize-Weltmeisterin. Genau zehn Jahre, nachdem sie am Boden

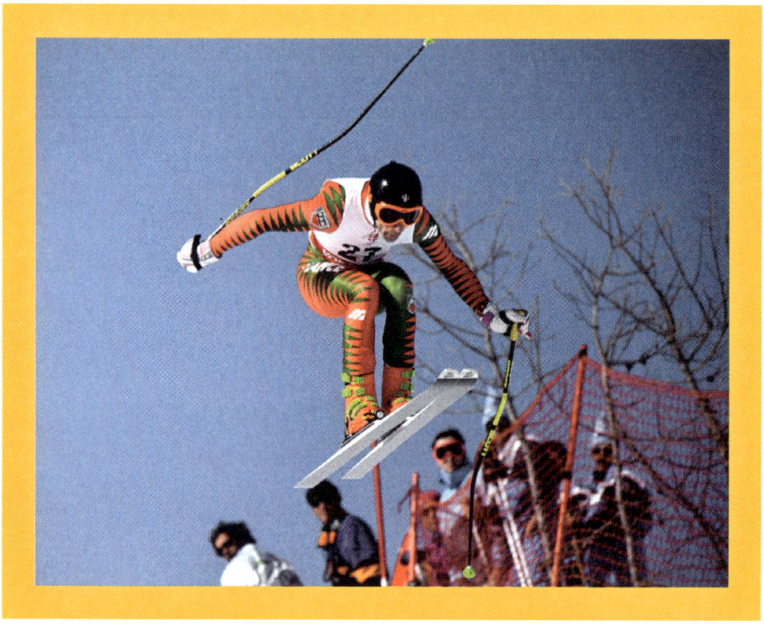

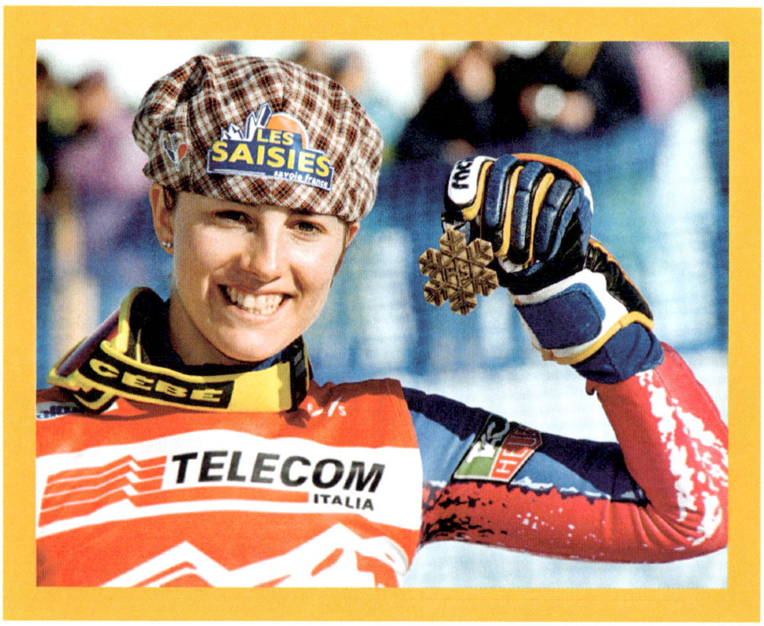

gewesen war. Heute sagt sie: »Ohne Pirmin hätte ich sicher vor meinen ersten Erfolgen aufgehört.«

Der Skisport hat seine familiäre Seite in dieser Hinsicht schon, seit es ihn gibt. Und manchmal waren es nicht einfach nur Geschwister-Paare, sondern ganze Großfamilien, die ihr Glück auf den Skipisten (ver)suchten. Als Anfang der 30er-Jahre der Skisport seine ersten vorsichtigen Gehversuche machte, war die Innsbrucker Familie Lantschner bereits in Siebenmeilenstiefeln unterwegs. Gustav machte die ersten Kilometer und wurde 1932 Abfahrts-Weltmeister. Seine Schwester Inge überholte ihn aber mit Riesenschritten und gewann bei der Weltmeisterschaft ein Jahr später gleich alle drei Goldmedaillen. Dagegen wirkten die beiden Bronzemedaillen der anderen Schwester, Hadwig, 1932 sowie deren Abfahrtssilber bei der WM 1935 fast schon wieder wie ein kleiner Rückschritt. Die anderen zwei Brüder, Otto und Gerhard, waren bei Familienfeiern hingegen eher schweigsam, wenn Skifahren das Thema war, denn Ottos sechster Platz bei der WM-Abfahrt in Mürren 1931 und Gerhards Titel des Akademischen Weltmeisters 1937 waren angesichts der Medaillensammlung der anderen Geschwister im Sinn des Wortes kaum der Rede wert.

Vier Jahrzehnte später schrieb eine andere Skifamilie Skigeschichte: Die Cochrans aus Vermont in den USA nahmen gleich zu viert an den Olympischen Spielen in Sapporo teil. Während Marylin, Lindy und Bob dabei leer ausgingen, gewann Barbara Ann Cochran zum Erstaunen der Fachwelt und zum Entsetzen der hinter ihr platzierten hochfavorisierten Französinnen Danièle Debernard und Florence Steurer die Goldmedaille im Slalom. Nicht umsonst hatte sie ihr Vater Mickey ein Jahr davor als die »coolste Gurke in der Familie« bezeichnet, denn als Cochran als Führende nach dem ersten Lauf vor dem Start zum zweiten das große Nervenflattern bekam, beruhigte sie sich mit folgendem Gedanken: »Egal, was passiert, du hast den ersten Durchgang eines Olympia-Slaloms gewonnen. Und wie viele Leute können das schon von sich sagen?« Das wirkte. Barbara Ann behielt die Nerven und wurde Olympiasiegerin.

Sie war aber nicht die einzige Überraschung dieser Spiele von Sapporo 1972, denn im Slalom der Herren verdarb ein gewisser Francisco Fernández Ochoa den Südtiroler Thöni-Cousins Gustav und Roland das geplante Familienfest daheim in Trafoi, indem er als erster Spanier eine alpine Goldmedaille holte und den höher eingestuften Italienern die niederen Plätze auf dem Siegespodest zuwies. Zu diesem Zeitpunkt wusste allerdings noch niemand, dass dieser Sensationserfolg zu einer regelrechten Flutung des Skizirkus mit Fernández Ochoas führen sollte. Denn angespornt vom Olympiasieg des Ältesten, wollten es gleich auch einmal die Geschwister Dolores, Juan Manuel und Luis im Weltcup probieren. Mit durchwegs bescheidenem Erfolg allerdings. Aber diese Familie hatte damit ihr Pulver noch nicht verschossen, denn die »Kleine« stand ja auch noch in den Startlöchern. Und Blanca Fernández Ochoa gewann bei den Olympischen Spielen von Albertville 1992 mit Bronze die zweite alpine Medaille für Spanien in der Geschichte des Skisports. Francisco, der inzwischen TV-Journalist geworden war, durfte genau 20 Jahre nach seiner Goldfahrt von Sapporo diesen großen Erfolg der kleinen Schwester im Fernsehen kommentieren.

Eine ähnliche Familiendichte wie die Lantschners, Cochrans und Ochoas schaffte nur noch ein Clan aus den Auvergne-Rhône-Alpen in Frankreich. FRANCK PICCARD, der erfolgreichste der Dynastie, wurde 1988 in Calgary der erste Super-G-Olympiasieger der Geschichte – und dieser Erfolg bedeutete auch die erste Goldmedaille für Frankreichs Herren seit Jean-Claude Killy im Jahr 1968. Auch hier entwickelte, wie bei den Ochoas, ein Olympiasieg innerfamiliäre Sogwirkung. Piccards Brüder John, Ian und Jeff versuchten sich daraufhin auch im Weltcup und lieferten sogar einige ganz passable Ergebnisse. Aber, und das ist die nächste Parallele zu den Spaniern, es oblag auch in dieser Familie der kleinen Schwester, noch einmal Medaillenglanz in die Hütte zu bringen: LEILA PICCARD gewann bei der Weltmeisterschaft 1997 die Bronzemedaille im Riesentorlauf.

Erfolgreiche Ski-Geschwister hatten bei den Franzosen aber schon Tradition, wobei die Brüder Adrien und Henri Duvillard von einem außergewöhnlichen Schwestern-Duo noch in den Schatten gestellt wurden. CHRISTINE und vor allem MARIELLE GOITSCHEL waren in den 60er-Jahren phasenweise das Maß aller Dinge im Skisport, wie sich an den Olympischen Spielen 1964 in Innsbruck zeigte: Da gewann Marielle den Riesentorlauf vor Christine, die wiederum den Slalom vor Marielle. Der Medienrummel um die Ski-Schwestern war enorm, und irgendwann reichte es Marielle, der Jüngeren. Sie, die schon davor Journalisten immer wieder in die Irre geführt hatte, lieferte ihr Meisterstück und gab ihre Verlobung mit Jean-Claude Killy bekannt. Weil Schwester Christine, die immer als viel seriöser gegolten hatte, mitspielte und Spaßvogel Marielle ihren Jugendfreund Killy vorab eingeweiht hatte, gab es für einen Tag das Traumpaar des französischen Sports. Als die Journalisten merkten, dass sie Goitschel auf den Leim gegangen waren, klebten schon die Plakate, auf denen die große Schnee-Liebe verkündet wurde, überall an den Verkaufsstellen.

Speziell in den klassischen Skiländern tauchten immer wieder erfolgreiche Ski-Geschwister auf: Ob das in Italien Manfred und Manuela Mölgg, Lara und Paoletta Magoni oder die Fanchini-Schwestern Elena, Nadia und Sabrina waren; oder in der Schweiz neben den Accolas und Zurbriggens auch Thomas und Toni Bürgler, Christine und Michael von Grünigen sowie das Gisin-Trio Michèle, Dominique und Marc; in Deutschland Martina und Andreas Ertl oder Susanne und Maria Riesch – und in Österreich wird man von den Sailer-Brüdern bis zu Mario, Michael und Andreas Matt mit dem Aufzählen gar nicht fertig.

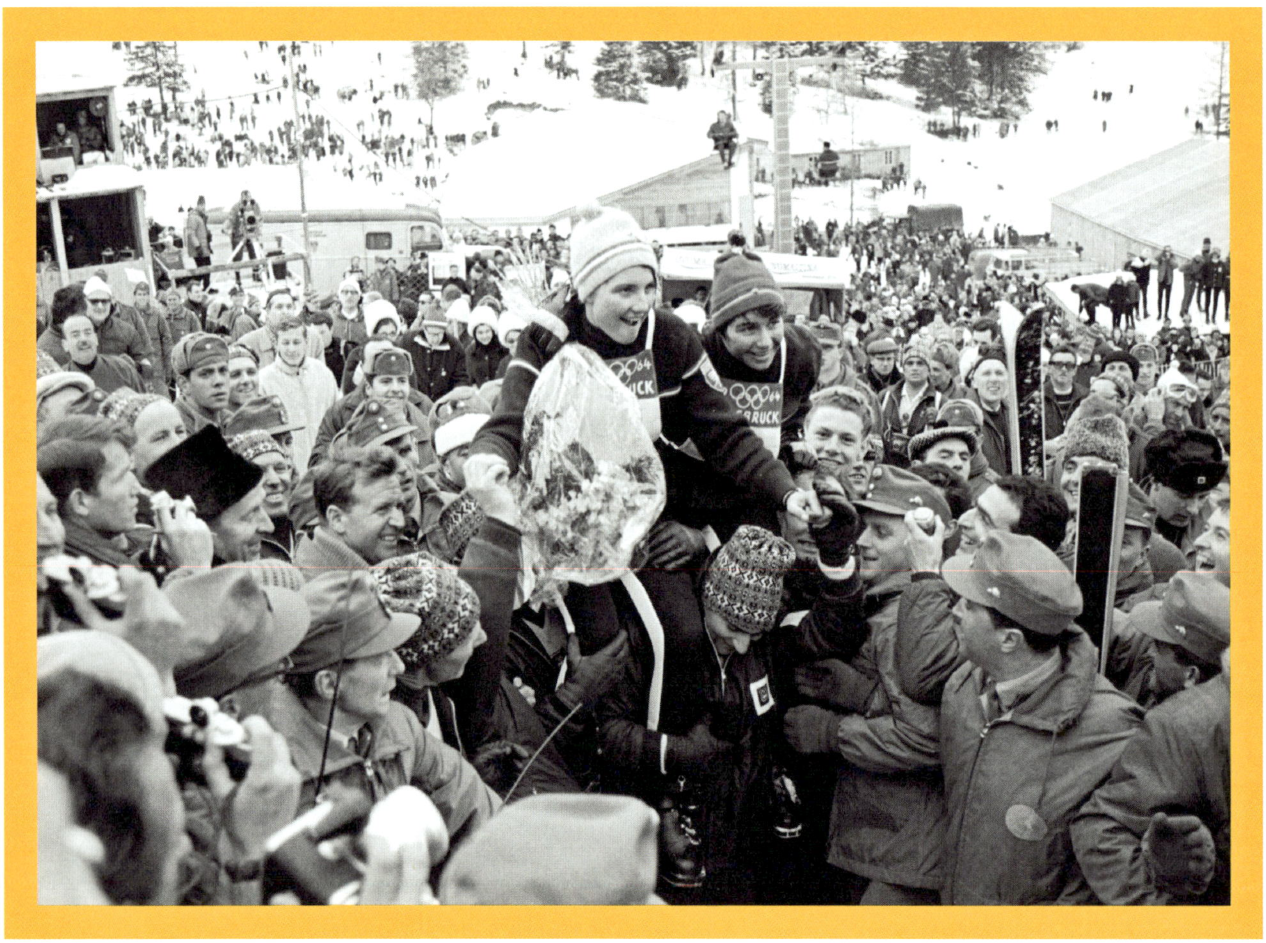

Auf eine spezielle Art schrieben die Salzburger Schwestern **SYLVIA** und **ELFI EDER** Skigeschichte. Sylvia gewann mit erst 16 Jahren die Silberkrug-Abfahrt in Bad Gastein und ist damit die bis heute jüngste Weltcupsiegerin in dieser Disziplin. Auch dass sie auf ihren zweiten Sieg 13 Jahre warten musste und ihn erst kurz vor dem Karriereende beim Super G in Vail schaffte, ist rekordverdächtig. Schwester Elfi wiederum, die Silbermedaillen-Gewinnern im Olympia-Slalom von Lillehammer 1994, fuhr ihre letzte Saison nach einem Zwist mit dem ÖSV für die Karibikinsel Grenada, auf der eigens für sie zuvor ein Verband gegründet werden musste. Aber auch gemeinsam hatten die Eder-Schwestern ihr Highlight: Bei der WM in Morioka 1993 eroberten beide eine Medaille – Sylvia Silber im Super G, Elfi Bronze im Slalom. So etwas blieb **IRENE** und **MARIA EPPLE** aus Seeg im Allgäu zwar versagt, aber dafür war ihnen in Waterville Valley einmal ein Doppelsieg vergönnt, als Irene vor Maria den Riesentorlauf gewann.

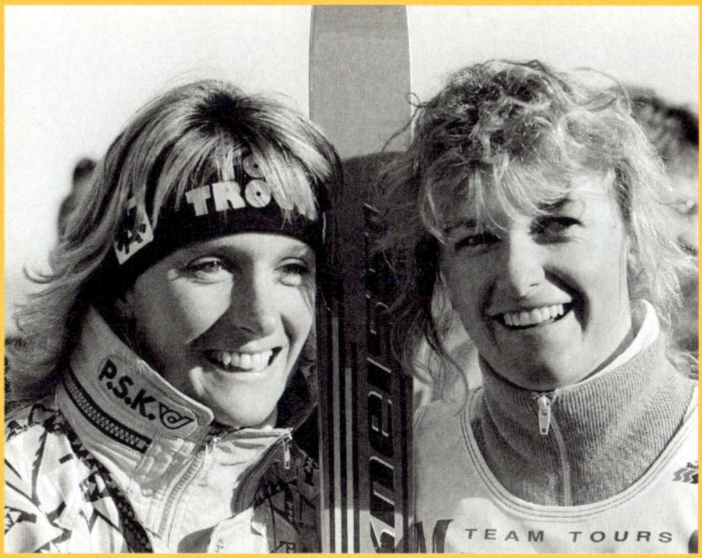

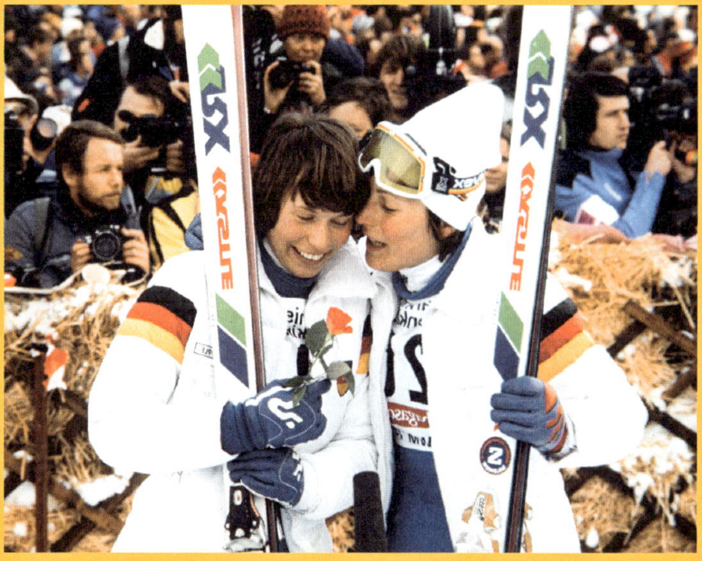

Das fulminanteste Familienfest bei einem Großereignis ging 1980 in Lake Placid über die Bühne, als die Geschwister **HANNI** und **ANDREAS WENZEL** aus Liechtenstein gemeinsam zwei Gold- und zwei Silbermedaillen gewannen. Hanni war die große Triumphatorin dieser Spiele, gewann Riesentorlauf und Slalom und musste sich in der Abfahrt nur Annemarie Moser-Pröll geschlagen geben. Andreas gewann seine Silbermedaille im Riesentorlauf. **PETRA WENZEL**, die Schwester der beiden, war zwar bei der Eröffnung Fahnenträgerin gewesen, wurde im Olympia-Slalom aber nur 14. Für die Wenzels ging das Familienfest auch nach Olympia weiter, denn – und auch das ist einmalig in der Skigeschichte – am Ende der Saison gewann Hanni bei den Damen und Andreas bei den Herren auch noch den Gesamtweltcup.

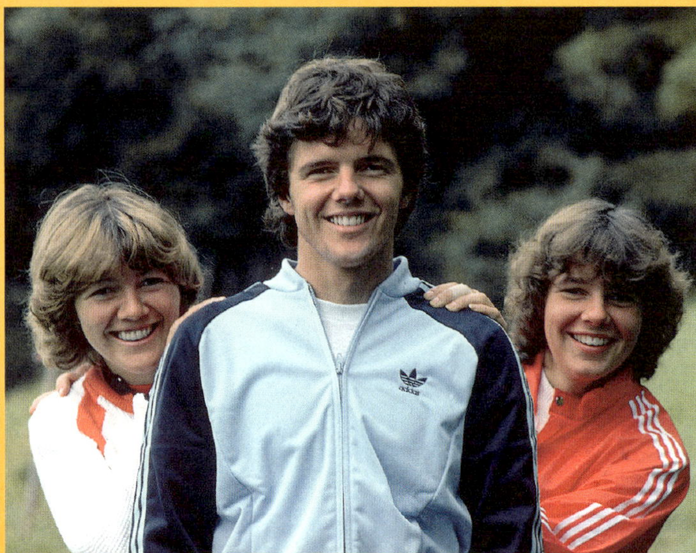

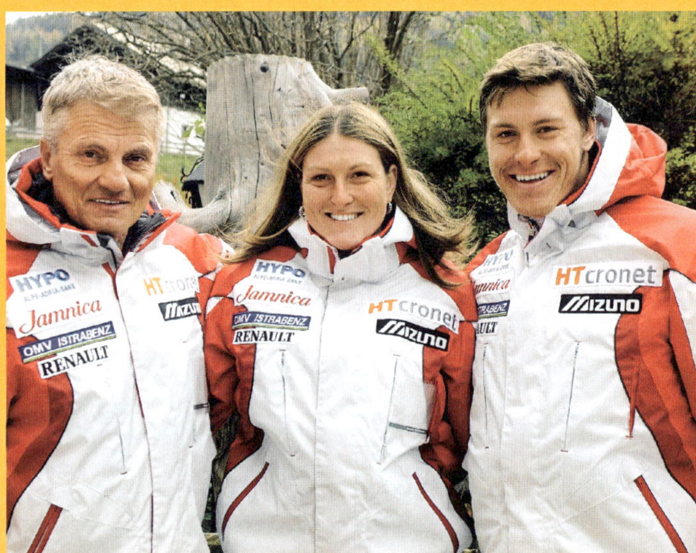

Es war wohl nicht ganz verkehrt anzunehmen, dass das, was die Geschwister Wenzel aus Planken, der kleinsten Gemeinde des Fürstentums Liechtenstein, da abgeliefert hatten, das Größte bleiben würde, was je ein Geschwisterpaar im alpinen Skisport erreicht hatte. Aber in Zagreb kamen genau zu dieser Zeit im Abstand von drei Jahren zwei junge Menschen auf die Welt, die das nachhaltig ändern sollten. IVICA und JANICA KOSTELIĆ, deren Vater ANTE, ein ehemaliger Handball-Nationalspieler, für die Kinder eine Zukunft geplant hatte, die nicht gerade typisch für Großstädter war. Ante Kostelić hatte die Idee, seine Kinder zu Skifahrern zu machen. Aber nicht zu irgendwelchen, sondern zu den besten. Ein kühner Plan, wenn man bedenkt, dass es in Zagreb weder Berge noch sonderlich viel Schnee gibt. Und einer, der ab 1991, als die Kinder gerade elf und neun Jahre alt waren, unter zusätzlich erschwerten Bedingungen umgesetzt werden musste, weil da in Kroatien der Krieg begann. Aber wann immer es möglich war, packte Kostelić die Kinder und fuhr mit ihnen nach Kaprun, Hintertux oder auf den Mölltaler Gletscher, um zu trainieren, erzählt Ivica: »Wir hatten nicht viel Geld und mussten improvisieren. Für Liftkarten und ein Hotel hat es oft nicht gereicht, die Karten brauchten wir aber unbedingt. Also haben wir öfters im Auto geschlafen, oder auch im Wald, wo wir uns einen kleinen Verschlag bauten.«

Die Kostelić-Kinder trainierten viel, mehr als die meisten Gleichaltrigen, weil sie die Zeit in den Bergen anders nützen mussten: »Die anderen lebten ja im Schnee – wir nicht«, sagt Ivica und er erinnert sich: »Einmal, ich muss so um die 16 Jahre alt gewesen sein, war ich 46 Tage in einem ehemaligen Jugendheim oben auf dem Mölltaler Gletscher in 2800 Meter Höhe – ohne ein einziges Mal ins Tal zu gehen. Da bekommt man eine ganz spezielle Verbindung zum Berg und zum Skifahren.« Er sagt auch dazu, warum diese Zeit auf dem Berg, ohne Fernsehen, ohne Internet, allein mit dem Trainervater und Janica, für ihn so wichtig war: »Skifahren, am Abend viel lesen, zeichnen oder schreiben, und das fast zwei Monate lang jeden Tag. Die Energie, die da entstanden ist, habe ich gespeichert wie eine Batterie. Und dann, im November 2001, ist diese Batterie explodiert.«

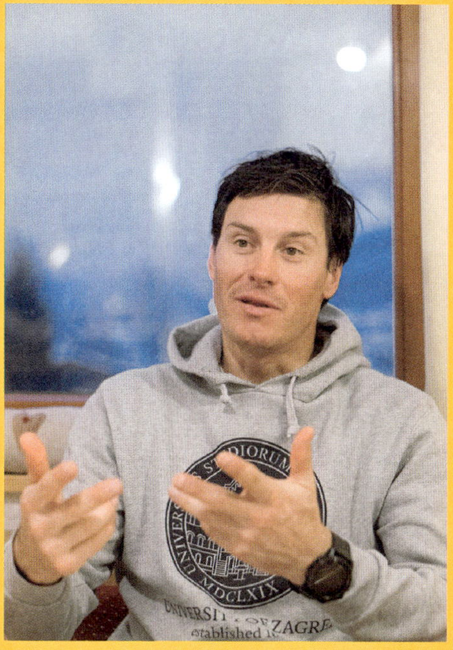

Im November 2001 endete die lange Leidenszeit des Ivica Kostelić, dessen Karriere fast zu Ende gewesen wäre, ehe sie richtig beginnen konnte: Ab 1998 erlitt er binnen zweieinhalb Jahren einen Kniescheibenbruch, zwei Kreuzbandrisse und eine weitere schwere Knieverletzung. Alle außer seinem Vater und seiner Schwester hatten ihn da bereits abgeschrieben. Aber dann kam dieser 25. November 2001, als Ivica zur Überraschung aller mit Startnummer 64 in Aspen seinen ersten Weltcup-Slalom gewann.

Janica Kostelić hatte in diesem Jahr schon den ersten ihrer insgesamt drei Gesamtweltcup-Siege eingefahren, und jetzt, nach der »Auferstehung« des Bruders, waren sie nach den vielen gemeinsamen Trainingsjahren endlich auch dort vereint, wo sie immer hingewollt hatten. Und der Plan von Ante Kostelić trug Früchte: Neben ihren Weltcup-Triumphen gewann Janica viermal olympisches Gold und zweimal Silber, wurde in St. Moritz und Santa Caterina fünffache Weltmeisterin. Ivica gewann einmal den Gesamtweltcup, holte bei Olympia viermal Silber und bei Weltmeisterschaften je eine Medaille von jeder Farbe. Aber diese Teilung der Erfolge lässt Ivica Kostelić nicht gelten: »Wir haben uns stets gegenseitig geholfen, es gab immer eine spezielle Verbindung zwischen uns. Ich habe unsere Siege nie getrennt, das waren für mich immer gleiche Erfolge«, sagt er, für den der gemeinsame Medaillengewinn bei der WM in St. Moritz 2003 ein ganz besonderer Moment war: »Wir haben zwar einmal im Weltcup am selben Tag ein Rennen gewonnen, aber da waren wir an anderen Orten. Bei der WM waren wir beide und konnten das gemeinsam feiern.« Es klingt fast nach einer symbiotischen Beziehung dieses erfolgreichsten Geschwisterpaares der Skigeschichte – und das, obwohl Janica bereits 2007 die Karriere beendet und ihr Bruder danach noch vier Medaillen und den Gesamtweltcup geholt hat. Also ging es schon allein auch. Aber was dieses Geschwisterpaar immer und bis heute verbunden hat, ist ihr Weg an die Spitze, der um etliches mühsamer war als der so manchen Kindes aus den Bergen. Es ist die Erinnerung an die Nächte im Wald, weil das Hotel zu teuer war und die langen Gespräche auf den Berggipfeln, auf denen sie wochenlang trainiert hatten. Und es ist diese Erinnerung, die Ivica Kostelić heute sagen

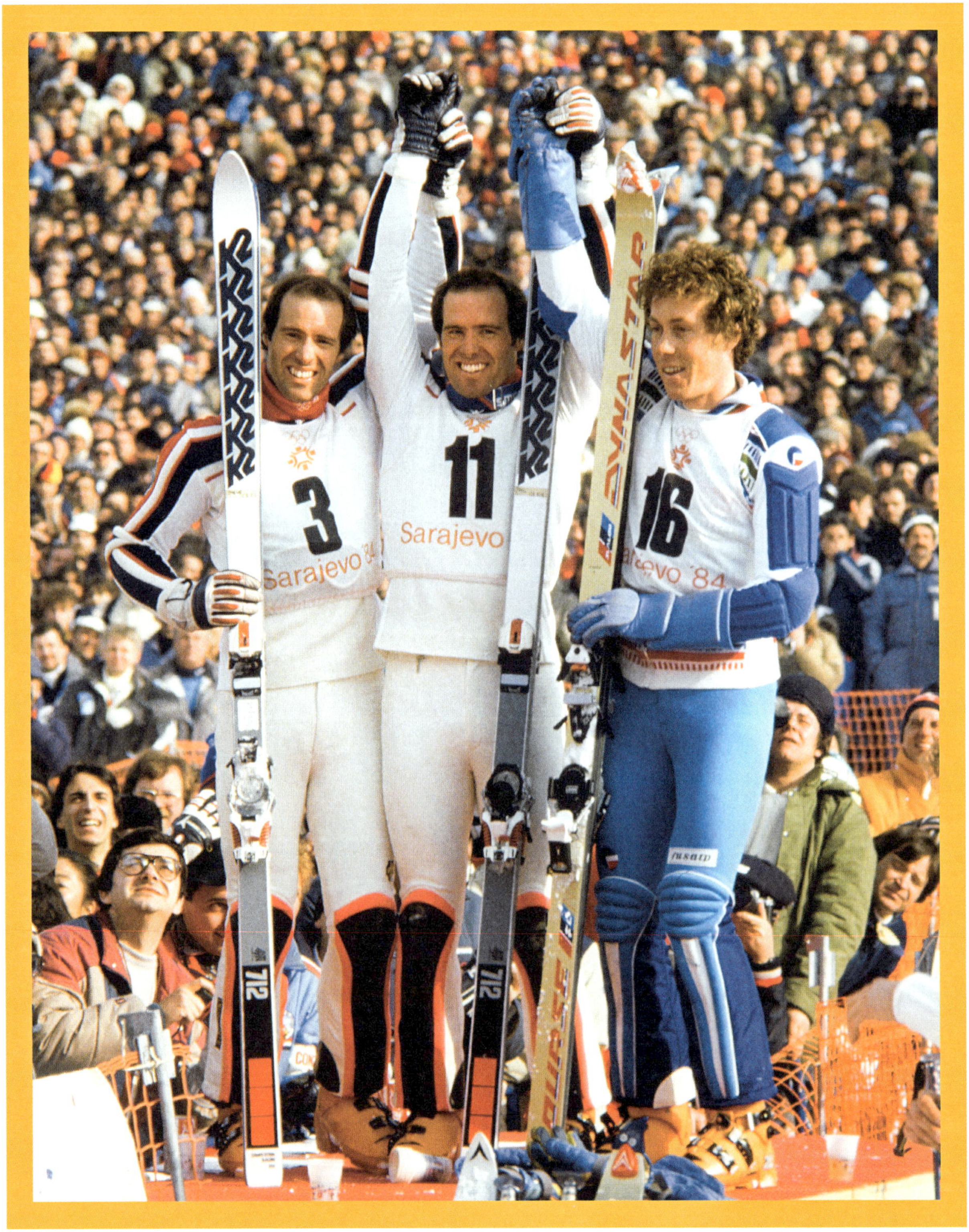
3
Sarajevo '84
11
Sarajevo
16
DYNASTAR
712

lässt: »Sport ist so schön. Normalerweise erdrückt Groß immer Klein, Stark immer Schwach – aber der Sport gibt dir die Chance auf Gleichheit. Durch diesen Kodex hat auch ein kleiner Mann die Chance, egal, woher er kommt, mit den Großen zu konkurrieren.« Und diese sogar zu besiegen, wie Janica und Ivica Kostelić so oft demonstriert haben.

Eine noch engere Beziehung als die beiden Kroaten hatten in der Geschichte des Skisports nur noch die Zwillinge PHIL und STEVE MAHRE, die in den 70er- und 80er-Jahren den Weltcup entscheidend mitprägten. Das ging sogar so weit, dass sich Phil, der dreimal den Gesamtweltcup gewann, über seinen Olympiasieg im Slalom von Sarajewo 1984 ärgerte. Sein Bruder hatte nach dem ersten Lauf geführt, war durch einen groben Fehler im zweiten Durchgang aber auf Platz zwei zurückgefallen und musste sich mit Silber begnügen. Der Kommentar des Siegers sagt alles: »Wenn es in unserer Karriere ein Rennen gab, das er hätte gewinnen sollen, war es dieses. Dann hätte es geheißen, Phil gewann die WM, Steve Olympia«, sagt der Olympiasieger fast wider Willen. Und das flache Witzchen, dass Phil schon bei der Geburt um vier Minuten schneller gewesen war als sein Zwillingsbruder, das getraute sich in Sarajewo in dem Moment nicht einmal der Mutigste anzubringen.

Wie es sich für eine symbiotische Beziehung gehört, beendeten die Mahre-Zwillinge nach Sarajewo zeitgleich ihre Karrieren, verfassten gemeinsam eine Autobiografie und gründeten miteinander ein Skizentrum. Wie sagte Phil Mahre einmal über die gemeinsame Kindheit: »Wir waren unzertrennlich und hatten eine Bindung wie mit keinem unserer anderen Geschwister.« Das hielt über die Kindheit und die Skikarriere bis heute an.

Aber es waren und sind nicht nur die Geschwister, die den Skisport manchmal zur Familiensache machen – gelegentlich geht das über Generationen, und da wiederum hie und da nach einer ganz speziellen Regie. Als zum Beispiel der Deutsche SEPP FERSTL im Jänner 2019 in Kitzbühel den Super G gewann, passierte das exakt 40 Jahre, nachdem sein Vater, SEPP SENIOR, zum zweiten Mal Abfahrtssieger auf der Streif geworden war. 30 Jahre, nachdem sein Vater Helmut bei den Olympischen Spielen in Calgary die Silbermedaille

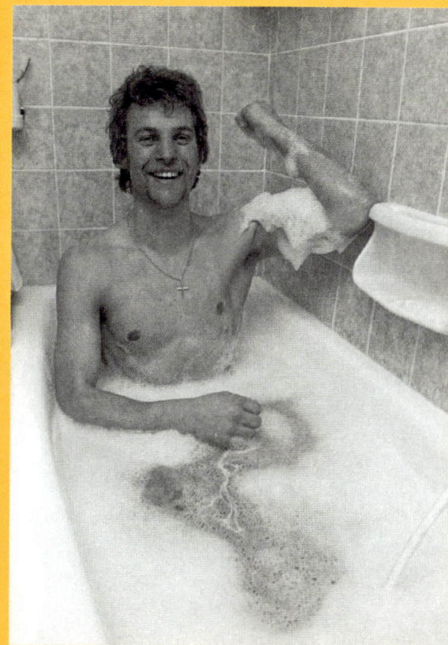

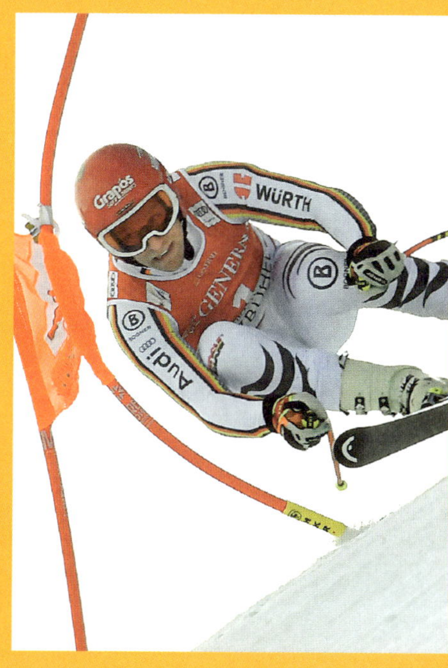

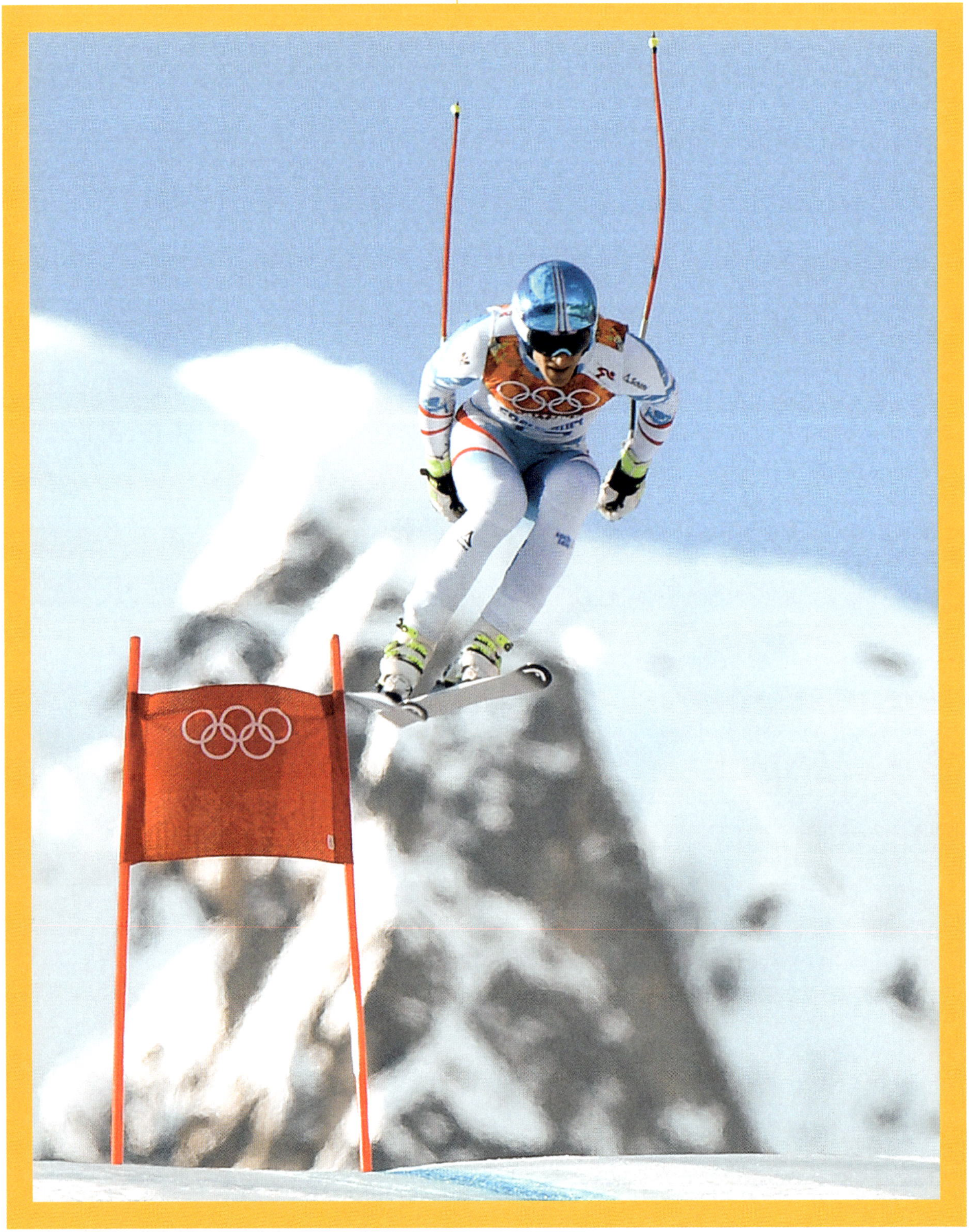

im Super G gewonnen hatte, holte **MATTHIAS MAYER** in Pyeongchang in derselben Disziplin olympisches Gold. Vier Jahre davor war der junge Kärntner in Sotschi schon Abfahrts-Olympiasieger geworden.

Und dann gibt es da noch so eine wunderschöne Geschichte, nämlich jene von **ELISABETH GÖRGL** und ihrer Abfahrts-Bronzemedaille bei den Olympischen Spielen 2010 in Vancouver. Die eroberte sie genau 50 Jahre, nachdem ihre Mutter **TRAUDL HECHER** als gerade einmal 16-Jährige bei Olympia 1960 in Squaw Valley hinter Heidi Biebl und Penelope Pitou ihrerseits Abfahrts-Bronze gewonnen hatte. Es ist so oft die Rede von »familiärer Atmosphäre« im Sport, und das ist so oft geschwindelt in diesem beinharten Verdrängungswettbewerb. Aber in Momenten wie diesen ist es wahr und darf einfach einmal eine Weile so richtig kitschig schön sein.

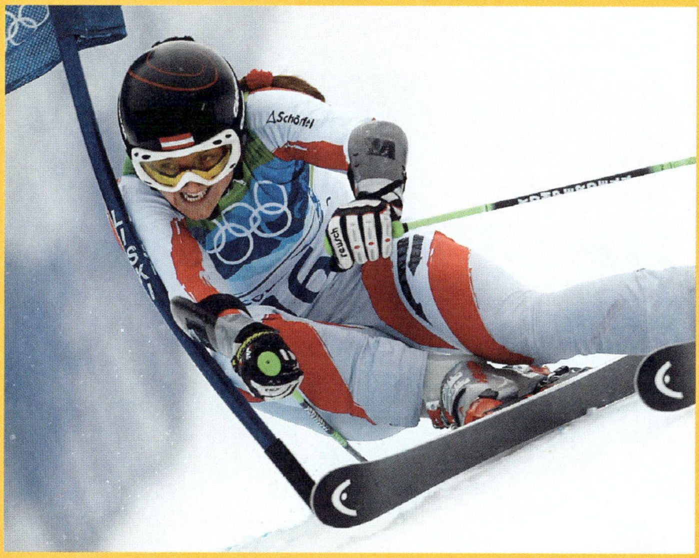

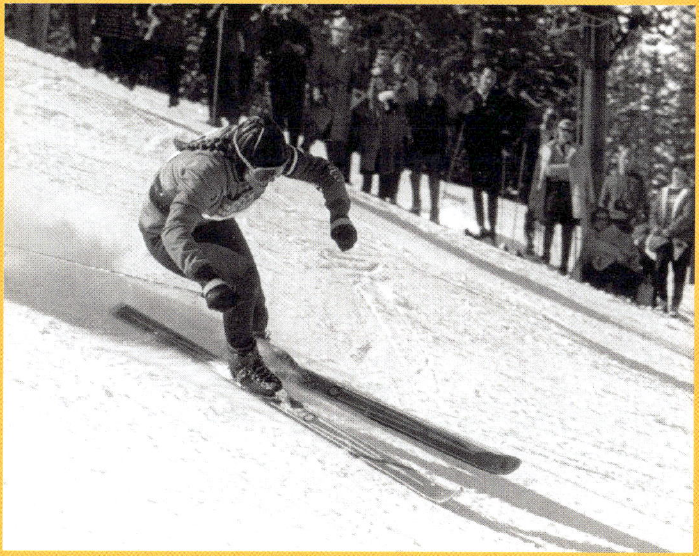

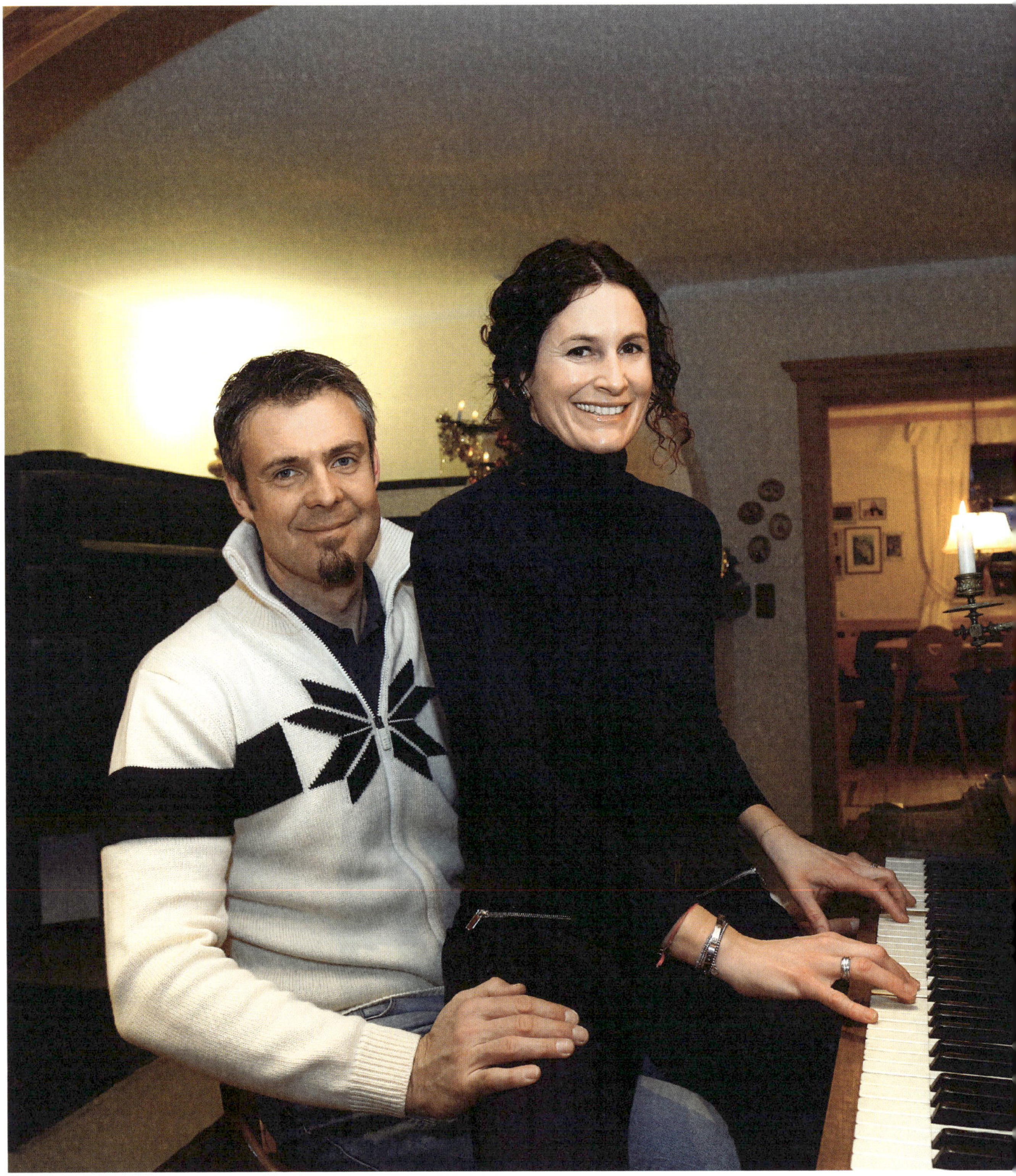

KAPITEL 9

ANTOINE DÉNÉRIAZ + CLAUDIA RIEGLER

WEISSE LIEBE

Seit jeher gibt es auch auf Schnee die »Liebe am Arbeitsplatz« – oft bis hin zum Traualtar.

Die Briten haben ja das mehr oder weniger turbulente Liebesleben der Königskinder, und da dort der eine oder andere Spross von edlem Geblüt bis weit in seine 50er hinein pubertiert, gibt es auch immer etwas zu tuscheln, zu debattieren oder einfach unter der Trockenhaube beim Friseur einem bunten Blättchen zu entnehmen. Die Österreicher haben hingegen schon seit mehr als 100 Jahren keine Monarchie mehr, und deshalb nennen sie einfach ihren besten Abfahrtsläufer »Kaiser« und ihre beste Slalomläuferin »Königin« – wobei beides vielseitig einsetzbar ist.

Denn wenn einer zum Beispiel in Kitzbühel eine der gefährlichsten Strecken der Welt öfter als alle anderen am schnellsten heruntergefahren ist, wird er zum »König der Streif« – und dann ist es den Leuten auch völlig egal, wenn das ein Schweizer ist. Da ist man zwangsläufig weltoffen, und der Schnelle ist dann König, bis ein anderer, dann

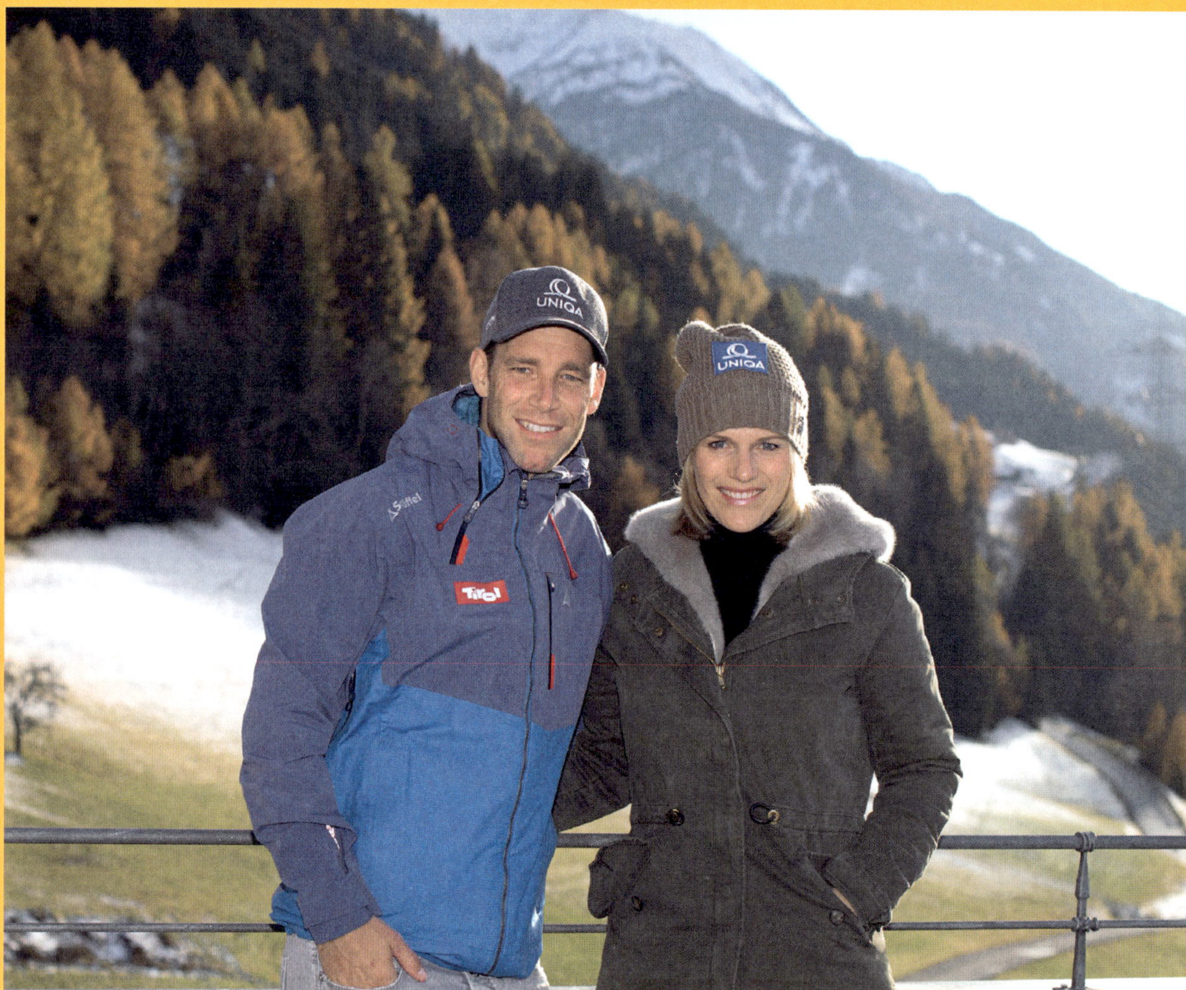

aber, wenn's irgendwie geht, schon ein Österreicher, noch öfter der Schnellste war. Der Schweizer ist dann aber nichts mehr, weil einen Ex-König gibt es im Skisport nicht. Es gibt immer nur einen, der es gerade ist, und alle anderen sind dann im Vergleich gerade nichts.

Um wieviel einfacher und dennoch variantenreicher ist das doch als dieses kompliziertere und dennoch immer auf derselben kreativen Schlichtheit fußende »Prince-of-irgendwas«-Getue, bei dem man nie genau weiß, wer was gerade ist und warum. Aber eines verbindet die Insel-Monarchie mit der Ski-alpinen: Das brennende Interesse am Liebesleben der gekrönten Häupter. Als einst bekannt wurde, dass **BENJAMIN RAICH** und **MARLIES SCHILD** ein Paar sind, war es um die Contenance im Blätterwald geschehen. Die amtierende Skikönigin und der Liebling der Nation, der so nett ist, dass ihm nicht einmal seine Konkurrenten richtig böse waren, wenn er ihnen um die Ohren fuhr – was für eine Geschichte!

Für die Betroffenen eher eine lästige, wie Marlies, die längst Raich heißt, erzählt: »Mir hat es da bei manchen Fragen richtiggehend die Luft abgeschnürt. Ich meine, wir waren da gerade ein paar Monate zusammen, und dann sind wir schon aufs Heiraten und auf Kinder angesprochen worden. Da die richtige Mischung und den richtigen Weg zu finden, um mit so etwas umzugehen, hat bei mir schon eine Weile gebraucht.« Die zu dieser Zeit noch erfolgreichste Slalomfahrerin der Welt wusste genau, wie man auch den schwierigsten Kurs meistert, aber in diesem Bereich musste sie das Gelände erst einmal ausführlich studieren. Und sie kam dabei unnahbarer und verschlossener rüber als sie in Wahrheit ist: »Wir standen natürlich beide in der Öffentlichkeit, aber seine private Beziehung will man dort nicht haben. Damit den passenden Umgang zu finden, zu entscheiden, wieviel geben wir preis und was bleibt bei uns, das war nicht leicht.«

Dem prominenten Paar kam dabei letztlich aber zugute, dass es so frei von Skandalen war, dass es nicht einmal die kleinste Schlüpfrigkeit zu finden gab und dadurch der Wunsch nach einer geschützten Zone eher respektiert wurde als bei anderen, die als Spitzensportler exponierter auftraten und auch privat mehr von sich preisgaben. Und es konnte viel gemeinsame Zeit verbringen, um Strategien auch für diesen Bereich zu entwickeln: »Ich war da schon ein bisschen privilegiert, indem ich im Sommer viel daheim sein konnte. Und bei Marlies war es ähnlich. Wir haben dann sogar Trainings zusammengelegt, sind auch mit unseren Trainern eine Woche gemeinsam wohin gefahren. Damit sind wir über einen gewissen Zeitraum eines Jahres schon sehr viel zusammen gewesen«, erzählt Benjamin Raich. Noch besser wurde das, als der Doppel-Olympiasieger von Turin entschied, nur noch im Slalom und Riesentorlauf zu starten und die schnellen Disziplinen auszulassen, was letztlich die sanfte Überleitung zu neuen Prioritäten war: »Das waren dann nur noch 20 Rennen statt 35 bis 40. Wobei diese Entscheidung nichts mit den Gefahren zu tun hatte, die eine Abfahrt mit sich bringt. Ich hatte im

Kopf einfach nicht mehr die Kraft, vier Disziplinen zu fahren.« Ein Gefühl, das auch seine Frau gegen Ende ihrer so erfolgreichen Karriere gut kennenlernte: »Es war ja nicht so, dass es bei mir immer so leicht gegangen ist, wie es von außen vielleicht ausgesehen hat. Ich musste zum Training immer sehr viel Therapie machen, weil ich nie hundertprozentig schmerzfrei war nach meinen vielen Verletzungen. Das ist gerade zum Ende hin sehr belastend geworden und ich bekam für mich das Gefühl, dass es jetzt dann reicht. Zumal auch die biologische Uhr getickt hat, und ich glaube man spürt das, man entwächst dem, was man bis dahin getan hat ein wenig und wird innerlich bereit für einen neuen Lebensabschnitt.«

Das Traumpaar des österreichischen Skisports hat sich gut und mit perfekt dosiertem Tempo auf den Zieleinlauf ins neue Leben ohne Skirennsport vorbereitet. Sie sind jetzt verheiratet, haben ihre Kinder, niemand stellt mehr lästige Fragen und Benni Raich bilanziert: »Es war keine große Umstellung, nachdem wir mit dem Spitzensport aufgehört haben. Der Übergang verlief sehr harmonisch, da fehlt jetzt gar nichts. Ich verstehe das selbst oft nicht ganz.« Es wird halt so gewesen sein wie in den Karrieren dieser beiden Ausnahmesportler: Sie waren stets perfekt auf ihre Aufgaben vorbereitet.

Benni und Marlies Raich sind gewiss eines der prominentesten und schönsten Beispiele für Liebe am »Arbeitsplatz Skizirkus«, aber beileibe kein Einzelfall. So wie auch das Interesse daran keine österreichische Spezialität ist und selbstverständlich keine monarchistische Vergangenheit zur Vorbedingung hat, denn sonst würde man sich ja zum Beispiel in der Schweiz nicht ebenfalls so brennend für das Liebesleben der Pistenstars interessieren. Die kabarettistische Mutmaßung, dass der Schweizer die Existenz von Liebesleben grundsätzlich bestaunen könnte, hat an dieser Stelle nichts verloren. Außerdem gibt es handfeste Indizien. Sogar renommierte eidgenössische Medien schickten Teams in ein kleines Tiroler Dorf in der Nähe von Innsbruck – einfach nur, weil der Schweizer Abfahrts-Weltmeister **BEAT FEUZ** dort in Liebe mit der österreichischen Ex-Rennläuferin **KATRIN TRIENDL** lebt. Und das seit Juni 2018, nachdem Tochter Clea zur Welt gekommen ist, sogar in trauter Dreisamkeit.

Oder warum sollten sich Schweizer Medien plötzlich für einen italienischen Riesentorläufer interessieren, dessen Name nicht einmal in eine Headline passt? Aber **LUCA DE ALIPRANDINI** ist nun einmal der Herzbube der Kombinations-Olympiasiegerin von Pyeongchang, **MICHELLE GISIN** und damit zumindest Schweiz-weit von öffentlichem Interesse. Der Boulevard jauchzt nämlich auch dort über jede Belanglosigkeit aus den Leben der Hauptdarsteller im Streifen »Weiße Liebe«, wobei man in den Redaktionsstuben gewiss der aufrichtigen Überzeugung ist, dass im Leben von Ski-»Helden« keine Belanglosigkeiten existieren. Denn wenn diese siegen, schwillt bei den Anhängern die patriotische Brust, aber wenn sie lieben, kann man ihnen auch mit dem Herzen nah sein. Als hätten sie einen zu sich heim eingeladen.

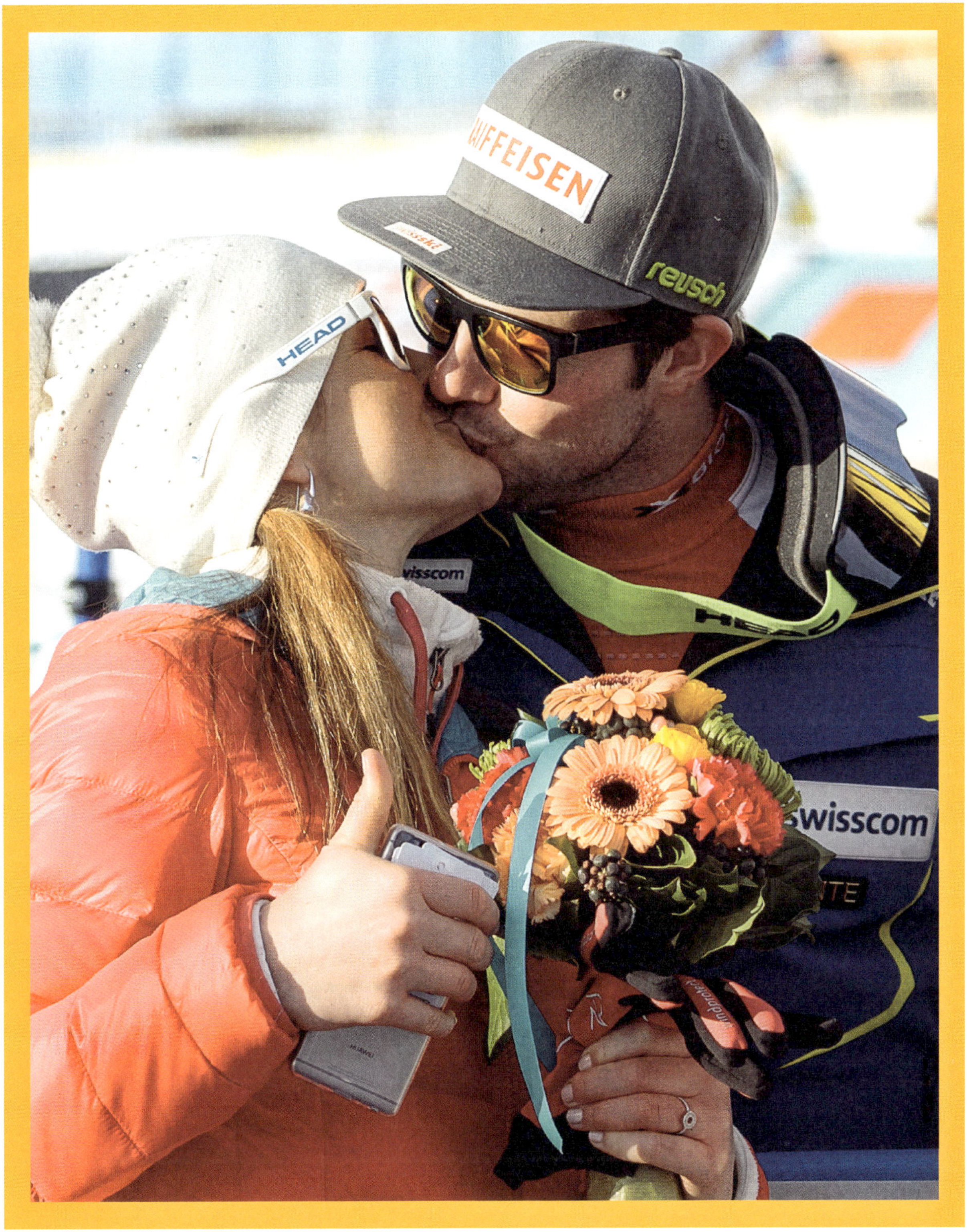
RAIFFEISEN
reusch
HEAD
swisscom
HEAD
swisscom

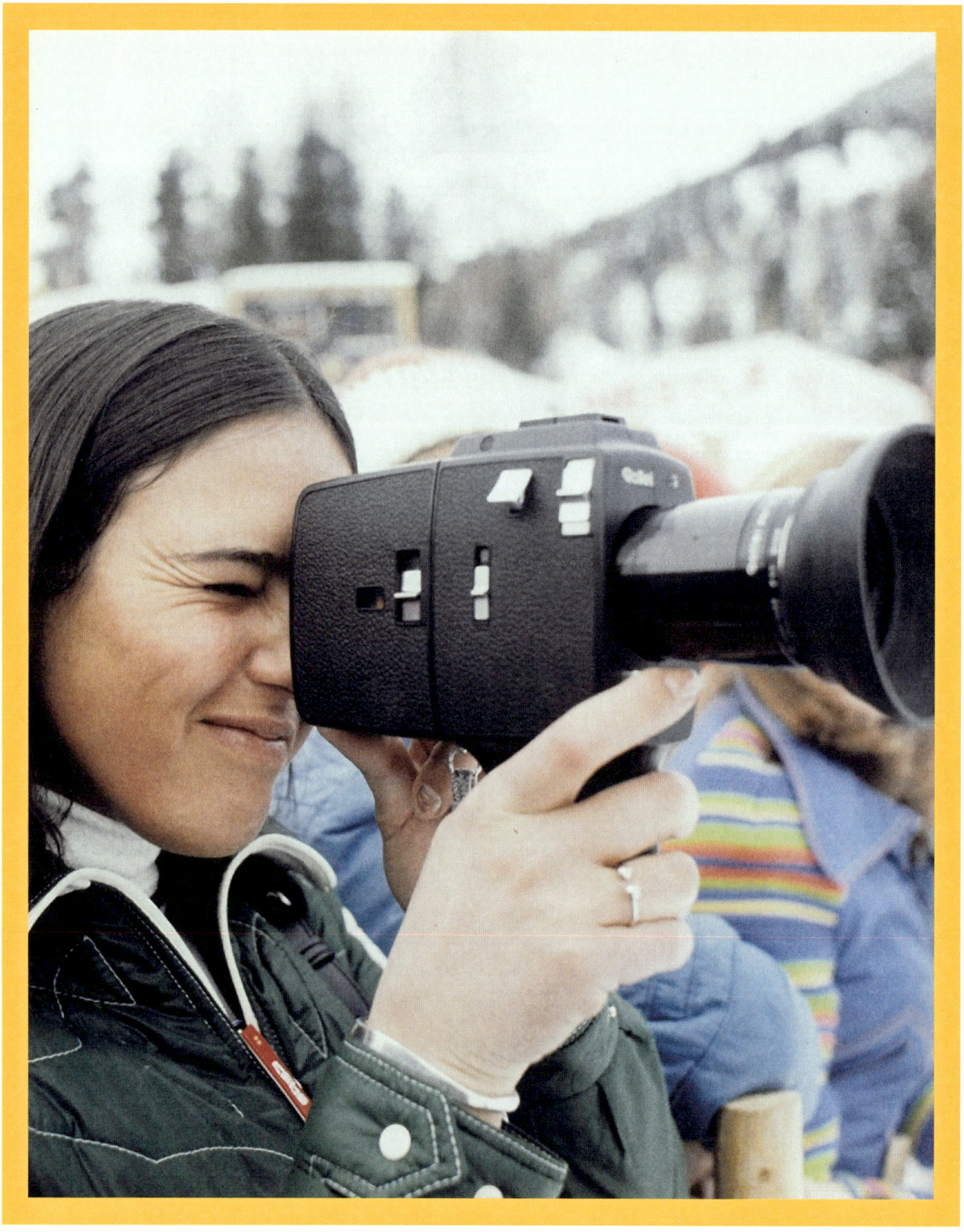

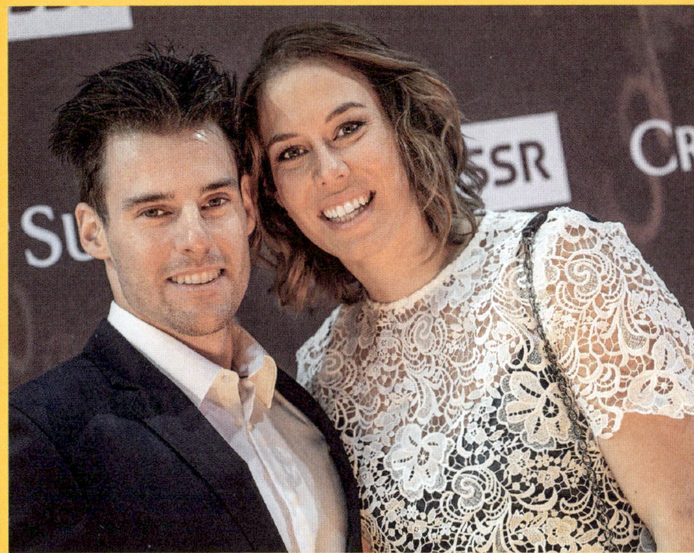

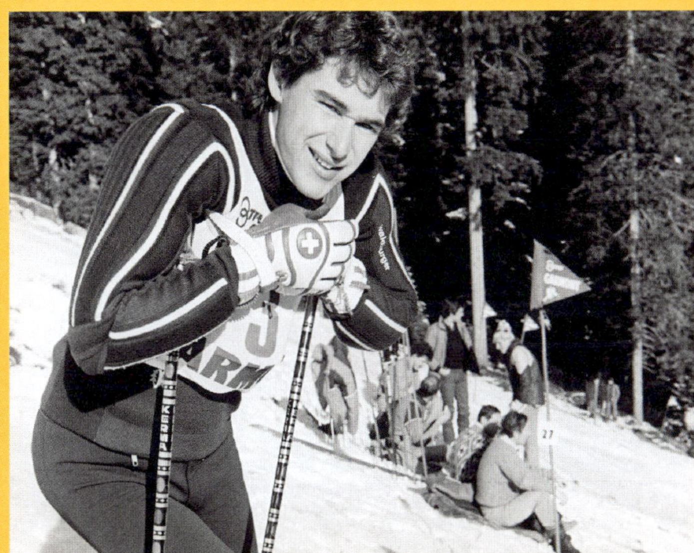

Man stelle sich nur einmal vor, was sich medial abspielen würde, wenn der Schweizer **PETER LÜSCHER** den Gesamtweltcup nicht vor 40 Jahren gewonnen hätte, als das Internet noch eine Zukunftsvision und auch sonst alles noch ein bisschen weniger hysterisch und voyeuristisch war, sondern heute. Nein, nicht, weil der damals 23-Jährige der erste Eidgenosse in der Weltcup-Geschichte war, der die große Kristallkugel holen konnte. Sondern weil er ein Jahr davor etwas ganz anderes gewonnen hatte: Das Herz der zu dieser Zeit begehrtesten Dame im ganzen Skizirkus, der französischen Doppelweltmeisterin von 1974, **FABIENNE SERRAT**. Die Schöne und der Weltcup-Beste – das war damals schon eine gute Story. Aber welches mediale Festmahl wäre das heute in der Schweiz! So aber konnte das Ski-Traumpaar der auslaufenden 70er-Jahre in diesem Fall durch die Gnade der frühen Geburt in relativer Ruhe leben, heiraten, zwei Kinder bekommen und dabei trotz aus heutiger Sicht klaren »Starfaktors 1« weitgehend unbehelligt bleiben. Erst als Sohn Tim Lüscher das erste Mal in Ski-Ergebnislisten auftauchte, besann man sich auch wieder der prominenten Ski-Eltern.

Jetzt wiederum darf man aber auch der Schweiz nicht unrecht tun, denn in Frankreich wäre diese Geschichte medial um nichts weniger bunt und facettenreich abgehandelt worden. Weil nämlich auch die Franzosen nicht die Spur von Contenance zeigen, wenn es um »amour blanc«, die weiße Liebe geht. Denn stünde man da drüber, hätte man sich schon weiland von Marielle Goitschel nicht so bereitwillig ins Bockshorn jagen lassen, als die ihre erfundene Verlobung mit Jean-Claude Killy hinausposaunt hatte. Dann hätte man dem auch nicht so viel Raum gegeben, als Marielles ältere Schwester **CHRISTINE GOITSCHEL** ihren Trainer **JEAN BÉRANGER** heiratete. Und

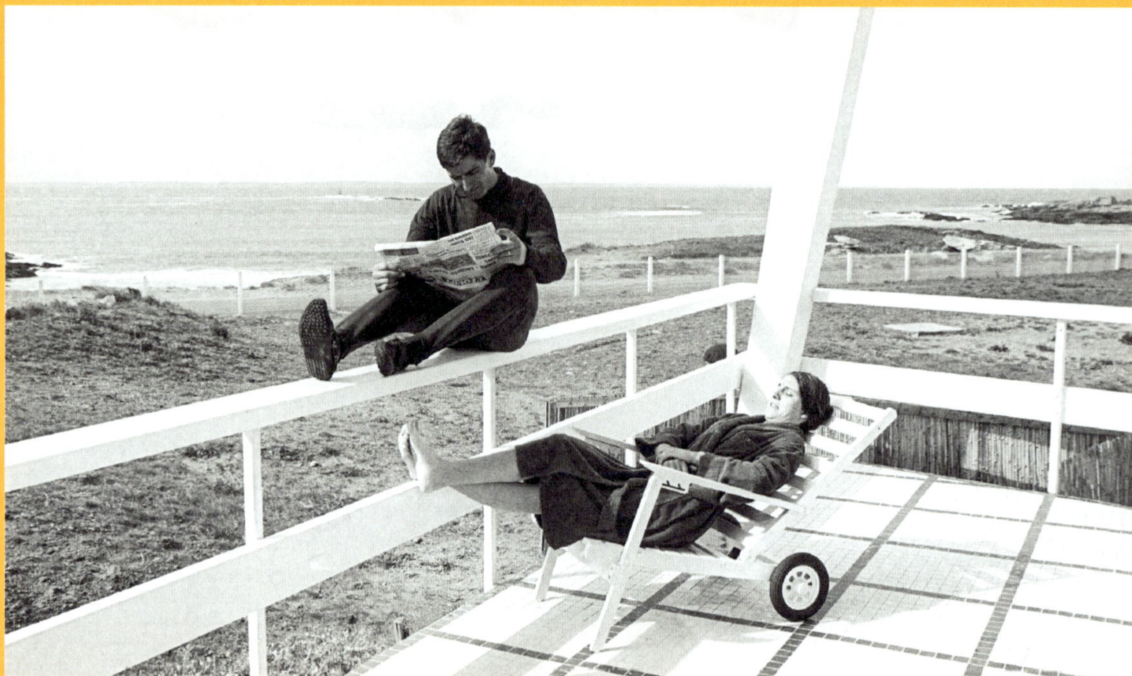

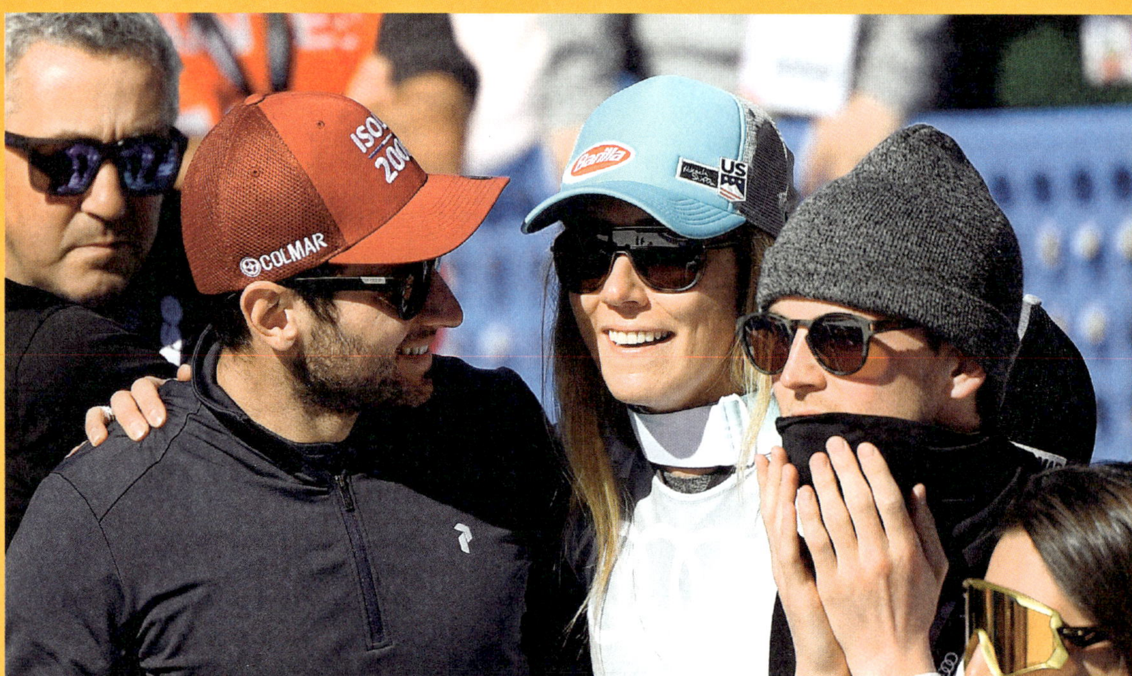
COLMAR
Barilla
US

schließlich wäre man sonst wohl auch ein bisschen weniger stolz, dass es mit **MATHIEU FAIVRE**, dem Mannschafts-Weltmeister von 2017, einer der ihren ist, der mit der aktuellen Ski-Königin **MIKAELA SHIFFRIN** nicht nur die Croissants beim Frühstück teilt.

Die Franzosen haben nicht nur die längste Tradition in Bezug auf Ski-Beziehungen, sondern sie neigen, wie in vielen ihrer wunderbar komplexen Filme, dazu, einen an sich einfachen Sachverhalt zu epischer Breite auszuwalzen. Man nehme das Beispiel des ersten französischen Medaillengewinners der Geschichte, von Monsieur Maurice Lafforgue, der 1937 zweimal WM-Silber eroberte. Der verliebte sich in seine schwedische Kollegin May Nilsson, ihrerseits bei der WM 1939 mit Bronze geschmückt. Eine schöne Liebesgeschichte. Aber dann bekamen die beiden nicht einfach nur Kinder, sondern es wurden die Zwillinge **BRITT** und **INGRID LAFFORGUE** geboren, und die sorgten ihrerseits als Skirennläuferinnen für Furore, als gerade der Weltcup gegründet worden war. Aber auch damit noch nicht genug, denn Britt Lafforgue heiratete mit Henri Duvillard einen der herausragenden französischen Läufer am Beginn der 70er-Jahre und setzte damit die Geschichte ihrer Eltern fort.

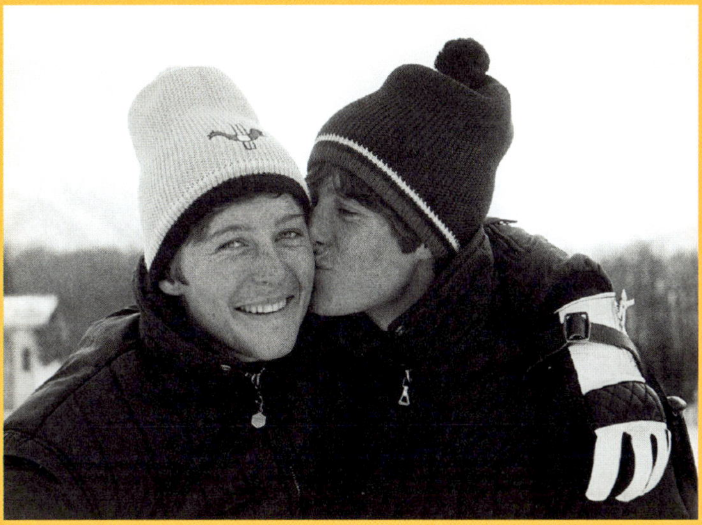

So spannt sich der Bogen großer französischer Amouren im Schnee von den Lafforgues über **JAMES COUTTET**, dem zweifacher Medaillengewinner der ersten Olympischen Spiele nach dem Krieg, der mit **LUCIENNE SCHMIDT** die erste Weltmeisterin Frankreichs im alpinen Skisport heiratete, bis in die Gegenwart, in der einander französische Pistenstars wie Jean-Baptiste Grange und Nastasia Noens oder Julien Lizeroux und Tessa Worley in Liebe zugetan sind.

Ja, und dann ist da noch die Geschichte des bis dato letzten französischen Abfahrts-Olympiasiegers, **ANTOINE DÉNÉRIAZ**, der sich nicht lange nach dem Erreichen seines höchsten sportlichen Ziels nicht mehr länger der Gefahr aussetzen wollte, dem Skizirkus Adieu sagte und mit seiner österreichisch-neuseeländischen Ski-Kollegin **CLAUDIA RIEGLER** eine Familie gründete. Es ist keine Glitzergeschichte, sondern eine von schönen Träumen und harten Realitäten, eine, die auch nachdenklich macht, weil sie zeigt, wie nahe Triumph und Trauma beieinander liegen können. Dénériaz hat-

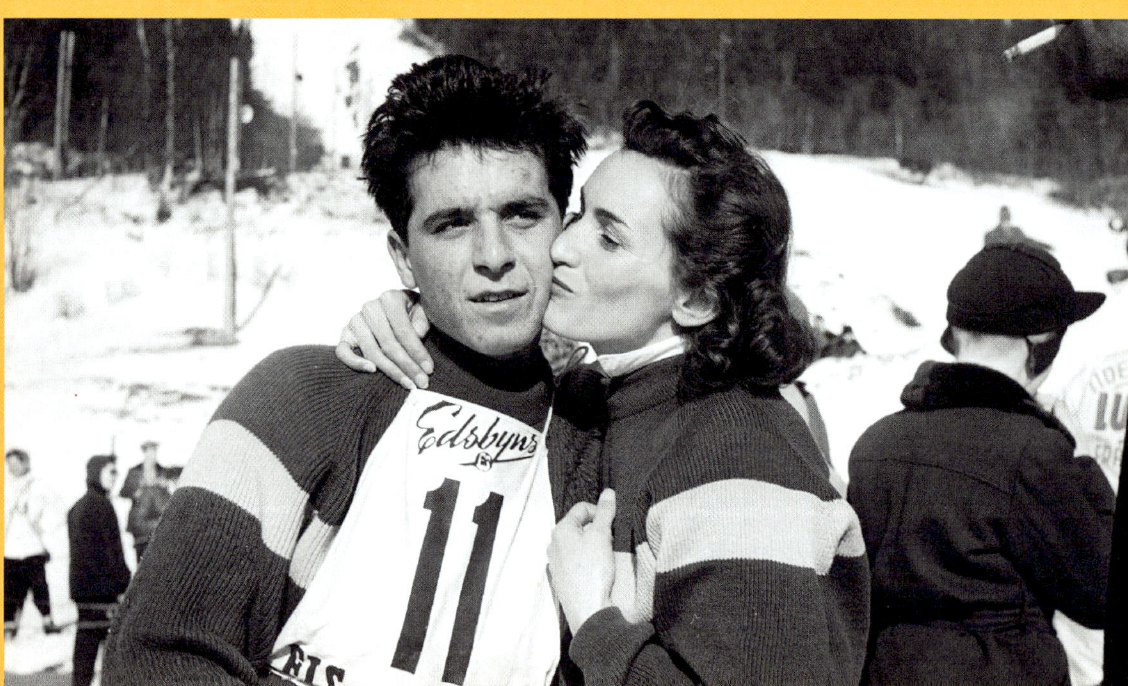
Edsbyns
11

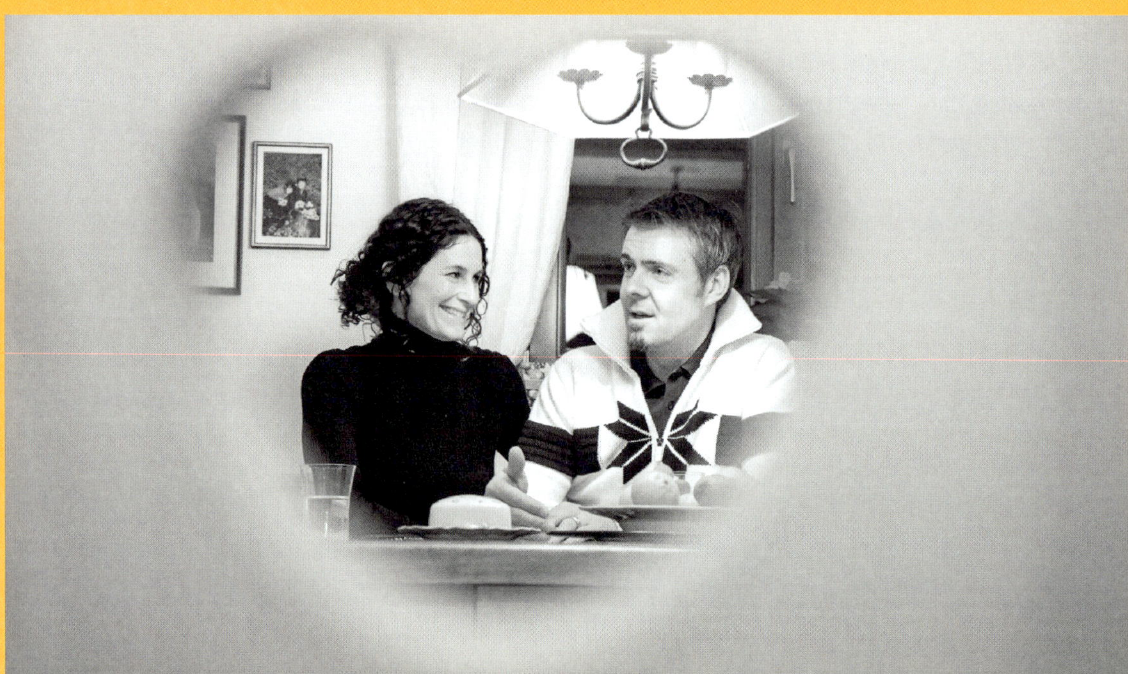

te diesen Bubentraum gehabt, so wie sein Kindheitsidol Philippe Verneret Weltcupabfahrten zu bestreiten und bei Olympischen Spielen dabei zu sein. Aber er war nie einer dieser wilden Abenteurer gewesen, keiner, der sich ohne Rücksicht auf Verluste auf die Schussfahrt zum Ziel seiner Träume begab: »Ich hatte stets sehr großen Respekt vor den Pisten und auch vor der Geschwindigkeit und musste mental immer hart dafür arbeiten, das auch tun zu können, was ich tat.« Als er sich ein Jahr vor den Olympischen Spielen in Turin einen Kreuzbandriss zuzog, verengte sich seine Perspektive: »Ich wusste, dass ich nach dieser Verletzung in der Weltcup-Saison 2005/06 keine Chance haben würde, und schon während der Reha dachte ich nur noch an dieses eine verbliebene Ziel: den Olympiasieg. Je näher dieser Tag rückte, desto mehr konnte ich daran glauben.« Bis zwei Nächte vor dem Rennen. Da wachte Dénériaz mitten in der Nacht aus dem Alptraum auf, er wäre nur Zweiter hinter dem Amerikaner Daron Rahlves geworden. Erfüllen sollte sich aber der Lebenstraum, denn der Franzose fuhr dann beim Rennen tatsächlich zu Gold – und legte die Medaille auf sein Nachtkästchen. Zur Sicherheit. Um kontrollieren zu können, dass sie tatsächlich die richtige Farbe hatte, falls ihm seine Träume noch einmal einen Streich spielen sollten.

Der nächste Alptraum kam zwar, aber in der Wirklichkeit, als er etwa einen Monat nach dem Olympiasieg in Åre schwer stürzte. Ein Ereignis, das seinen zwiespältigen Zugang zum Risikoberuf Abfahrer endgültig und schonungslos offenlegte: »Ich bin ja privat völlig anders als auf Skiern. Risiken müssen für mich immer kalkulierbar sein, ich bin kein Hitzkopf. Nach dem Sturz spürte ich Panik und dachte, die würde mit Pistenkilometern wieder verschwinden. Aber die innere Handbremse hat sich nie mehr gelockert, und selbst, wenn ich gewonnen habe, konnte ich mich nicht mehr wirklich gut fühlen.« Als er in Beaver Creek schon im Training hätte heulen können, wenn er nur seine Skier anschaute, wusste er, dass es genug war: »Ich sagte mir: Halt, hör auf! Dann sprach ich mit meinem Coach, setzte mich ins Flugzeug und war weg. Abfahren geht nur mit Leidenschaft, und die hatte ich als Kind im Skiklub, aber an diesem Punkt meines Lebens nicht mehr.« So wandte er sich ganz dem zu, das er nicht als Schussfahrt angelegt hatte, sondern als behutsame Annäherung: Seiner Liebe zu Claudia Riegler. Die beiden machten nach Turin ihre bis dahin heimlich geführte Beziehung offiziell und sind inzwischen seit elf Jahren verheiratet und Eltern zweier Kinder.

Sehr lange inoffiziell war auch eine andere Liaison im Skizirkus, jene von ROSI MITTERMAIER und CHRISTIAN NEUREUTHER. Und damit sind wir endlich bei den Deutschen angelangt und ihrem Verhältnis zur »weißen Liebe.« Denn es ist ja nicht so, dass es da auf Schnee nicht auch gehörig funken würde, und dass Paare wie zum Beispiel die ehemaligen Ski-Asse Regine Mösenlechner und Armin Bittner nicht auch Titelseiten-tauglich wären. Aber irgendetwas ist anders bei den Deutschen, und wenn man lange genug in sich geht, tut sich eine Deutungsmöglichkeit auf: Deutschland hat Rosi.

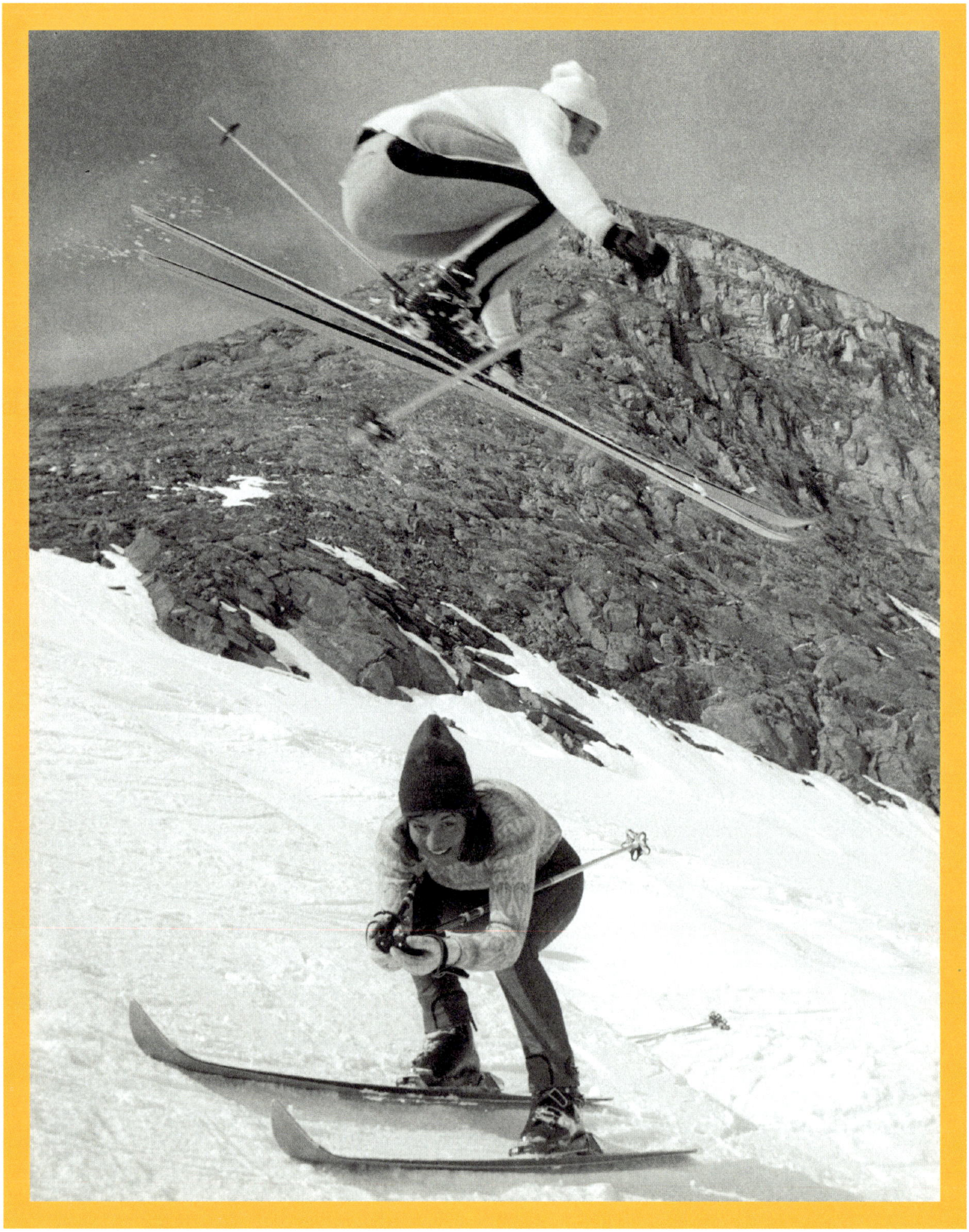

Mittermaier, die Beherrscherin der Olympischen Spiele 1976 ist als »message controllerin« nämlich eine eigene Liga. In ihrer Erzählweise wird nicht nur ihr olympischer Triumphzug zum eher beiläufigen Medaillensammeln, nein, sie schafft es auch, eine der herzigsten Romanzen der Skigeschichte mit schelmischem Augenzwinkern zum keimfreien deutschen Heimatfilm umzudeuten. Wären da nicht die auch heute noch so ungemein verliebt funkelnden Augen von Christian Neureuther, wenn er von »diesem Mädel« spricht, und gäbe es nicht seit mehr als 30 Jahren Sohn Felix, wäre man nach Rosis romantischer Relativierungstheorie tatsächlich kurz versucht zu glauben, das Ski-Traumpaar der frühen 70er-Jahre würde sich im Wachskeller und beim Haubenstricken immer noch über den richtigen Zeitpunkt fürs erste Mal unterhalten.

Dann sollte man sich schleunigst in den Arm zwicken und der Neureuther-Version lauschen, die diese Bilder wieder verscheucht: »Ich hätte nach dem Willen meiner Eltern Medizin studieren sollen und das Skifahren lassen, aber dann habe ich da dieses Mädel durch den Skizirkus laufen gesehen mit erst 16 Jahren. Mitten unter so Typen wie dem Hansi Hinterseer oder dem Klammer, denen man ansah, dass ihnen die Rosi gut gefallen würde. Und da war für mich klar: Nix Studium, da muss ich ein Auge drauf

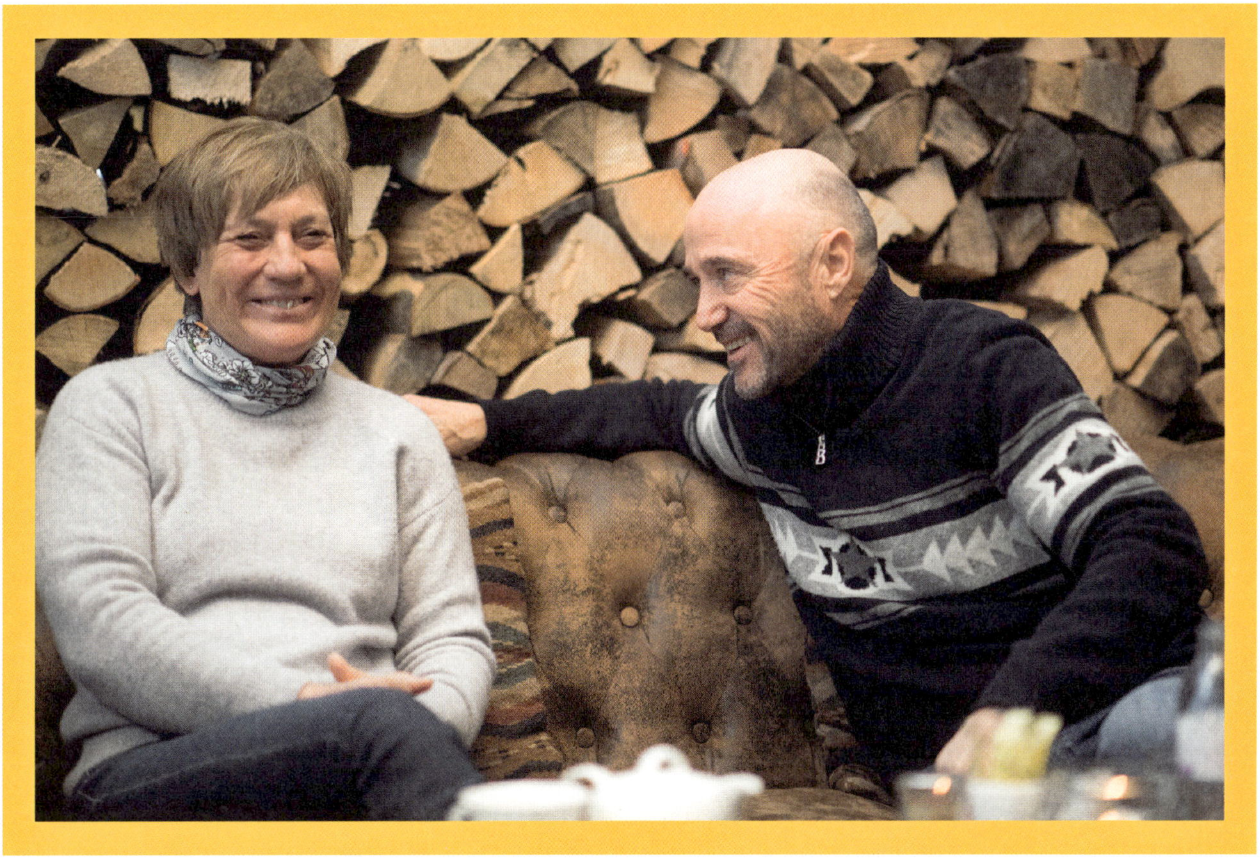

haben, ich sage meinen Eltern, dass ich beim Skifahren bleibe.« Aber nicht nur den Eltern sagte Neureuther etwas, sondern auch seiner damaligen Freundin – und zwar, nachdem er Rosi Mittermaier beim ersten Sehen gerade einmal scheu gegrüßt hatte: »Ich bin ins Schlafzimmer meiner Eltern, denn dort stand das Telefon, weil mein Vater als Arzt immer erreichbar sein musste. Und dann habe ich sie angerufen und gesagt, es ist aus, weil ich da jemanden kennengelernt habe.«

Da war also einer schon heftig entflammt, bevor das erste Streichholz in Sicht war, und wenn Rosi erzählt, dass sie ihren Christian damals zwar noch nicht als den Mann verortet hatte, der einer fürs Leben werden könnte, ihn aber bereits als »cool und super« wahrnahm, kommt das bei ihr einer Euphorie schon recht nahe. Aber lassen wir Christian und Rosi einfach im Original erzählen, um zu bewundern, wie ungemein charmant sie ihm einen Maulkorb strickt, während er aus dem Nähkästchen plaudern will:

Er: *»Ja, so ist das dann entstanden. Und dann hab' ich ihr erst einmal sagen müssen, was Manderl und Weiberl sind.«*

Sie: *»Ja, das hat schon länger gedauert.«*

Er: *»Und dann begann eine Traumzeit.«*

Sie: *»Früher mussten wir ja unsere Skier noch selber wachseln, und das war nicht so meines. Da habe ich mir gedacht, da muss ich unbedingt einen Buben erwischen, der mir das macht.«*

Er: *»Ja, da haben wir dann Ski gewachselt. Nächtelang. Ich schwör's, nächtelang.«*

Sie: *»Aber ich bin schon auch im Skikeller g'standen.«*

Er: *»Ja, du bist dabei g'standen. Und ich hab' ihr die Ski hergerichtet und g'wachselt – also ohne sie hätte ich das nicht gemacht.«*

Sie: *»Jaja, ich hab' mich ja dann eh revanchiert und dir eine Mütze gestrickt.«*

Innerhalb des Skizirkus wusste bald jeder, dass Christian und Rosi ein Paar geworden waren. Sie mit schnellen Skiern, er mit hübschen Hauben. Aber öffentlich wurde das noch eine ganze Weile nicht, weil damals noch alle dichthalten konnten. Wobei: Diesen beiden wäre es wohl egal gewesen. Es war zusammengekommen, was zusammengehörte. Und für zu neugierige Journalisten hätte man genügend Geschichten vom Wachskeller und vom Stricken parat gehabt.

Es ist wohl auch eine Generationenfrage, wie die Liebe im Schnee wahrgenommen wurde und wird. Paare wie **ANITA WACHTER** und **RAINER SALZGEBER** oder wie **HARTI WEIRATHER** und **HANNI WENZEL** legten ihren Privatbereich auch stets als solchen an, da drang nie zu viel nach draußen, denn die Nebenwirkungen von Popularität und die neugierigen Fragen hatten sie als erfolgreiche Sportlerinnen und Sportler abgearbeitet.

Noch früher spielte gewiss eine Rolle, dass der Frauen-Skisport noch nicht diesen Stellenwert hatte und der Starfaktor den Männern vorbehalten war. Beziehungen wie

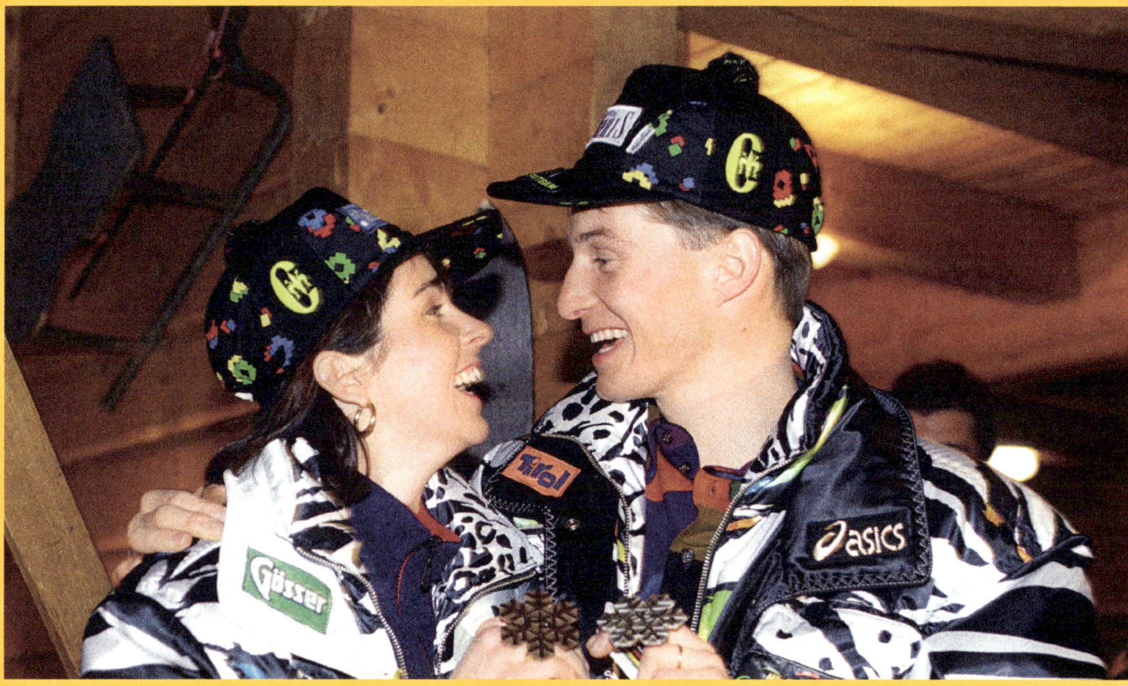
Gösser
Tirol
asics

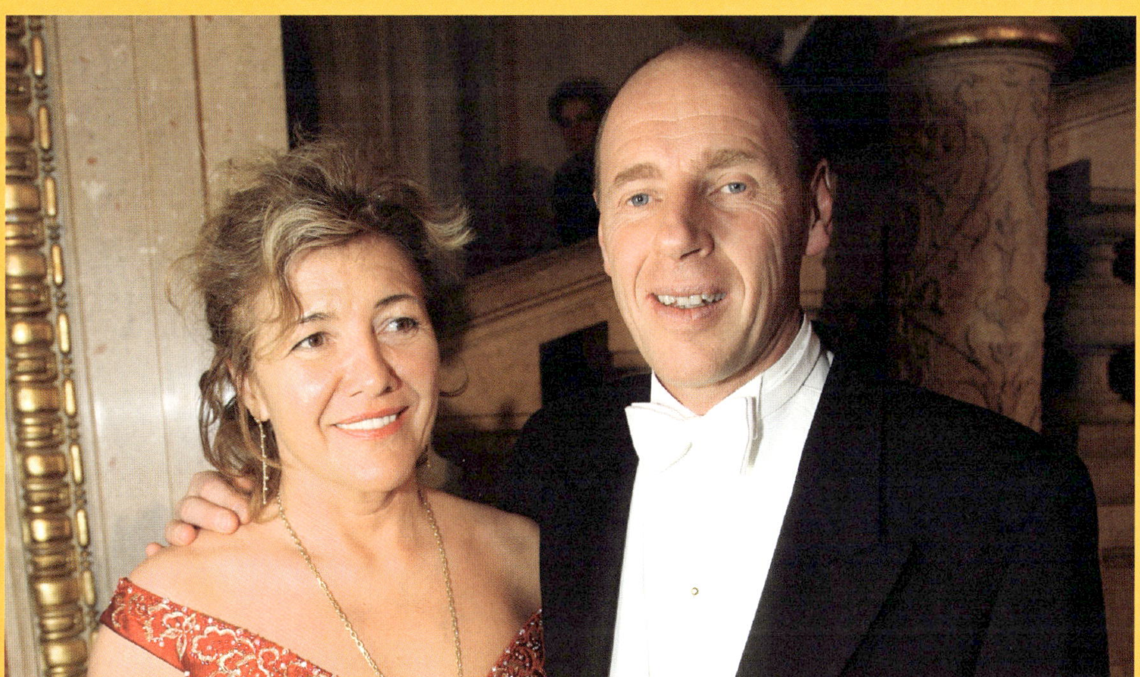

jene von **ANDREA MEAD** und **DAVID LAWRENCE** oder von **PENELOPE PITOU** und **EGON ZIMMERMANN** | endeten zwar auch vor dem Traualtar – und später vor dem Scheidungsrichter –, aber übertrieben große Notiz nahm davon noch niemand.

Heute gehen die Stars mithilfe der modernen Kommunikationsmöglichkeiten in die Offensive und nehmen dadurch vieles selbst in die Hand. Wenn Mikaela Shiffrin auf Facebook ein Selfie von sich und Mathieu Faivre vor dem Eiffelturm postet – worüber soll man dann noch groß spekulieren in den Medien? Die Botschaft ist unter Kontrolle. Und so bleibt bei all den schönen Liebesgeschichten aus dem Skizirkus am Ende nur noch eine Frage übrig, über die man wirklich spekulieren kann. Wenn die Kanadierin Marie-Michèle Gagnon ihren amerikanischen Herzbuben Travis Ganong heiraten sollte: Welchen gemeinsamen Namen wählen sie dann? Ein Doppelname wird ja wahrscheinlich nicht in Frage kommen.

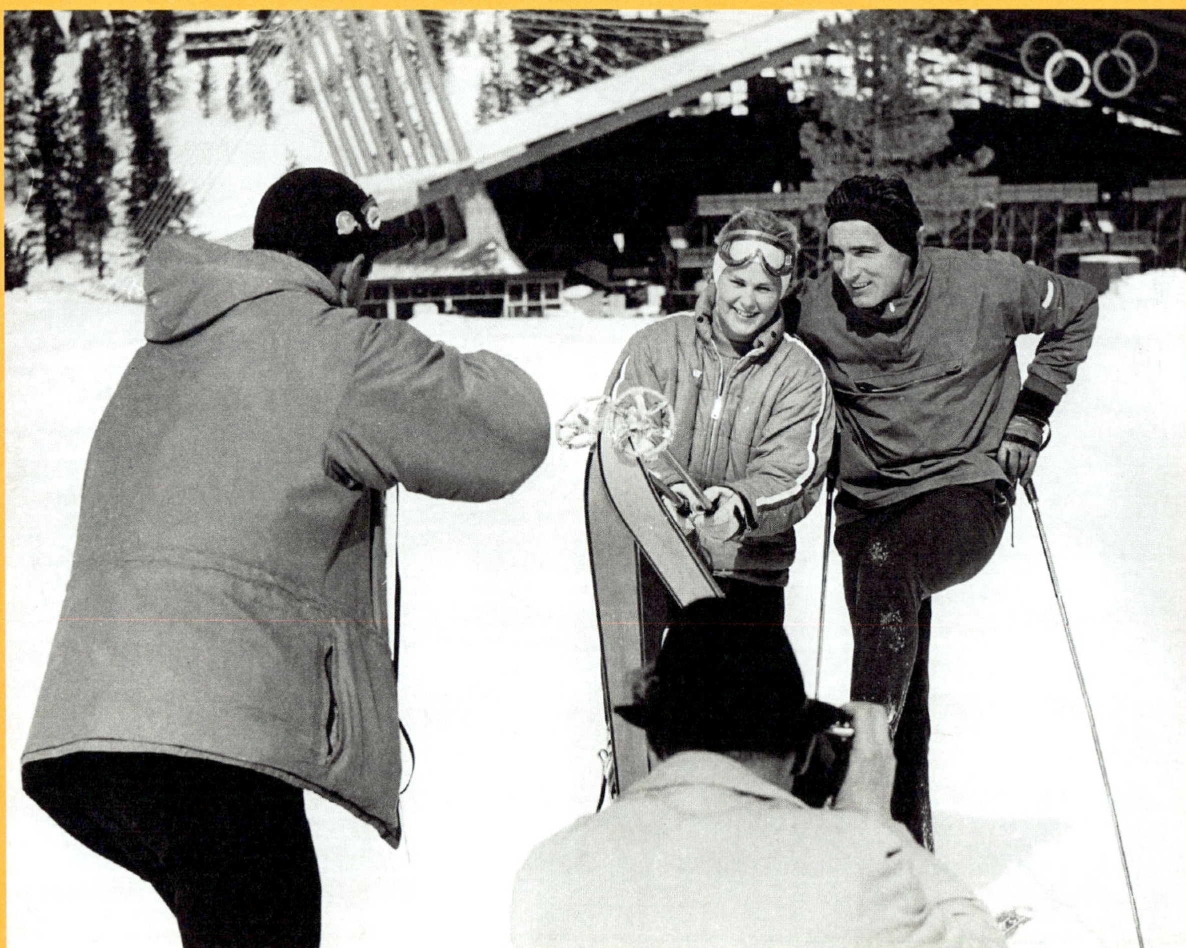

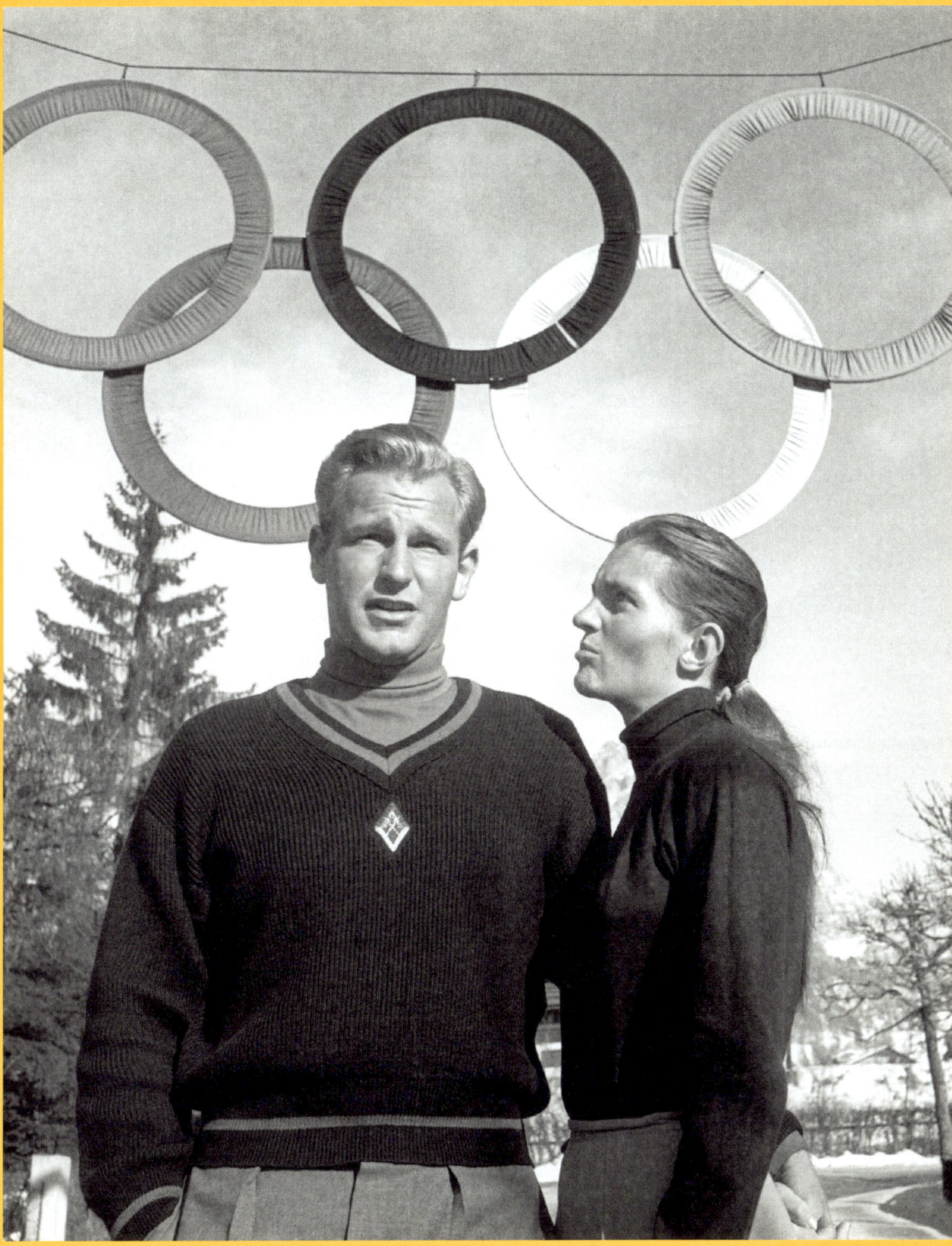

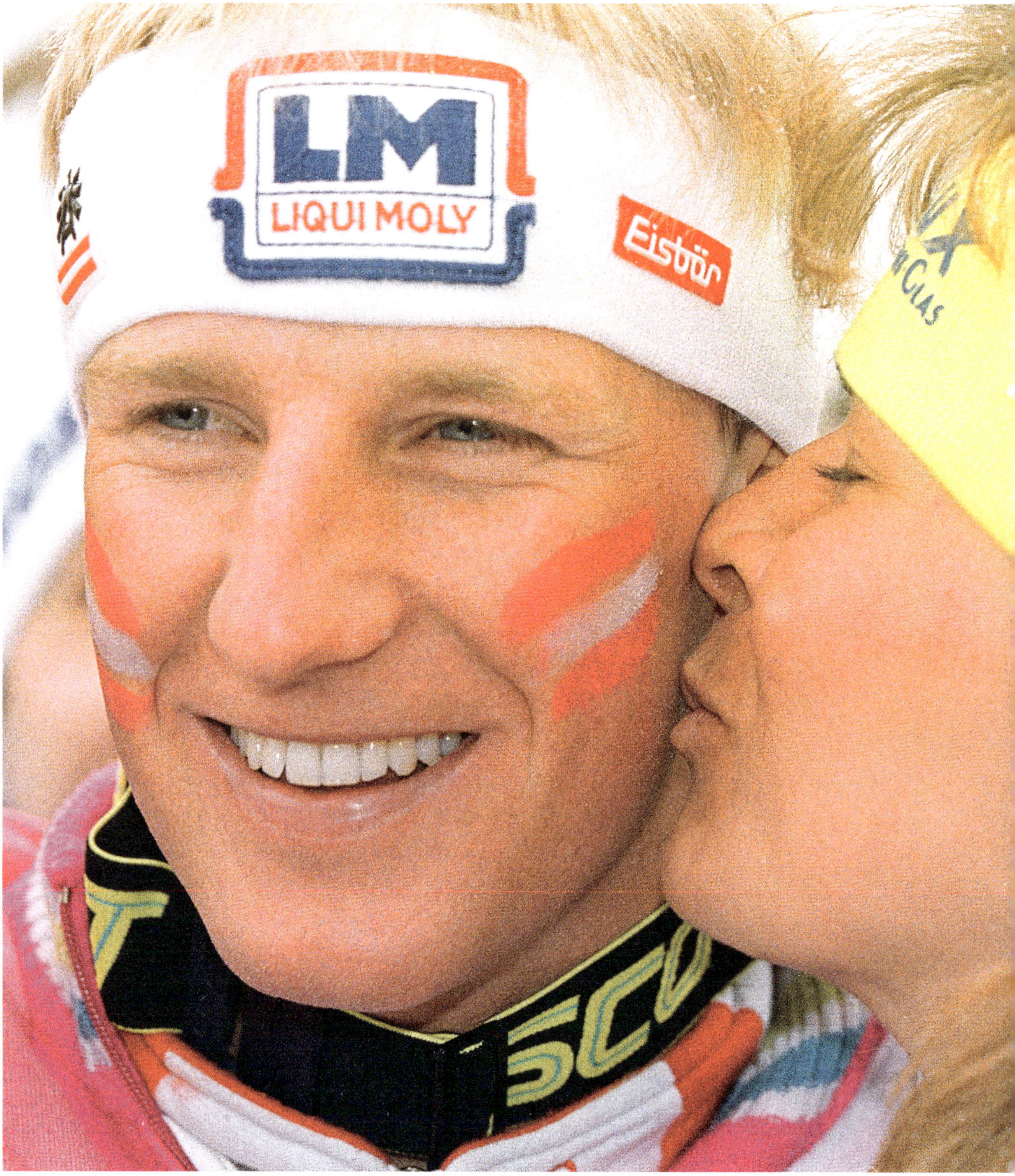

KAPITEL 10

RUDI NIERLICH + ULLI MAIER

SCHWARZ IM WEISS

Wenn der Skisport Trauer trägt – die tragischen Todesfälle auf und abseits der Piste.

Es war eine der schönsten Geschichten, die im alpinen Skisport je geschrieben wurden: Als Ulrike Maier aus der einstigen Goldgräber-Gemeinde Rauris im Salzburger Land 1989 in Vail beim WM-Super-G ihr eigenes Gold schürfte, trug die neue Skikönigin bereits eine kleine Prinzessin unterm Herzen. Maier war bei ihrer Siegesfahrt im dritten Monat schwanger, und das war sogar in den ansonsten nur mittelmäßig skibegeisterten USA große Schlagzeilen wert. Als die Salzburgerin zwei Jahre später bei der Heim-Weltmeisterschaft in Saalbach-Hinterglemm ihren WM-Titel erfolgreich verteidigte, wartete die kleine Melanie im Zielraum auf den Schultern ihres Vaters – und es gab wieder große Geschichten und wunderbare Bilder von der schnellen Mama und ihrer süßen Kleinen. Es war wie im Märchen. Nur das Ende war anders. Auf eine furchtbare Art anders.

Es war am 29. Jänner 1994, als **ULRIKE MAIER** mit der Startnummer 32 bei der Kandahar-Abfahrt in Garmisch-Partenkirchen an den Start ging. Längst hatte sie entschieden, dass das ihre letzte Saison sein sollte. Die Trennungen von ihrer kleinen Tochter waren der sensiblen Jung-Mutter mit jeder Abreise zu einem Weltcuprennen schwerer gefal-

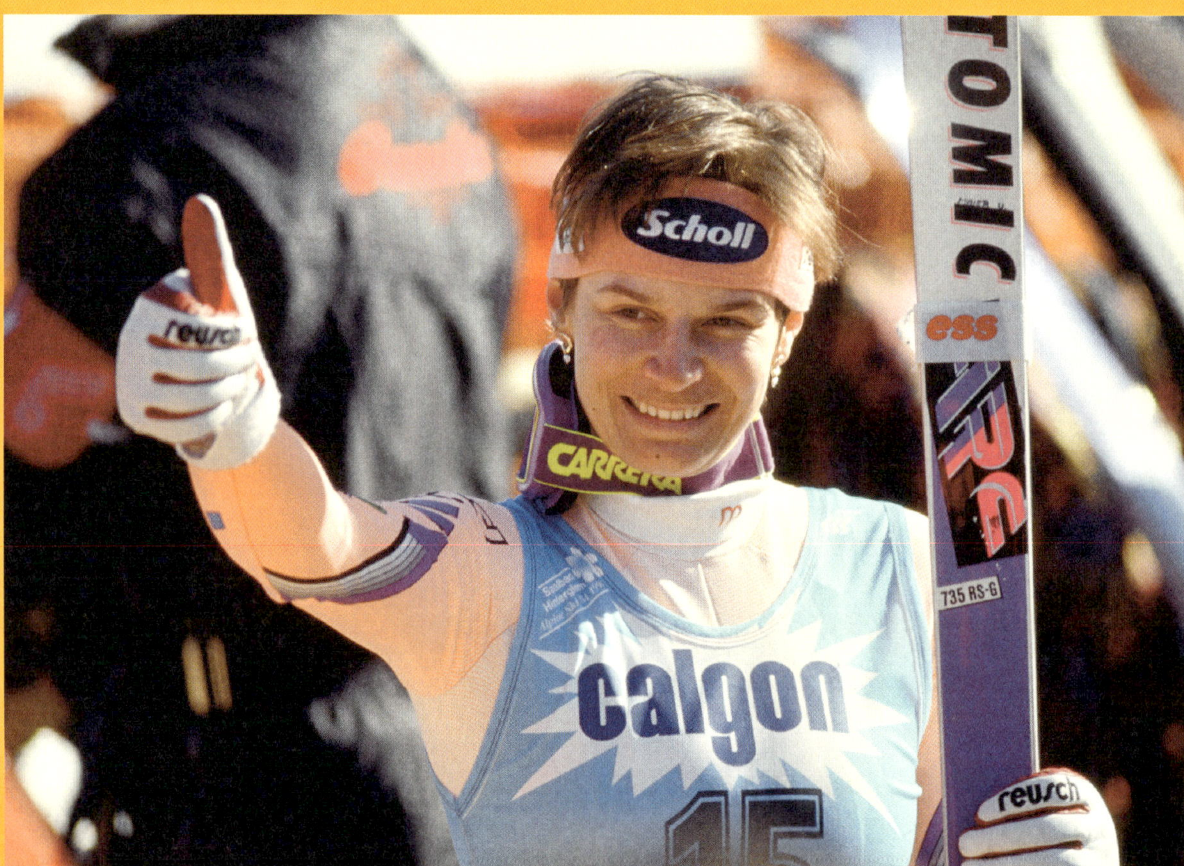

len, mehr als einmal hatte sie immense Reisestrapazen auf sich genommen, um zumindest für ein paar Stunden heim zum Kind und dann wieder zurück an den nächsten Weltcup-Ort zu hetzen. Die Schweizerin Vreni Schneider erinnert sich an einen dieser Momente: »Es war in Meribel oder Val d'Isère, ich weiß es nicht mehr genau. Wir wärmten hinter dem Starthaus auf, und das Rennen ist nicht und nicht losgegangen. Da kam Ulli zu mir, um zu fragen, ob ich wüsste, was da los wäre und ich sah, dass sie unglaublich nervös war.« Schneider fragte nach dem Grund dieser Nervosität und Ulli Maier erzählte ihr, dass sie einen Flug organisiert hatte, um rasch nach Hause zu reisen und für die nächsten Bewerbe wieder zu kommen. Aber damit das funktionieren könnte, müsste das Rennen endlich losgehen, weil sie sonst ihren Flug verpassen würde: »Und dann hat sie gemeint: Gell, das ist verrückt, Vreni. Aber ich sagte ihr: Du machst das genau richtig, und wenn du diesen Flug nicht erwischt, gibt es einen nächsten. Du musst das machen, weil das wichtiger ist als jedes Rennen. Sie hat sich bedankt und ich dachte: Bitte, fangt endlich an, nur wegen Ulli, und ich war für mein eigenes Rennen ab diesem Augenblick gar nicht mehr nervös.«

Es war am 29. Jänner 1994, als Ulrike Maier mit den neuen und noch ungewohnten Carving-Skiern kurz verschnitt und mit hoher Geschwindigkeit gegen ein Zeitmessgerät auf der Piste prallte. Bis zum Abend sollten die aus dem Unfallkrankenhaus Murnau berichtenden Journalisten noch melden, dass die Ärzte um Ulli Maiers Leben kämpften. Aber die Salzburgerin war schon tot gewesen, als sie mit dem Hubschrauber von der Strecke weggeflogen wurde, denn sie hatte sich beim Aufprall das Genick gebrochen. Man bestätigte das im Krankenhaus, wie in solchen Fällen üblich, aber erst, nachdem alle Angehörigen verständigt worden waren. Es war einer der schlimmsten Tage des Skisports, das Horror-Ende einer Geschichte, die so märchenhaft schön begonnen hatte.

Die Kolleginnen standen unter Schock und etliche von ihnen noch beim nächsten Rennen in Sierra Nevada mit Tränen in den Augen am Start. Auch Vreni Schneider hatte in diesem Moment zu kämpfen: »Ich war überhaupt nicht bereit, hatte einen ganz schlechten ersten Lauf und war mit zwei Sekunden Rückstand Zehnte. Da dachte ich: Was mache ich denn da gerade? Fahre ich noch weiter, oder höre ich gerade auf? Ich hatte wirklich Mühe, um Hundertstelsekunden zu kämpfen, nachdem eine Kollegin und junge Mutter gerade erst auf der Piste gestorben war. Aber dann sagte ich zu mir selbst, entweder du kämpfst wieder, oder du lässt es hier und jetzt bleiben. Und dann hat mich wieder der Ehrgeiz geholt, ich hatte einen Bombenlauf und gewann mit einer halben Sekunde Vorsprung auf Pernilla Wiberg. Ich glaube, man muss im Spitzensport so etwas können, sonst muss man in der Sekunde aufhören, wenn ein derartiges Unglück passiert.«

Das bestätigt auch Stephan Eberharter, der wie Ulli Maier bei der WM in Saalbach Gold im Super G geholt hatte: »Ich habe so viele Sachen erlebt und so viele Menschen verloren, dass ich eigentlich hätte aufhören müssen. Ich habe Ullis Sturz im Fernsehen gesehen, ich habe mir den Todessturz von Gernot Reinstadler nachträglich angeschaut und so geweint, dass meine Frau gesagt hat: Du Depp, warum schaust du dir das an? Oder den Rudi Nierlich, den Richard Kröll, die habe ich alle verloren. Aber ich muss sagen, so weh das alles im Moment getan hat: Mich haben diese Unfälle während meiner späteren Karriere nicht wirklich begleitet. Die waren nicht in meinem Bewusstsein. Ich wusste immer, es ist für mich riskant, aber nie habe ich mir dabei gedacht, denk an den Gernot. Ich konnte das für mich relativ gut verarbeiten – und manchmal hat mich das selbst ein wenig gewundert. Aber ich denke, wenn das nicht so gewesen wäre, wäre ich nie eine Abfahrt heruntergekommen.«

Das sind Aussagen, die im ersten Moment verstörend wirken, im zweiten aber bereits nicht nur verständlich, sondern sogar logisch erscheinen. Wer würde denn überhaupt noch herunterfahren, zum Beispiel in Kitzbühel, wo bei manchen Rennen gleich mehrmals der Hubschrauber in der Luft ist, um Sturzopfer ins Spital zu fliegen, wenn man als Läufer in dem Moment nicht denken könnte, ich war's nicht, also auf geht's?

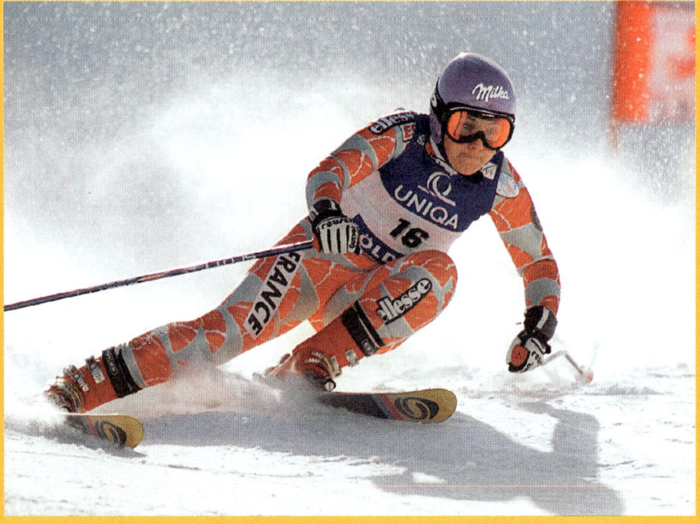

Als 1970 in Mégève der Reihe nach der blutjunge Werner Grissmann und der auch erst 19-jährige Franzose Michel Bozon schwer stürzten, stand oben am Start Karl Schranz, verärgert über die Verzögerung und knurrte: »Räumt sie raus.« Natürlich dachte auch er über diese Reaktion nach, nachdem er erfahren hatte, dass Bozon seinen Sturz nicht überlebt hatte, aber er sagt auch heute noch: »Das klingt furchtbar, wenn man es erzählt. Aber in dem Moment musst du so denken.« Schranz gewann diese Abfahrt mit einer Sekunde Vorsprung.

Bozon war damals das bereits neunte Todesopfer, das der alpine Skisport gefordert hatte. Das erste, der Italiener Giacinto Sertorelli, hatte sein Leben auch dort verloren, wo Ulli Maier zu Tode gestürzt war. Er war beim Kandahar-Rennen 1938 gegen einen Baum gefahren und am nächsten Morgen seinen Verletzungen erlegen. Ebenfalls in Garmisch stürzte der junge kanadische Student John Semmelink 1959 in den Tod – und wie bei Bozon in Megève ging auch hier das Rennen weiter. Einige dieser schwarzen Stunden im Skisport führten dazu, dass bessere Sicherheitsvorkehrungen getroffen wurden – von der Sturzhelmpflicht für Abfahrer nach Semmelinks Unfall bis hin zu

Hochsicherheitsfangzäunen, den blauen Pistenmarkierungen und noch sichereren Sturzhelmen nach Ulli Maiers Tod.

Und dennoch passiert es immer wieder, dass Menschen auf den Pisten ihr Leben lassen, weil man nicht jede Eventualität eliminieren kann. Als die französische Super-G-Weltmeisterin **RÉGINE CAVAGNOUD** im Oktober 2001 auf dem Pitztaler Gletscher zu ihrer Trainingsfahrt startete, konnte sie nicht wissen, dass der deutsche Nachwuchstrainer Markus Anwander schon auf die Strecke gerutscht war, um die Piste zu präparieren. Ihm wiederum hatte man gesagt, dass nur vier Läuferinnen herunterkommen würden – Cavagnoud war die fünfte. So kam es zum folgenschweren Zusammenstoß, den die 31-jährige Französin nicht überlebte. Auch dass der französische Abfahrts-Bronzemedaillengewinner von Schladming 2013, **DAVID POISSON**, im November 2017 bei einer Trainingsfahrt im kanadischen Nakiska an einer Stelle einen Ski verlor, von der aus er mit hoher Geschwindigkeit das Sicherheitsnetz durchschlug und gegen einen Baum prallte, fällt wohl in die Kategorie grausame Schicksalsfügung. So wie der Tod des Abfahrts-Weltmeisters von 1978, **SEPP WALCHER**, der bei einem Hobbyrennen in seiner Heimat verunglückte. Viele große Skifahrer kamen aber auch abseits der Piste ums Leben. Wie Rudi Nierlich, der dreifache Weltmeister aus St. Wolfgang, der seinen letzten großen Erfolg, Riesentorlauf-Gold bei der WM in Saalbach-Hinterglemm, nur um wenige Wochen überlebte. Unweit seines Heimatortes verlor er am 18. Mai 1991 die Herrschaft über seinen Wagen, prallte gegen eine Hausmauer und erlitt einen Genickbruch. Vier österreichische Weltmeister gab es mit Stephan Eberharter, Petra Kronberger, Ulli Maier und Rudi Nierlich bei der WM in Saalbach 1991 – nur zwei davon leben noch. Auf der Straße verloren mit Bruno Nöckler

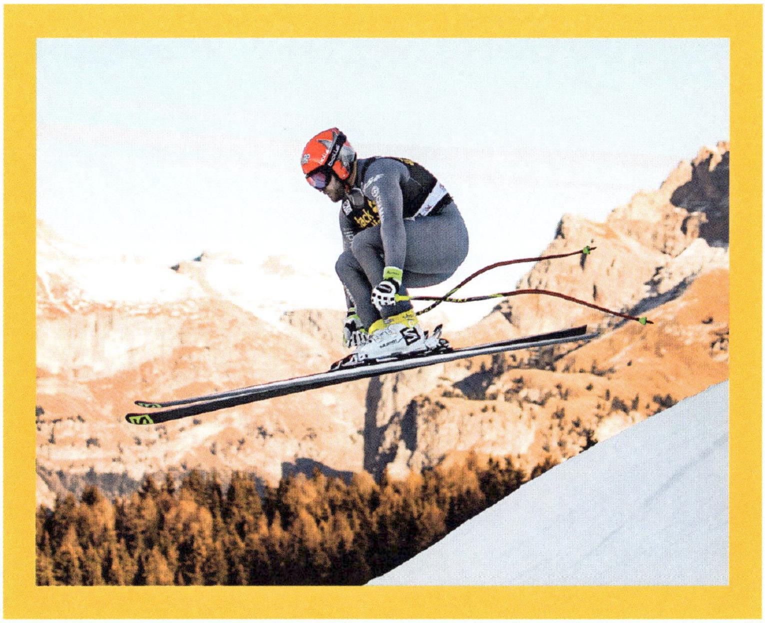

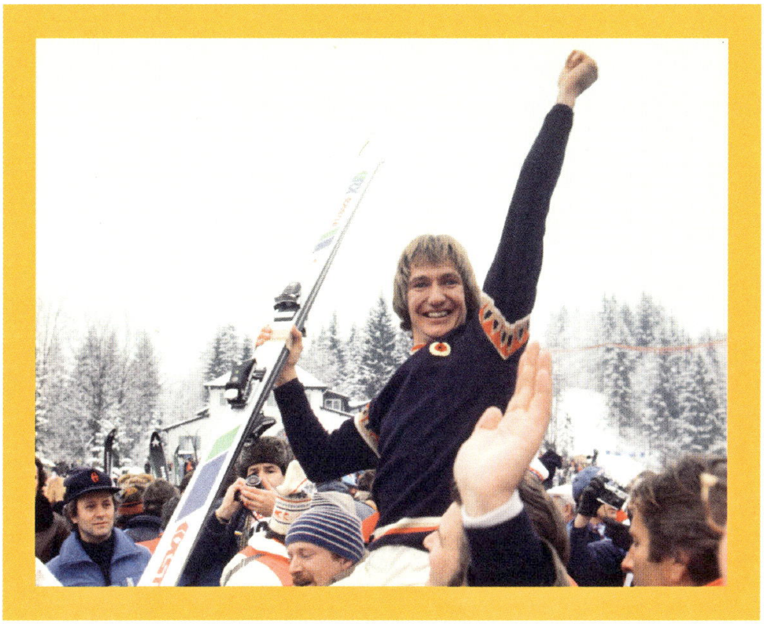

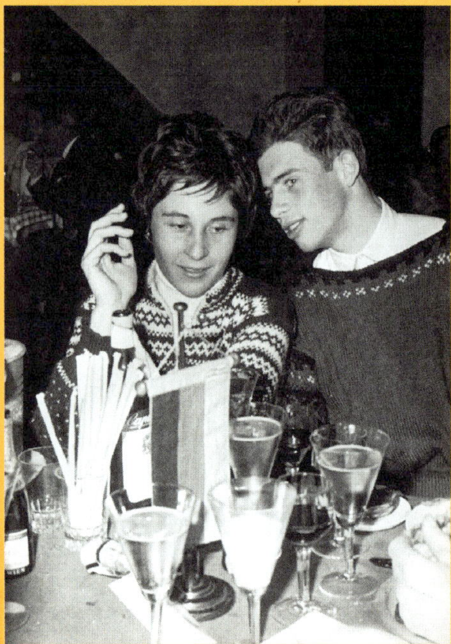

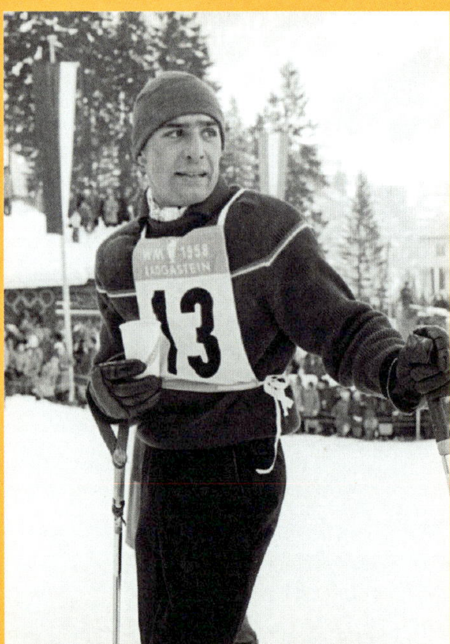

(Italien), Alexander Schirow (Russland), Joze Kuralt (Slowenien) und dem Österreicher Richard Kröll vier weitere Skistars ihr Leben. Und im Auto starb auch ein anderer ganz Großer des Skisports, der Franzose Henri Oreiller, Doppel-Olympiasieger von 1948. Er startete nach dem Skifahren eine Karriere als Autorennfahrer und wollte unbedingt Werkspilot werden. Beim Coup du Salon am 7. Oktober 1962 in Montlhéry fuhr der Franzose am Steuer eines 300 PS starken Ferrari 250 GTO auch deshalb im Grenzbereich. In der 14. Runde platzte bei einem Überholmanöver aber sein rechter Hinterreifen, und Oreiller prallte gegen eine gemauerte Kabine, die als Lager für Feuerwehrausrüstung diente. Er war sofort tot. Makabres Detail am Rande: Der Unfallwagen wurde im Werk in Maranello repariert, restauriert und wieder verkauft. Nach dem Tod des Besitzers erzielte das Auto, von dem seinerzeit nur 39 Stück gebaut worden waren, 2014 bei einer Versteigerung des Auktionshauses Bonhams auf der Monterey-Halbinsel südlich von San Francisco den Rekorderlös von 28 Millionen Euro.

Gleich vier ehemalige Ski-Größen kamen durch Lawinen ums Leben. Der französische Slalom-Weltmeister von 1962, **CHARLES BOZON**, wurde ein Jahr nach seinem Titelgewinn auf der Aiguille Verte im Mont-Blanc-Massiv mit 13 weiteren Menschen verschüttet. Er war der Cousin von Michel Bozon, der sieben Jahre später beim Todesrennen von Mégève starb. Bei Dreharbeiten zum Film *Ski-Faszination* des ehemaligen deutschen Skirennläufers und späteren Geschäftsmannes **WILLY BOGNER** wurden die Bronzemedaillengewinnerin von Olympia 1960, **BARBARA HENNEBERGER** und ihr amerikanischer Rennfahrerkollege **WALLACE »BUD« WERNER** im Engadin von einer Schneebrettlawine erfasst und getötet. Bogner, der mit der deutschen Rennläuferin liiert war und sie heiraten wollte, wurde wegen fahrlässiger Tötung zu einer bedingten Strafe von zwei Monaten verurteilt. Die Tragödie verfolgte ihn aber sein ganzes Leben lang. Auf dem Arlberg starb die erste österreichische Gesamt-Weltcupsiegerin Gertrud Gabl, als sie im Jänner 1976 bei einer Skitour mit ihrem Ehemann von einer Lawine mitgerissen wurde. Einem Tauchunfall bei der Insel Korčula fiel der slowenische Slalomspezialist Rok Petrovič 1993 zum Opfer, und

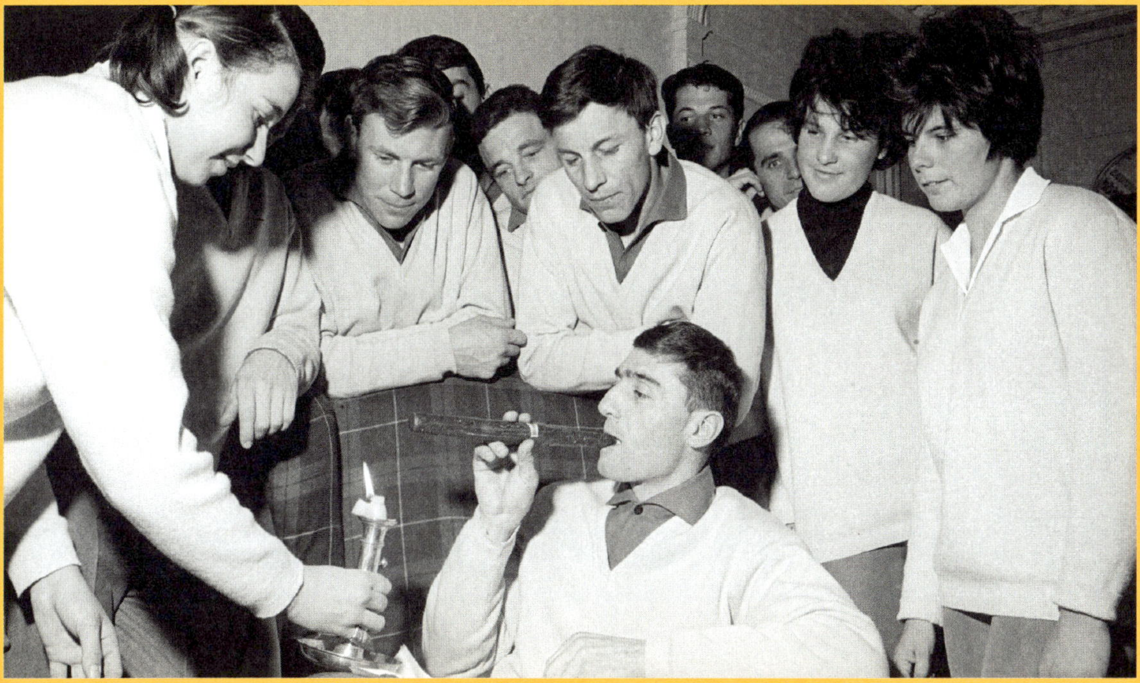

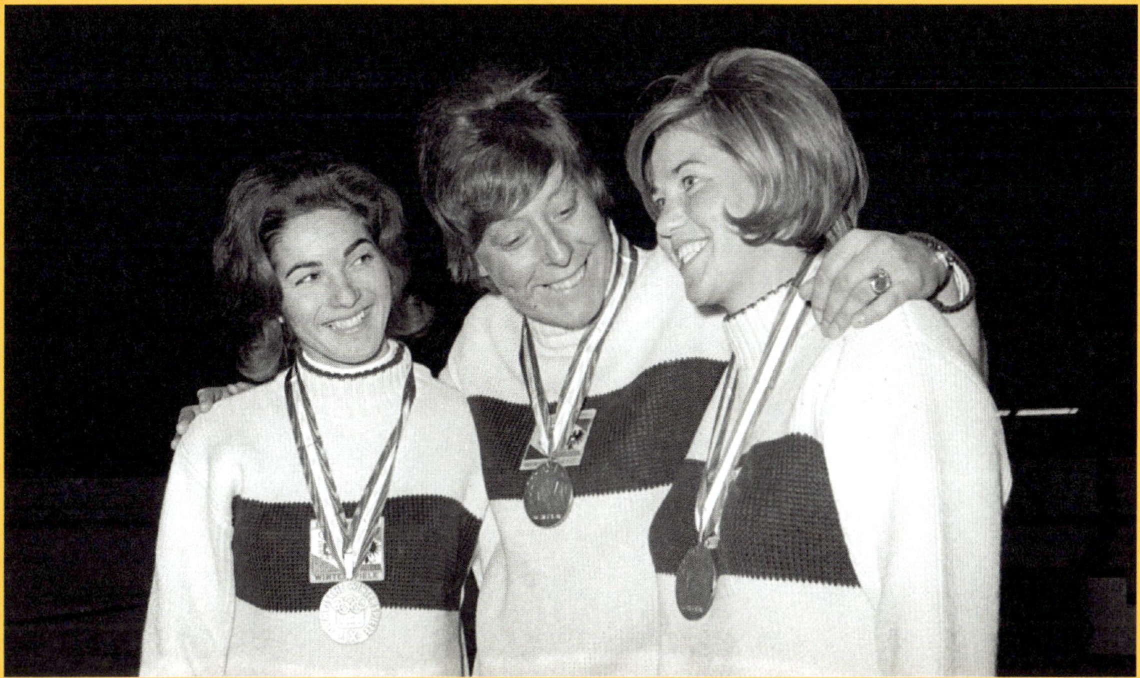

die beste österreichische Abfahrerin der 60er-Jahre, **CHRISTL HAAS**, ertrank 2001 bei einem Familienurlaub vor der Küste von Antalya. Auf kuriose Weise kamen zwei Schweizer Medaillengewinner ums Leben: Edy Reinalter, der Slalom-Weltmeister von 1948 erschoss sich im Alter von 41 Jahren bei einem Jagdausflug versehentlich selbst, als er seine Waffe reinigte, aber vergessen hatte, dass sich noch eine Patrone im Lauf befand. Und auch Georges Schneider, dem Slalom-Weltmeister von 1950, wurde die Jagd zum Verhängnis. Der *SPIEGEL* berichtete am 18. September 1963 folgendes: »Georges Schneider … starb in Unterrickenbach, Kanton Unterwalden, durch den Gewehrschuss eines Jagdfreundes, der den mit einer braunen Jacke bekleideten Schneider für eine Gämse gehalten hatte.«

Fassungslos war die Skiwelt im April 2006, als der Tod der Silbermedaillengewinnerin der WM-Abfahrt von St. Moritz 2003, **CORINNE REY-BELLET** bekannt wurde. Die 33-jährige Schweizerin war Opfer einer Familientragödie in ihrem Elternhaus im Wallis geworden. Ihr Ehemann, von dem sie sich zehn Tage zuvor getrennt hatte, erschoss sie und ihren Bruder Alain, der eine Woche später heiraten wollte, ehe er sich

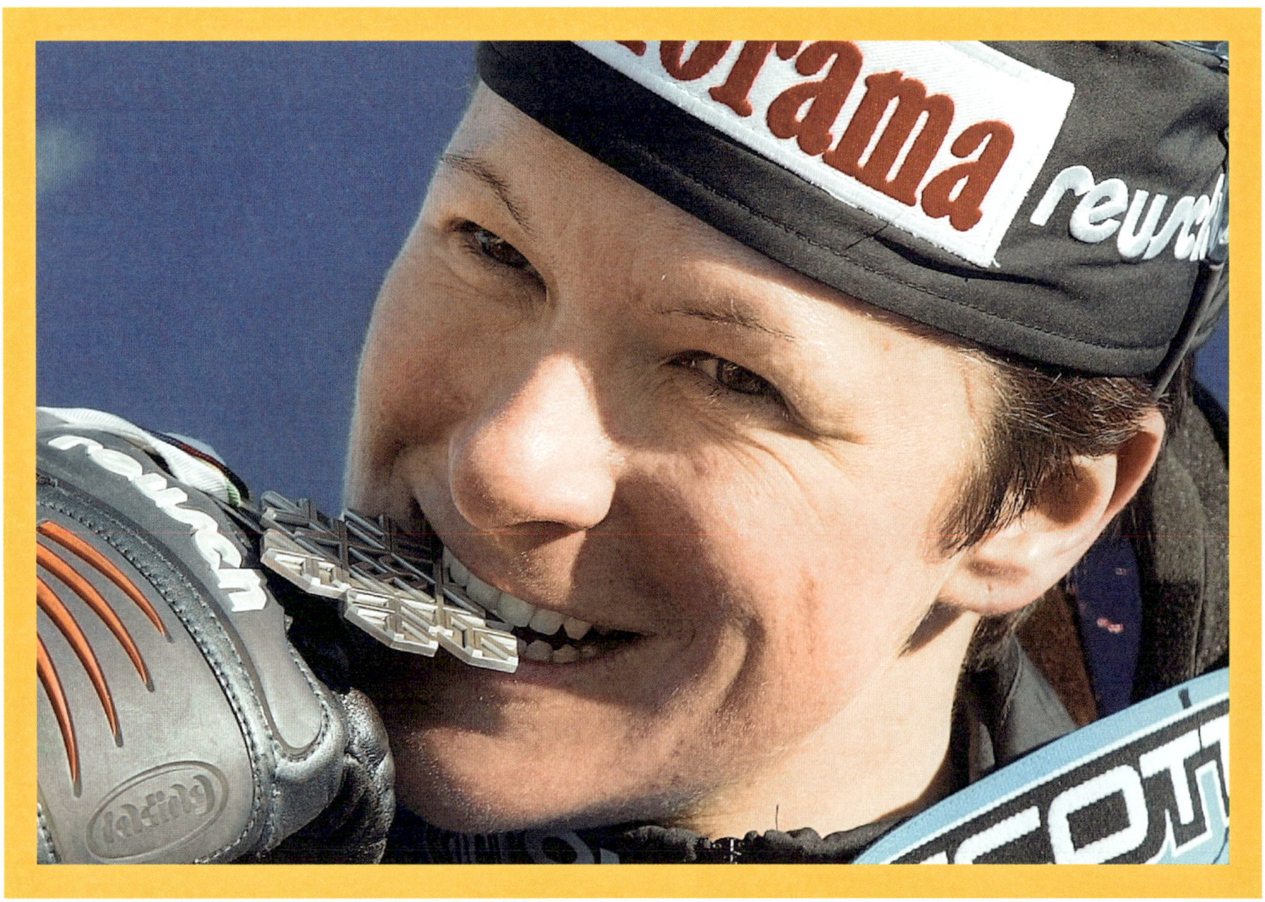

selbst in einem nahegelegenen Wald das Leben nahm. Der zweieinhalbjährige Sohn des Paares schlief während der Bluttat im Obergeschoß des Hauses. Corinne Rey-Bellet war bei ihrem Tod im dritten Monat schwanger.

Der Skisport hat viele großartige Athletinnen und Athleten auf verschiedenste Weise verloren. Über eine Skifamilie legte sich der Tod aber wie ein schwerer, düsterer Fluch. Als JEAN VUARNET, der Abfahrts-Olympiasieger von 1960, seine Kollegin EDITH BONLIEU heiratete, war das eine Art Traumhochzeit im französischen Skisport. Denn Ediths Bruder François war nicht nur ebenfalls Olympiasieger, sondern ein charismatischer Beau, ein französischer Toni Sailer, oder, wie es Medaillenhamsterin Marielle Goitschel einmal formulierte, »der schönste Skifahrer der Welt.« Von außen betrachtet entstand da eine Bilderbuch-Familie, eine für die Hochglanz-Magazine prädestinierte Mischung aus Erfolg und Schönheit. Aber im Inneren sah es offenbar ganz anders aus. Zunächst wurde FRANÇOIS BONLIEU, erst 36 Jahre alt, im Jahr 1973 erstochen an der Promenade de la Croisette in Cannes aufgefunden. Bis heute ist nicht geklärt, ob der ehemalige Skistar nur zufällig in einen Streit oder in falsche Kreise geraten war, die ihre Auseinandersetzungen oft auch auf blutige Weise austragen. Es ist nicht klar, welche Rolle der Tod ihres geliebten Bruders dabei gespielt hat, dass sich Edith Vuarnet-Bonlieu und ihr ältester Sohn Patrick der Sonnentempler-Sekte anschlossen, die ab dem Jahr 1994 mit einer Serie von Massenselbstmorden in der Schweiz traurige Bekanntheit erlangte. Zwei Tage vor Weihnachten des Jahres 1995 wurden jedenfalls auf einem schwer zugänglichen Hochplateau im Vercors-Massiv südlich von Grenoble 16 in einem sternförmigen Ring angeordnete, verkohlte Leichen entdeckt – darunter auch die von Edith Vuarnet-Bonlieu und ihrem Sohn Patrick. Der Name des Plateaus war »Brunnen zur Hölle«.

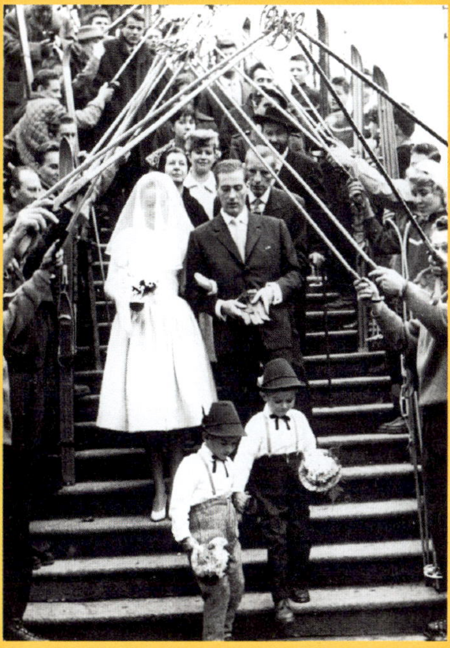

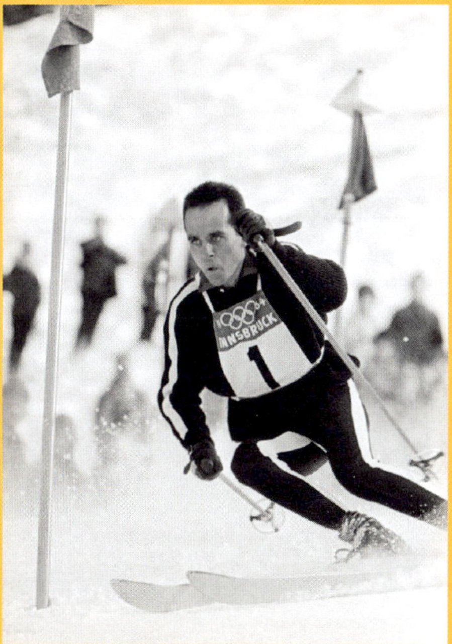

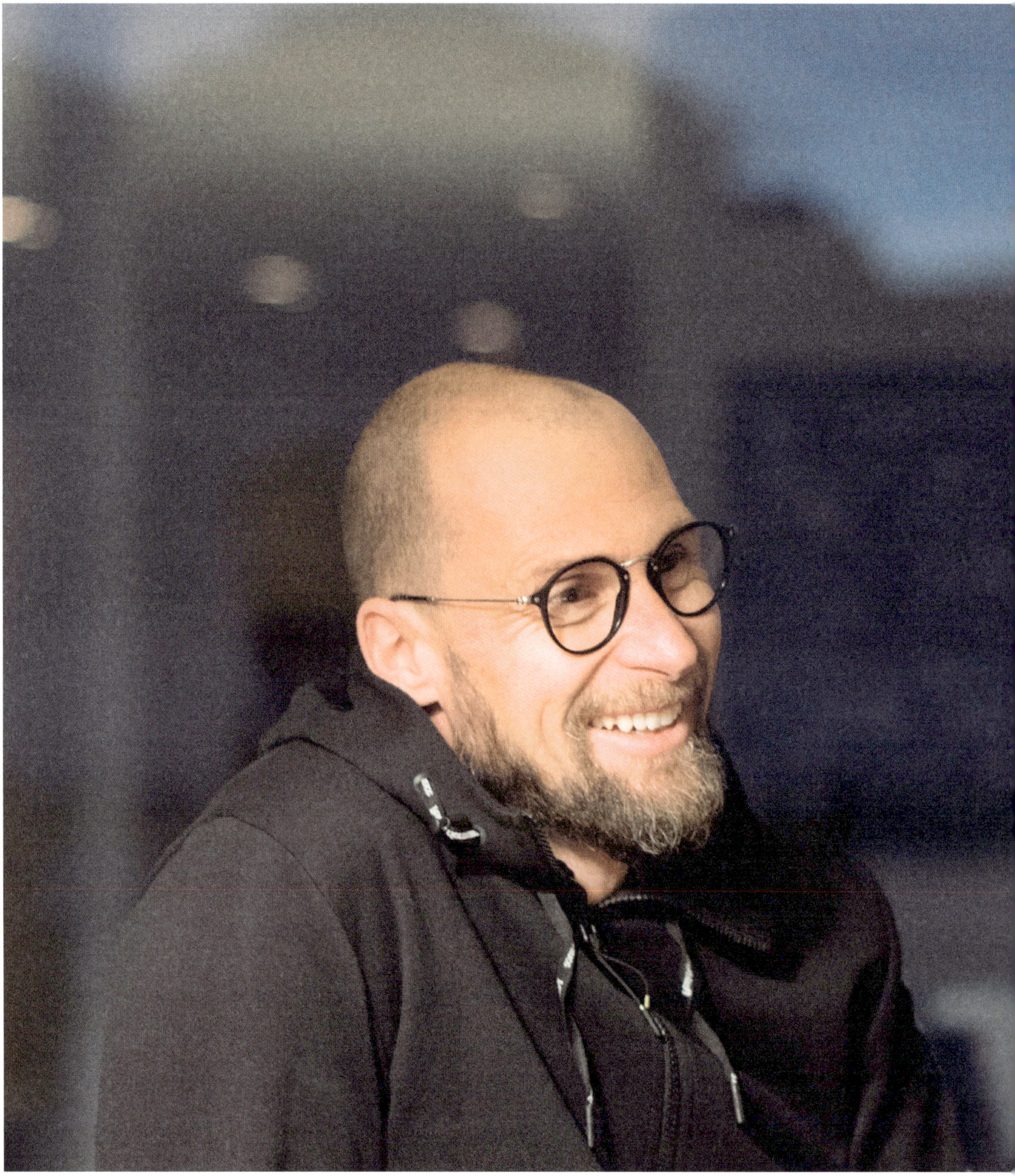

KAPITEL 11

MARCO BÜCHEL

ZWEI QUER-DENKER

Marco Büchel und Lara Gut-Behrami haben ihre ganz speziellen Gedankenwelten.

Die Gams hat einen Ehrenplatz in der Wohnung im liechtensteinischen Triesenberg. Sie erinnert Marco Büchel an seinen vierten und letzten Weltcupsieg im Jänner 2008 in Kitzbühel, bei dem er nicht nur die legendäre Streif bezwang, sondern gleich auch den Mann, der den Super G auf dieser Strecke davor schon fünfmal gewonnen hatte: Hermann Maier, der sich dem Liechtensteiner an diesem Tag um 17 Hundertstelsekunden geschlagen geben musste. Dass der Sieger noch im Ziel gleich die Umbenennung des Ortes in Kitzbüchel anregte, war wohl aus sportlicher Sicht übertrieben, aber wer, wenn nicht er hätte das tun sollen? Einer, der selbst über sich sagt »Ich war schon ein ziemlicher Vogel«, der darf dieser Diagnose entlang für den Skizirkus natürlich auch einmal den Spaßvogel geben.

MARCO BÜCHL ist die etwas andere Geschichte des Skirennsports. Er war kein Siegläufer, sondern einer, der seine 19 Jahre im Rennbetrieb als persönliche Abenteuerreise durchs Leben anlegte und diese lange Karriere nur selten mit so pragmatischen Erfolgs-Parametern wie Siegen oder Medaillen besprenkelte. Er hielt das sehr überschaubar. Eine WM-Silbermedaille vom Riesentorlauf in Vail 1999, vier Weltcupsiege in 300 Rennen, sechs Olympische Spiele, bei denen er das Motto »Dabei sein ist alles« allzu wörtlich nahm. Aber der heute 47-jährige Liechtensteiner schaffte es trotzdem, sich in 13 dieser 19 Jahre in der Weltspitze zu etablieren. Und die Gams haben sehr viele mit deutlich mehr Siegen auf dem Konto nicht in ihrem Wohnzimmer stehen.

Dabei hätte seine Geschichte so begonnen wie die vieler großer Skirennläufer – mit einem ziemlich hohen Maß an Leidenschaft, fast schon Besessenheit. Er stapfte als Kind den Hang noch hoch, wenn die Lifte den Betrieb längst eingestellt hatten, um noch einmal und noch einmal herunterfahren zu können. Er steckte selbst hinter dem Haus einen kurzen Slalom, um die Wartezeit zu überbrücken, bis der Bus kam. Und mit dem Licht der Nachttischlampe seiner Mutter bestritt er seine ersten höchstpersönlichen Nachtrennen hinterm Haus: »Ich war jung und hatte Spaß daran. Klar wollte ich ein Super-Skifahrer werden, aber was es dazu braucht, habe ich nicht gewusst.« In seinem Fall wären das viel harte Arbeit, Ernsthaftigkeit und Selbstdisziplin gewesen, denn mit herausragendem Talent war der junge Bursche nicht gesegnet: »Als ich mit der Schule fertig war, war ich zu faul zum Arbeiten, ich wollte nur Ski fahren. Aber gut war ich nicht«, gesteht Büchel rückblickend. Ein 35. Rang bei der Junioren-WM als bestes Resultat zu dieser Zeit widerspricht dem nicht unbedingt.

Doch dann wurden der erhobene Zeigefinger seines Vaters Norbert und damit sofort auch die Vorstellung, den Traum vom Skifahren begraben und wie jeder andere arbeiten gehen zu müssen, immer bedrohlicher – und vor allem nahm sich mit Marie-Theres Nadig, der Doppel-Olympiasiegerin von 1972, jemand seiner an, der offenbar genau wusste, wie man diesen lebensgierigen Filou in die Spur stellt: »Sie hat mir meine Flausen gründlich ausgetrieben und mir Disziplin und Anstand beigebracht. Marie-Theres hat mir nicht nur gezeigt, worauf es sportlich ankommt, sie war fast ein

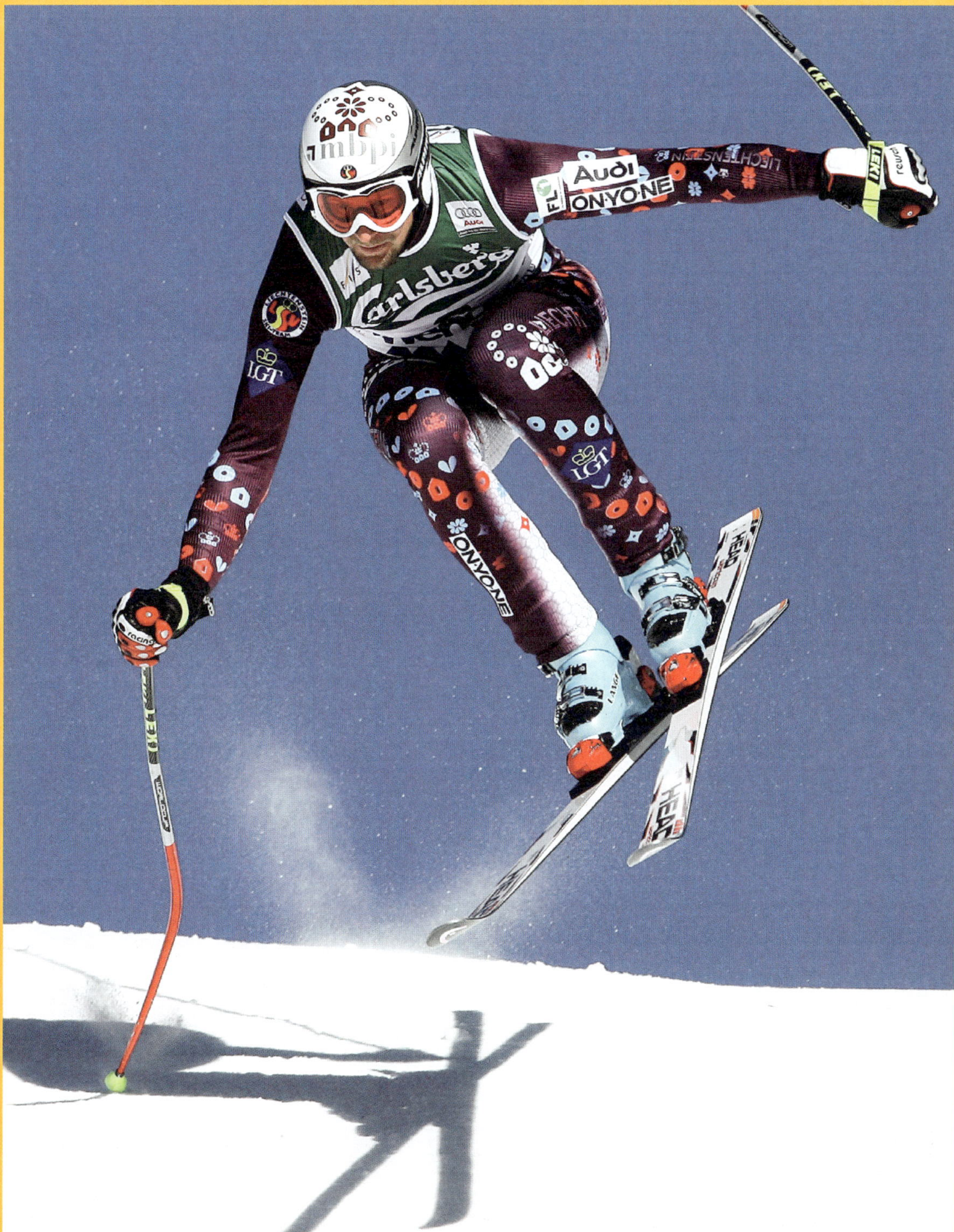

verlängerter Arm meiner Eltern, um mir auch Disziplin und Anstand beizubringen. Und ich muss sagen, alles, was in meiner Karriere später kam, war auf ihrer Arbeit mit mir aufgebaut.«

Marco konnte dank Nadig den Schalter umlegen und begann, ernsthaft an seiner Karriere zu arbeiten. Im Europacup wurde er rasch zum Siegläufer und im Jänner 1991 bestritt er mit 19 Jahren sein erstes Weltcuprennen. Aber dennoch brauchte es noch sechs Jahre und einen segensreichen Zufall, ehe aus dem Mitfahrer ein Top-10-Fahrer wurde. Weil er oft über Probleme mit seinen Schuhen geklagt hatte, steckte ihm der Servicemann einer anderen Firma unter der Hand ein Paar Skischuhe zu, das eigentlich für Alberto Tomba gedacht gewesen wäre – klammheimlich, denn Büchel war vertraglich an einen anderen Ausrüster gebunden: »Ich habe zu der Zeit ja schon mit den Schweizern trainiert und plötzlich bin ich im Training der damals besten Riesentorlauf-Truppe der Welt mit Accola, von Grünigen oder Kälin eine halbe Sekunde pro Lauf um die Ohren gefahren.«

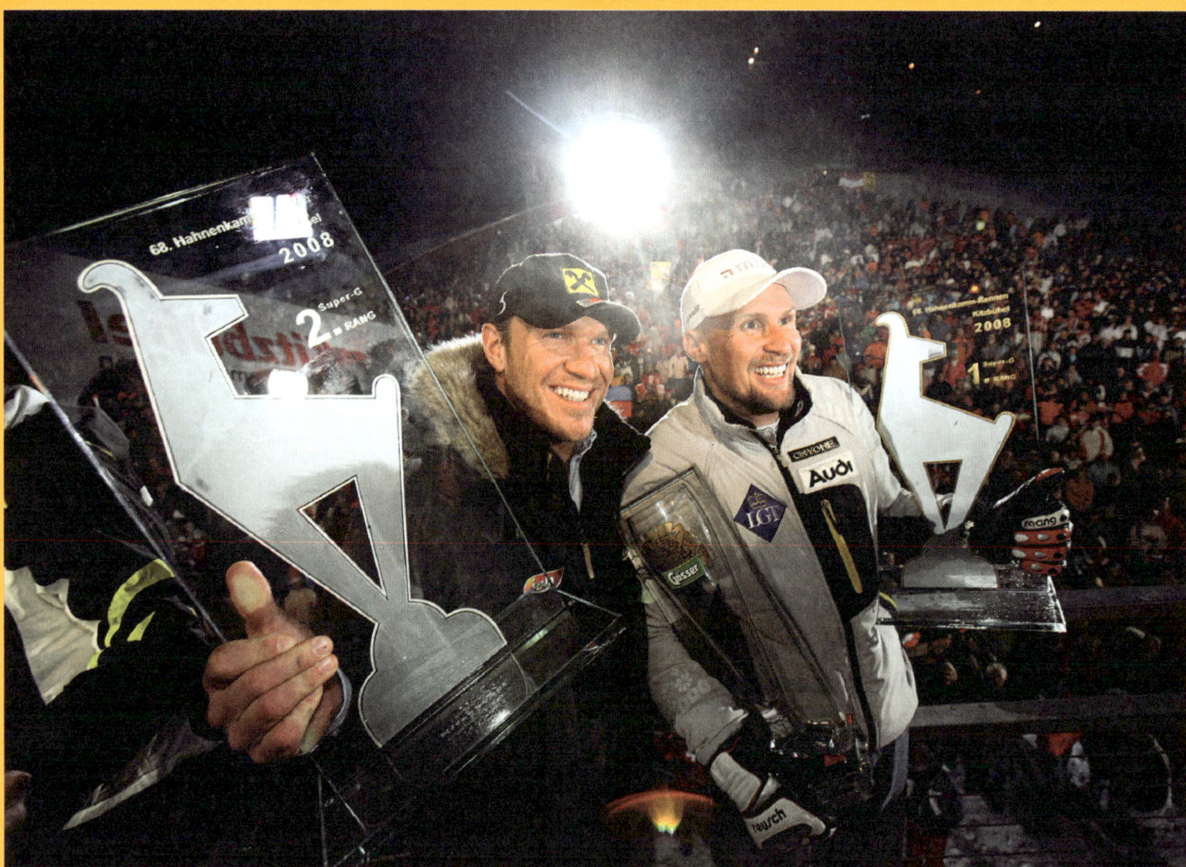

Dieser Schuhwechsel brachte Büchel letztlich den Durchbruch an die Weltspitze, kostete ihn aber auch eine schöne Stange Geld. Denn die Strafe für die verbotene Tat war hoch, aber weil der Verband die Hälfte davon übernahm, ging es für Büchel einigermaßen glimpflich aus. Außerdem überwog bei weitem die Freude, es doch noch geschafft zu haben und plötzlich mittendrin statt nur dabei zu sein: »Wenn du durch eine glückliche Fügung checkst, dass du jetzt ganz vorne mitfahren kannst, ist das wie eine Offenbarung. Das ist ein Moment, in dem dir das Herz aufgeht. Denn eines war natürlich auch klar: In ganz Liechtenstein gab es außer meiner Mutter zu der Zeit niemanden, der dachte, dass ich das noch schaffen würde.« Andreas Wenzel, der liechtensteinische Kombinations-Weltmeister von 1978 und zweifache Olympia-Medaillengewinner, zählte auch dazu. Beim Rückflug von der Ski-WM in Morioka (Japan) war Büchel neben seinem früheren Idol zu sitzen gekommen und quasselte ihn so lange voll, bis Wenzel den Jungspund staubtrocken abdrehte: »Für dich wäre es besser, du würdest Liegestühle in Saint Tropez vermieten, denn im Skifahren wird aus dir nie was.«

Als Büchel sechs Jahre später mit der Silbermedaille aus Vail zurückkehrte, war Wenzel dann aber einer der ersten aufrichtigen Gratulanten.

Zu dieser Zeit hatte der, aus dem doch noch was geworden war, seine Tätigkeit längst neu definiert und als Job begriffen – wenn auch etwas anders als andere, wie das für den Querdenker Büchel nun einmal typisch war: »Ich repräsentiere ein kleines Unternehmen in eigener Sache. Mein einziges Produkt bin ich … Schlussendlich bin ich in der Unterhaltungsbranche tätig und im übertragenen Sinn ein Schauspieler, welcher die Zuschauer an jedem Wochenende durch die Bilder im Fernsehen unterhält. Ich liefere Spektakel, Emotionen und Spannung«, schrieb er in seiner Autobiografie *Skirennfahrer Marco Büchel/aus Leidenschaft zum Leben Sportler*.

Spektakel, Emotionen und Spannung konnte er aber auch im höchstpersönlichen Bereich liefern – als er seinem Vater einen Sieg in Lake Louise versprach, weil dieses Rennen exakt auf dessen 60. Geburtstag fiel. Büchel trainierte verbissen auf diese Abfahrt hin, da warf ihn zwei Wochen davor die Piste in Nakiska ab und er landete mit gebrochener Rippe im Wald. Obwohl er nicht einmal den Arm heben konnte, begann er eine Woche später aber wieder mit dem Training, fuhr in Lake Louise drei Testläufe ohne Betäubung und ließ sich erst fürs Rennen schmerzfrei spritzen: »Ich wusste, das hält vier Stunden. Und tatsächlich habe ich im Rennen nichts gespürt, fuhr durchs Ziel und dachte mir: Das war jetzt aber schon gut.« War es. Mit fünf Hundertstelsekunden Vorsprung auf Manuel Osborne-Paradis war es sogar die Siegerzeit. Und als auf dem Rückweg ins Hotel die Wirkung der Spritze nachzulassen begann, rief Büchel rasch seinen Vater an: »Hallo Papa, alles Gute zum Geburtstag. Ich hoffe, dein Geschenk gefällt dir.« Spektakel, Emotionen und Spannung. Einfach Büchel. Denn solche Momente entsprachen genau seiner Devise »aus Leidenschaft zum Leben.« Sein Kollege Aksel Lund

Svindal drückte es so aus: »Er bemerkt und genießt jeden Aspekt dieses Lebens intensiver als jeder andere Athlet, den ich kenne.« Und vielleicht hat Büchel auch deshalb nicht so viele Trophäen mitgenommen aus seiner aktiven Zeit, weil er dieses Bemerken und Genießen immer schon breiter gestreut hat als viele andere, die Zeit ihres Skifahrerlebens ausschließlich auf dieses fokussiert waren: »Mir war immer bewusst, welchen Traum ich leben darf«, sagt Marco Büchel: »Aber Skifahren war in meinem Leben manchmal wirklich nur ein Aspekt – und beim Base-Jumpen aus einer Felswand zu plumpsen oder mit dem Fallschirm aus einem Flugzeug zu springen, war genau gleich wichtig. Für mich standen immer der maximale Genuss des Lebens und die Jagd nach intensiven Emotionen im Vordergrund. Skifahren war davon schon ein Teil, aber eben nur ein Teil.«

Klingt eigenartig aus dem Mund eines Mannes, der sich selbst als vorsichtigen Menschen bezeichnet, der zugibt, dass ihn auch Angst begleitet hat bei alledem: »Beim Skifahren hatte ich Angst, dass ich mich verletze. Beim Base-Jumpen, dass ich sterbe. Denn das Hirn kann das ja kaum verarbeiten, weil du lernst, wenn du das machst, bist du tot. Aber dieser letzte Moment, bevor deine Beine den Boden verlassen, dieser Overload an Emotionen, an Endorphinen, das macht es aus – und das war stärker als die Angst, die immer dabei war.«

Aber eines Tages, es war am Morgen der WM-Abfahrt in Val d'Isère 2009, siegte die Angst über alles andere. Büchel wachte auf und fühlte sich wie von einem riesigen Stein auf der Brust erdrückt. Mit Mühe schaffte er es ins Starthaus und dachte erstmals in seiner Karriere: »Ich weiß nicht, wie ich da lebend runterkommen soll.« Es gelang ihm, er fuhr als Vierter sogar denkbar knapp an einer Medaille vorbei, aber danach packte er seine Koffer und tauchte eine Woche in Miami ab. Erst unter dem Abendhimmel am Strand und »mit einem Eimer Mojito«, wie er sagt, konnte er wieder frei atmen und klar denken. An diesem Ort entschied er schließlich, seine Karriere zu beenden. Eine letzte Saison wollte er noch anhängen, aber dann sollte Schluss sein. Und so wie er seinem Vater den Sieg in Lake Louis angekündigt hatte, versprach er sich selbst, bei der Lauberhorn-Abfahrt in Wengen in seinem letzten Jahr als Rennläufer aufs Podest zu fahren. Er hielt auch diesmal Wort.

Das klingt jetzt so nach Happy End, nur das war es ganz und gar nicht. Denn diese letzte Saison noch zu fahren, im Wissen, dass der Kopf längst Nein gesagt hatte, war keine leichte Übung: »Ich musste mich knechten wie blöd, weil ich wirklich Angst hatte im letzten Jahr. Ich musste mich sehr weit aus dem Fenster lehnen, um da noch mithalten zu können, denn ich konnte mit dem Druck nicht mehr leben.« Das klingt jetzt so, als wäre es eine riesige Erleichterung gewesen, als er am 11. März 2010 beim Super G in Garmisch als letzter Läufer nach einem Glas Champagner im Starthaus in feinem Sakko und kurzer Hose zu Tal fuhr und unterwegs mit Betreuern und Fans abklatschte. Aber auch so war es ganz und gar nicht. Denn der eigene Kopf konnte hundert Mal Bravo klatschen, der Bauch spielte nicht mit: »Es war so schmerzhaft, weil ich mir das wegnahm, was ich am meisten liebte. Der Lebensstil, das Gefühl, das ich im Starthaus so lange gespürt hatte – alles weg und nie mehr da. Es war Liebe mit diesem Sport, und deshalb hat es so weh getan.« Noch als er Monate später als Co-Kommentator im Fernsehstudio saß und realisierte »Ich bin da jetzt für immer draußen«, trieb es ihm Tränen in die Augen. Zwei, drei Jahre, sagt er, brauchte es, bis der Schmerz zur Gänze Platz machen konnte für die Freude am neuen Leben. Und wenn er heute einen wie den Österreicher Manuel Feller durch die Stangen fahren sieht, kann er sich aufrichtig freuen, denn »der Bursche ist Rock'n'Roll«, sagt er, »und so etwas braucht es, weil die echten Typen werden eh immer weniger im Skizirkus.«

Er war zweifellos auch einer dieser Typen. Und wenn er mit verschmitztem Grinsen sagt, dass er dem heute aber keine Träne mehr nachweint, schaut man zur Sicherheit doch noch einmal ganz genau in seinen blitzenden Äuglein nach.

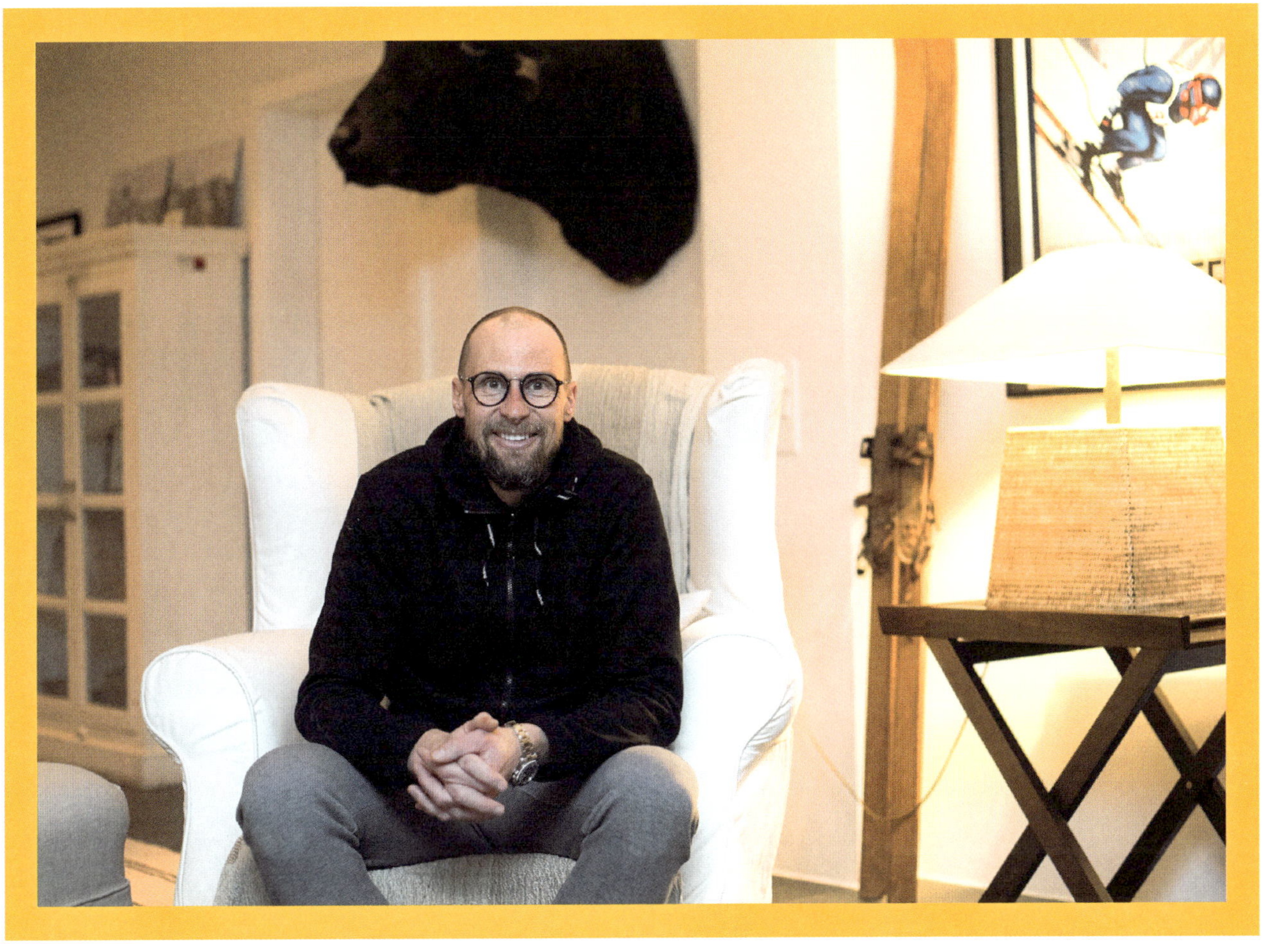

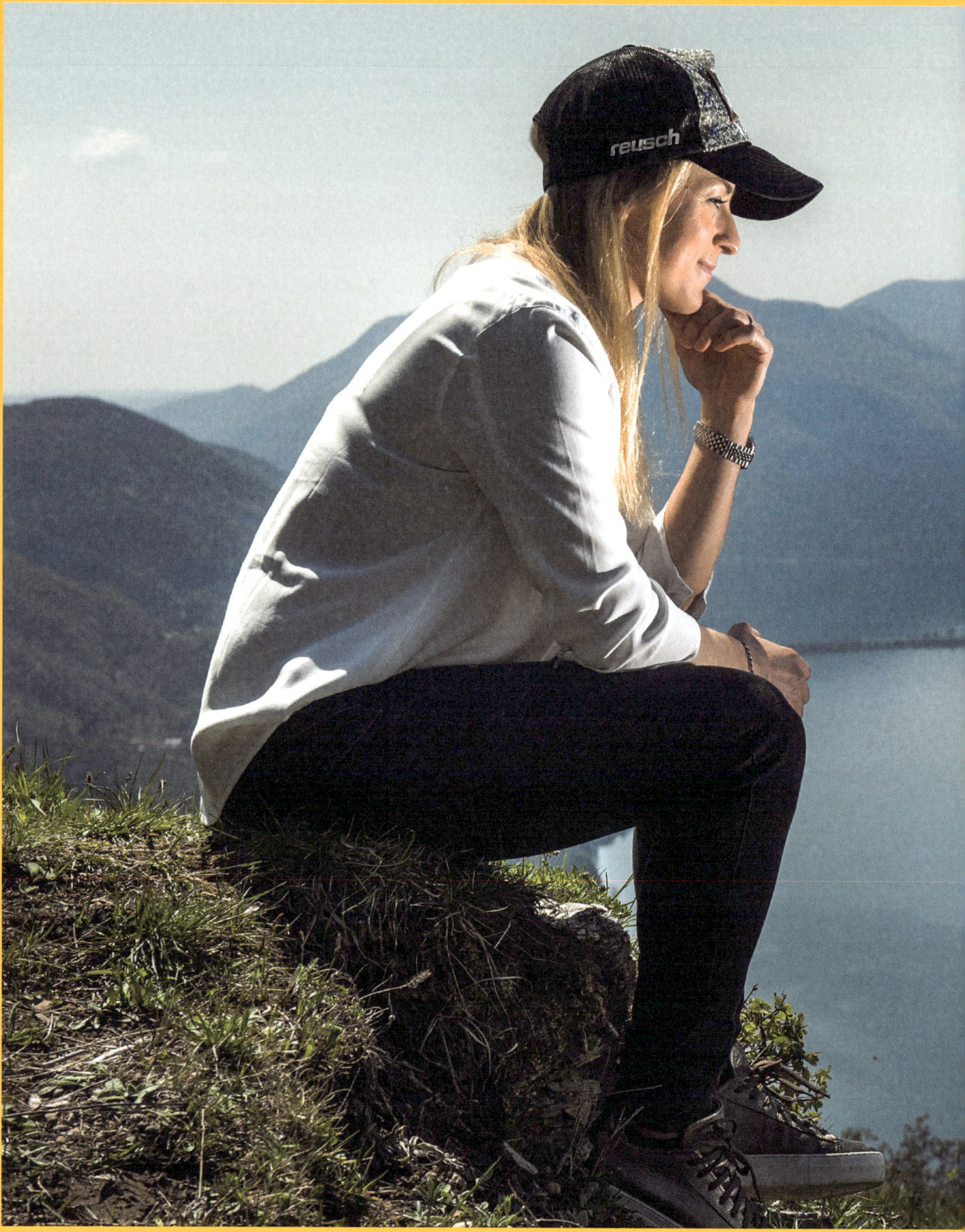

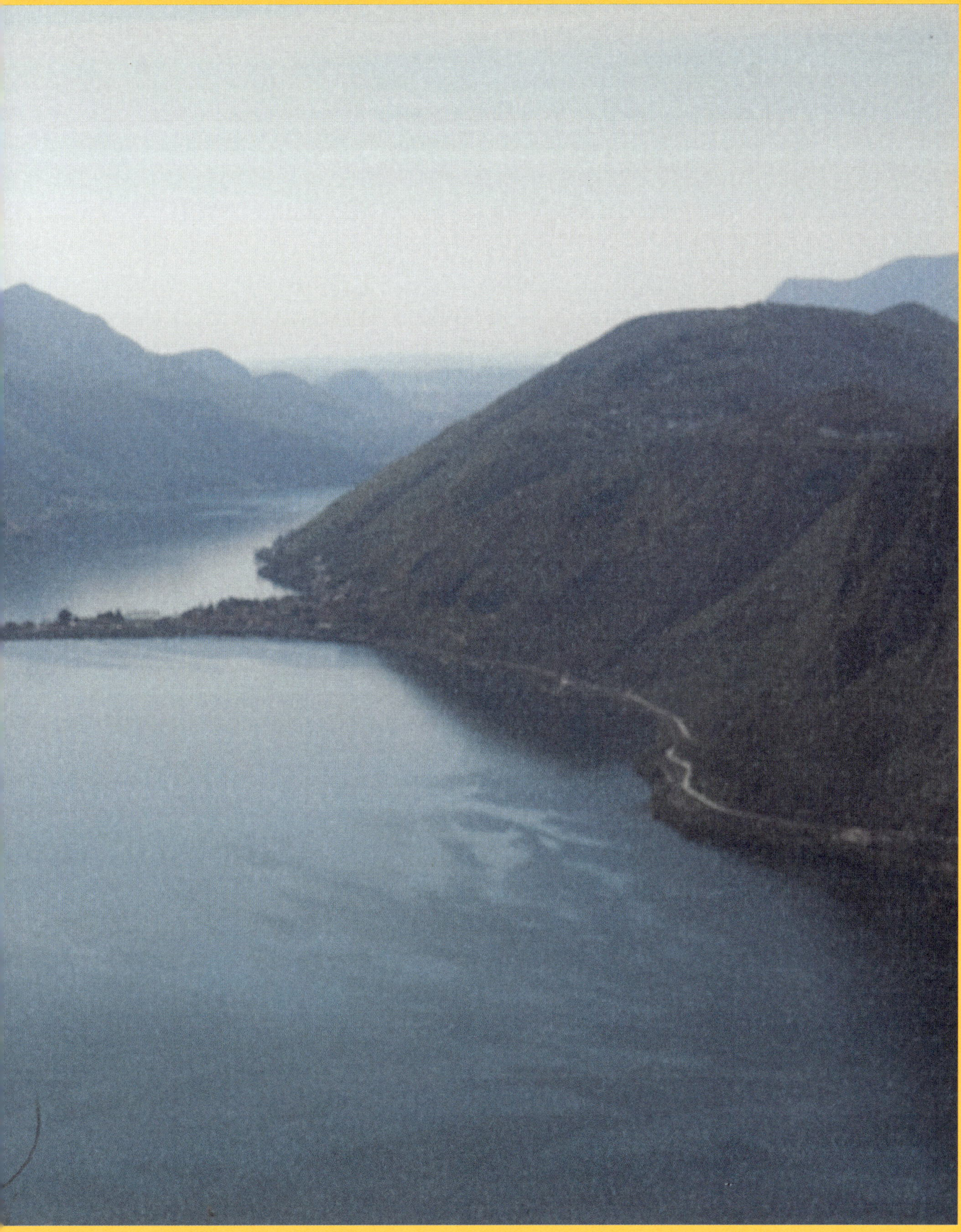

Startete Marco Büchel erst mit 25 so richtig durch im Ski-Weltcup, hatte die Tessinerin **LARA GUT** in dem Alter schon so ziemlich alle Höhen und Tiefen durch, die man in diesem Sport und als Mensch im Scheinwerferlicht der Öffentlichkeit erleben kann. Sie war noch nicht einmal volljährig, da hatte sie schon zwei WM-Silbermedaillen daheim in der Vitrine, sie war gerade auf dem steilen Weg zum Superstar, als sie sich schwer verletzte, sie eckte an, weil sie den Mund aufmachte und wurde als Zicke hingestellt, wenn eine gewünschte Wortspende nicht kam. Sie lernte sehr früh, wie einsam man werden kann im Skibetrieb, wenn man sich übers Leben Gedanken macht, die über den Pistenrand hinausreichen, und sie lernte rasch und als bittere Lektion die Bösartigkeit kennen, mit der man vom medial gehätschelten Wunderkind zur nervigen Versagerin umgedeutet wird, wenn man Erwartungen nicht entspricht, die nicht einmal die eigenen sind. Und in welcher Geschwindigkeit das alles gehen kann.

Sie kam wie eine kleine, blonde Prinzessin in den Skizirkus geschneit und wurde sofort zum Symbol für eine märchenhafte Zukunft des Schweizer Damen-Skisports hochgejubelt. Mit 17 gewann sie ihr erstes Weltcup-Rennen, noch dazu in St. Moritz, und nur wenig später, immer noch nicht 18, strahlte sie in Val d'Isère bei der WM 2009 mit ihren zwei Silbermedaillen um die Wette, die sie in der Abfahrt und der Super-Kombination erobert hatte. Ein Lachen, das nicht lange anhielt. Denn gekommen war Lara Gut vollgestopft mit purer Freude am Fahren, aber der kometenhafte Aufstieg zum Teenie-Star, der im selben Maße medial gefeiert wie mit tonnenschweren Erwartungen beladen wurde, trieb ihr diese sicher noch restkindliche Lust an dem, was sie tat, gründlich aus: »Ich wollte im Sommer 2009 aufhören, weil ich den Spaß am Skifahren verloren hatte. Mir war das alles zu viel und ich sah eigentlich keinen Grund, warum ich das noch weiter machen sollte. Ich hatte überhaupt keine Freiheit mehr und das Gefühl, mein Leben gehört nicht mehr mir.«

Aber noch ehe sie diese Gedanken zu Ende führen konnte, nahm sie das Schicksal aus dem Spiel. Im September stürzte sie in Saas-Fee so schwer, dass sie eine Hüftluxation erlitt, operiert werden musste und nicht nur für die Olympischen Spiele in Vancouver, sondern für die ganze restliche Saison ausfiel. Und diese Zeit daheim löste Entscheidendes aus: »Ich konnte mir nicht einmal ein Rennen anschauen, weil ich dabei sein und das wieder machen wollte. Erst da, mit 18 Jahren, habe ich realisiert, dass ich Skifahren genau in der Form betreiben möchte, also nicht mehr aus Spaß, sondern als Beruf. Und ich wusste, ich muss jetzt lernen, Skifahrerin zu sein, und da muss man dann auch verstehen, damit umzugehen, weil es in jedem Beruf natürlich auch Seiten gibt, die man nicht mag. Das war meine Baustelle und es hat ein bisschen gedauert, bis ich mit all dem klar gekommen bin.«

Als sie wieder zurückkam, war der Wunderkind-Bonus weg und es dauerte bis Jänner 2011, ehe sie sich über ihren zweiten Weltcupsieg freuen durfte. Zwei vierte Plätze bei der WM in Garmisch-Partenkirchen deuteten aber schon an, dass Lara Gut nicht gerade ihre glücklichste Zeit auf Skiern haben würde und in der folgenden Saison kam sie nicht ein einziges Mal aufs Siegespodest: »Ich habe in dieser Zeit gelernt, dass etwas auch genauso schnell weg sein kann, wie es gekommen ist.« Das war neben den Erfolgen auch das mediale Wohlwollen, denn dass jemand de facto außerhalb des Verbandes und des Teams mit privatem Betreuerstab sein Ding macht, ist immer nur so lange kein Thema, bis diese Erfolge ausbleiben. Und wenn einer kommt, wird er plötzlich anders bewertet. Jubelte 2009 noch ein ganzes Land über zwei Silbermedaillen, so war der zweite Platz beim WM-Super-G in Schladming mancherorts schon ein Indiz dafür, dass Gut für Gold eben nicht gut genug sei. Und wie es eben bei jemandem ist, der nicht in eingefahrenen Bahnen denkt, machte sich die junge Schweizerin auch dazu ihre eigenen Gedanken: »Mir war klar, dass man mich immer nach meiner Leistung beurteilen würde, mich loben im einen und kritisieren im anderen Fall. Aber für mich habe ich entschieden, dass ich als Mensch sehr viel mehr bin als ein gut oder schlecht gefahrenes Rennen.« Zum Beispiel jemand, der seine Meinung sagt, wenn er es für angebracht hält. Zwei Wochen vor den Olympischen Spielen in Sotschi 2014 übte Lara, die zwei Jahre davor auch schon für eine *Amnesty*-Kampagne für Frauenrechte posiert hatte, in einem Interview mit der Züricher *Sonntagszeitung* heftige Kritik an der Vergabe der Spiele an Russland – vor allem anlässlich bekannt gewordener Menschenrechtsverletzungen: »Es ist nicht der richtige Weg, die Olympischen Spiele des Geldes wegen zu vergeben. Es gibt auf der Welt genügend Orte, die gute Pisten, Sicherheit und sportlich interessierte Zuschauer bieten, und dann geht man an einen Ort, an dem es überhaupt nicht um Sport geht», sagte sie damals. Man kann sich vorstellen, dass der Applaus von den offiziellen Stellen ein verhaltener war, aber Lara Gut steht auch heute noch dazu, dass man als Spitzensportlerin auch eine gesellschaftliche Verantwortung hat: »Ich weiß schon, dass ich in meinem Beruf in erster Linie dazu da bin, Ski zu fahren und nicht tausend Dinge zu diskutieren. Aber immer geht es halt nicht ums Skifahren und um den Sieg, weil wir als bekannte Athleten auch die Welt ein wenig verbessern können. Wenn wir alle ein gutes Wort für etwas einlegen, oder uns für irgendeinen Zweck verbinden, wird das viele Menschen bewegen. Und das

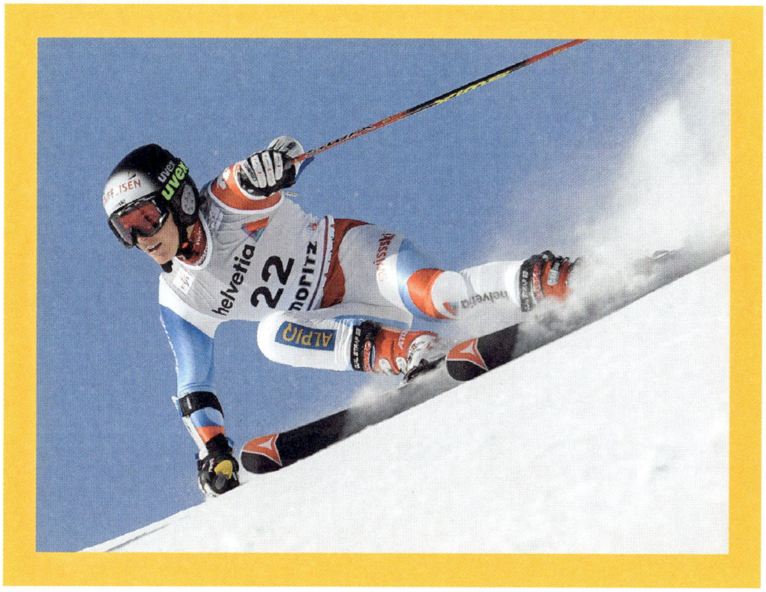

ist mir wichtig, weil wir auch für Kinder ein Beispiel sein müssen und denen nicht nur zeigen dürfen, wie man Erfolg hat, sondern was man aus einem Leben machen kann.«

Als sie im Skizirkus auftauchte, bediente sie, wahrscheinlich ohne es zu wissen, zu viele Klischees. Wäre sie gewesen, was offenbar viele in ihr gesehen hatten, nämlich das hübsche Pisten-Püppchen aus dem Tessin, das, immer schön lächelnd, den Nationalstolz mit Skisiegen nährt, hätte man ihr wohl auch den einen oder anderen Durchhänger eher verziehen. Und man hätte nicht auch noch ihre Erfolge, wie den Gesamt-Weltcupsieg 2016, dem ersten für die Schweizerinnen seit Vreni Schneider anno 1995, klein geredet, nur weil sich Rivalin Lindsey Vonn schwer verletzt hatte. Weil sie das aber nicht ist, sondern eine intelligente, nachdenkliche junge Frau, die sich mit vielem auseinandersetzt, unter anderem auch mit dem Frausein im Skizirkus, wurde es eben nicht so einfach.

Dabei ist es überaus interessant, dieser spannenden Sportlerin beim lauten Nachdenken zuzuhören: »Es ist für uns anders als für die Männer, wir haben es komplizierter. Denn was muss man denn ab 14 Jahren machen für diesen Beruf? Man trainiert, trainiert, trainiert, entwickelt sich aber gleichzeitig als Frau. Nur musst du, wenn du dich auf die Athletin in dir konzentrierst, dein Frausein zur Seite schieben. Und du benimmst dich oft wie ein Mann, denkst wie einer, du musst die Beste werden, du brauchst Aggressivität auf der Piste – das sind doch lauter Sachen, die eigentlich männlich besetzt sind.«

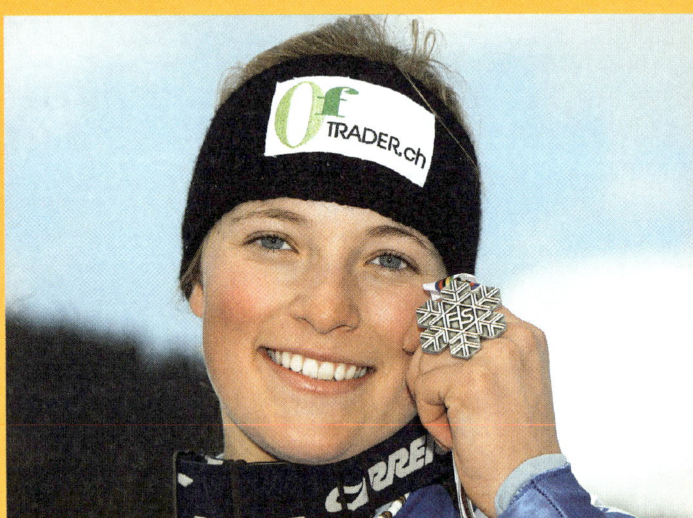

Sie ist für sich einen Schritt weitergekommen, hat im Juli 2018 den Fußballer Valon Behrami geheiratet und sich damit zur Herkunftsfamilie, die sie auf ihrem Weg bisher begleitet hatte, der sie aber naturgemäß entwachsen ist, ein Stück eigene Familie geschaffen. Ihr eigenes Innen, wenn man so will. Und kurz darauf hat sie ihre Twitter- und Instagram-Accounts gelöscht, was auch sehr interessant ist in Verbindung damit, was sie dazu beim Gespräch für dieses Buch gut ein Jahr davor gesagt hatte: »Viele junge Menschen nehmen ihr Handy und schauen auf ein Instagram-Bild. Das kann schon ins Auge stechen, aber was es dazu gebraucht hat, das wissen sie nicht. Sie schauen da drauf, sagen, das ist schön und glauben, alles, was man ihnen auf dem Handy zeigt, ist wahr. Das stimmt aber nicht – und das kann man ihnen als Athletin auch vermitteln, ihnen sagen, was einen echten Wert hat, damit sie nicht das Gefühl bekommen, Instagram-Star zu sein, ist ein Job.«

Lara Gut-Behrami, wie sie jetzt heißt, hat sich ihren Platz in der Skigeschichte schnell, früh und hochprofessionell erkämpft. Denn wie man Ski fährt, wusste sie. Sich in diesem Metier als Mensch zu positionieren und als Frau zu finden, war der ungleich schwierigere Auftrag. Aber einer, um den diese bemerkenswerte Athletin trotz zäher Zweifel und gewiss oft anstrengender Gedanken nie einen Bogen gemacht und den sie auch nicht verheimlicht hat. Das ist gut so. Denn das kann so manchem jungen Mädchen viel eher weiterhelfen als der Versuch, optisch einem schmucken Instagram-Foto nachzueifern.

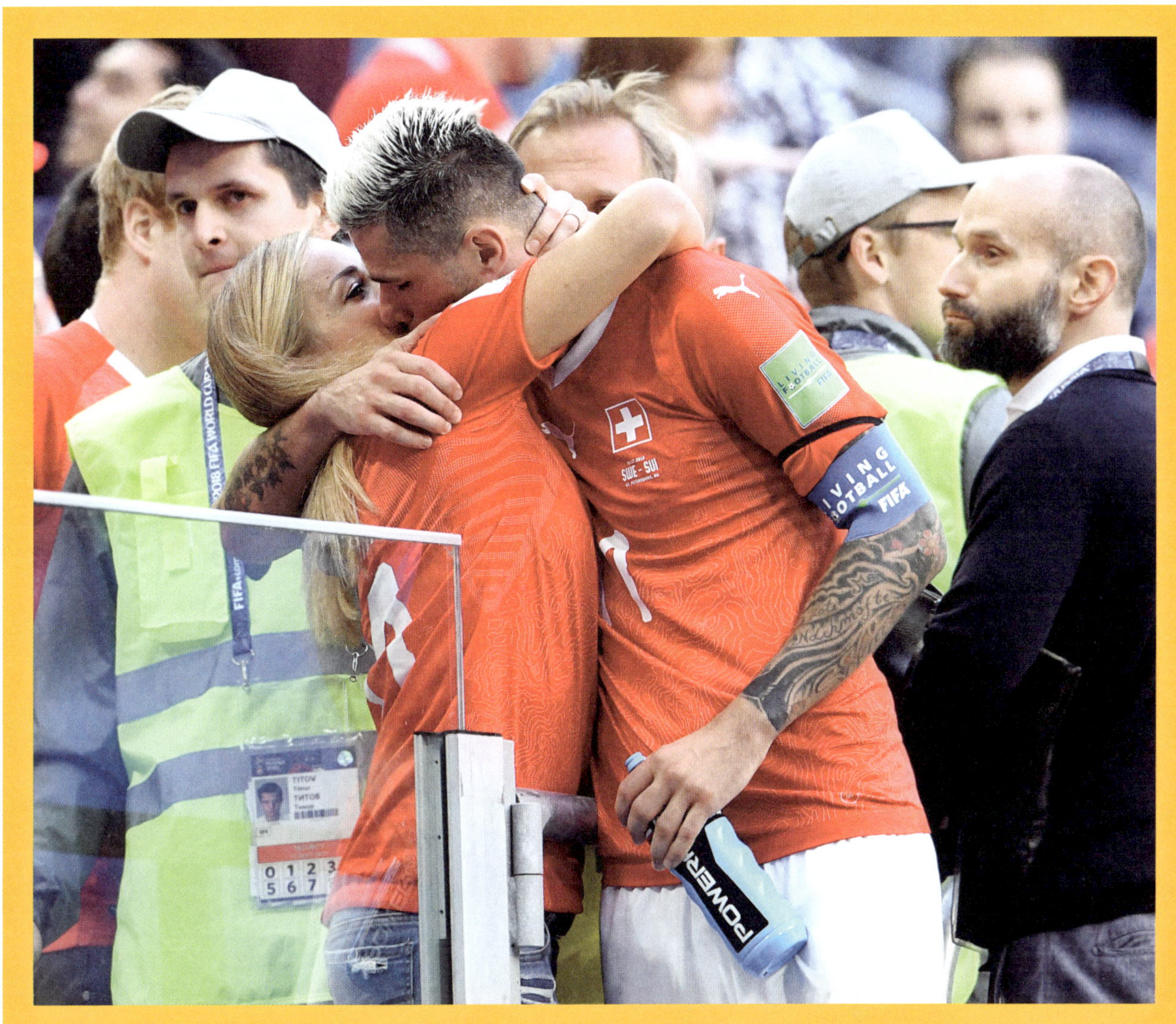

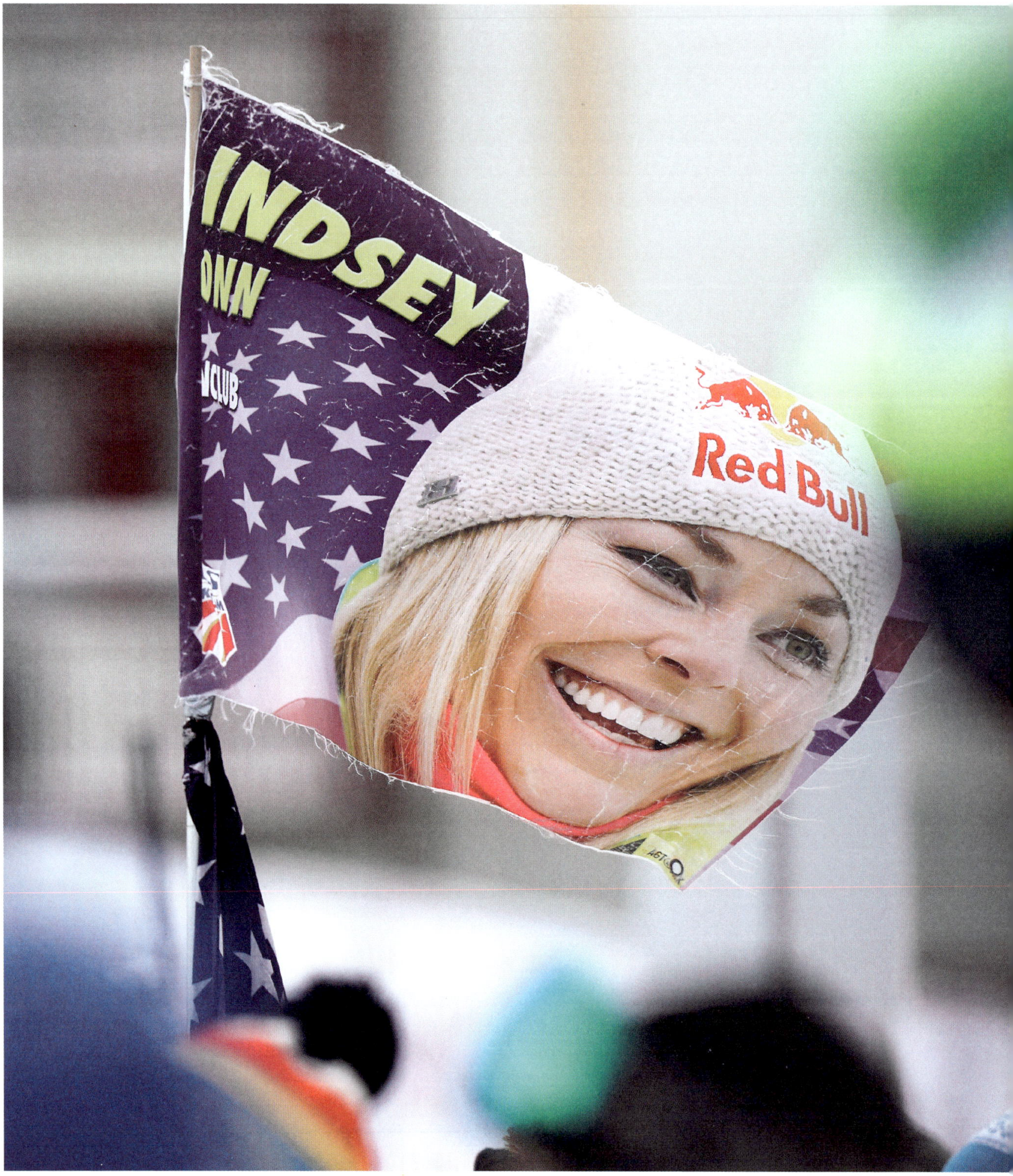
INDSEY
ONN
Red Bull

NEUSTART IM ZIELRAUM

Nicht jeder tut sich leicht damit, wenn seine Identität als Spitzensportler in Rente geht.

Er hat sie immer noch, diese Momente. Aber dann schnappt er seine Jacke, spaziert zur Koppel, setzt sich hin und beobachtet einfach nur – wie die Fohlen zu den Stuten tapsen, wie geschmeidig und elegant andere Pferde an ihm vorbeitraben. Und so, sagt er, entsteht ein ganz spezielles Gefühl der Entspannung. Dann ruht er in sich und denkt: »Es gibt kein anderes Lebewesen von dieser Schönheit, es ist so ein edles Tier – allein schon, wie sich ein Pferd bewegt, das hat etwas Begeisterndes.«

Dann muss MARIO MATT, der Olympiasieger und Weltmeister im Slalom, nicht mehr daran denken, dass es auch einmal seine Bewegungen gewesen waren, die andere begeistert haben. Und dass es immer noch nicht so einfach ist, keine Skirennen mehr zu fahren, wie er sich das manchmal wünschen würde. Obwohl er in seinem neuen Leben als Pferdezüchter nicht nur erfolgreich, sondern auch glücklich ist. Aber da nützt es ihm dann gar nicht so viel, dass er im Kopf genau gewusst hat, dass es Zeit war, aufzuhören, denn nach einer gewissen Zeit, erzählt er, wird es nicht leichter, sondern man sieht nur noch das Schöne an dem, was man einmal getan hat. Da werden im Fernsehen dann die Rennen aus Kitzbühel oder vom Nachtslalom in Schladming übertragen, und automatisch kommt der Reflex: Cool war's schon. Manchmal hilft es, sich in so einem Moment einfach in Erinnerung zu rufen, was alles notwendig war dafür, um dort dabei zu sein,

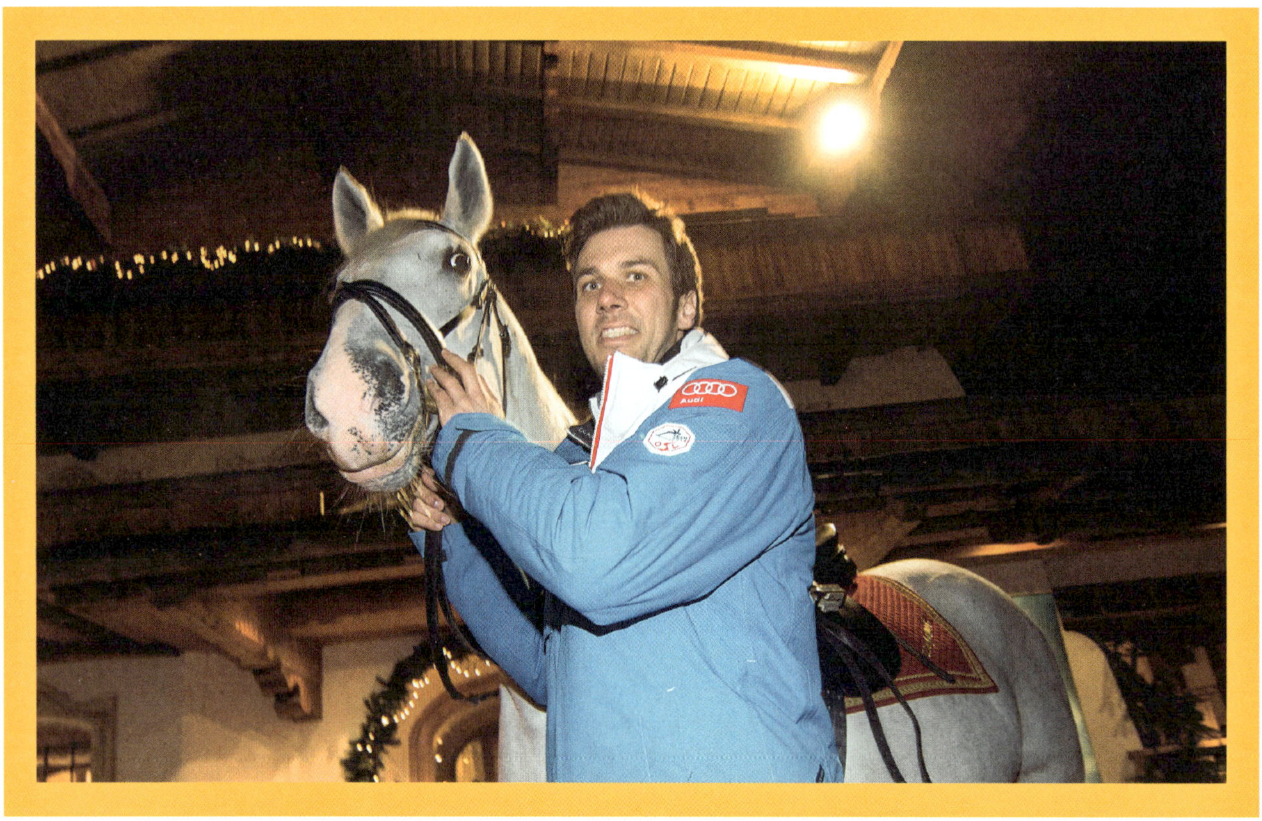

was man das ganze Jahr geben musste von sich – und dann findet man in die Realität zurück, in die Zufriedenheit und weiß, dass es die richtige Entscheidung war. Manchmal klappt das so aber nicht. Dann nimmt Mario Matt seine Jacke, spaziert los und denkt: »Wenn ich die Pferde nicht hätte, wäre das eine zähe Geschichte.«

Dabei ist der Tiroler so schön abgetreten, so stimmig – mit dem Olympiasieg in Sotschi als Abschiedsgeschenk, quasi noch mit dem zusätzlichen Mascherl, mit Marcel Hirscher den besten Slalomfahrer der Gegenwart geschlagen zu haben.

Matts Landsmann STEPHAN EBERHARTER tut sich leichter mit seinem Leben als Ski-Pensionist: »Ich bin da gesund rausgekommen, was ein großes Glück ist, denn mein Leben dauert ja hoffentlich noch einmal 50 Jahre. Es war mit 35 für mich einfach der logische, nächste Schritt. Körperlich hätte ich schon noch bis 37 fahren können, aber ich konnte mich nicht mehr in Kitzbühel oben hinstellen und mich runterhauen, als gäbe es kein Morgen. Klar hätte ich noch ein Schweinegeld verdienen können, ich war ja Abfahrts-Weltcupsieger und hätte verlangen können, was ich will. Aber ich hätte mir nie verzeihen können, wenn ich nur wegen eines Sacks voller Geld weitergefahren wäre und mich schwer verletzt hätte.«

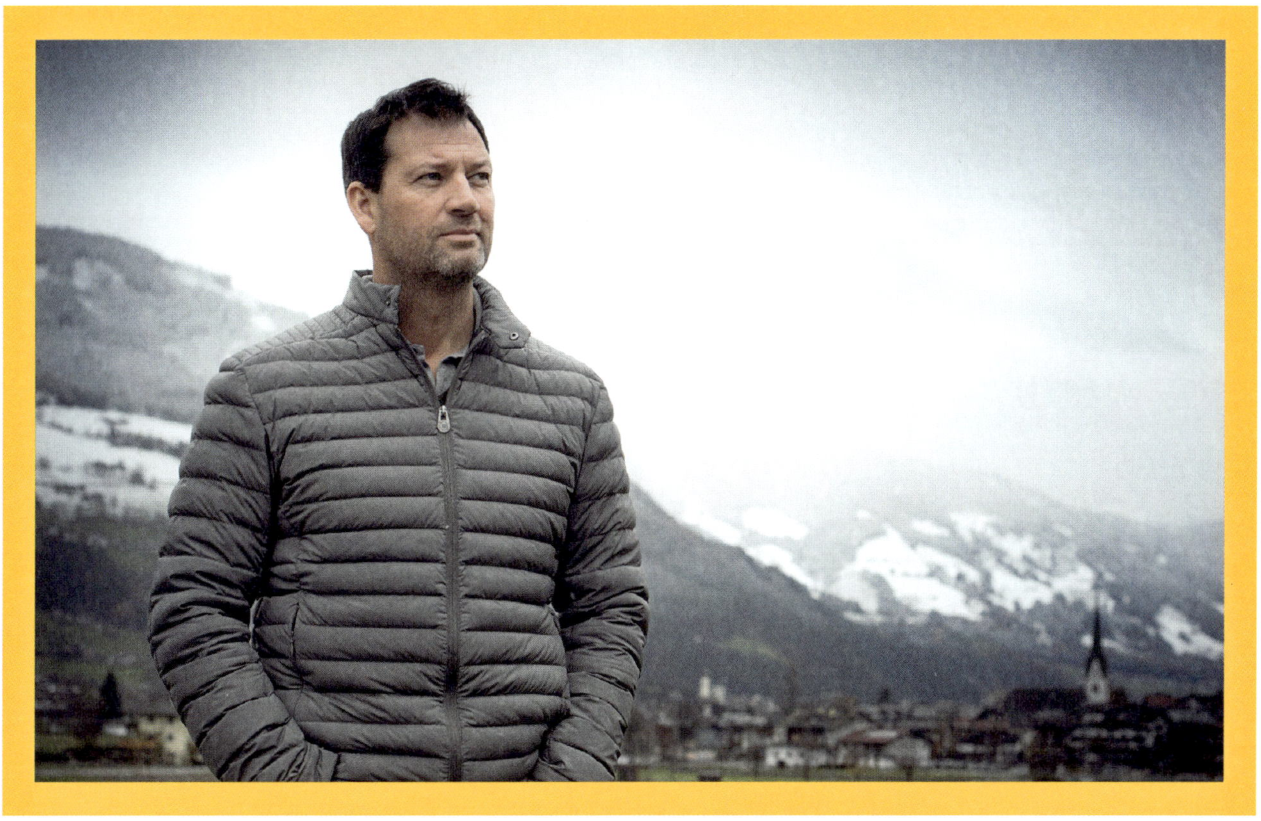

Deshalb, sagt der zweifache Gesamt-Weltcupsieger, war nicht nur das Aufhören für ihn so einfach. Sondern er hat diesen Schritt noch kein einziges Mal in Wehmut hinterfragen müssen. Auch, weil er den großen Schnitt gemacht hat und weder Angebote als Rennchef einer großen Firma noch als TV-Co-Kommentator angenommen hat. Da entdeckte er lieber das Langlaufen für sich und baute endlich sein Haus, das für ihn so viel mehr bedeutet als einfach nur Mauern, die ihm gehören: »Ich hatte als Rennläufer nie wirklich ein soziales Leben, nie Zeit mir etwas hinzustellen, in dem ich mit meiner Familie sein kann – es war für mich der schönste Moment, als ich das endlich tun konnte.«

Ganz ähnlich erging es der ehemaligen Schweizer Slalomläuferin **ERIKA HESS**, die als sechsfache Weltmeisterin schon mit 25 Jahren ihre Karriere beendete: »Ich musste ab meinem 15. Lebensjahr auf ein Privatleben verzichten, alle Bewegungen, die ich machte, wurden beobachtet, ich wurde zu einem offiziellen Objekt. Dabei war es gerade mir immer so wichtig, mich ins Private zurückziehen zu können, wo ich nicht die Skifahrerin war, sondern wo man mich als ganz normalen Menschen gesehen und behandelt hat.« Eine Art Entzug vom Skisport musste sie nach ihrem Rücktritt trotzdem machen, und zwar von ihren Gewohnheiten, die noch sehr an die Rennläuferin erinnerten. Ob bei den Kindern, im Haus, im Garten oder in ihrer Skischule – sie nahm überall

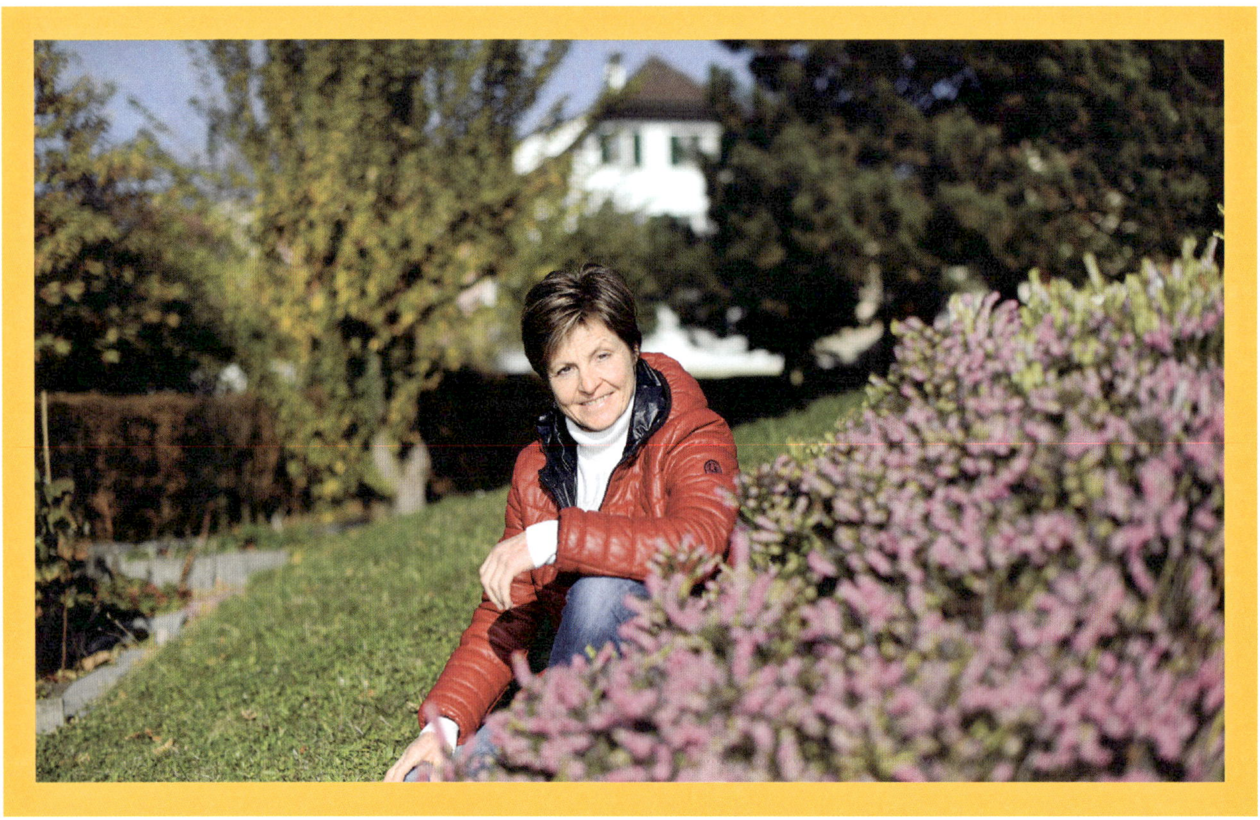

die direkte und schnellste Linie: »Ich wollte ja nicht die Beste sein dabei, aber immer und überall mein Bestes geben. Mein Mann ist aus der Westschweiz, und das ist gut so, denn er hat mich ein bisschen *laissez faire* gelehrt.» Und sonst ist sie heute nur noch froh darüber, dass sie durch den Sport nicht nur ihre eigenen Grenzen kennengelernt hat, sondern auch das, was sich dem einstigen Mädchen vom Bauernhof eröffnet hat: »Zum Beispiel in Abendrobe und hohen Schuhen zu einem Gala-Abend zu gehen. Das war damals etwas ganz Besonderes für mich.«

Auch für **KEN READ**, den Leithammel der *Crazy Canucks*, die in den 70er-Jahren auf den Weltcup-Abfahrtspisten für Furore sorgten, war nicht nur ausschlaggebend, dass nach zehn Jahren die Leidenschaft und die Bereitschaft, immer 100 Prozent zu geben, nachließen, sondern auch er hatte handfeste familiäre Gründe: »Es war psychologisch ein anstrengendes Leben für uns, denn wir waren ja den ganzen Winter sehr weit weg von unseren Familien. Es gab ja auch keine Überseerennen, ich bin erst in meinem siebenten Jahr die erste Abfahrt in Amerika gefahren. Und was damals natürlich auch noch nicht existierte, war Face-Time oder Skype.« Also mussten die Kanadier entweder heim telefonieren, was damals zehn Franken pro Minute kostete, oder ein Telegramm schicken, das dann drei Tage unterwegs war: »Ich habe noch einige dieser Telegramme, habe sie meinen Jungs gezeigt und gesagt: Seht her, das waren damals unsere E-Mails. Aber im Ernst: Wir haben uns nicht nur abgeschnitten gefühlt, sondern wir waren wirklich abgeschnitten von Freunden und Familie.«

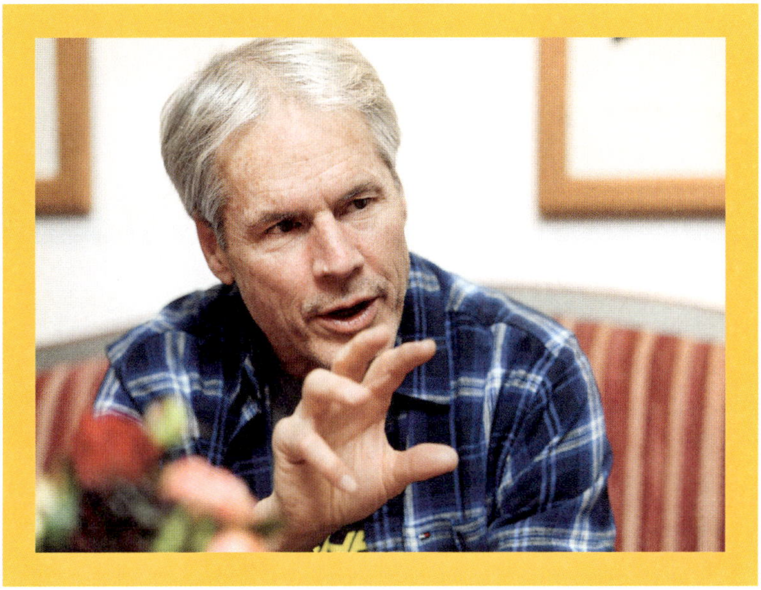

Aber die Überfahrt vom Spitzensport ins sogenannte normale Leben gelingt nicht allen gleich gut – auch nicht, wenn sie auf Skiern exzellente Gleiter waren wie **MARIE-THERES NADIG**. Sie beschreibt die Schwierigkeiten, sich ohne die gewohnten Rituale zu orientieren, sehr gut: »Wenn man Rennen fährt, weiß man im Ziel, ob man die Arschkarte hat oder der Held ist. Das ist im späteren Leben nicht mehr so. Es gibt auch keine Punkte mehr. Deshalb ist es am Anfang im Alltag schwierig einzuschätzen: Wo stehe ich überhaupt?« Eines hatte sie schon erreicht mit ihrem Rücktritt: Sie war gelöster geworden. Aber das war mehr Fluch als Segen, denn plötzlich merkte sie: »Ich fahre ja jetzt besser als vor meinem Rücktritt.« Und hätte der Schweizer Skiverband damals Ja statt Nein gesagt, wäre sie auch wieder eingestiegen ins Renngeschäft. So aber lehrte sie nicht mehr die Konkurrenz das Fürchten, sondern junge Menschen als Trainerin die Grundregeln des Skirennsports.

Eine schwere Zeit musste **PETRA KRONBERGER** durchmachen, die ja mit erst 23 Jahren mehr geflüchtet als zurückgetreten war. Sie beutelte es körperlich wie seelisch gleichermaßen durcheinander: »Es ist nicht so, dass ich zurückwollte, aber es ist mir in vielerlei Hinsicht schon etwas abgegangen, weil es so ein Schnitt von 100 auf Null war. Allein der Körper musste in Balance gebracht werden, weil die Hormone, die du mit deinen gewaltigen emotionalen Spitzen nach unten und oben ausgeschüttet hast, auf einmal nicht mehr da waren. Das dauert lange.« Aber es nagte auch vieles andere an der abgetretenen Ski-Königin, kurioserweise auch, dass niemanden mehr interessierte, was sie gerade machte. Hatte sie doch nicht zuletzt auch vor der neugierigen Meute Reißaus genommen, die jeden ihrer Schritte begleitet hatte. Aber bei ihr kam ganz sicher zum Tragen, was die Schweizer Sportwissenschaftlerin Natalie Barker-Ruchti, die an der Universität Göteborg lehrt und eine Studie über Spitzensportler nach dem Karriereende veröffentlicht hat, so formuliert: »Der Rücktritt ist für viele auch ein Abschied von der bisherigen Identität. Es ist immer ein neues Werden, wenn man nicht mehr Athlet ist.«

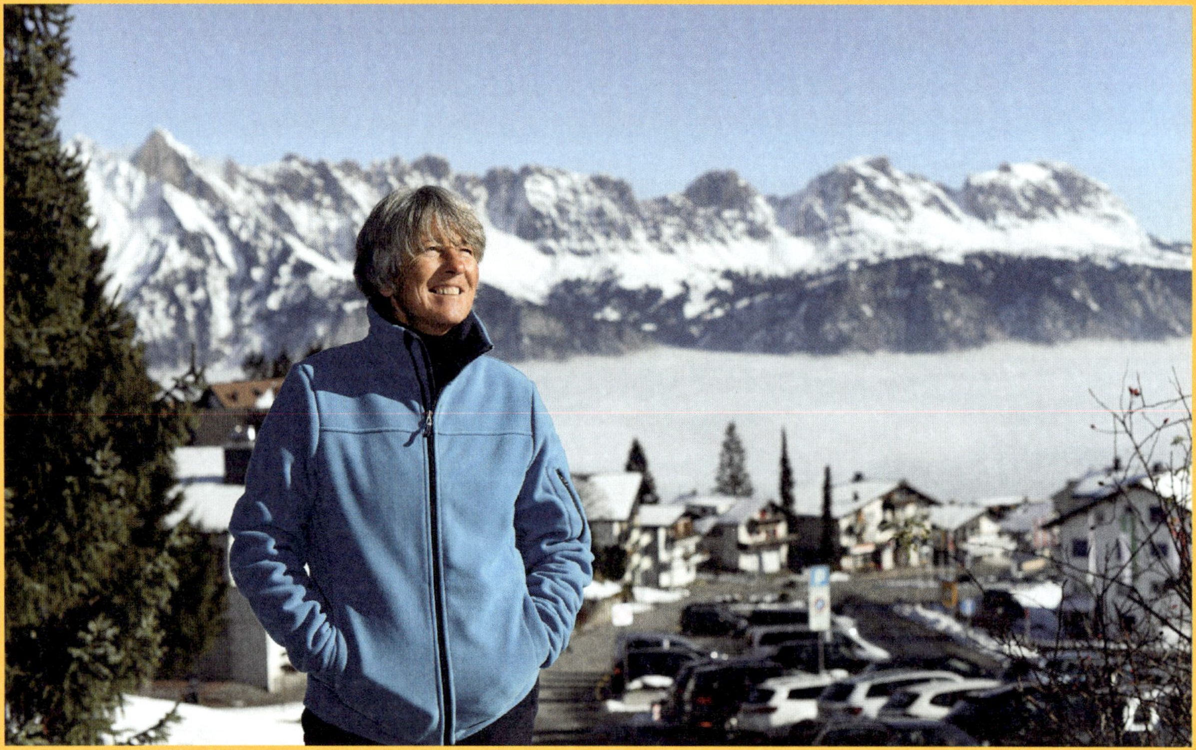

Das traf auf Petra Kronberger gewiss auch zu: »Einen neuen, einen anderen Sinn im Leben zu finden, war nicht leicht. Ich hatte ja das gemacht, was ich am besten konnte, und diese Lücke zu füllen, war ganz schwierig. Obwohl ich ja nicht meinen Schritt hinterfragt habe, sondern die Art, wie ich ihn gesetzt habe. Denn ich wollte auf keinen Fall, dass ich ein Leben lang bereue, zu früh aufgehört zu haben.« Das tat sie nicht, aber durch den neuen Alltag stolperte sie anfangs mehr, als sie gehen konnte, weil sich ganz banale Anforderungen stellten, die ihr natürlich durch ihre Jugend noch mehr Schwierigkeiten bereiteten. Wäre sie mit 30 zurückgetreten, hätte sie sich gewiss leichter damit getan, zum Beispiel einen Urlaub selbst zu buchen, oder einfach nur die Tage zu strukturieren. Aber als behüteter Jungstar, dem als Rennläuferin vieles abgenommen worden war, was für andere in ihrem Alter längst zum Alltag gehörte, hatte sie das Gefühl, Hürden überspringen zu müssen. Sie meisterte auch das, aber es war gewiss nicht der einfachste Weg.

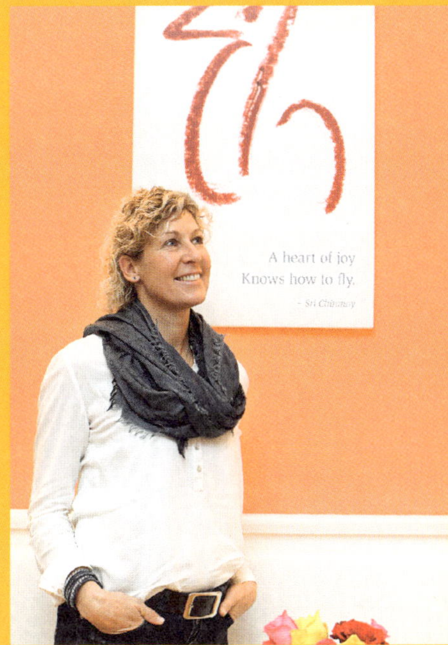

Eine, die erst vor kurzem zurückgetreten ist, hat diesen Weg noch vor sich, wenn man allein den ersten Satz ihrer Erklärung hört: »Meinen Rücktritt zu verkünden, war die schwierigste Realität, der ich je ins Auge schauen musste.« Auf **LINDSEY VONN**, den 34-jährigen Superstar des Damen-Skisports, trifft das mit dem Abschied von der bisherigen Identität wohl am meisten zu. Denn man muss gar nicht mehr viel interpretieren, wenn jemand sagt: »So lange ich denken kann, habe ich nie eine Zukunft ohne Skifahren gesehen. Jede Entscheidung, jedes Ziel, jede Bewegung, die ich in meinem ganzen Leben gemacht habe, hat immer darauf abgezielt, die beste Skifahrerin zu werden, die ich sein kann. Meine ganze Karriere lang habe ich immer nach mehr gestrebt und gesucht. Mehr Siege, mehr Geschwindigkeit, mehr Adrenalin, mehr Rennen. Aber was bin ich ohne Skifahren? Wer bin ich?« Sie muss sich erst selbst daran erinnern, welchen Preis sie bezahlt hat, um die erfolgreichste Skifahrerin der Welt zu werden: Knie-Operationen, mehrfache Meniskusschäden, mehrfache Schienbeinbrüche, Knöchelbruch, Oberarmbruch und Fingerbrüche. Dann erst kann sie sagen: »Ich muss akzeptieren, dass es jetzt ohne Skifahren gehen muss, weil an diesem Punkt meine Gesundheit und meine Familie Vorrang haben müssen.

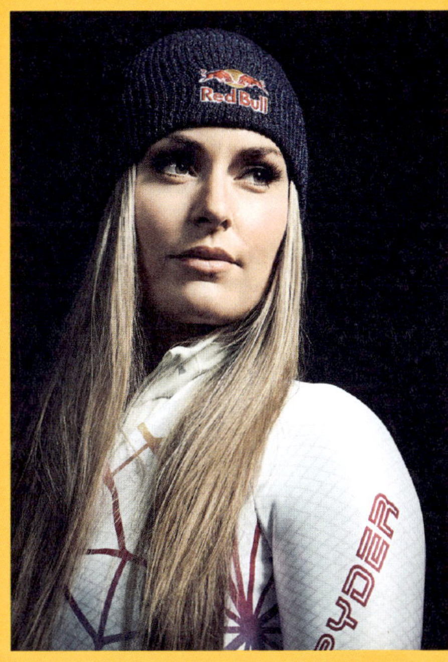

Ich möchte ja noch in der Lage sein, ohne Schmerzen gehen zu können, oder eines Tages hoffentlich meinen eigenen Kindern das Skifahren beizubringen.« In den sozialen Medien brachte es Lindsey Vonn aber dann viel weniger zurückhaltend auf den Punkt: »Mein Körper schreit mich an, aufzuhören – und es ist an der Zeit, ihm zuzuhören.« Für die *Neue Zürcher Zeitung* hat sie sich zu lange taub gestellt: »Vonn war zur Gefangenen ihrer Mission geworden.«

Diese Mission war gewesen, die 86 Weltcup-Einzelsiege von Ingemar Stenmark zu übertrumpfen. Denn »nur« beste Dame der Welt zu sein, konnte jemandem nicht reichen, der einst – erfolglos – bei der FIS beantragt hatte, bei den Herren mitfahren zu dürfen. Fünf Siege fehlten ihr letztlich, um diese bis heute bestehende Weltbestmarke des Schweden zu überbieten. Aber es stellt sich die Frage, ob jemand mit dem Strickmuster von Lindsey Vonn dann aufgehört hätte. Denn so laut hätte ihr Körper vermutlich gar nicht schreien können, um die Stimmen zu übertönen, die der zehn Jahre jüngeren Mikaela Shiffrin noch eine ganz andere Bestmarke zutrauen.

Da ist es schon etwas ganz anderes, wenn man so gemütlich und fast schon witzig aufhören kann wie die einst beste Slalomfahrerin der Welt, **VRENI SCHNEIDER**. Die setzte sich bei ihr daheim in Elm im Kanton Glarus, der Wiege des Schweizer Skisports,

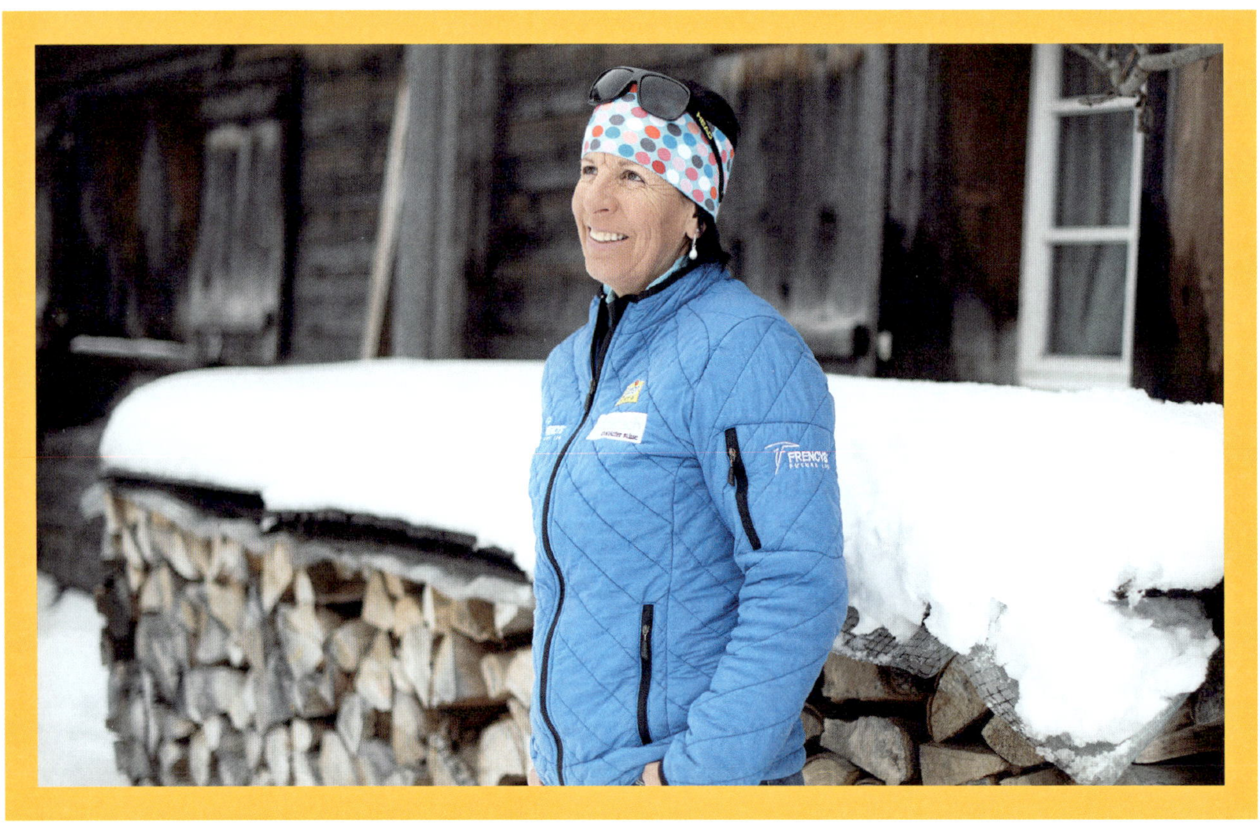

nach ihrem Olympiasieg in Lillehammer 1994 in eine Wiese und ließ das Schicksal entscheiden: »Ich dachte, mit der Nummer 7 habe ich so viele Rennen gewonnen. Ich setze mich da jetzt hin, und wenn in sieben Minuten die Sonne nicht von einer Wolke verdeckt ist, mache ich weiter. Da zogen Wolken auf und ich dachte: Schneiderlein, das wird knapp. Aber nach sieben Minuten hat mich die Sonne angelacht und ich habe noch eine Saison drangehängt.« Es war die, in der sie zum dritten Mal den Gesamtweltcup gewann. Sie setzte sich danach wohl wieder in die Wiese, aber wie das Sonnenspiel ausgegangen ist, verrät sie nicht. Ihre Entscheidung, aufzuhören, war schon vorher gefallen – und zwar ohne eine Wolke im Herzen.

Für wieder andere schließlich verläuft der Abschied wie ein Traum. Allerdings wie ein Alptraum. Zwei große Athleten von einst erzählten, dass sie manchmal immer noch davon träumen, zu spät zum Start zu kommen – oder zwar rechtzeitig, aber ohne Skischuhe. Und das obwohl sie seit Jahrzehnten raus sind aus dem Skizirkus. Es handelt sich um die Herren **PETER MÜLLER** und **FRANZ HEINZER**, den Zweiten und den Vierten der ewigen Abfahrts-Bestenliste. Und dazu Zeit ihres Lebens so etwas wie ziemlich beste Feinde. Wenn die beiden erfahren, dass sie dasselbe träumen, beißen sie sich sicher in den Hintern. Oder einander.

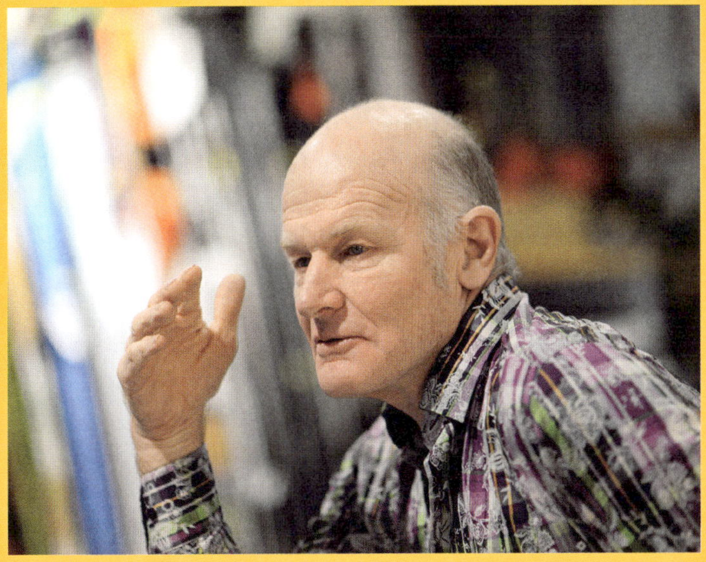

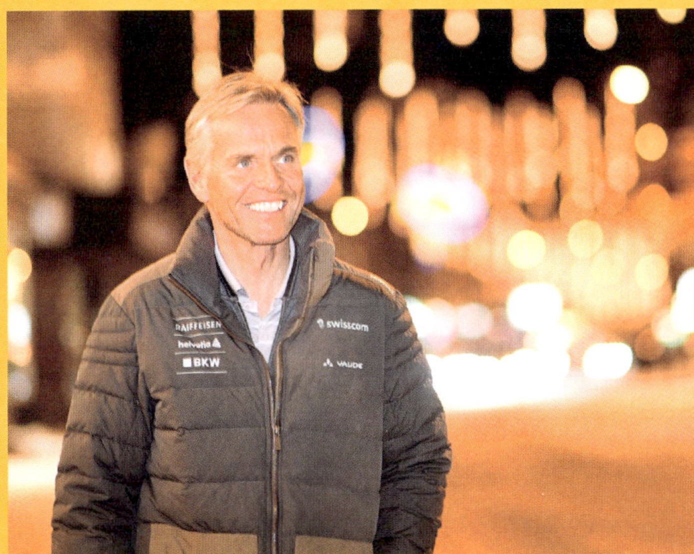

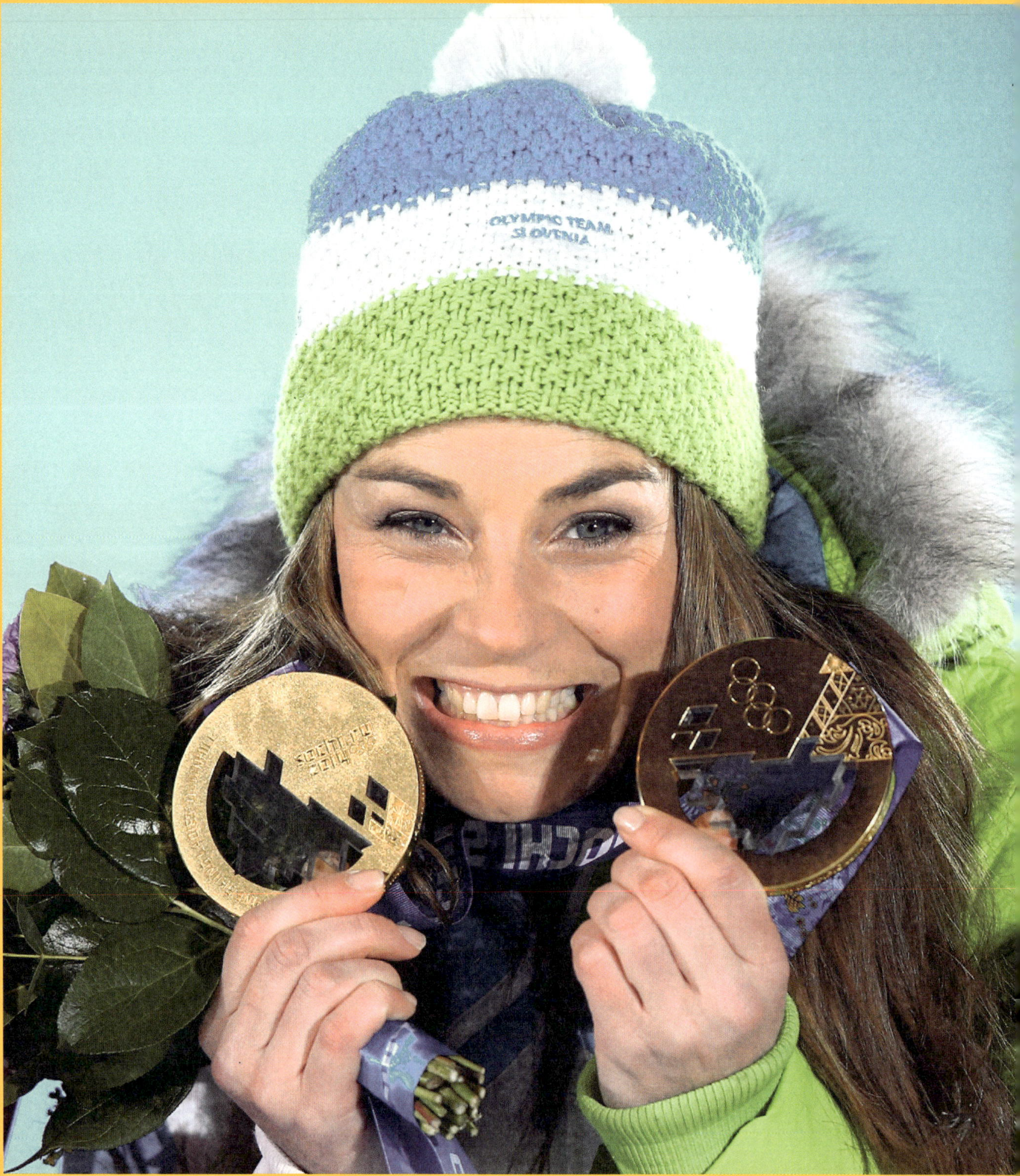

TINA MAZE

ANHANG

Der ausführliche Ski-Datenteil
mit sämtlichen Olympia-, WM- und
Weltcupsiegern.

OLYMPISCHE WINTERSPIELE 1936–2018

PYEONGCHANG 2018

DAMEN

ABFAHRT
- Sofia **GOGGIA** (I)
- Ragnhild **MOWINCKEL** (NOR)
- Lindsey **VONN** (USA)

SLALOM
- Frida **HANSDOTTER** (SVE)
- Wendy **HOLDENER** (CH)
- Katharina **GALLHUBER** (Ö)

RIESENTORLAUF
- Mikaela **SHIFFRIN** (USA)
- Ragnhild **MOWINCKEL** (NOR)
- Federica **BRIGNONE** (I)

SUPER-G
- Ester **LEDECKÁ** (CZE)
- Anna **VEITH** (Ö)
- Tina **WEIRATHER** (LIE)

KOMBINATION
- Michelle **GISIN** (CH)
- Mikaela **SHIFFRIN** (USA)
- Wendy **HOLDENER** (CH)

HERREN

ABFAHRT
- Aksel Lund **SVINDAL** (NOR)
- Kjetil **JANSRUD** (NOR)
- Beat **FEUZ** (CH)

SLALOM
- André **MYHRER** (SVE)
- Ramon **ZENHÄUSERN** (CH)
- Michael **MATT** (Ö)

RIESENTORLAUF
- Marcel **HIRSCHER** (Ö)
- Henrik **KRISTOFFERSEN** (NOR)
- Alexis **PINTURAULT** (F)

SUPER-G
- Matthias **MAYER** (Ö)
- Beat **FEUZ** (CH)
- Kjetil **JANSRUD** (NOR)

KOMBINATION
- Marcel **HIRSCHER** (Ö)
- Alexis **PINTURAULT** (F)
- Victor **MUFFAT-JEANDET** (F)

SOTSCHI 2014

DAMEN

ABFAHRT
- Tina **MAZE** (SLO)
- Dominique **GISIN** (CH)
- Lara **GUT-BEHRAMI** (CH)

SLALOM
- Mikaela **SHIFFRIN** (USA)
- Marlies **SCHILD** (Ö)
- Kathrin **ZETTEL** (Ö)

RIESENTORLAUF
- Tina **MAZE** (SLO)
- Anna **VEITH** (Ö)
- Viktoria **REBENSBURG** (D)

SUPER-G
- Anna **VEITH** (Ö)
- Maria **HÖFL-RIESCH** (D)
- Nicole **HOSP** (Ö)

KOMBINATION
- Maria **HÖFL-RIESCH** (D)
- Nicole **HOSP** (Ö)
- Julia **MANCUSO** (USA)

HERREN

ABFAHRT
- Matthias **MAYER** (Ö)
- Christof **INNERHOFER** (I)
- Kjetil **JANSRUD** (NOR)

SLALOM
- Mario **MATT** (Ö)
- Marcel **HIRSCHER** (Ö)
- Henrik **KRISTOFFERSEN** (NOR)

RIESENTORLAUF
- Ted **LIGETY** (USA)
- Steve **MISSILLIER** (F)
- Alexis **PINTURAULT** (F)

SUPER-G
- Kjetil **JANSRUD** (NOR)
- Andrew **WEIBRECHT** (USA)
- Bode **MILLER** (USA)
- Jan **HUDEC** (CAN)

KOMBINATION
- Sandro **VILETTA** (CH)
- Ivica **KOSTELIĆ** (CRO)
- Christof **INNERHOFER** (I)

VANCOUVER 2010

DAMEN

ABFAHRT
- Lindsey **VONN** (USA)
- Julia **MANCUSO** (USA)
- Elisabeth **GÖRGL** (Ö)

SLALOM
- Maria **HÖFL-RIESCH** (D)
- Marlies **SCHILD** (Ö)
- Sarka **ZAHROBSKA** (CZE)

RIESENTORLAUF

- Viktoria **REBENSBURG** (D)
- Tina **MAZE** (SLO)
- Elisabeth **GÖRGL** (Ö)

SUPER-G

- Andrea **FISCHBACHER** (Ö)
- Tina **MAZE** (SLO)
- Lindsey **VONN** (USA)

KOMBINATION

- Maria **HÖFL-RIESCH** (D)
- Julia **MANCUSO** (USA)
- Anja **PAERSON** (SVE)

HERREN

ABFAHRT

- Didier **DÉFAGO** (CH)
- Aksel Lund **SVINDAL** (NOR)
- Bode **MILLER** (USA)

SLALOM

- Giuliano **RAZZOLI** (I)
- Ivica **KOSTELIĆ** (CRO)
- André **MYHRER** (SVE)

RIESENTORLAUF

- Carlo **JANKA** (CH)
- Kjetil **JANSRUD** (NOR)
- Aksel Lund **SVINDAL** (NOR)

SUPER-G

- Aksel Lund **SVINDAL** (NOR)
- Bode **MILLER** (USA)
- Andrew **WEIBRECHT** (USA)

KOMBINATION

- Bode **MILLER** (USA)
- Ivica **KOSTELIĆ** (CRO)
- Silvan **ZURBRIGGEN** (CH)

TURIN 2006

DAMEN

ABFAHRT

- Michaela **DORFMEISTER** (Ö)
- Martina **SCHILD** (CH)
- Anja **PAERSON** (SVE)

SLALOM

- Anja **PAERSON** (SVE)
- Nicole **HOSP** (Ö)
- Marlies **SCHILD** (Ö)

RIESENTORLAUF

- Julia **MANCUSO** (USA)
- Tanja **POUTIAINEN** (FIN)
- Anna **OTTOSSON** (SVE)

SUPER-G

- Michaela **DORFMEISTER** (Ö)
- Janica **KOSTELIĆ** (CRO)
- Alexandra **MEISSNITZER** (Ö)

KOMBINATION

- Janica **KOSTELIĆ** (CRO)
- Marlies **SCHILD** (Ö)
- Anja **PAERSON** (SVE)

HERREN

ABFAHRT

- Antoine **DÉNÉRIAZ** (F)
- Michael **WALCHHOFER** (Ö)
- Bruno **KERNEN** (CH)

SLALOM

- Benjamin **RAICH** (Ö)
- Reinfried **HERBST** (Ö)
- Rainer **SCHÖNFELDER** (Ö)

RIESENTORLAUF

- Benjamin **RAICH** (Ö)
- Joël **CHENAL** (F)
- Hermann **MAIER** (Ö)

SUPER-G

- Kjetil André **AAMODT** (NOR)
- Hermann **MAIER** (Ö)
- Ambrosi **HOFFMANN** (CH)

KOMBINATION

- Ted **LIGETY** (USA)
- Ivica **KOSTELIĆ** (CRO)
- Rainer **SCHÖNFELDER** (Ö)

SALT LAKE CITY 2002

DAMEN

ABFAHRT

- Carole **MONTILLET-CARLES** (F)
- Isolde **KOSTNER** (I)
- Renate **GÖTSCHL** (Ö)

SLALOM

- Janica **KOSTELIĆ** (CRO)
- Laure **PEQUEGNOT** (F)
- Anja **PAERSON** (SVE)

RIESENTORLAUF

- Janica **KOSTELIĆ** (CRO)
- Anja **PAERSON** (SVE)
- Sonja **NEF** (CH)

SUPER-G

- Daniela **CECCARELLI** (I)
- Janica **KOSTELIĆ** (CRO)
- Karen **PUTZER** (I)

KOMBINATION

- Janica **KOSTELIĆ** (CRO)
- Renate **GÖTSCHL** (Ö)
- Martina **ERTL** (D)

HERREN

ABFAHRT

- Fritz **STROBL** (Ö)
- Lasse **KJUS** (NOR)
- Stephan **EBERHARTER** (Ö)

SLALOM

- Jean-Pierre **VIDAL** (F)
- Sébastien **AMIEZ** (F)
- Benjamin **RAICH** (Ö)

RIESENTORLAUF

- Stephan **EBERHARTER** (Ö)
- Bode **MILLER** (USA)
- Lasse **KJUS** (NOR)

SUPER-G

- Kjetil André **AAMODT** (NOR)
- Stephan **EBERHARTER** (Ö)
- Andreas **SCHIFFERER** (Ö)

KOMBINATION

- Kjetil André **AAMODT** (NOR)
- Bode **MILLER** (USA)
- Benjamin **RAICH** (Ö)

NAGANO 1998

DAMEN

ABFAHRT

- Katja **SEIZINGER** (D)
- Pernilla **WIBERG** (SVE)
- Florence **MASNADA** (F)

SLALOM

- Hilde **GERG** (D)
- Deborah **COMPAGNONI** (I)
- Zali **STEGGALL** (AUS)

RIESENTORLAUF

- Deborah **COMPAGNONI** (I)
- Alexandra **MEISSNITZER** (Ö)
- Katja **SEIZINGER** (D)

SUPER-G

- Picabo **STREET** (USA)
- Michaela **DORFMEISTER** (Ö)
- Alexandra **MEISSNITZER** (Ö)

KOMBINATION

- Katja **SEIZINGER** (D)
- Martina **ERTL** (D)
- Hilde **GERG** (D)

HERREN

ABFAHRT

- Jean-Luc **CRÉTIER** (F)
- Lasse **KJUS** (NOR)
- Hannes **TRINKL** (Ö)

SLALOM

- Hans-Petter **BURAAS** (NOR)
- Ole Christian **FURUSETH** (NOR)
- Thomas **SYKORA** (Ö)

RIESENTORLAUF

- Hermann **MAIER** (Ö)
- Stephan **EBERHARTER** (Ö)
- Michael **VON GRÜNIGEN** (CH)

SUPER-G

- Hermann **MAIER** (Ö)
- Didier **CUCHE** (CH)
  Hans **KNAUSS** (Ö)

KOMBINATION

- Mario **REITER** (Ö)
- Lasse **KJUS** (NOR)
- Christian **MAYER** (Ö)

LILLEHAMMER 1994

DAMEN

ABFAHRT

- Katja **SEIZINGER** (D)
- Picabo **STREET** (USA)
- Isolde **KOSTNER** (I)

SLALOM

- Vreni **SCHNEIDER** (CH)
- Elfi **EDER** (Ö)
- Katja **KOREN** (SLO)

RIESENTORLAUF

- Deborah **COMPAGNONI** (I)
- Martina **ERTL** (D)
- Vreni **SCHNEIDER** (CH)

SUPER-G

- Diann **ROFFE-STEINROTTER** (USA)
- Svetlana **GLADISCHIWA** (RUS)
- Isolde **KOSTNER** (I)

KOMBINATION

- Pernilla **WIBERG** (SVE)
- Vreni **SCHNEIDER** (CH)
- Alenka **DOVZAN** (SLO)

HERREN

ABFAHRT

- Tommy **MOE** (USA)
- Kjetil André **AAMODT** (NOR)
- Ed **PODIVINSKY** (CAN)

SLALOM

- Thomas **STANGASSINGER** (Ö)
- Alberto **TOMBA** (I)
- Jure **KOŠIR** (SLO)

RIESENTORLAUF

- Markus **WASMEIER** (D)
- Urs **KÄLIN** (CH)
- Christian **MAYER** (Ö)

SUPER-G

- Markus **WASMEIER** (D)
- Tommy **MOE** (USA)
- Kjetil André **AAMODT** (NOR)

KOMBINATION

- Lasse **KJUS** (NOR)
- Kjetil André **AAMODT** (NOR)
- Harald Christian **STRAND NILSEN** (NOR)

ALBERTVILLE 1992

DAMEN

ABFAHRT

- Kerrin **LEE-GARTNER** (CAN)
- Hilary **LINDH** (USA)
- Veronika **WALLINGER** (Ö)

SLALOM

- Petra **KRONBERGER** (Ö)
- Annelise **COBERGER** (NZL)
- Blanca **FERNÁNDEZ-OCHOA** (SPA)

RIESENTORLAUF

- Pernilla **WIBERG** (SVE)
- Anita **WACHTER** (Ö)
  Diann **ROFFE-STEINROTTER** (USA)

SUPER-G

- Deborah **COMPAGNONI** (I)
- Carole **MERLE** (F)
- Katja **SEIZINGER** (D)

KOMBINATION

- Petra **KRONBERGER** (Ö)
- Anita **WACHTER** (Ö)
- Florence **MASNADA** (F)

HERREN

ABFAHRT

- Patrick **ORTLIEB** (Ö)
- Franck **PICCARD** (F)
- Günther **MADER** (Ö)

SLALOM

- Finn Christian **JAGGE** (NOR)
- Alberto **TOMBA** (I)
- Michael **TRITSCHER** (Ö)

RIESENTORLAUF

- Alberto **TOMBA** (I)
- Marc **GIRARDELLI** (LUX)
- Kjetil André **AAMODT** (NOR)

SUPER-G

- Kjetil André **AAMODT** (NOR)
- Marc **GIRARDELLI** (LUX)
- Jan Einar **THORSEN** (NOR)

KOMBINATION

- Josef **POLIG** (I)
- Gianfranco **MARTIN** (I)
- Steve **LOCHER** (CH)

CALGARY 1988

DAMEN

ABFAHRT

- Marina **KIEHL** (D)
- Brigitte **OERTLI** (CH)
- Karen **PERCY** (CAN)

SLALOM

- Vreni **SCHNEIDER** (CH)
- Mateja **SVET** (SLO)
- Christa **KINSHOFER** (D)

RIESENTORLAUF

- Vreni **SCHNEIDER** (CH)
- Christa **KINSHOFER** (D)
- Maria **WALLISER** (CH)

SUPER-G

- Sigrid **WOLF** (Ö)
- Michela **FIGINI** (CH)
- Karen **PERCY** (CAN)

KOMBINATION

- Anita **WACHTER** (Ö)
- Brigitte **OERTLI** (CH)
- Maria **WALLISER** (CH)

HERREN

ABFAHRT

- Pirmin **ZURBRIGGEN** (CH)
- Peter **MÜLLER** (CH)
- Franck **PICCARD** (F)

SLALOM

- Alberto **TOMBA** (I)
- Frank **WÖRNDL** (D)
- Paul **FROMMELT** (LIE)

RIESENTORLAUF

- Alberto **TOMBA** (I)
- Hubert **STROLZ** (Ö)
- Pirmin **ZURBRIGGEN** (CH)

SUPER-G

- Franck **PICCARD** (F)
- Helmut **MAYER** (Ö)
- Lars-Börje **ERIKSSON** (SVE)

KOMBINATION

- Hubert **STROLZ** (Ö)
- Bernhard **GSTREIN** (Ö)
- Paul **ACCOLA** (CH)

SARAJEVO 1984

DAMEN

ABFAHRT

- Michela **FIGINI** (CH)
- Maria **WALLISER** (CH)
- Olga **CHARVATOVA** (CZE)

SLALOM

- Paoletta **MAGONI-SFORZA** (I)
- Perrine **PELEN** (F)
- Ursula **KONZETT** (LIE)

RIESENTORLAUF

- Debbie **ARMSTRONG** (USA)
- Christin **COOPER** (USA)
- Perrine **PELEN** (F)

HERREN

ABFAHRT

- Bill **JOHNSON** (USA)
- Peter **MÜLLER** (CH)
- Anton **STEINER** (Ö)

SLALOM
- Phil **MAHRE** (USA)
- Steve **MAHRE** (USA)
- Didier **BOUVET** (F)

RIESENTORLAUF
- Max **JULEN** (CH)
- Jure **FRANKO** (SLO)
- Andreas **WENZEL** (LIE)

LAKE PLACID 1980
DAMEN

ABFAHRT
- Annemarie **MOSER-PRÖLL** (Ö)
- Hanni **WENZEL** (LIE)
- Marie-Theres **NADIG** (CH)

SLALOM
- Hanni **WENZEL** (LIE)
- Christa **KINSHOFER** (D)
- Erika **HESS** (CH)

RIESENTORLAUF
- Hanni **WENZEL** (LIE)
- Irene **EPPLE** (D)
- Perrine **PELEN** (F)

HERREN

ABFAHRT
- Leonhard **STOCK** (Ö)
- Peter **WIRNSBERGER** (Ö)
- Steve **PODBORSKI** (CAN)

SLALOM
- Ingemar **STENMARK** (SVE)
- Phil **MAHRE** (USA)
- Jacques **LÜTHY** (CH)

RIESENTORLAUF
- Ingemar **STENMARK** (SVE)
- Andreas **WENZEL** (LIE)
- Hans **ENN** (Ö)

INNSBRUCK 1976
DAMEN

ABFAHRT
- Rosi **MITTERMAIER** (D)
- Brigitte **TOTSCHNIG** (Ö)
- Cindy **NELSON** (USA)

SLALOM
- Rosi **MITTERMAIER** (D)
- Claudia **GIORDANI** (I)
- Hanni **WENZEL** (LIE)

RIESENTORLAUF
- Kathy **KREINER** (CAN)
- Rosi **MITTERMAIER** (D)
- Danièle **DEBERNARD** (F)

HERREN

ABFAHRT
- Franz **KLAMMER** (Ö)
- Bernhard **RUSSI** (CH)
- Herbert **PLANK** (I)

SLALOM
- Piero **GROS** (I)
- Gustav **THÖNI** (I)
- Willi **FROMMELT** (LIE)

RIESENTORLAUF
- Heini **HEMMI** (CH)
- Ernst **GOOD** (CH)
- Ingemar **STENMARK** (SVE)

SAPPORO 1972
DAMEN

ABFAHRT
- Marie-Theres **NADIG** (CH)
- Annemarie **MOSER-PRÖLL** (Ö)
- Susan **CORROCK** (USA)

SLALOM
- Barbara Ann **COCHRAN** (USA)
- Danièle **DEBERNARD** (F)
- Florence **STEURER** (F)

RIESENTORLAUF
- Marie-Theres **NADIG** (CH)
- Annemarie **MOSER-PRÖLL** (Ö)
- Wiltrud **DREXEL** (Ö)

HERREN

ABFAHRT
- Bernhard **RUSSI** (CH)
- Roland **COLLOMBIN** (CH)
- Heinrich **MESSNER** (Ö)

SLALOM
- Francisco **FERNÁNDEZ OCHOA** (Spa)
- Gustav **THÖNI** (I)
- Roland **THÖNI** (I)

RIESENTORLAUF
- Gustav **THÖNI** (I)
- Edmund **BRUGGMANN** (CH)
- Werner **MATTLE** (CH)

GRENOBLE 1968
DAMEN

ABFAHRT
- Olga **PALL** (Ö)
- Isabelle **MIR** (F)
- Christl **HAAS** (Ö)

SLALOM
- Marielle **GOITSCHEL** (F)
- Nancy **GREENE** (CAN)
- Annie **FAMOSE** (F)

RIESENTORLAUF
- Nancy **GREENE** (CAN)
- Annie **FAMOSE** (F)
- Fernande **BOCHATAY** (CH)

HERREN

ABFAHRT

- Jean-Claude **KILLY** (F)
- Guy **PÉRILLAT** (F)
- Jean-Daniel **DÄTWYLER** (CH)

SLALOM

- Jean-Claude **KILLY** (F)
- Herbert **HUBER** (Ö)
- Alfred **MATT** (Ö)

RIESENTORLAUF

- Jean-Claude **KILLY** (F)
- Willy **FAVRE** (CH)
- Heinrich **MESSNER** (Ö)

INNSBRUCK 1964

DAMEN

ABFAHRT

- Christl **HAAS** (Ö)
- Edith **ZIMMERMANN** (Ö)
- Waltraud „Traudl“ **HECHER** (Ö)

SLALOM

- Christine **GOITSCHEL-BÉRANGER** (F)
- Marielle **GOITSCHEL** (F)
- Jean **SAUBERT** (USA)

RIESENTORLAUF

- Marielle **GOITSCHEL** (F)
- Christine **GOITSCHEL-BÉRANGER** (F)
- Jean **SAUBERT** (USA)

HERREN

ABFAHRT

- Egon **ZIMMERMANN** (Ö)
- Léo **LACROIX** (F)
- Wolfgang **BARTELS** (D)

SLALOM

- Josef **STIEGLER** (Ö)
- William Winston **KIDD** (USA)
- James **HEUGA** (USA)

RIESENTORLAUF

- Francois **BONLIEU** (F)
- Karl **SCHRANZ** (Ö)
- Josef **STIEGLER** (Ö)

SQUAW VALLEY 1960

DAMEN

ABFAHRT

- Heidi **BIEBL** (D)
- Penelope **PITOU** (USA)
- Waltraud „Traudl“ **HECHER** (Ö)

SLALOM

- Anne **HEGGTVEIT** (CAN)
- Betsy **SNITE** (USA)
- Barbara-Maria **HENNEBERGER** (D)

RIESENTORLAUF

- Yvonne **RÜEGG** (CH)
- Penelope **PITOU** (USA)
- Giuliana **CHENAL-MINUZZO** (I)

HERREN

ABFAHRT

- Jean **VUARNET** (F)
- Hans-Peter **LANIG** (D)
- Guy **PÉRILLAT** (F)

SLALOM

- Ernst **HINTERSEER** (Ö)
- Mathias **LEITNER** (Ö)
- Charles **BOZON** (F)

RIESENTORLAUF

- Roger **STAUB** (CH)
- Josef **STIEGLER** (Ö)
- Ernst **HINTERSEER** (Ö)

CORTINA D'AMPEZZO 1956

DAMEN

ABFAHRT

- Madeleine **BERTHOD** (CH)
- Frieda **DÄNZER** (CH)
- Lucille **WHEELER** (CAN)

SLALOM

- Renée **COLLIARD** (CH)
- Regina **SCHÖPF** (Ö)
- Eugenia **SIDOROWA** (RUS)

RIESENTORLAUF

- Rosa „Ossi“ **REICHERT** (D)
- Josefa „Putzi“ **FRANDL** (Ö)
- Dorothea **HOCHLEITNER** (Ö)

HERREN

ABFAHRT

- Anton **SAILER** (Ö)
- Raymond **FALLEY** (CH)
- Andreas **MOLTERER** (Ö)

SLALOM

- Anton **SAILER** (Ö)
- Chiharu **IGAYA** (JAP)
- Stig **SOLLANDER** (SVE)

RIESENTORLAUF

- Anton **SAILER** (Ö)
- Andreas **MOLTERER** (Ö)
- Walter **SCHUSTER** (Ö)

OSLO 1952

DAMEN

ABFAHRT

- Trude **BEISER-JOCHUM** (Ö)
- Annemarie **BUCHNER** (D)
- Giuliana **CHENAL MINUZZO** (I)

SLALOM

- Andrea **MEAD-LAWRENCE** (USA)
- Rosa „Ossi“ **REICHERT** (D)
- Annemarie **BUCHNER** (D)

RIESENTORLAUF

- Andrea **MEAD-LAWRENCE** (USA)
- Dagmar **ROM** (Ö)
- Annemarie **BUCHNER** (D)

HERREN

ABFAHRT

- Zeno **COLO** (I)
- Othmar **SCHNEIDER** (Ö)
- Christian **PRAVDA** (Ö)

SLALOM

- Othmar **SCHNEIDER** (Ö)
- Stein **ERIKSEN** (NOR)
- Guttorm **BERGE** (NOR)

RIESENTORLAUF

- Stein **ERIKSEN** (NOR)
- Christian **PRAVDA** (Ö)
- Anton **SPIESS** (Ö)

ST. MORITZ 1948

DAMEN

ABFAHRT

- Hedwig **SCHLUNEGGER** (CH)
- Trude **BEISER-JOCHUM** (Ö)
- Therese **HAMMERER** (Ö)

SLALOM

- Gretchen **FRASER** (USA)
- Antoinette **MEYER** (CH)
- Erika **MAHRINGER** (Ö)

KOMBINATION

- Trude **BEISER-JOCHUM** (Ö)
- Gretchen **FRASER** (USA)
- Erika **MAHRINGER** (Ö)

HERREN

ABFAHRT

- Henri **OREILLER** (F)
- Franz **GABL** (Ö)
- Rolf **OLINGER** (CH)
- Karl **MOLITOR** (CH)

SLALOM

- Edi **REINALTER** (CH)
- James **COUTTET** (F)
- Henri **OREILLER** (F)

KOMBINATION

- Henri **OREILLER** (F)
- Karl **MOLITOR** (CH)
- James **COUTTET** (F)

GARMISCH-PARTENKIRCHEN 1936

DAMEN

KOMBINATION

- Christl **CRANZ** (D)
- Käthe **GRASEGGER** (D)
- Laila **SCHOU-NILSEN** (NOR)

HERREN

KOMBINATION

- Franz **PFNÜR** (D)
- Gustav **LANTSCHNER** (D)
- Émile **ALLAIS** (F)

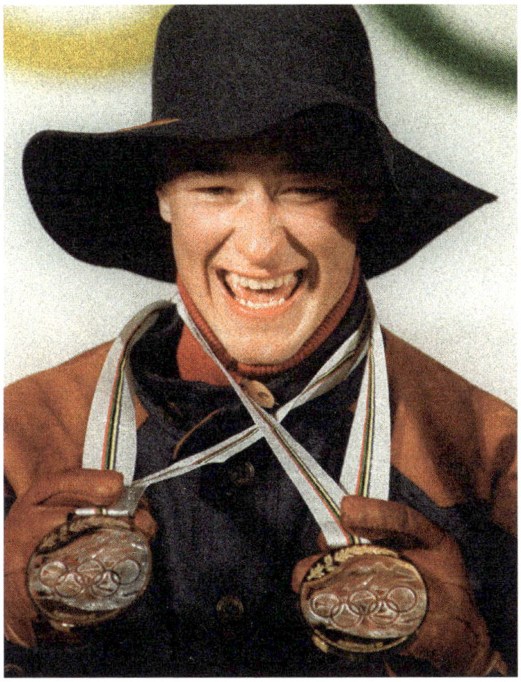

KJETIL ANDRE AAMODT

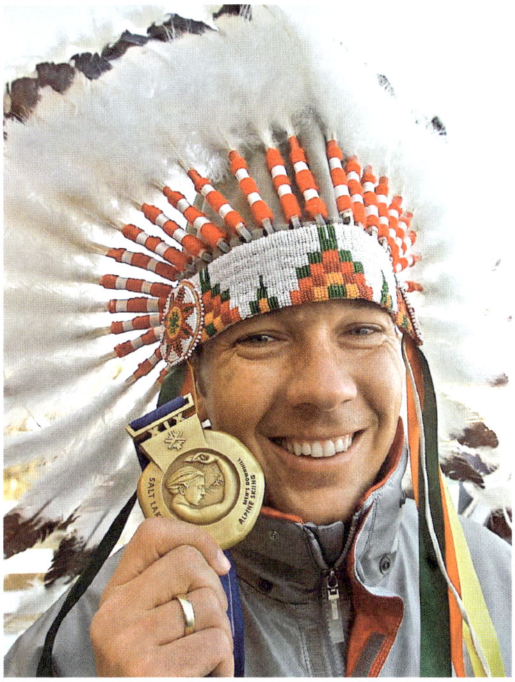

FRITZ STROBL

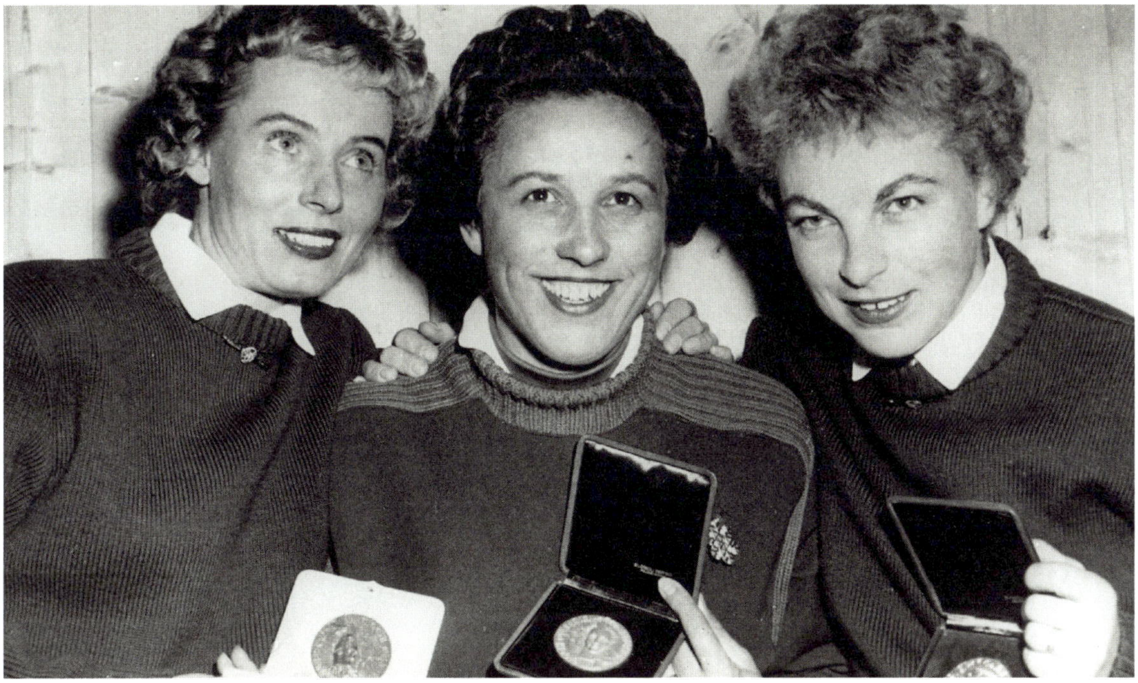

DOROTHEA HOCHLEITNER · OSSI REICHERT · JOSEFINE FRANDL

SKI-WELT-MEISTERSCHAFTEN 1931–2019

ÅRE 2019

DAMEN

ABFAHRT
- Ilka **ŠTUHEC** (SLO)
- Corinne **SUTER** (CH)
- Lindsey **VONN** (USA)

SLALOM
- Mikaela **SHIFFRIN** (USA)
- Anna **SWENN-LARSSON** (SVE)
- Petra **VLHOVÁ** (SVK)

RIESENTORLAUF
- Petra **VLHOVÁ** (SVK)
- Viktoria **REBENSBURG** (D)
- Mikaela **SHIFFRIN** (USA)

SUPER-G
- Mikaela **SHIFFRIN** (USA)
- Sofia **GOGGIA** (I)
- Corinne **SUTER** (CH)

KOMBINATION
- Wendy **HOLDENER** (CH)
- Petra **VLHOVÁ** (SVK)
- Ragnhild **MOWINCKEL** (NOR)

HERREN

ABFAHRT
- Kjetil **JANSRUD** (NOR)
- Aksel Lund **SVINDAL** (NOR)
- Vincent **KRIECHMAYR** (Ö)

SLALOM
- Marcel **HIRSCHER** (Ö)
- Michael **MATT** (Ö)
- Marco **SCHWARZ** (Ö)

RIESENTORLAUF
- Henrik **KRISTOFFERSEN** (NOR)
- Marcel **HIRSCHER** (Ö)
- Alexis **PINTURAULT** (F)

SUPER-G
- Dominik **PARIS** (I)
- Vincent **KRIECHMAYR** (Ö)
- Johan **CLAREY** (F)

KOMBINATION
- Alexis **PINTURAULT** (F)
- Štefan **HADALIN** (SLO)
- Marco **SCHWARZ** (Ö)

MANNSCHAFT
- **SCHWEIZ** (Holdener, Danioth, Ellenberger, Yule, Zenhäusern Simonet)
- **ÖSTERREICH** (Liensberger, Truppe, Gritsch, Michael Matt, Schwarz, Hirschbühl)
- **ITALIEN** (Della Mea, Bassino, Curtoni, Maurberger, Vinatzer, Tonetti)

ST. MORITZ 2017

DAMEN

ABFAHRT
- Ilka **ŠTUHEC** (SLO)
- Stephanie **VENIER** (Ö)
- Lindsey **VONN** (USA)

SLALOM
- Mikaela **SHIFFRIN** (USA)
- Wendy **HOLDENER** (CH)
- Frida **HANSDOTTER** (SVE)

RIESENTORLAUF
- Tessa **WORLEY** (F)
- Mikaela **SHIFFRIN** (USA)
- Sofia **GOGGIA** (I)

SUPER-G
- Nicole **SCHMIDHOFER** (Ö)
- Tina **WEIRATHER** (LIE)
- Lara **GUT-BEHRAMI** (CH)

KOMBINATION
- Wendy **HOLDENER** (CH)
- Michelle **GISIN** (CH)
- Michaela **KIRCHGASSER** (Ö)

HERREN

ABFAHRT
- Beat **FEUZ** (CH)
- Erik **GUAY** (CAN)
- Max **FRANZ** (Ö)

SLALOM
- Marcel **HIRSCHER** (Ö)
- Manuel **FELLER** (Ö)
- Felix **NEUREUTHER** (D)

RIESENTORLAUF
- Marcel **HIRSCHER** (Ö)
- Roland **LEITINGER** (Ö)
- Leif Kristian **HAUGEN** (NOR)

SUPER-G
- Eric **GUAY** (CAN)
- Kjetil **JANSRUD** (NOR)
- Manuel **OSBORNE-PARADIS** (CAN)

KOMBINATION
- Luca **AERNI** (CH)
- Marcel **HIRSCHER** (Ö)
- Mauro **CAVIEZEL** (CH)

MANNSCHAFT
- **FRANKREICH** (Baud-Mugnier, Worley, Noens, Faivre, Pinturault, Lizeroux)
- **SLOWAKEI** (Vezel-Zuzulova, Vlhová, Jančová, Falat, Andreas Zampa, Adam Zampa)
- **SCHWEDEN** (Hansdotter, Pietilä Holmner, Wikström, Hargin, Myhrer, Lundbäck)

VAIL/BEAVER CREEK 2015
DAMEN

ABFAHRT
- Tina **MAZE** (SLO)
- Anna **VEITH** (Ö)
- Lara **GUT-BEHRAMI** (CH)

SLALOM
- Mikaela **SHIFFRIN** (USA)
- Frida **HANSDOTTER** (SVE)
- Šárka **STRACHOVA** (CZE)

RIESENTORLAUF
- Anna **VEITH** (Ö)
- Viktoria **REBENSBURG** (D)
- Jessica **LINDELL-VIKARBY** (SVE)

SUPER-G
- Anna **VEITH** (Ö)
- Tina **MAZE** (SLO)
- Lindsey **VONN** (USA)

KOMBINATION
- Tina **MAZE** (SLO)
- Nicole **HOSP** (Ö)
- Michaela **KIRCHGASSER** (Ö)

HERREN

ABFAHRT
- Patrick **KÜNG** (CH)
- Travis **GANONG** (USA)
- Beat **FEUZ** (CH)

SLALOM
- Jean-Baptiste **GRANGE** (F)
- Fritz **DOPFER** (D)
- Felix **NEUREUTHER** (D)

RIESENTORLAUF
- Ted **LIGETY** (USA)
- Marcel **HIRSCHER** (Ö)
- Alexis **PINTURAULT** (F)

SUPER-G
- Hannes **REICHELT** (Ö)
- Dustin **COOK** (CAN)
- Adrien **THEAUX** (F)

KOMBINATION
- Marcel **HIRSCHER** (Ö)
- Kjetil **JANSRUD** (NOR)
- Ted **LIGETY** (USA)

MANNSCHAFT
- **ÖSTERREICH** (Brem, Kirchgasser, Hosp, Hirscher, Nösig, Schörghofer)
- **KANADA** (Crawford, Mielzynski, Préfontaine, Brown, Philp, Read)
- **SCHWEDEN** (Pietiläe Holmner, Swenn-Larsson, Hector, Hargin, Myhrer, Larsson)

SCHLADMING 2013
DAMEN

ABFAHRT
- Marion **ROLLAND** (F)
- Nadia **FANCHINI** (I)
- Maria **HÖFL-RIESCH** (D)

SLALOM
- Mikaela **SHIFFRIN** (USA)
- Michaela **KIRCHGASSER** (Ö)
- Frida **HANSDOTTER** (SVE)

RIESENTORLAUF
- Tessa **WORLEY** (F)
- Tina **MAZE** (SLO)
- Anna **VEITH** (Ö)

SUPER-G
- Tina **MAZE** (SLO)
- Lara **GUT-BEHRAMI** (CH)
- Julia **MANCUSO** (USA)

KOMBINATION
- Maria **HÖFL-RIESCH** (D)
- Tina **MAZE** (SLO)
- Nicole **HOSP** (Ö)

HERREN

ABFAHRT
- Aksel Lund **SVINDAL** (NOR)
- Dominik **PARIS** (I)
- David **POISSON** (F)

SLALOM
- Marcel **HIRSCHER** (Ö)
- Felix **NEUREUTHER** (D)
- Mario **MATT** (Ö)

RIESENTORLAUF
- Ted **LIGETY** (USA)
- Marcel **HIRSCHER** (Ö)
- Manfred **MÖLGG** (I)

SUPER-G
- Ted **LIGETY** (USA)
- Gauthier **DE TESSIÈRES** (F)
- Aksel Lund **SVINDAL** (NOR)

KOMBINATION
- Ted **LIGETY** (USA)
- Ivica **KOSTELIĆ** (CRO)
- Romed **BAUMANN** (Ö)

MANNSCHAFT
- **ÖSTERREICH** (Hosp, Kirchgasser, Thalmann, Hirscher, Schöghofer, Mathis)
- **SCHWEDEN** (Hansdotter, Pietiläe Holmner, Eklund, Hargin, Myhrer, Byggmark)
- **DEUTSCHLAND** (Dürr, Höfl-Riesch, Hronek, Dopfer, Neureuther, Luitz)

GARMISCH-PARTENKIRCHEN 2011

DAMEN

ABFAHRT

- Elisabeth **GÖRGL** (Ö)
- Lindsey **VONN** (USA)
- Maria **HÖFL-RIESCH** (D)

SLALOM

- Marlies **SCHILD** (Ö)
- Kathrin **ZETTEL** (Ö)
- Maria **PIETILAE-HOLMNER** (SVE)

RIESENTORLAUF

- Tina **MAZE** (SLO)
- Federica **BRIGNONE** (I)
- Tessa **WORLEY** (F)

SUPER-G

- Elisabeth **GÖRGL** (Ö)
- Julia **MANCUSO** (USA)
- Maria **HÖFL-RIESCH** (D)

KOMBINATION

- Anna **VEITH** (Ö)
- Tina **MAZE** (SLO)
- Anja **PAERSON** (SVE)

HERREN

ABFAHRT

- Erik **GUAY** (CAN)
- Didier **CUCHE** (CH)
- Christof **INNERHOFER** (I)

SLALOM

- Jean-Baptiste **GRANGE** (F)
- Jens **BYGGMARK** (SVE)
- Manfred **MÖLGG** (I)

RIESENTORLAUF

- Ted **LIGETY** (USA)
- Cyprien **RICHARD** (F)
- Philipp **SCHÖRGHOFER** (Ö)

SUPER-G

- Christof **INNERHOFER** (I)
- Hannes **REICHELT** (Ö)
- Ivica **KOSTELIĆ** (CRO)

KOMBINATION

- Aksel Lund **SVINDAL** (NOR)
- Christof **INNERHOFER** (I)
- Peter **FILL** (I)

MANNSCHAFT

- **FRANKREICH** (Barioz, Marmottan, Worley, Fanara, Richard, De Tessières)
- **ÖSTERREICH** (Veith, Kirchgasser, Schild, Baumann, Raich, Schörghofer)
- **SCHWEDEN** (Paerson, Pietilä Holmner, Hector, Hans Olsson, Matts Olsson, Bäck)

VAL D'ISÈRE 2009

DAMEN

ABFAHRT

- Lindsey **VONN** (USA)
- Lara **GUT-BEHRAMI** (CH)
- Nadia **FANCHINI** (I)

SLALOM

- Maria **HÖFL-RIESCH** (D)
- Šárka **ZÁHROBSKÁ** (CZE)
- Tanja **POUTIAINEN** (FIN)

RIESENTORLAUF

- Kathrin **HÖLZL** (D)
- Tina **MAZE** (SLO)
- Tanja **POUTIAINEN** (FIN)

SUPER-G

- Lindsey **VONN** (USA)
- Marie **MARCHAND-ARVIER** (F)
- Andrea **FISCHBACHER** (Ö)

KOMBINATION

- Kathrin **ZETTEL** (Ö)
- Lara **GUT-BEHRAMI** (CH)
- Elisabeth **GÖRGL** (Ö)

HERREN

ABFAHRT

- John **KUCERA** (CAN)
- Didier **CUCHE** (CH)
- Carlo **JANKA** (CH)

SLALOM

- Manfred **PRANGER** (Ö)
- Julien **LIZEROUX** (F)
- Michael **JANYK** (CAN)

RIESENTORLAUF

- Carlo **JANKA** (CH)
- Benjamin **RAICH** (Ö)
- Ted **LIGETY** (USA)

SUPER-G

- Didier **CUCHE** (CH)
- Peter **FILL** (I)
- Aksel Lund **SVINDAL** (NOR)

KOMBINATION

- Aksel Lund **SVINDAL** (NOR)
- Julien **LIZEROUX** (F)
- Natko **ZRNČIĆ-DIM** (CRO)

ÅRE 2007

DAMEN

ABFAHRT

- Anja **PAERSON** (SVE)
- Lindsey **VONN** (USA)
- Nicole **HOSP** (Ö)

SLALOM

- Šárka **ZÁHROBSKÁ** (CZE)
- Marlies **SCHILD** (Ö)
- Anja **PAERSON** (SVE)

RIESENTORLAUF

- Nicole **HOSP** (Ö)
- Maria **PIETILAE-HOLMNER** (SVE)
- Denise **KARBON** (I)

SUPER-G

- Anja **PAERSON** (SVE)
- Lindsey **VONN** (USA)
- Renate **GÖTSCHL** (Ö)

KOMBINATION

- Anja **PAERSON** (SVE)
- Julia **MANCUSO** (USA)
- Marlies **SCHILD** (Ö)

HERREN

ABFAHRT

- Aksel Lund **SVINDAL** (NOR)
- Jan **HUDEC** (CAN)
- Patrik **JAERBYN** (SVE)

SLALOM

- Mario **MATT** (Ö)
- Manfred **MÖLGG** (I)
- Jean-Baptiste **GRANGE** (F)

RIESENTORLAUF

- Aksel Lund **SVINDAL** (NOR)
- Daniel **ALBRECHT** (CH)
- Didier **CUCHE** (CH)

SUPER-G

- Patrick **STAUDACHER** (I)
- Fritz **STROBL** (Ö)
- Bruno **KERNEN** (CH)

KOMBINATION

- Daniel **ALBRECHT** (CH)
- Benjamin **RAICH** (Ö)
- Marc **BERTHOD** (CH)

MANNSCHAFT

- **ÖSTERREICH** (Götschl, Kirchgasser, Schild, Mario Matt, Raich, Strobl)
- **SCHWEDEN** (Ottosson, Paerson, Byggmark, Järbyn, Larsson, Hans Olsson)
- **SCHWEIZ** (Gini, Styger, Suter, Albrecht, Berthod, Grand)

BORMIO/SANTA CATERINA 2005

DAMEN

ABFAHRT

- Janica **KOSTELIĆ** (CRO)
- Elena **FANCHINI** (I)
- Renate **GÖTSCHL** (Ö)

SLALOM

- Janica **KOSTELIĆ** (CRO)
- Tanja **POUTIAINEN** (FIN)
- Šárka **ZÁHROBSKÁ** (CZE)

RIESENTORLAUF

- Anja **PAERSON** (SVE)
- Tanja **POUTIAINEN** (FIN)
- Julia **MANCUSO** (USA)

SUPER-G

- Anja **PAERSON** (SVE)
- Lucia **RECCHIA** (I)
- Julia **MANCUSO** (USA)

KOMBINATION

- Janica **KOSTELIĆ** (CRO)
- Anja **PAERSON** (SVE)
- Marlies **SCHILD** (Ö)

HERREN

ABFAHRT

- Bode **MILLER** (USA)
- Daron **RAHLVES** (USA)
- Michael **WALCHHOFER** (Ö)

SLALOM

- Benjamin **RAICH** (Ö)
- Rainer **SCHÖNFELDER** (Ö)
- Giorgio **ROCCA** (I)

RIESENTORLAUF

- Hermann **MAIER** (Ö)
- Benjamin **RAICH** (Ö)
- Daron **RAHLVES** (USA)

SUPER-G

- Bode **MILLER** (USA)
- Michael **WALCHHOFER** (Ö)
- Benjamin **RAICH** (Ö)

KOMBINATION

- Benjamin **RAICH** (Ö)
- Aksel Lund **SVINDAL** (NOR)
- Giorgio **ROCCA** (I)

MANNSCHAFT

- **DEUTSCHLAND** (Bergmann-Schluderer, Martina Ertl, Gerg, Andreas Ertl, Eckert, Neureuther)
- **ÖSTERREICH** (Hosp, Götschl, Zettel, Raich, Schönfelder, Walchhofer)
- **FRANKREICH** (Jacquemond, Montillet, Pascal, Pequenot, Bourgeat, Vidal)

ST. MORITZ 2003

DAMEN

ABFAHRT

- Mélanie **TURGEON** (CAN)
- Alexandra **MEISSNITZER** (Ö)
- Corinne **REY-BELLET** (CH)

SLALOM

- Janica **KOSTELIĆ** (CRO)
- Marlies **SCHILD** (Ö)
- Nicole **HOSP** (Ö)

RIESENTORLAUF

- Anja **PAERSON** (SVE)
- Denise **KARBON** (I)
- Allison **FORSYTH** (CAN)

SUPER-G

- Michaela **DORFMEISTER** (Ö)
- Kirsten **CLARK** (USA)
- Jonna **MENDES** (USA)

KOMBINATION
- Janica **KOSTELIĆ** (CRO)
- Nicole **HOSP** (Ö)
- Marlies **OESTER** (CH)

HERREN

ABFAHRT
- Michael **WALCHHOFER** (Ö)
- Kjetil André **AAMODT** (NOR)
- Bruno **KERNEN** (CH)

SLALOM
- Ivica **KOSTELIĆ** (CRO)
- Silvan **ZURBRIGGEN** (CH)
- Giorgio **ROCCA** (I)

RIESENTORLAUF
- Bode **MILLER** (USA)
- Hans **KNAUSS** (Ö)
- Erik **SCHLOPY** (USA)

SUPER-G
- Stephan **EBERHARTER** (Ö)
- Bode **MILLER** (USA)
- Hermann **MAIER** (Ö)

KOMBINATION
- Bode **MILLER** (USA)
- Lasse **KJUS** (NOR)
- Kjetil André **AAMODT** (NOR)

ST. ANTON 2001

DAMEN

ABFAHRT
- Michaela **DORFMEISTER** (Ö)
- Renate **GÖTSCHL** (Ö)
- Selina **HEREGGER** (Ö)

SLALOM
- Sonja **NEF** (CH)
- Karen **PUTZER** (I)
- Anja **PAERSON** (SVE)

RIESENTORLAUF
- Anja **PAERSON** (SVE)
- Christel **PASCAL-SAIONI** (F)
- Hedda **BERNTSEN** (NOR)

SUPER-G
- Régine **CAVAGNOUD** (F)
- Isolde **KOSTNER** (I)
- Hilde **GERG** (D)

KOMBINATION
- Martina **ERTL** (D)
- Christine **SPONRING** (Ö)
- Karen **PUTZER** (I)

HERREN

ABFAHRT
- Hannes **TRINKL** (Ö)
- Hermann **MAIER** (Ö)
- Florian **ECKERT** (D)

SLALOM
- Mario **MATT** (Ö)
- Benjamin **RAICH** (Ö)
- Mitja **KUNC** (SLO)

RIESENTORLAUF
- Michael **VON GRÜNIGEN** (CH)
- Kjetil André **AAMODT** (NOR)
- Frédéric **COVILI** (F)

SUPER-G
- Daron **RAHLVES** (USA)
- Stephan **EBERHARTER** (Ö)
- Hermann **MAIER** (Ö)

KOMBINATION
- Kjetil André **AAMODT** (NOR)
- Mario **MATT** (Ö)
- Paul **ACCOLA** (CH)

VAIL/BEAVER CREEK 1999

DAMEN

ABFAHRT
- Renate **GÖTSCHL** (Ö)
- Michaela **DORFMEISTER** (Ö)
- Stefanie **SCHUSTER** (Ö)

SLALOM
- Zali **STEGGALL** (AUS)
- Pernilla **WIBERG** (SVE)
- Trine **BAKKE** (NOR)

RIESENTORLAUF
- Alexandra **MEISSNITZER** (Ö)
- Andrine **FLEMMEN** (NOR)
- Anita **WACHTER** (Ö)

SUPER-G
- Alexandra **MEISSNITZER** (Ö)
- Renate **GÖTSCHL** (Ö)
- Michaela **DORFMEISTER** (Ö)

KOMBINATION
- Pernilla **WIBERG** (SVE)
- Renate **GÖTSCHL** (Ö)
- Florence **MASNADA** (F)

HERREN

ABFAHRT
- Hermann **MAIER** (Ö)
- Lasse **KJUS** (NOR)
- Kjetil André **AAMODT** (NOR)

SLALOM
- Kalle **PALANDER** (FIN)
- Lasse **KJUS** (NOR)
- Christian **MAYER** (Ö)

RIESENTORLAUF
- Lasse **KJUS** (NOR)
- Marco **BÜCHEL** (LIE)
- Steve **LOCHER** (CH)

SUPER-G
- Lasse **KJUS** (NOR)
- Hermann **MAIER** (Ö)
- Hans **KNAUSS** (Ö)

KOMBINATION
- Kjetil André **AAMODT** (NOR)
- Lasse **KJUS** (NOR)
- Paul **ACCOLA** (CH)

SESTRIERE 1997
DAMEN

ABFAHRT
- Hilary **LINDH** (USA)
- Heidi **ZURBRIGGEN** (CH)
- Pernilla **WIBERG** (SVE)

SLALOM
- Deborah **COMPAGNONI** (I)
- Lara **MAGONI** (I)
- Karin **ROTEN-MEIER** (CH)

RIESENTORLAUF
- Deborah **COMPAGNONI** (I)
- Karin **ROTEN-MEIER** (CH)
- Leila **PICCARD** (F)

SUPER-G
- Isolde **KOSTNER** (I)
- Katja **SEIZINGER** (D)
- Hilde **GERG** (D)

KOMBINATION
- Renate **GÖTSCHL** (Ö)
- Katja **SEIZINGER** (D)
- Hilde **GERG** (D)

HERREN

ABFAHRT
- Bruno **KERNEN II** (CH)
- Lasse **KJUS** (NOR)
- Kristian **GHEDINA** (I)

SLALOM
- Tom **STIANSEN** (NOR)
- Sébastien **AMIEZ** (F)
- Alberto **TOMBA** (I)

RIESENTORLAUF
- Michael **VON GRÜNIGEN** (CH)
- Lasse **KJUS** (NOR)
- Andreas **SCHIFFERER** (Ö)

SUPER-G
- Atle **SKAARDAL** (NOR)
- Lasse **KJUS** (NOR)
- Günther **MADER** (Ö)

KOMBINATION
- Kjetil André **AAMODT** (NOR)
- Bruno **KERNEN II** (CH)
- Mario **REITER** (Ö)

SIERRA NEVADA 1996
DAMEN

ABFAHRT
- Picabo **STREET** (USA)
- Katja **SEIZINGER** (D)
- Hilary **LINDH** (USA)

SLALOM
- Pernilla **WIBERG** (SVE)
- Patricia **CHAUVET** (F)
- Urška **HROVAT** (SLO)

RIESENTORLAUF
- Deborah **COMPAGNONI** (I)
- Karin **ROTEN-MEIER** (CH)
- Martina **ERTL** (D)

SUPER-G
- Isolde **KOSTNER** (I)
- Heidi **ZURBRIGGEN** (CH)
- Picabo **STREET** (USA)

KOMBINATION
- Pernilla **WIBERG** (SVE)
- Anita **WACHTER** (Ö)
- Marianne **KJOERSTAD** (NOR)

HERREN

ABFAHRT
- Patrick **ORTLIEB** (Ö)
- Kristian **GHEDINA** (I)
- Luc **ALPHAND** (F)

SLALOM
- Alberto **TOMBA** (I)
- Mario **REITER** (Ö)
- Michael **VON GRÜNIGEN** (CH)

RIESENTORLAUF
- Alberto **TOMBA** (I)
- Urs **KÄLIN** (CH)
- Michael **VON GRÜNIGEN** (CH)

SUPER-G
- Atle **SKAARDAL** (NOR)
- Patrik **JAERBYN** (SVE)
- Kjetil André **AAMODT** (NOR)

KOMBINATION
- Marc **GIRARDELLI** (LUX)
- Lasse **KJUS** (NOR)
- Günther **MADER** (Ö)

MORIOKA SHIZUKUISHI 1993
DAMEN

ABFAHRT
- Kate **PACE-LINDSAY** (CAN)
- Astrid **LOEDEMEL** (NOR)
- Anja **HAAS** (Ö)

SLALOM
- Karin **BUDER** (Ö)
- Julie **PARISIEN** (USA)
- Elfi **EDER** (Ö)

RIESENTORLAUF
- Carole **MERLE** (F)
- Anita **WACHTER** (Ö)
- Martina **ERTL** (D)

SUPER-G
Katja **SEIZINGER** (D)
Sylvia **EDER** (Ö)
Astrid **LOEDEMEL** (NOR)

KOMBINATION
Miriam **VOGT** (D)
Picabo **STREET** (USA)
Anita **WACHTER** (Ö)

HERREN

ABFAHRT
Urs **LEHMANN** (CH)
Atle **SKAARDAL** (NOR)
AJ **KITT** (USA)

SLALOM
Kjetil André **AAMODT** (NOR)
Marc **GIRARDELLI** (LUX)
Thomas **STANGASSINGER** (Ö)

RIESENTORLAUF
Kjetil André **AAMODT** (NOR)
Rainer **SALZGEBER** (Ö)
Johan **WALLNER** (SVE)

SUPER-G
nicht ausgetragen

KOMBINATION
Lasse **KJUS** (NOR)
Kjetil André **AAMODT** (NOR)
Marc **GIRARDELLI** (LUX)

SAALBACH-HINTERGLEMM 1991
DAMEN

ABFAHRT
Petra **KRONBERGER** (Ö)
Nathalie **BOUVIER** (F)
Svetlana **GLADISCHIWA** (RUS)

SLALOM
Vreni **SCHNEIDER** (CH)
Nataša **BOKAL** (SLO)
Ingrid **SALVENMOSER** (Ö)

RIESENTORLAUF
Pernilla **WIBERG** (SVE)
Ulrike **MAIER** (Ö)
Gertraud **HÄCHER-GAVET** (D)

SUPER-G
Ulrike **MAIER** (Ö)
Carole **MERLE** (F)
Anita **WACHTER** (Ö)

KOMBINATION
Chantal **BOURNISSEN** (CH)
Ingrid **STÖCKL** (Ö)
Vreni **SCHNEIDER** (CH)

HERREN

ABFAHRT
Franz **HEINZER** (CH)
Peter **RUNGGALDIER** (I)
Daniel **MAHRER** (CH)

SLALOM
Marc **GIRARDELLI** (LUX)
Thomas **STANGASSINGER** (Ö)
Ole Christian **FURUSETH** (NOR)

RIESENTORLAUF
Rudi **NIERLICH** (Ö)
Urs **KÄLIN** (CH)
Johan **WALLNER** (SVE)

SUPER-G
Stephan **EBERHARTER** (Ö)
Kjetil André **AAMODT** (NOR)
Franck **PICCARD** (F)

KOMBINATION
Stephan **EBERHARTER** (Ö)
Kristian **GHEDINA** (I)
Günther **MADER** (Ö)

VAIL 1989
DAMEN

ABFAHRT
Maria **WALLISER** (CH)
Karen **PERCY** (CAN)
Karin **DEDLER** (D)

SLALOM
Mateja **SVET** (SLO)
Vreni **SCHNEIDER** (CH)
Tamara **MCKINNEY** (USA)

RIESENTORLAUF
Vreni **SCHNEIDER** (CH)
Carole **MERLE** (F)
Mateja **SVET** (SLO)

SUPER-G
Ulrike **MAIER** (Ö)
Sigrid **WOLF** (Ö)
Michaela **GERG-LEITNER** (D)

KOMBINATION
Tamara **MCKINNEY** (USA)
Vreni **SCHNEIDER** (CH)
Brigitte **ÖRTLI** (CH)

HERREN

ABFAHRT
Hansjörg **TAUSCHER** (D)
Peter **MÜLLER** (CH)
Karl **ALPIGER** (CH)

SLALOM
Rudi **NIERLICH** (Ö)
Armin **BITTNER** (D)
Marc **GIRARDELLI** (LUX)

RIESENTORLAUF
Rudi **NIERLICH** (Ö)
Helmut **MAYER** (Ö)
Pirmin **ZURBRIGGEN** (CH)

SUPER-G

- Martin **HANGL** (CH)
- Pirmin **ZURBRIGGEN** (CH)
- Tomaz **ČIZMAN** (SLO)

KOMBINATION

- Marc **GIRARDELLI** (LUX)
- Paul **ACCOLA** (CH)
- Günther **MADER** (Ö)

CRANS-MONTANA 1987

DAMEN

ABFAHRT

- Maria **WALLISER** (CH)
- Michela **FIGINI** (CH)
- Regine **MÖSENLECHNER** (D)

SLALOM

- Erika **HESS** (CH)
- Roswitha **STEINER** (Ö)
- Mateja **SVET** (SLO)

RIESENTORLAUF

- Vreni **SCHNEIDER** (CH)
- Mateja **SVET** (SLO)
- Maria **WALLISER** (CH)

SUPER-G

- Maria **WALLISER** (CH)
- Michela **FIGINI** (CH)
- Mateja **SVET** (SLO)

KOMBINATION

- Erika **HESS** (CH)
- Sylvia **EDER** (Ö)
- Tamara **MCKINNEY** (USA)

HERREN

ABFAHRT

- Peter **MÜLLER** (CH)
- Pirmin **ZURBRIGGEN** (CH)
- Karl **ALPIGER** (CH)

SLALOM

- Frank **WÖRNDL** (D)
- Günther **MADER** (Ö)
- Armin **BITTNER** (D)

RIESENTORLAUF

- Pirmin **ZURBRIGGEN** (CH)
- Marc **GIRARDELLI** (LUX)
- Alberto **TOMBA** (I)

SUPER-G

- Pirmin **ZURBRIGGEN** (CH)
- Marc **GIRARDELLI** (LUX)
- Markus **WASMEIER** (D)

KOMBINATION

- Marc **GIRARDELLI** (LUX)
- Pirmin **ZURBRIGGEN** (CH)
- Günther **MADER** (Ö)

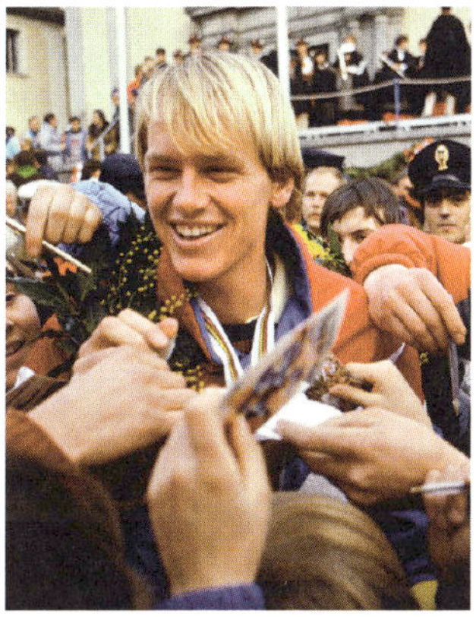

MARKUS WASMEIER

BORMIO 1985

DAMEN

ABFAHRT

- Michela **FIGINI** (CH)
- Ariane **EHRAT** (CH)
- Katrin **GUTENSOHN** (Ö)

SLALOM

- Perrine **PELEN** (F)
- Christelle **GUIGNARD** (F)
- Paoletta **MAGONI-SFORZA** (I)

RIESENTORLAUF

- Diann **ROFFE-STEINROTTER** (USA)
- Elisabeth **KIRCHLER** (Ö)
- Eva **TWARDOKENS** (USA)

KOMBINATION

- Erika **HESS** (CH)
- Sylvia **EDER** (Ö)
- Tamara **MCKINNEY** (USA)

HERREN

ABFAHRT

- Pirmin **ZURBRIGGEN** (CH)
- Peter **MÜLLER** (CH)
- Doug **LEWIS** (USA)

SLALOM

- Jonas **NILSSON** (SVE)
- Marc **GIRARDELLI** (LUX)
- Robert **ZOLLER** (Ö)

RIESENTORLAUF

- Markus **WASMEIER** (D)
- Pirmin **ZURBRIGGEN** (CH)
- Marc **GIRARDELLI** (LUX)

KOMBINATION

- Pirmin **ZURBRIGGEN** (CH)
- Ernst **RIEDLSPERGER** (Ö)
- Thomas **BÜRGLER** (CH)

SCHLADMING 1982

DAMEN

ABFAHRT
- Geraldine **SORENSEN** (CAN)
- Cindy **NELSON** (USA)
- Laurie **GRAHAM** (CAN)

SLALOM
- Erika **HESS** (CH)
- Christin **COOPER** (USA)
- Daniela **ZINI** (I)

RIESENTORLAUF
- Erika **HESS** (CH)
- Christin **COOPER** (USA)
- Ursula **KONZETT** (LIE)

KOMBINATION
- Erika **HESS** (CH)
- Perrine **PELEN** (F)
- Christin **COOPER** (USA)

HERREN

ABFAHRT
- Hartmann **WEIRATHER** (Ö)
- Conradin **CATHOMEN** (CH)
- Erwin **RESCH** (Ö)

SLALOM
- Ingemar **STENMARK** (SVE)
- Bojan **KRIZAJ** (SLO)
- Bengt **FJÄLLBERG** (SVE)

RIESENTORLAUF
- Steve **MAHRE** (USA)
- Ingemar **STENMARK** (SVE)
- Boris **STREL** (SLO)

KOMBINATION
- Michel **VION** (F)
- Peter **LÜSCHER** (CH)
- Anton **STEINER** (Ö)

LAKE PLACID 1980

DAMEN

ABFAHRT
- Annemarie **MOSER-PRÖLL** (Ö)
- Hanni **WENZEL** (LIE)
- Marie-Theres **NADIG** (CH)

SLALOM
- Hanni **WENZEL** (LIE)
- Christa **KINSHOFER** (D)
- Erika **HESS** (CH)

RIESENTORLAUF
- Hanni **WENZEL** (LIE)
- Irene **EPPLE** (D)
- Perrine **PELEN** (F)

KOMBINATION
- Hanni **WENZEL** (LIE)
- Cindy **NELSON** (USA)
- Ingrid **EBERLE** (Ö)

HERREN

ABFAHRT
- Leonhard **STOCK** (Ö)
- Peter **WIRNSBERGER** (Ö)
- Steve **PODBORSKI** (CAN)

SLALOM
- Ingemar **STENMARK** (SVE)
- Phil **MAHRE** (USA)
- Jacques **LÜTHY** (CH)

RIESENTORLAUF
- Ingemar **STENMARK** (SVE)
- Andreas **WENZEL** (LIE)
- Hans **ENN** (Ö)

KOMBINATION
- Phil **MAHRE** (USA)
- Andreas **WENZEL** (LIE)
- Leonhard **STOCK** (Ö)

GARMISCH-PARTENKIRCHEN 1978

DAMEN

ABFAHRT
- Annemarie **MOSER-PRÖLL** (Ö)
- Irene **EPPLE** (D)
- Doris **DE AGOSTINI** (CH)

SLALOM
- Lea **SÖLKNER** (Ö)
- Pamela **BEHR** (D)
- Monika **KASERER** (Ö)

RIESENTORLAUF
- Maria **EPPLE** (D)
- Lise-Marie **MOREROD** (CH)
- Annemarie **MOSER-PRÖLL** (Ö)

KOMBINATION
- Annemarie **MOSER-PRÖLL** (Ö)
- Hanni **WENZEL** (LIE)
- Fabienne **SERRAT** (F)

HERREN

ABFAHRT
- Josef **WALCHER** (Ö)
- Michael **VEITH** (D)
- Werner **GRISSMANN** (Ö)

SLALOM
- Ingemar **STENMARK** (SVE)
- Piero **GROS** (I)
- Paul **FROMMELT** (LIE)

RIESENTORLAUF
- Ingemar **STENMARK** (SVE)
- Andreas **WENZEL** (LIE)
- Willi **FROMMELT** (LIE)

KOMBINATION
- Andreas **WENZEL** (LIE)
- Josef **FERSTL** (D)
- Pete **PATTERSON** (USA)

INNSBRUCK 1976

DAMEN

ABFAHRT
- Rosi **MITTERMAIER** (D)
- Brigitte **TOTSCHNIG** (Ö)
- Cindy **NELSON** (USA)

SLALOM
- Rosi **MITTERMAIER** (D)
- Claudia **GIORDANI** (I)
- Hanni **WENZEL** (LIE)

RIESENTORLAUF
- Kathy **KREINER** (CAN)
- Rosi **MITTERMAIER** (D)
- Danièle **DEBERNARD** (F)

KOMBINATION
- Rosi **MITTERMAIER** (D)
- Danièle **DEBERNARD** (F)
- Hanni **WENZEL** (LIE)

HERREN

ABFAHRT
- Franz **KLAMMER** (Ö)
- Bernhard **RUSSI** (CH)
- Herbert **PLANK** (I)

SLALOM
- Piero **GROS** (I)
- Gustav **THÖNI** (I)
- Willi **FROMMELT** (LIE)

RIESENTORLAUF
- Heini **HEMMI** (CH)
- Ernst **GOOD** (CH)
- Ingemar **STENMARK** (SVE)

KOMBINATION
- Gustav **THÖNI** (I)
- Willi **FROMMELT** (LIE)
- Greg **JONES** (USA)

ST. MORITZ 1974

DAMEN

ABFAHRT
- Annemarie **MOSER-PRÖLL** (Ö)
- Betsy **CLIFFORD** (CAN)
- Wiltrud **DREXEL** (Ö)

SLALOM
- Hanni **WENZEL** (LIE)
- Michèle **JACOT** (F)
- Lise-Marie **MOREROD** (CH)

RIESENTORLAUF
- Fabienne **SERRAT** (F)
- Traudl **TREICHL** (D)
- Jacqueline **ROUVIER** (F)

KOMBINATION
- Fabienne **SERRAT** (F)
- Hanni **WENZEL** (LIE)
- Monika **KASERER** (Ö)

HERREN

ABFAHRT
- David **ZWILLING** (Ö)
- Franz **KLAMMER** (Ö)
- Willi **FROMMELT** (LIE)

SLALOM
- Gustav **THÖNI** (I)
- David **ZWILLING** (Ö)
- Francisco **FERNÁNDEZ OCHOA** (SPA)

RIESENTORLAUF
- Gustav **THÖNI** (I)
- Hans **HINTERSEER** (Ö)
- Piero **GROS** (I)

KOMBINATION
- Franz **KLAMMER** (Ö)
- Andrzej **BACHLEDA-CURUŚ** (POL)
- Wolfgang **JUNGINGER** (D)

SAPPORO 1972

DAMEN

ABFAHRT
- Marie-Theres **NADIG** (CH)
- Annemarie **MOSER-PRÖLL** (Ö)
- Susie **CORROCK** (USA)

SLALOM
- Barbara Ann **COCHRAN** (USA)
- Danièle **DEBERNARD** (F)
- Florence **STEURER** (F)

RIESENTORLAUF
- Marie-Theres **NADIG** (CH)
- Annemarie **MOSER-PRÖLL** (Ö)
- Wiltrud **DREXEL** (Ö)

KOMBINATION
- Annemarie **MOSER-PRÖLL** (Ö)
- Florence **STEURER** (F)
- Toril **FORLAND** (NOR)

HERREN

ABFAHRT
- Bernhard **RUSSI** (CH)
- Roland **COLLOMBIN** (CH)
- Heinrich **MESSNER** (Ö)

SLALOM
- Francisco **FERNÁNDEZ OCHOA** (SPA)
- Gustav **THÖNI** (I)
- Roland **THÖNI** (I)

RIESENTORLAUF
- Gustav **THÖNI** (I)
- Edmund **BRUGGMANN** (CH)
- Werner **MATTLE** (CH)

KOMBINATION
- Gustav **THÖNI** (I)
- Walter **TRESCH** (CH)
- Jim **HUNTER** (CAN)

VAL GARDENA 1970

DAMEN

ABFAHRT
- Annerösli **ZRYD** (CH)
- Isabelle **MIR** (F)
- Annemarie **MOSER-PRÖLL** (Ö)

SLALOM
- Ingrid **LAFFORGUE** (F)
- Barbara Ann **COCHRAN** (USA)
- Michèle **JACOT** (F)

RIESENTORLAUF
- Betsy **CLIFFORD** (CAN)
- Ingrid **LAFFORGUE** (F)
- Françoise **MACCHI** (F)

KOMBINATION
- Michèle **JACOT** (F)
- Florence **STEURER** (F)
- Marilyn **COCHRAN** (USA)

HERREN

ABFAHRT
- Bernhard **RUSSI** (CH)
- Karl **CORDIN** (Ö)
- Malcolm **MILNE** (AUS)

SLALOM
- Jean-Noël **AUGERT** (F)
- Patrick **RUSSEL** (F)
- William-Winston **KIDD** (USA)

RIESENTORLAUF
- Karl **SCHRANZ** (Ö)
- Werner **BLEINER** (Ö)
- Dumeng **GIOVANOLI** (CH)

KOMBINATION
- William-Winston **KIDD** (USA)
- Patrick **RUSSEL** (F)
- Andrzej **BACHLEDA-CURUŚ** (POL)

GRENOBLE 1968

DAMEN

ABFAHRT
- Olga **PALL** (Ö)
- Isabelle **MIR** (F)
- Christl **HAAS** (Ö)

SLALOM
- Marielle **GOITSCHEL** (F)
- Nancy **GREENE** (CAN)
- Annie **FAMOSE** (F)

RIESENTORLAUF
- Nancy **GREENE** (CAN)
- Annie **FAMOSE** (F)
- Fernande **BOCHATAY** (CH)

KOMBINATION
- Nancy **GREENE** (CAN)
- Marielle **GOITSCHEL** (F)
- Annie **FAMOSE** (F)

HERREN

ABFAHRT
- Jean-Claude **KILLY** (F)
- Guy **PÉRILLAT** (F)
- Jean-Daniel **DÄTWYLER** (CH)

SLALOM
- Jean-Claude **KILLY** (F)
- Herbert **HUBER** (Ö)
- Alfred **MATT** (Ö)

RIESENTORLAUF
- Jean-Claude **KILLY** (F)
- Willy **FAVRE** (CH)
- Heinrich **MESSNER** (Ö)

KOMBINATION
- Jean-Claude **KILLY** (F)
- Dumeng **GIOVANOLI** (CH)
- Heinrich **MESSNER** (Ö)

PORTILLO 1966

DAMEN

ABFAHRT
- Marielle **GOITSCHEL** (F) *
- Annie **FAMOSE** (F)
- Burgl **FÄRBINGER** (D)

SLALOM
- Annie **FAMOSE** (F)
- Marielle **GOITSCHEL** (F)
- Penny **MCCOY** (USA)

RIESENTORLAUF
- Marielle **GOITSCHEL** (F)
- Heidi **ZIMMERMANN** (Ö)
- Florence **STEURER** (F)

KOMBINATION
- Marielle **GOITSCHEL** (F)
- Annie **FAMOSE** (F)
- Heidi **ZIMMERMANN** (Ö)

HERREN

ABFAHRT
- Jean-Claude **KILLY** (F)
- Léo **LACROIX** (F)
- Franz **VOGLER** (D)

SLALOM
- Carlo **SENONER** (I)
- Guy **PÉRILLAT** (F)
- Louis **JAUFFRET** (F)

RIESENTORLAUF
- Guy **PÉRILLAT** (F)
- Georges **MAUDUIT** (F)
- Karl **SCHRANZ** (Ö)

KOMBINATION
- Jean-Claude **KILLY** (F)
- Léo **LACROIX** (F)
- Ludwig **LEITNER** (D)

* Ursprünglich hatte Erika Schinegger die WM-Abfahrt gewonnen. Nachdem sich herausgestellt hatte, dass die Weltmeisterin genetisch ein Mann war, wurde Schinegger zwar der Titel nicht weggenommen, er wird aber in den Statistiken nicht geführt und Goitschel erhielt nachträglich ebenfalls die Goldmedaille.

INNSBRUCK 1964

DAMEN

ABFAHRT

- Christl **HAAS** (Ö)
- Edith **ZIMMERMANN** (Ö)
- Waltraud „Traudl“ **HECHER** (Ö)

SLALOM

- Christine **GOITSCHEL-BÉRANGER** (F)
- Marielle **GOITSCHEL** (F)
- Jean **SAUBERT** (USA)

RIESENTORLAUF

- Marielle **GOITSCHEL** (F)
- Jean **SAUBERT** (USA), Christine **GOITSCHEL-BÉRANGER** (F)

KOMBINATION

- Marielle **GOITSCHEL** (F)
- Christl **HAAS** (Ö)
- Edith **ZIMMERMANN** (Ö)

HERREN

ABFAHRT

- Egon **ZIMMERMANN** (Ö)
- Léo **LACROIX** (F)
- Wolfgang **BARTELS** (D)

SLALOM

- Josef **STIEGLER** (Ö)
- William-Winston **KIDD** (USA)
- James **HEUGA** (USA)

RIESENTORLAUF

- François **BONLIEU** (F)
- Karl **SCHRANZ** (Ö)
- Josef **STIEGLER** (Ö)

KOMBINATION

- Ludwig **LEITNER** (D)
- Gerhard **NENNING** (Ö)
- William-Winston **KIDD** (USA)

CHAMONIX 1962

DAMEN

ABFAHRT

- Christl **HAAS** (Ö)
- Pia **RIVA** (I)
- Barbara **FERRIES** (USA)

SLALOM

- Marianne **JAHN** (Ö)
- Marielle **GOITSCHEL** (F)
- Erika **NETZER** (Ö)

RIESENTORLAUF

- Marianne **JAHN** (Ö)
- Erika **NETZER** (Ö)
- Joan **HANNAH** (USA)

KOMBINATION

- Marielle **GOITSCHEL** (F)
- Marianne **JAHN** (Ö)
- Erika **NETZER** (Ö)

HERREN

ABFAHRT

- Karl **SCHRANZ** (Ö)
- Émile **VIOLLAT** (F)
- Egon **ZIMMERMANN** (Ö)

SLALOM

- Charles **BOZON** (F)
- Guy **PÉRILLAT** (F)
- Gerhard **NENNING** (Ö)

RIESENTORLAUF

- Egon **ZIMMERMANN** (Ö)
- Karl **SCHRANZ** (Ö)
- Martin **BURGER** (Ö)

KOMBINATION

- Karl **SCHRANZ** (Ö)
- Gerhard **NENNING** (Ö)
- Ludwig **LEITNER** (D)

SQUAW VALLEY 1960

DAMEN

ABFAHRT

- Heidi **BIEBL** (D)
- Penelope **PITOU** (USA)
- Waltraud „Traudl“ **HECHER** (Ö)

SLALOM

- Anne **HEGGTVEIT** (CAN)
- Betsy **SNITE** (USA)
- Barbara-Maria **HENNEBERGER** (D)

RIESENTORLAUF

- Yvonne **RÜEGG** (CH)
- Penelope **PITOU** (USA)
- Giuliana **CHENAL-MINUZZO** (I)

KOMBINATION

- Anne **HEGGTVEIT** (CAN)
- Sonja **SPERL** (D)
- Barbara-Maria **HENNEBERGER** (D)

HERREN

ABFAHRT

- Jean **VUARNET** (F)
- Hanspeter **LANIG** (D)
- Guy **PÉRILLAT** (F)

SLALOM

- Ernst **HINTERSEER** (Ö)
- Mathias **LEITNER** (Ö)
- Charles **BOZON** (F)

RIESENTORLAUF

- Roger **STAUB** (CH)
- Josef **STIEGLER** (Ö)
- Ernst **HINTERSEER** (Ö)

KOMBINATION

- Guy **PÉRILLAT** (F)
- Charles **BOZON** (F)
- Hanspeter **LANIG** (D)

BAD GASTEIN 1958

DAMEN

ABFAHRT
- Lucille **WHEELER** (CAN)
- Frieda **DÄNZER** (CH)
- Carla **MARCHELLI** (I)

SLALOM
- Inger **BJÖRNBAKKEN** (NOR)
- Josefin **FRANDL** (Ö)
- Annemarie **WASER** (CH)

RIESENTORLAUF
- Lucille **WHEELER** (CAN)
- Sally **DEAVER** (USA)
- Frieda **DÄNZER** (CH)

KOMBINATION
- Frieda **DÄNZER** (CH)
- Lucille **WHEELER** (CAN)
- Josefin **FRANDL** (Ö)

HERREN

ABFAHRT
- Anton **SAILER** (Ö)
- Roger **STAUB** (CH)
- Jean **VUARNET** (F)

SLALOM
- Josef **RIEDER** (Ö)
- Anton **SAILER** (Ö)
- Chiharu **IGAYA** (JAP)

RIESENTORLAUF
- Anton **SAILER** (Ö)
- Josef **RIEDER** (Ö)
- Roger **STAUB** (CH)
  François **BONLIEU** (F)

KOMBINATION
- Anton **SAILER** (Ö)
- Josef **RIEDER** (Ö)
- Roger **STAUB** (CH)

CORTINA D'AMPEZZO 1956

DAMEN

ABFAHRT
- Madeleine **BERTHOD** (CH)
- Frieda **DÄNZER** (CH)
- Lucille **WHEELER** (CAN)

SLALOM
- Renée **COLLIARD** (CH)
- Regina **SCHÖPF** (Ö)
- Eugenia **SIDOROWA** (RUS)

RIESENTORLAUF
- Rosa „Ossi“ **REICHERT** (D)
- Josefin **FRANDL** (Ö)
- Dorothea **HOCHLEITNER** (Ö)

KOMBINATION
- Madeleine **BERTHOD** (CH)
- Frieda **DÄNZER** (CH)
- Giuliana **CHENAL-MINUZZO** (I)

HERREN

ABFAHRT
- Anton **SAILER** (Ö)
- Raymond **FALLEY** (CH)
- Andreas **MOLTERER** (Ö)

SLALOM
- Anton **SAILER** (Ö)
- Chiharu **IGAYA** (JAP)
- Stig **SOLLANDER** (SVE)

RIESENTORLAUF
- Anton **SAILER** (Ö)
- Andreas **MOLTERER** (Ö)
- Walter **SCHUSTER** (Ö)

KOMBINATION
- Anton **SAILER** (Ö)
- Charles **BOZON** (F)
- Stig **SOLLANDER** (SVE)

ÅRE 1954

DAMEN

ABFAHRT
- Ida **SCHÖPFER** (CH)
- Trude **KLECKER** (Ö)
- Lucienne **SCHMIDT** (F)

SLALOM
- Trude **KLECKER** (Ö)
- Ida **SCHÖPFER** (CH)
- Sara **THOMASSON** (SVE)

RIESENTORLAUF
- Lucienne **SCHMIDT** (F)
- Madeleine **BERTHOD** (CH)
- Jannette **BURR** (USA)

KOMBINATION
- Ida **SCHÖPFER** (CH)
- Madeleine **BERTHOD** (CH)
- Lucienne **SCHMIDT** (F)

HERREN

ABFAHRT
- Christian **PRAVDA** (Ö)
- Martin **STROLZ** (Ö)
- Ernst **OBEREIGNER** (Ö)

SLALOM
- Stein **ERIKSEN** (NOR)
- Benedikt **OBERMÜLLER** (D)
- Anton **SPISS** (Ö)

RIESENTORLAUF
- Stein **ERIKSEN** (NOR)
- François **BONLIEU** (F)
- Andreas **MOLTERER** (Ö)

KOMBINATION
- Stein **ERIKSEN** (NOR)
- Christian **PRAVDA** (Ö)
- Stig **SOLLANDER** (SVE)

OSLO 1952

DAMEN

ABFAHRT

- Trude **BEISER-JOCHUM** (Ö)
- Annemarie **BUCHNER** (D)
- Giuliana **CHENAL-MINUZZO** (I)

SLALOM

- Andrea **MEAD-LAWRENCE** (USA)
- Rosa „Ossi“ **REICHERT** (D)
- Annemarie **BUCHNER** (D)

RIESENTORLAUF

- Andrea **MEAD-LAWRENCE** (USA)
- Dagmar **ROM** (Ö)
- Annemarie **BUCHNER** (D)

HERREN

ABFAHRT

- Zeno **COLO** (I)
- Othmar **SCHNEIDER** (Ö)
- Christian **PRAVDA** (Ö)

SLALOM

- Othmar **SCHNEIDER** (Ö)
- Stein **ERIKSEN** (NOR)
- Guttorm **BERGE** (NOR)

RIESENTORLAUF

- Stein **ERIKSEN** (NOR)
- Christian **PRAVDA** (Ö)
- Anton **SPISS** (Ö)

ASPEN 1950

DAMEN

ABFAHRT

- Trude **BEISER-JOCHUM** (Ö)
- Erika **MAHRINGER** (Ö)
- Georgette **THIOLLIÈRE-MILLER** (F)

SLALOM

- Dagmar **ROM** (Ö)
- Erika **MAHRINGER** (Ö)
- Celina **SEGHI** (I)

RIESENTORLAUF

- Dagmar **ROM** (Ö)
- Trude **BEISER-JOCHUM** (Ö)
- Lucienne **SCHMIDT** (F)

HERREN

ABFAHRT

- Zeno **COLO** (I)
- James **COUTTET** (F)
- Egon **SCHÖPF** (Ö)

SLALOM

- Georges **SCHNEIDER** (CH)
- Zeno **COLO** (I)
- Stein **ERIKSEN** (NOR)

RIESENTORLAUF

- Zeno **COLO** (I)
- Fernand **GROSJEAN** (CH)
- James **COUTTET** (F)

ST. MORITZ 1948

DAMEN

ABFAHRT

- Heidi **SCHLUNEGGER** (CH)
- Trude **BEISER-JOCHUM** (Ö)
- Rese **HAMMERER** (Ö)

SLALOM

- Gretchen **FRASER** (USA)
- Antoinette **MEYER** (CH)
- Erika **MAHRINGER** (Ö)

KOMBINATION

- Trude **BEISER-JOCHUM** (Ö)
- Gretchen **FRASER** (USA)
- Erika **MAHRINGER** (Ö)

HERREN

ABFAHRT

- Henri **OREILLER** (F)
- Franz **GABL** (Ö)
- Rolf **OLINGER** (CH)
  Karl **MOLITOR** (CH)

SLALOM

- Edi **REINALTER** (CH)
- James **COUTTET** (F)
- Henri **OREILLER** (F)

KOMBINATION

- Henri **OREILLER** (F)
- Karl **MOLITOR** (CH)
- James **COUTTET** (F)

ZAKOPANE 1939

DAMEN

ABFAHRT
- Christl **CRANZ** (D)
- Lisa **RESCH** (D)
- Helga **GÖDL** (D)

SLALOM
- Christl **CRANZ** (D)
- Gritli **SCHAAD** (CH)
- May **NILSSON** (SVE)

KOMBINATION
- Christl **CRANZ** (D)
- Gritli **SCHAAD** (CH)
- Lisa **RESCH** (D)

HERREN

ABFAHRT
- Hellmut **LANTSCHNER** (D)
- Josef **JENNEWEIN** (D)
- Karl **MOLITOR** (CH)

SLALOM
- Rudolf **ROMINGER** (CH)
- Josef **JENNEWEIN** (D)
- Wilhelm **WALCH** (D)

KOMBINATION
- Josef **JENNEWEIN** (D)
- Wilhelm **WALCH** (D)
- Rudolf **ROMINGER** (CH)

ENGELBERG 1938

DAMEN

ABFAHRT
- Lisa **RESCH** (D)
- Christl **CRANZ** (D)
- Käthe **GRASEGGER** (D)

SLALOM
- Christl **CRANZ** (D)
- Nini **ARX-ZOGG** (CH)
- Erna **STEURI** (CH)

KOMBINATION
- Christl **CRANZ** (D)
- Lisa **RESCH** (D)
- Käthe **GRASEGGER** (D)

HERREN

ABFAHRT
- James **COUTTET** (F)
- Émile **ALLAIS** (F)
- Hellmut **LANTSCHNER** (D)

SLALOM
- Rudolf **ROMINGER** (CH)
- Émile **ALLAIS** (F)
- Hellmut **LANTSCHNER** (D)

KOMBINATION
- Émile **ALLAIS** (F)
- Rudolf **ROMINGER** (CH)
- Hellmut **LANTSCHNER** (D)

CHAMONIX 1937

DAMEN

ABFAHRT
- Christl **CRANZ** (D)
- Nini **ARX-ZOGG** (CH)
- Käthe **GRASEGGER** (D)

SLALOM
- Christl **CRANZ** (D)
- Käthe **GRASEGGER** (D)
- Lisa **RESCH** (D)

KOMBINATION
- Christl **CRANZ** (D)
- Nini **ARX-ZOGG** (CH)
- Käthe **GRASEGGER** (D)

HERREN

ABFAHRT
- Émile **ALLAIS** (F)
- Maurice **LAFFORGUE** (F)
- Giacinto **SERTORELLI** (I)

SLALOM
- Émile **ALLAIS** (F)
- Wilhelm **WALCH** (Ö)
- Roman **WÖRNDLE** (D)

KOMBINATION
- Émile **ALLAIS** (F)
- Maurice **LAFFORGUE** (F)
- Willi **STEURI** (CH)

INNSBRUCK 1936

DAMEN

ABFAHRT

- Evelyn **PINCHING** (ENG)
- Elvira **OSIRNIG** (CH)
- Nini **ARX-ZOGG** (CH)

SLALOM

- Gerda **PAUMGARTEN** (Ö)
- Evelyn **PINCHING** (ENG)
- Grete **WEICKERT** (Ö)

KOMBINATION

- Evelyn **PINCHING** (ENG)
- Elvira **OSIRNIG** (CH)
- Gerda **PAUMGARTEN** (Ö)

HERREN

ABFAHRT

- Rudolf **ROMINGER** (CH)
- Giacinto **SERTORELLI** (I)
- Heinz **VON ALLMEN** (CH)

SLALOM

- Rudolph **MATT** (Ö)
- Eberhard **KNEISL** (Ö)
- Rudolf **ROMINGER** (CH)

KOMBINATION

- Rudolf **ROMINGER** (CH)
- Heinz **VON ALLMEN** (CH)
- Eberhard **KNEISL** (Ö)

MÜRREN 1935

DAMEN

ABFAHRT

- Christl **CRANZ** (D)
- Hadwig **PFEIFER-LANTSCHNER** (D)
- Anny **RÜEGG** (CH)

SLALOM

- Anny **RÜEGG** (CH)
- Christl **CRANZ** (D)
- Käthe **GRASEGGER** (D)

KOMBINATION

- Christl **CRANZ** (D)
- Anny **RÜEGG** (CH)
- Käthe **GRASEGGER** (D)

HERREN

ABFAHRT

- Franz **ZINGERLE** (Ö)
- Émile **ALLAIS** (F)
- Willi **STEURI** (CH)

SLALOM

- Anton **SEELOS** (Ö)
- David **ZOGG** (CH)
- Friedl **PFEIFER** (Ö), François **VIGNOLE** (F)

KOMBINATION

- Anton **SEELOS** (Ö)
- Émile **ALLAIS** (F)
- Birger **RUUD** (NOR)

ST. MORITZ 1934

DAMEN

ABFAHRT

- Anny **RÜEGG** (CH)
- Christl **CRANZ** (D)
- Lisa **RESCH** (D)

SLALOM

- Christl **CRANZ** (D)
- Lisa **RESCH** (D)
- Rösli **ROMINGER** (CH)

KOMBINATION

- Christl **CRANZ** (D)
- Lisa **RESCH** (D)
- Anny **RÜEGG** (CH)

HERREN

ABFAHRT

- David **ZOGG** (CH)
- Franz **PFNÜR** (D)
- Heinz **VON ALLMEN** (CH)
  Ido **CATTANEO** (I)

SLALOM

- Franz **PFNÜR** (D)
- David **ZOGG** (CH)
- Willi **STEURI** (CH)

KOMBINATION

- David **ZOGG** (CH)
- Franz **PFNÜR** (D)
- Heinz **VON ALLMEN** (CH)

INNSBRUCK 1933

DAMEN

ABFAHRT

- Inge **WERSIN-LANTSCHNER** (Ö)
- Nini **ZOGG** (CH)
- Gerda **PAUMGARTEN** (Ö)

SLALOM

- Inge **WERSIN-LANTSCHNER** (Ö)
- Helen **BOUGHTON-LEIGH** (ENG)
- Helen **ZINGG** (CH)

KOMBINATION

- Inge **WERSIN-LANTSCHNER** (Ö)
- Gerda **PAUMGARTEN** (Ö)
- Jeanette **KESSLER** (SCO)

HERREN

ABFAHRT

- Walter **PRAGER** (CH)
- David **ZOGG** (CH)
- Hans **HAUSER** (Ö)

SLALOM

- Anton **SEELOS** (Ö)
- Gustav **LANTSCHNER** (Ö)
- Willi **STEURI** (CH)

KOMBINATION

- Anton **SEELOS** (Ö)
- Willi **STEURI** (CH)
- Otto **FURRER** (CH)

CORTINA D'AMPEZZO 1932

DAMEN

ABFAHRT

- Paula **WIESINGER** (I)
- Inge **WERSIN-LANTSCHNER** (Ö)
- Hadwig **PFEIFER-LANTSCHNER** (Ö)

SLALOM

- Rosa „Rösli" **STREIFF** (CH)
- Audrey **SALE-BARKER** (ENG)
- Doreen **ELLIOT** (ENG)

KOMBINATION

- Rosa „Rösli" **STREIFF** (CH)
- Inge **WERSIN-LANTSCHNER** (Ö)
- Hadwig **PFEIFER-LANTSCHNER** (Ö)

HERREN

ABFAHRT

- Gustav **LANTSCHNER** (Ö)
- David **ZOGG** (CH)
- Otto **FURRER** (CH)

SLALOM

- Friedl **DÄUBER** (D)
- Otto **FURRER** (CH)
- Hans **HAUSER** (Ö)

KOMBINATION

- Otto **FURRER** (CH)
- Hans **HAUSER** (Ö)
- Gustav **LANTSCHNER** (Ö)

MÜRREN 1931

DAMEN

ABFAHRT

- Esmé **MACKINNON** (SCO)
- Nell **CARROLL** (ENG)
- Irma **SCHMIEDEGG** (Ö)

SLALOM

- Esmé **MACKINNON** (SCO)
- Inge **WERSIN-LANTSCHNER** (Ö)
- Jeanette **KESSLER** (SCO)

HERREN

ABFAHRT

- Walter **PRAGER** (CH)
- Otto **FURRER** (CH)
- Willi **STEURI** (CH)

SLALOM

- David **ZOGG** (CH)
- Anton **SEELOS** (Ö)
- Friedl **DÄUBER** (D)

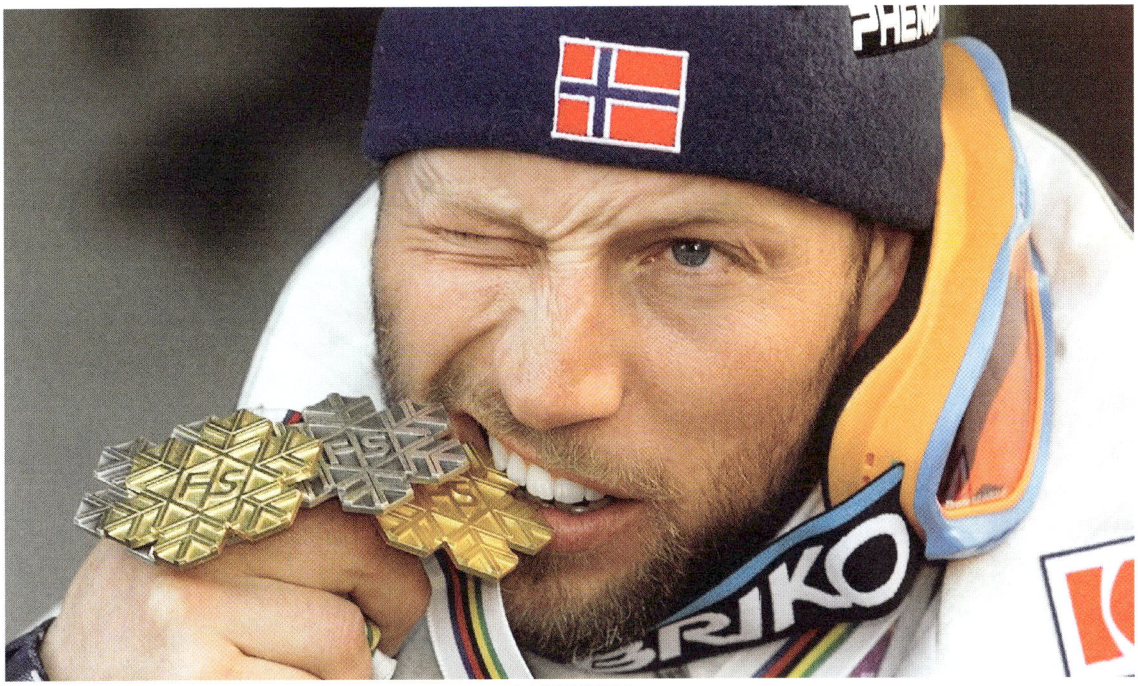

LASSE KJUS

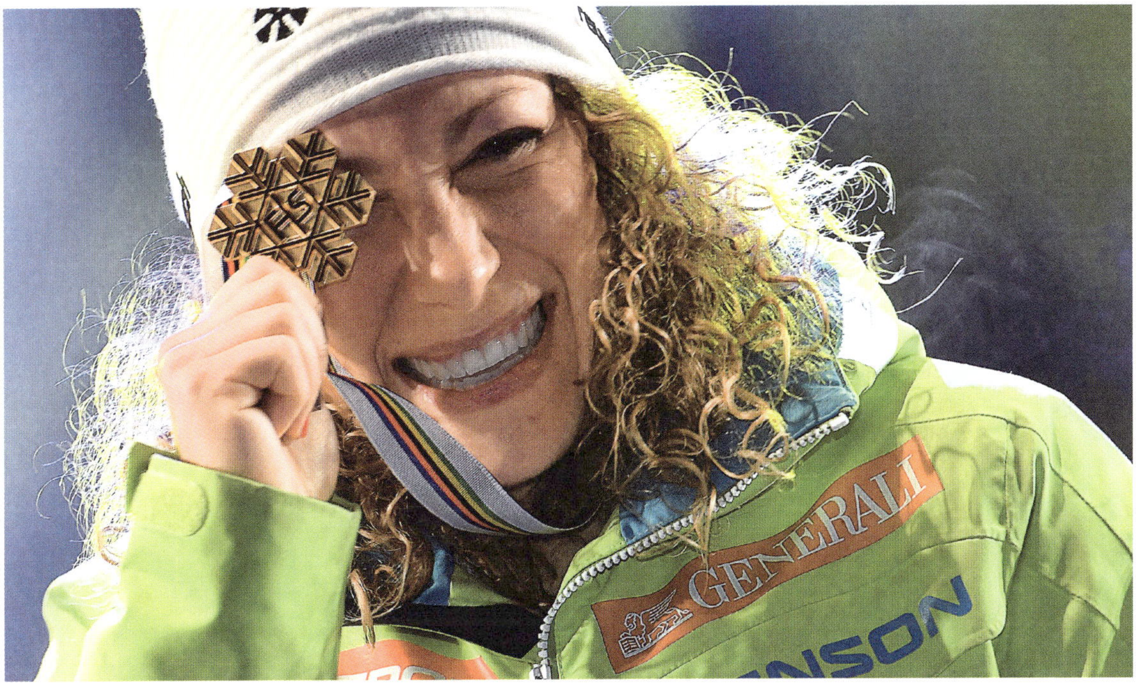

ILKA STUHEC

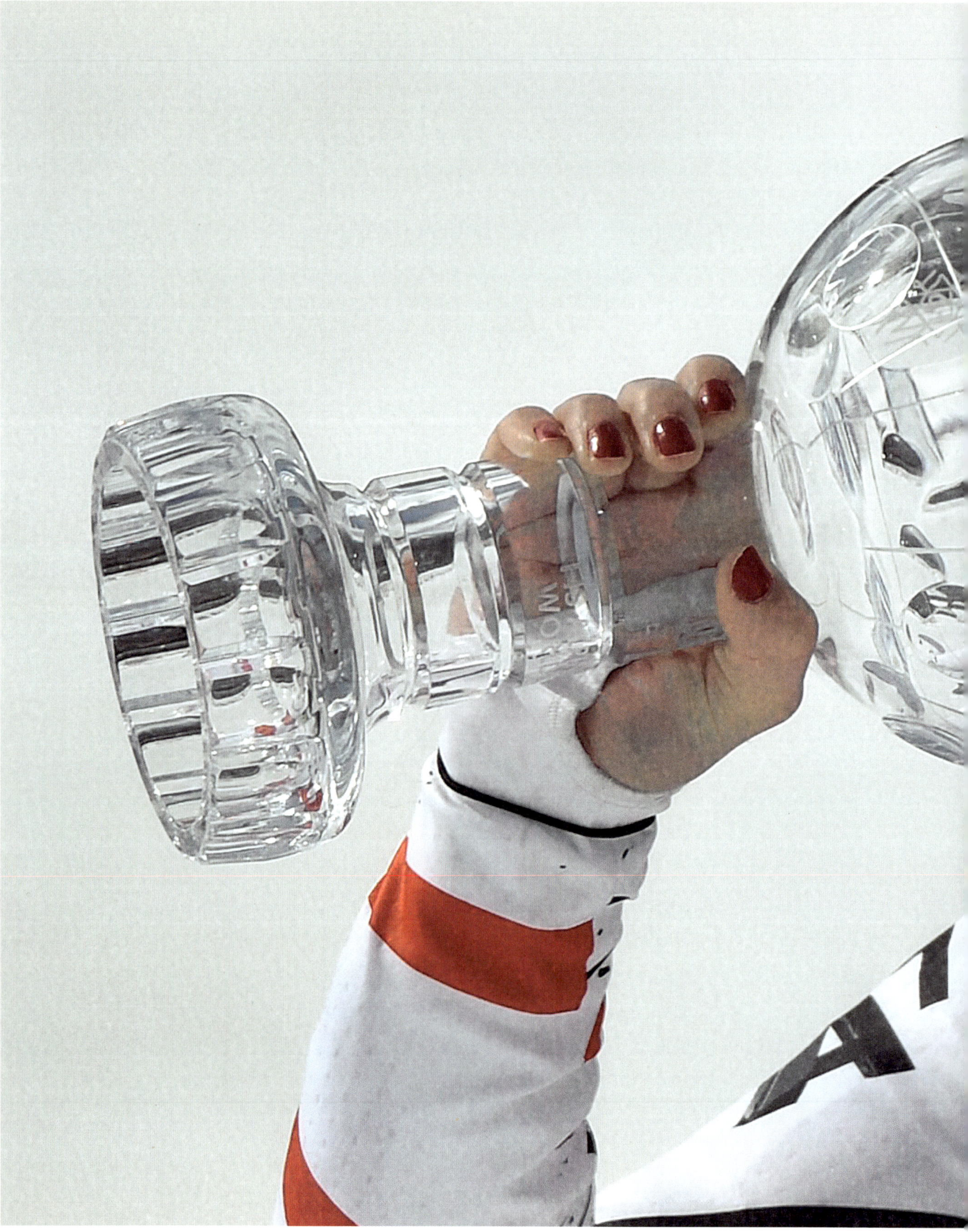

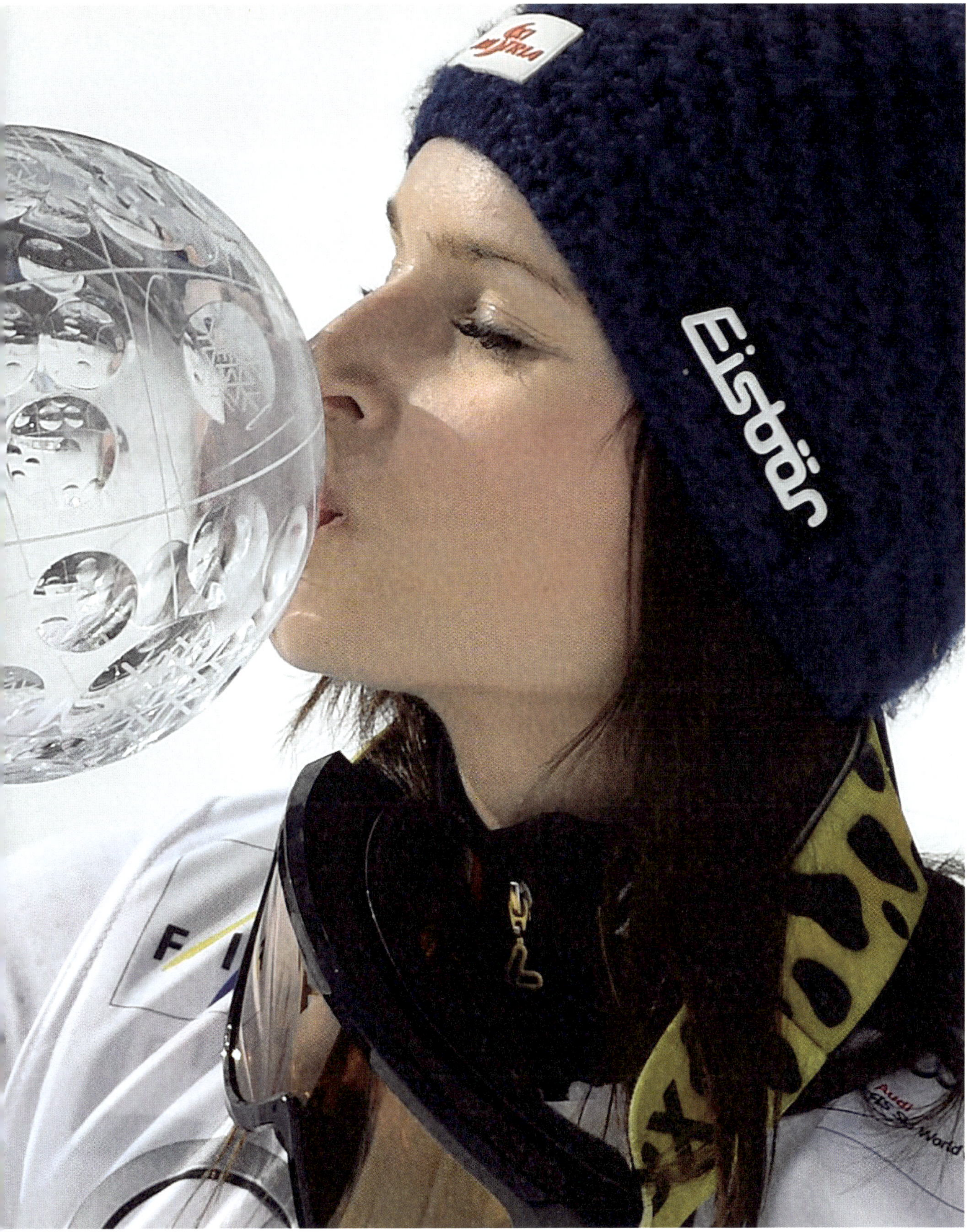

ANNA VEITH

ALLE WELTCUP-SIEGER 1967–2020

GESAMTWELTCUP
DAMEN

2020	**BRIGNONE** Federica (I)	1.378
2019	**SHIFFRIN** Mikaela (USA)	2.204
2018	**SHIFFRIN** Mikaela (USA)	1.773
2017	**SHIFFRIN** Mikaela (USA)	1.643
2016	**GUT-BEHRAMI** Lara (CH)	1.522
2015	**VEITH** Anna (Ö)	1.553
2014	**VEITH** Anna (Ö)	1.371
2013	**MAZE** Tina (SLO)	2.414
2012	**VONN** Lindsey (USA)	1.980
2011	**HÖFL-RIESCH** Maria (D)	1.728
2010	**VONN** Lindsey (USA)	1.671
2009	**VONN** Lindsey (USA)	1.788
2008	**VONN** Lindsey (USA)	1.403
2007	**HOSP** Nicole (Ö)	1.572
2006	**KOSTELIĆ** Janica (CRO)	1.970
2005	**PAERSON** Anja (SVE)	1.359
2004	**PAERSON** Anja (SVE)	1.561
2003	**KOSTELIĆ** Janica (CRO)	1.570
2002	**DORFMEISTER** Michaela (Ö)	1.271
2001	**KOSTELIĆ** Janica (CRO)	1.256
2000	**GÖTSCHL** Renate (Ö)	1.631
1999	**MEISSNITZER** Alexandra (Ö)	1.672
1998	**SEIZINGER** Katja (D)	1.655
1997	**WIBERG** Pernilla (SVE)	1.960
1996	**SEIZINGER** Katja (D)	1.655
1995	**SCHNEIDER** Vreni (CH)	1.248
1994	**SCHNEIDER** Vreni (CH)	1.656
1993	**WACHTER** Anita (Ö)	1.286
1992	**KRONBERGER** Petra (Ö)	1.262
1991	**KRONBERGER** Petra (Ö)	312
1990	**KRONBERGER** Petra (Ö)	341
1989	**SCHNEIDER** Vreni (CH)	376
1988	**FIGINI** Michela (CH)	244
1987	**WALLISER** Maria (CH)	269
1986	**WALLISER** Maria (CH)	287
1985	**FIGINI** Michela (CH)	259
1984	**HESS** Erika (CH)	247
1983	**MCKINNEY** Tamara (USA)	225
1982	**HESS** Erika (CH)	297
1981	**NADIG** Marie-Theres (CH)	289
1980	**WENZEL** Hanni (LIE)	311
1979	**MOSER-PRÖLL** Annem. (Ö)	243
1978	**WENZEL** Hanni (LIE)	154
1977	**MOREROD** Lise-Marie (CH)	319
1976	**MITTERMAIER** Rosi (D)	281
1975	**MOSER-PRÖLL** Annem. (Ö)	305
1974	**MOSER-PRÖLL** Annem. (Ö)	268
1973	**MOSER-PRÖLL** Annem. (Ö)	297
1972	**MOSER-PRÖLL** Annem. (Ö)	269
1971	**MOSER-PRÖLL** Annem. (Ö)	210
1970	**JACOT** Michèle (F)	180
1969	**GABL** Gertrude (Ö)	131
1968	**GREENE** Nancy (CAN)	191
1967	**GREENE** Nancy (CAN)	176

GESAMTWELTCUP
HERREN

2020	**KILDE** Aleksaner Aamodt (NOR)	1.202
2019	**HIRSCHER** Marcel (Ö)	1.546
2018	**HIRSCHER** Marcel (Ö)	1.620
2017	**HIRSCHER** Marcel (Ö)	1.599
2016	**HIRSCHER** Marcel (Ö)	1.795
2015	**HIRSCHER** Marcel (Ö)	1.448
2014	**HIRSCHER** Marcel (Ö)	1.222
2013	**HIRSCHER** Marcel (Ö)	1.535
2012	**HIRSCHER** Marcel (Ö)	1.355
2011	**KOSTELIĆ** Ivica (CRO)	1.356
2010	**JANKA** Carlo (CH)	1.197
2009	**SVINDAL** Aksel Lund (NOR)	1.268
2008	**MILLER** Bode (USA)	1.409
2007	**SVINDAL** Aksel Lund (NOR)	1.268
2006	**RAICH** Benjamin (Ö)	1.410
2005	**MILLER** Bode (USA)	1.648
2004	**MAIER** Hermann (Ö)	1.265
2003	**EBERHARTER** Stephan (Ö)	1.333
2002	**EBERHARTER** Stephan (Ö)	1.702
2001	**MAIER** Hermann (Ö)	1.618
2000	**MAIER** Hermann (Ö)	2.000
1999	**KJUS** Lasse (NOR)	1.456
1998	**MAIER** Hermann (Ö)	1.685
1997	**ALPHAND** Luc (F)	1.130
1996	**KJUS** Lasse (NOR)	1.216
1995	**TOMBA** Alberto (I)	1.150
1994	**AAMODT** Kjetil André (NOR)	1.392
1993	**GIRARDELLI** Marc (LUX)	1.379
1992	**ACCOLA** Paul (CH)	1.699
1991	**GIRARDELLI** Marc (LUX)	242
1990	**ZURBRIGGEN** Pirmin (CH)	357
1989	**GIRARDELLI** Marc (LUX)	407
1988	**ZURBRIGGEN** Pirmin (CH)	310
1987	**ZURBRIGGEN** Pirmin (CH)	339
1986	**GIRARDELLI** Marc (LUX)	294
1985	**GIRARDELLI** Marc (LUX)	262
1984	**ZURBRIGGEN** Pirmin (CH)	256
1983	**MAHRE** Phil (USA)	285
1982	**MAHRE** Phil (USA)	309
1981	**MAHRE** Phil (USA)	266
1980	**WENZEL** Andreas (LIE)	204
1979	**LÜSCHER** Peter (CH)	186
1978	**STENMARK** Ingemar (SVE)	150
1977	**STENMARK** Ingemar (SVE)	339
1976	**STENMARK** Ingemar (SVE)	249
1975	**THÖNI** Gustav (I)	250
1974	**GROS** Piero (I)	181
1973	**THÖNI** Gustav (I)	166
1972	**THÖNI** Gustav (I)	154
1971	**THÖNI** Gustav (I)	155
1970	**SCHRANZ** Karl (Ö)	148
1969	**SCHRANZ** Karl (Ö)	182
1968	**KILLY** Jean-Claude (F)	200
1967	**KILLY** Jean-Claude (F)	225

ABFAHRTS-WELTCUP
DAMEN

2020	**SUTER** Corinne (CH)	477

2019	**SCHMIDHOFER** Nicole (Ö)	468
2018	**GOGGIA** Sofia (I)	509
2017	**ŠTUHEC** Ilka (SLO)	597
2016	**VONN** Lindsey (USA)	580
2015	**VONN** Lindsey (USA)	502
2014	**HÖFL-RIESCH** Maria (D)	504
2013	**VONN** Lindsey (USA)	340
2012	**VONN** Lindsey (USA)	690
2011	**VONN** Lindsey (USA)	650
2010	**VONN** Lindsey (USA)	725
2009	**VONN** Lindsey (USA)	502
2008	**VONN** Lindsey (USA)	755
2007	**GÖTSCHL** Renate (Ö)	705
2006	**DORFMEISTER** Michaela (Ö)	498
2005	**GÖTSCHL** Renate (Ö)	567
2004	**GÖTSCHL** Renate (Ö)	680
2003	**DORFMEISTER** Michaela (Ö)	372
2002	**KOSTNER** Isolde (I)	568
2001	**KOSTNER** Isolde (I)	596
2000	**HÄUSL** Regina (D)	529
1999	**GÖTSCHL** Renate (Ö)	610
1998	**SEIZINGER** Katja (D)	520
1997	**GÖTSCHL** Renate (Ö)	483
1996	**STREET** Picabo (USA)	640
1995	**STREET** Picabo (USA)	709
1994	**SEIZINGER** Katja (D)	482
1993	**SEIZINGER** Katja (D)	604
1992	**SEIZINGER** Katja (D)	523
1991	**BOURNISSEN** Chanta (CH)	140
1990	**GUTENSOHN** Kathrin (D)	110
1989	**FIGINI** Michela (CH)	176
1988	**FIGINI** Michela (CH)	143
1987	**FIGINI** Michela (CH)	93
1986	**WALLISER** Maria (CH)	115
1985	**FIGINI** Michela (CH)	115
1984	**WALLISER** Maria (CH)	95
1983	**DE AGOSTINI** Doris (CH)	106
1982	**GROS-GAUDENIER** Marie-Cécile (F)	87
1981	**NADIG** Marie-Theres (CH)	120
1980	**NADIG** Marie-Theres (CH)	125
1979	**MOSER-PRÖLL** Annem. (Ö)	125
1978	**MOSER-PRÖLL** Annem. (Ö)	125
1977	**TOTSCHNIG** Brigitte (Ö)	115
1976	**TOTSCHNIG** Brigitte (Ö)	106
1975	**MOSER-PRÖLL** Annem. (Ö)	105
1974	**MOSER-PRÖLL** Annem. (Ö)	120
1973	**MOSER-PRÖLL** Annem. (Ö)	125
1972	**MOSER-PRÖLL** Annem. (Ö)	125
1971	**MOSER-PRÖLL** Annem. (Ö)	70
1970	**MIR** Isabelle (F)	75
1969	**DREXEL** Wiltrud (Ö)	65
1968	**MIR** Isabelle (F)	70
	PALL Olga (Ö)	70
1967	**GOITSCHEL** Marielle (F)	56

ABFAHRTS-WELTCUP
HERREN

2020	**FEUZ** Beat (CH)	650
2019	**FEUZ** Beat (CH)	540
2018	**FEUZ** Beat (CH)	682
2017	**FILL** Peter (I)	454
2016	**FILL** Peter (I)	462
2015	**JANSRUD** Kjetil (NOR)	605
2014	**SVINDAL** Aksel Lund (NOR)	570
2013	**SVINDAL** Aksel Lund (NOR)	439
2012	**KRÖLL** Klaus (Ö)	605
2011	**CUCHE** Didier (CH)	510
2010	**CUCHE** Didier (CH)	528
2009	**WALCHHOFER** Michael (Ö)	470
2008	**CUCHE** Didier (CH)	584
2007	**CUCHE** Didier (CH)	652
2006	**WALCHHOFER** Michael (Ö)	522
2005	**WALCHHOFER** Michael (Ö)	681
2004	**EBERHARTER** Stephan (Ö)	831
2003	**EBERHARTER** Stephan (Ö)	790
2002	**EBERHARTER** Stephan (Ö)	810
2001	**MAIER** Hermann (Ö)	576
2000	**MAIER** Hermann (Ö)	800
1999	**KJUS** Lasse (NOR)	760
1998	**SCHIFFERER** Andreas (Ö)	655
1997	**ALPHAND** Luc (F)	779
1996	**ALPHAND** Luc (F)	577
1995	**ALPHAND** Luc (F)	484
1994	**GIRARDELLI** Marc (LUX)	556
1993	**HEINZER** Franz (CH)	527
1992	**HEINZER** Franz (CH)	649
1991	**HEINZER** Franz (CH)	159
1990	**HÖFLEHNER** Helmut (Ö)	166
1989	**GIRARDELLI** Marc (LUX)	139
1988	**ZURBRIGGEN** Pirmin (CH)	122
1987	**ZURBRIGGEN** Pirmin (CH)	125
1986	**WIRNSBERGER** I Peter (Ö)	120
1985	**HÖFLEHNER** Helmut (Ö)	110
1984	**RÄBER** Urs (CH)	94
1983	**KLAMMER** Franz (Ö)	95
1982	**MÜLLER** Peter (CH)	115
1981	**WEIRATHER** Hartmann (Ö)	115
1980	**MÜLLER** Peter (CH)	96
1979	**MÜLLER** Peter (CH)	109
1978	**KLAMMER** Franz (Ö)	96
1977	**KLAMMER** Franz (Ö)	125
1976	**KLAMMER** Franz (Ö)	125
1975	**KLAMMER** Franz (Ö)	125
1974	**COLLOMBIN** Roland (CH)	120
1973	**COLLOMBIN** Roland (CH)	120
1972	**RUSSI** Bernhard (CH)	110
1971	**RUSSI** Bernhard (CH)	70
1970	**CORDIN** Karl (Ö)	65
	SCHRANZ Karl (Ö)	65
1969	**SCHRANZ** Karl (Ö)	75
1968	**NENNING** Gerhard (Ö)	75
1967	**KILLY** Jean-Claude (F)	75

SLALOM-WELTCUP
DAMEN

2020	**VLHOVÁ** Petra (SLK)	460
2019	**SHIFFRIN** Mikaela (USA)	1.160
2018	**SHIFFRIN** Mikaela (USA)	980
2017	**SHIFFRIN** Mikaela (USA)	840
2016	**HANSDOTTER** Frida (SVE)	711
2015	**SHIFFRIN** Mikaela (USA)	679
2014	**SHIFFRIN** Mikaela (USA)	638
2013	**SHIFFRIN** Mikaela (USA)	688
2012	**SCHILD** Marlies (Ö)	760
2011	**SCHILD** Marlies (Ö)	680
2010	**HÖFL-RIESCH** Maria (D)	493
2009	**HÖFL-RIESCH** Maria (D)	670
2008	**SCHILD** Marlies (Ö)	640
2007	**SCHILD** Marlies (Ö)	760
2006	**KOSTELIĆ** Janica (CRO)	740
2005	**POUTIAINEN** Tanja (FIN)	570
2004	**PAERSON** Anja (SVE)	770
2003	**KOSTELIĆ** Janica (CRO)	710
2002	**PEQUEGNOT** Laure (F)	597
2001	**KOSTELIĆ** Janica (CRO)	824
2000	**PRETNAR** Špela (SLO)	645
1999	**EGGER** Sabine (Ö)	425
1998	**NOWÉN** Ylva (SVE)	620
1997	**WIBERG** Pernilla (SVE)	770

1996 **EDER** Elfi (Ö) 580
1995 **SCHNEIDER** Vreni (CH) 560
1994 **SCHNEIDER** Vreni (CH) 86
1993 **SCHNEIDER** Vreni (CH) 490
1992 **SCHNEIDER** Vreni (CH) 511
1991 **KRONBERGER** Petra (Ö) 83
1990 **SCHNEIDER** Vreni (CH) 125
1989 **SCHNEIDER** Vreni (CH) 175
1988 **STEINER** Roswitha (Ö) 87
1987 **SCHMIDHAUSER** Corinne (CH) 110
1986 **HESS** Erika (CH) 110
STEINER Roswitha (Ö) 110
1985 **HESS** Erika (CH) 100
1984 **MCKINNEY** Tamara (USA) 110
1983 **HESS** Erika (CH) 110
1982 **HESS** Erika (CH) 125
1981 **HESS** Erika (CH) 125
1980 **PELEN** Perrine (F) 120
1979 **SACKL** Regina (Ö) 105
1978 **WENZEL** Hanni (LIE) 110
1977 **MOREROD** Lise-Marie (CH) 106
1976 **MITTERMAIER** Rosi (D) 110
1975 **MOREROD** Lise-Marie (CH) 95
1974 **ZECHMEISTER** Christa (D) 103
1973 **EMONET** Patricia (F) 110
1972 **LAFFORGUE** Britt (F) 76
1971 **CLIFFORD** Betsy (CAN) 70
LAFFORGUE Britt (F) 70
1970 **LAFFORGUE** Ingrid (F) 75
1969 **GABL** Gertrude (Ö) 75
1968 **GOITSCHEL** Marielle (F) 75
1967 **FAMOSE** Annie (F) 70
GOITSCHEL Marielle (F) 70

SLALOM-WELTCUP
HERREN

2020 **KRISTOFFERSEN** Henrik (NOR) 552
2019 **HIRSCHER** Marcel (Ö) 786
2018 **HIRSCHER** Marcel (Ö) 874
2017 **HIRSCHER** Marcel (Ö) 735
2016 **KRISTOFFERSEN** Henrik (NOR) 811
2015 **HIRSCHER** Marcel (Ö) 614
2014 **HIRSCHER** Marcel (Ö) 565
2013 **HIRSCHER** Marcel (Ö) 960
2012 **MYHRER** André (SVE) 644
2011 **KOSTELIĆ** Ivica (CRO) 478
2010 **HERBST** Reinfried (Ö) 534
2009 **GRANGE** Jean-Baptiste (F) 541
2008 **MÖLGG** Manfred (I) 531
2007 **RAICH** Benjamin (Ö) 605
2006 **ROCCA** Giorgio (I) 547
2005 **RAICH** Benjamin (Ö) 552
2004 **SCHÖNFELDER** Rainer (Ö) 630
2003 **PALANDER** Kalle (FIN) 658
2002 **KOSTELIĆ** Ivica (CRO) 611
2001 **RAICH** Benjamin (Ö) 545
2000 **AAMODT** Kjetil André (NOR) 598
1999 **STANGASSINGER** Thomas (Ö) 566
1998 **SYKORA** Thomas (Ö) 521
1997 **SYKORA** Thomas (Ö) 695
1996 **AMIEZ** Sébastien (F) 539
1995 **TOMBA** Alberto (I) 700
1994 **TOMBA** Alberto (I) 540
1993 **FOGDOE** Thomas (NOR) 545
1992 **TOMBA** Alberto (I) 820
1991 **GIRARDELLI** Marc (LUX) 110
1990 **BITTNER** Armin (D) 150
1989 **BITTNER** Armin (D) 117
1988 **TOMBA** Alberto (I) 170
1987 **KRIŽAJ** Bojan (SLO) 105
1986 **PETROVIČ** Rok (SLO) 125
1985 **GIRARDELLI** Marc (LUX) 125
1984 **GIRARDELLI** Marc (LUX) 125
1983 **STENMARK** Ingemar (SVE) 110
1982 **MAHRE** Phil (USA) 120
1981 **STENMARK** Ingemar (SVE) 120
1980 **STENMARK** Ingemar (SVE) 125
1979 **STENMARK** Ingemar (SVE) 119
1978 **STENMARK** Ingemar (SVE) 115
1977 **STENMARK** Ingemar (SVE) 125
1976 **STENMARK** Ingemar (SVE) 125
1975 **STENMARK** Ingemar (SVE) 110
1974 **THÖNI** Gustav (I) 80
1973 **THÖNI** Gustav (I) 110
1972 **AUGERT** Jean-Noël (F) 101
1971 **AUGERT** Jean-Noël (F) 75
1970 **PENZ** Alain (F) 75
RUSSEL Patrick (F) 75
1969 **AUGERT** Jean-Noël (F) 65
MATT Alfred (Ö) 65
PENZ Alain (F) 65
RUSSEL Patrick (F) 65
1968 **GIOVANOLI** Dumeng (CH) 70
1967 **KILLY** Jean-Claude (F) 75

RIESENTORLAUF-WELTCUP
DAMEN

2020 **BRIGNONE** Federica (I) 407
2019 **SHIFFRIN** Mikaela (USA) 615
2018 **REBENSBURG** Viktoria (D) 582
2017 **WORLEY** Tessa (F) 685
2016 **BREM** Eva-Maria (Ö) 592
2015 **VEITH** Anna (Ö) 542
2014 **VEITH** Anna (Ö) 518
2013 **MAZE** Tina (SLO) 800
2012 **REBENSBURG** Viktoria (D) 650
2011 **REBENSBURG** Viktoria (D) 435
2010 **HÖLZL** Kathrin (D) 471
2009 **POUTIAINEN** Tanja (FIN) 508
2008 **KARBON** Denise (I) 592
2007 **HOSP** Nicole (Ö) 490
2006 **PAERSON** Anja (SVE) 586
2005 **POUTIAINEN** Tanja (FIN) 461
2004 **PAERSON** Anja (SVE) 630
2003 **PAERSON** Anja (SVE) 514
2002 **NEF** Sonja (CH) 574
2001 **NEF** Sonja (CH) 676
2000 **DORFMEISTER** Michaela (Ö) 684
1999 **MEISSNITZER** Alexandra (Ö) 652
1998 **ERTL-RENZ** Martina (D) 591
1997 **COMPAGNONI** Deborah (I) 560
1996 **ERTL-RENZ** Martina (D) 485
1995 **SCHNEIDER** Vreni (CH) 450
1994 **WACHTER** Anita (Ö) 635
1993 **MERLE** Carole (F) 480
1992 **MERLE** Carole (F) 566
1991 **SCHNEIDER** Vreni (CH) 113
1990 **WACHTER** Anita (Ö) 133
1989 **SCHNEIDER** Vreni (CH) 165
1988 **SVET** Mateja (SLO) 87
1987 **SCHNEIDER** Vreni (CH) 120
WALLISER Maria (CH) 120
1986 **SCHNEIDER** Vreni (CH) 110
1985 **FIGINI** Michela (CH) 110
KIEHL Marina (D) 110
1984 **HESS** Erika (CH) 115
1983 **MCKINNEY** Tamara (USA) 120
1982 **EPPLE** Irene (D) 120

1981 **MCKINNEY** Tamara (USA) 102
1980 **WENZEL** Hanni (LIE) 125
1979 **KINSHOFER** Christa (D) 125
1978 **MOREROD** Lise-Marie (CH) 115
1977 **MOREROD** Lise-Marie (CH) 125
1976 **MOREROD** Lise-Marie (CH) 120
1975 **MOSER-PRÖLL** Annem. (Ö) 125
1974 **WENZEL** Hanni (LIE) 71
1973 **KASERER** Monika (Ö) 110
1972 **MOSER-PRÖLL** Annem. (Ö) 115
1971 **MOSER-PRÖLL** Annem. (Ö) 75
1970 **JACOT** Michèle (F) 70
MACCHI Françoise (F) 70
1969 **COCHRAN** Marilyn (USA) 60
1968 **GREENE** Nancy (CAN) 75
1967 **GREENE** Nancy (CAN) 75

RIESENTORLAUF-WELTCUP
HERREN

2020 **KRISTOFFERSEN** Henrik (NOR) 394
2019 **HIRSCHER** Marcel (Ö) 680
2018 **HIRSCHER** Marcel (Ö) 72
2017 **HIRSCHER** Marcel (Ö) 733
2016 **HIRSCHER** Marcel (Ö) 766
2015 **HIRSCHER** Marcel (Ö) 690
2014 **HIRSCHER** Marcel (Ö) 560
LIGETY Ted (USA) 560
2013 **LIGETY** Ted (USA) 720
2012 **HIRSCHER** Marcel (Ö) 705
2011 **LIGETY** Ted (USA) 383
2010 **LIGETY** Ted (USA) 412
2009 **CUCHE** Didier (CH) 474
2008 **LIGETY** Ted (USA) 485
2007 **SVINDAL** Aksel Lund (NOR) 416
2006 **RAICH** Benjamin (Ö) 481
2005 **RAICH** Benjamin (Ö) 423
2004 **MILLER** Bode (USA) 410
2003 **VON GRÜNIGEN** Michael (CH) 542
2002 **COVILI** Frédéric (F) 471
2001 **MAIER** Hermann (Ö) 622
2000 **MAIER** Hermann (Ö) 520
1999 **VON** GRÜNIGEN Michael (CH) 483
1998 **MAIER** Hermann (Ö) 620
1997 **VON GRÜNIGEN** Michael (CH) 660
1996 **VON GRÜNIGEN** Michael (CH) 738
1995 **TOMBA** Alberto (I) 450
1994 **MAYER** Christian (Ö) 496
1993 **AAMODT** Kjetil André (NOR) 410
1992 **TOMBA** Alberto (I) 520
1991 **TOMBA** Alberto (I) 152
1990 **FURUSETH** Ole Christian (NOR) 96
1989 **FURUSETH** Ole Christian (NOR) 82
ZURBRIGGEN Pirmin (CH) 82
1988 **TOMBA** Alberto (I) 82
1987 **GASPOZ** Joël (CH) 102
ZURBRIGGEN Pirmin (CH) 102
1986 **GASPOZ** Joël (CH) 97
1985 **GIRARDELLI** Marc (LUX) 120
1984 **STENMARK** Ingemar (SVE) 115
ZURBRIGGEN Pirmin (CH) 115
1983 **MAHRE** Phil (USA) 75
1982 **MAHRE** Phil (USA) 105
1981 **STENMARK** Ingemar (SVE) 125
1980 **STENMARK** Ingemar (SVE) 125
1979 **STENMARK** Ingemar (SVE) 125
1978 **STENMARK** Ingemar (SVE) 120
1977 **HEMMI** Heini (CH) 115
STENMARK Ingemar (SVE) 115
1976 **STENMARK** Ingemar (SVE) 88
1975 **STENMARK** Ingemar (SVE) 115
1974 **GROS** Piero (I) 110
1973 **HINTERSEER** Hans (Ö) 105
1972 **THÖNI** Gustav (I) 84
1971 **RUSSEL** Patrick (F) 70
THÖNI Gustav (I) 70
1970 **THÖNI** Gustav (I) 75
1969 **SCHRANZ** Karl (Ö) 70
1968 **KILLY** Jean-Claude (F) 75
1967 **KILLY** Jean-Claude (F) 75

SUPER-G-WELTCUP
DAMEN

2020 **SUTER** Corinne (CH) 360
2019 **SHIFFRIN** Mikaela (USA) 350
2018 **WEIRATHER** Tina (LIE) 461
2017 **WEIRATHER** Tina (LIE) 435
2016 **GUT-BEHRAMI** Lara (CH) 481
2015 **VONN** Lindsey (USA) 540
2014 **GUT-BEHRAMI** Lara (CH) 448
2013 **MAZE** Tina (SLO) 420
2012 **VONN** Lindsey (USA) 453
2011 **VONN** Lindsey (USA) 560
2010 **VONN** Lindsey (USA) 620
2009 **VONN** Lindsey (USA) 461
2008 **HÖFL-RIESCH** Maria (D) 374
2007 **GÖTSCHL** Renate (Ö) 540
2006 **DORFMEISTER** Michaela (Ö) 626
2005 **DORFMEISTER** Michaela (Ö) 493
2004 **GÖTSCHL** Renate (Ö) 467
2003 **MONTILLET-CARLES** Carole (F) 493
2002 **GERG** Hilde (D) 355
2001 **CAVAGNOUD** Régine (F) 577
2000 **GÖTSCHL** Renate (Ö) 554
1999 **MEISSNITZER** Alexandra (Ö) 652
1998 **SEIZINGER** Katja (D) 445
1997 **GERG** Hilde (D) 490
1996 **SEIZINGER** Katja (D) 545
1995 **SEIZINGER** Katja (D) 446
1994 **SEIZINGER** Katja (D) 416
1993 **SEIZINGER** Katja (D) 371
1992 **MERLE** Carole (F) 417
1991 **MERLE** Carole (F) 88
1990 **MERLE** Carole (F) 99
1989 **MERLE** Carole (F) 75
1988 **FIGINI** Michela (CH) 65
1987 **WALLISER** Maria (CH) 82
1986 **KIEHL** Marina (D) 75

SUPER-G-WELTCUP
HERREN

2020 **CAVIEZEL** Mauro (CH) 365
2019 **PARIS** Dominik (I) 430
2018 **JANSRUD** Kjetil (NOR) 400
2017 **JANSRUD** Kjetil (NOR) 394
2016 **KILDE** Aleksander A. (NOR) 415
2015 **JANSRUD** Kjetil (NOR) 556
2014 **SVINDAL** Aksel Lund (NOR) 346
2013 **SVINDAL** Aksel Lund (NOR) 480
2012 **SVINDAL** Aksel Lund (NOR) 413
2011 **CUCHE** Didier (CH) 291
2010 **GUAY** Eric (CAN) 331
2009 **SVINDAL** Aksel Lund (NOR) 292
2008 **REICHELT** Hannes (Ö) 341
2007 **MILLER** Bode (USA) 304
2006 **SVINDAL** Aksel Lund (NOR) 284
2005 **MILLER** Bode (USA) 470

2004	**MAIER** Hermann (Ö)	580
2003	**EBERHARTER** Stephan (Ö)	356
2002	**EBERHARTER** Stephan (Ö)	470
2001	**MAIER** Hermann (Ö)	420
2000	**MAIER** Hermann (Ö)	540
1999	**MAIER** Hermann (Ö)	516
1998	**MAIER** Hermann (Ö)	400
1997	**ALPHAND** Luc (F)	351
1996	**SKAARDAL** Atle (NOR)	312
1995	**RUNGGALDIER** Peter (I)	332
1994	**THORSEN** Jan Einar (NOR)	280
1993	**AAMODT** Kjetil André (NOR)	420
1992	**ACCOLA** Paul (CH)	429
1991	**HEINZER** Franz (CH)	40
1990	**ZURBRIGGEN** Pirmin (CH)	98
1989	**ZURBRIGGEN** Pirmin (CH)	62
1988	**ZURBRIGGEN** Pirmin (CH)	58
1987	**ZURBRIGGEN** Pirmin (CH)	85
1986	**WASMEIER** Markus (D)	105

KOMBINATIONS-WELTCUP
DAMEN

2020	**BRIGNONE** Federica (I)	200
2019	**BRIGNONE** Federica (I)	100
2018	**HOLDENER** Wendy (CH)	150
2017	**ŠTUHEC** Ilka (SLO)	240
2016	**HOLDENER** Wendy (CH)	198
2015	**VEITH** Anna (Ö)	100
2014	**GAGNON** Marie-Michèle (CAN)	100
2013	**MAZE** Tina (SLO)	200
2012	**VONN** Lindsey (USA)	180
2011	**VONN** Lindsey (USA)	220
2010	**VONN** Lindsey (USA)	160
2009	**PAERSON** Anja (SVE)	205
2008	**HÖFL-RIESCH** Maria (D)	260
2007	**SCHILD** Marlies (Ö)	220
2006	**KOSTELIĆ** Janica (CRO)	200
2005	**KOSTELIĆ** Janica (CRO)	100
2003	**KOSTELIĆ** Janica (CRO)	100
2002	**GÖTSCHL** Renate (Ö)	200
2001	**KOSTELIĆ** Janica (CRO)	100
2000	**GÖTSCHL** Renate (Ö)	100
1999	**GERG** Hilde (D)	180
1998	**GERG** Hilde (D)	200
1997	**WIBERG** Pernilla (SVE)	100
1996	**WACHTER** Anita (Ö)	100
1995	**WIBERG** Pernilla (SVE)	100
1994	**WIBERG** Pernilla (SVE)	180
1993	**WACHTER** Anita (Ö)	150
1992	**GINTHER** Sabine (Ö)	200
1991	**GINTHER** Sabine (Ö)	35
	MASNADA Florence (F)	35
1990	**WACHTER** Anita (Ö)	35
1989	**ÖRTLI** Brigitte (CH)	36
1988	**ÖRTLI** Brigitte (CH)	50
1987	**ÖRTLI** Brigitte (CH)	25
1986	**WALLISER** Maria (CH)	70
1985	**ÖRTLI** Brigitte (CH)	74
1984	**HESS** Erika (CH)	79
1983	**WENZEL** Hanni (LIE)	52
1982	**EPPLE** Irene (D)	85
1981	**NADIG** Marie-Theres (CH)	86
1980	**WENZEL** Hanni (LIE)	90
1976	**MITTERMAIER** Rosi (D)	45

KOMBINATIONS-WELTCUP
HERREN

2020	**PINTURAULT** Alexis (F)	280
2019	**PINTURAULT** Alexis (F)	60
2018	**FILL** Peter (I)	140
2017	**PINTURAULT** Alexis (F)	111
2016	**PINTURAULT** Alexis (F)	220
2015	**JANKA** Carlo (CH)	140
2014	**LIGETY** Ted (USA)	180
	PINTURAULT Alexis (F)	180
2013	**KOSTELIĆ** Ivica (CRO)	180
	PINTURAULT Alexis (F)	180
2012	**KOSTELIĆ** Ivica (CRO)	336
2011	**KOSTELIĆ** Ivica (CRO)	345
2010	**RAICH** Benjamin (Ö)	246
2009	**JANKA** Carlo (CH)	242
2008	**MILLER** Bode (USA)	410
2007	**SVINDAL** Aksel Lund (NOR)	232
2006	**RAICH** Benjamin (Ö)	345
2005	**RAICH** Benjamin (Ö)	100
2004	**MILLER** Bode (USA)	200
2003	**MILLER** Bode (USA)	125
2002	**AAMODT** Kjetil André (NOR)	200
2001	**KJUS** Lasse (NOR)	100
2000	**AAMODT** Kjetil André (NOR)	200
1999	**AAMODT** Kjetil André (NOR)	180
	KJUS Lasse (NOR)	180
1998	**FRANZ** Werner (Ö)	120
1997	**AAMODT** Kjetil André (NOR)	160
1996	**MADER** Günther (Ö)	180
1995	**GIRARDELLI** Marc (LUX)	200
1994	**AAMODT** Kjetil André (NOR)	180
1993	**GIRARDELLI** Marc (LUX)	300
1992	**ACCOLA** Paul (CH)	300
1991	**GIRARDELLI** Marc (LUX)	25
1990	**ZURBRIGGEN** Pirmin (CH)	50
1989	**GIRARDELLI** Marc (LUX)	50
1988	**STROLZ** Hubert (Ö)	40
1987	**ZURBRIGGEN** Pirmin (CH)	50
1986	**ZURBRIGGEN** Pirmin (CH)	65
1985	**WENZEL** Andreas (LIE)	76
1984	**WENZEL** Andreas (LIE)	90
1983	**MAHRE** Phil (USA)	75
1982	**MAHRE** Phil (USA)	75
1981	**MAHRE** Phil (USA)	102
1980	**MAHRE** Phil (USA)	67
1976	**TRESCH** Walter (CH)	65

PARALLEL-WETTBEWERB
DAMEN

2020	**VLHOVÁ** Petra (SLK)	113

PARALLEL-WETTBEWERB
HERREN

2020	**MEILLARD** Loïc (CH)	129

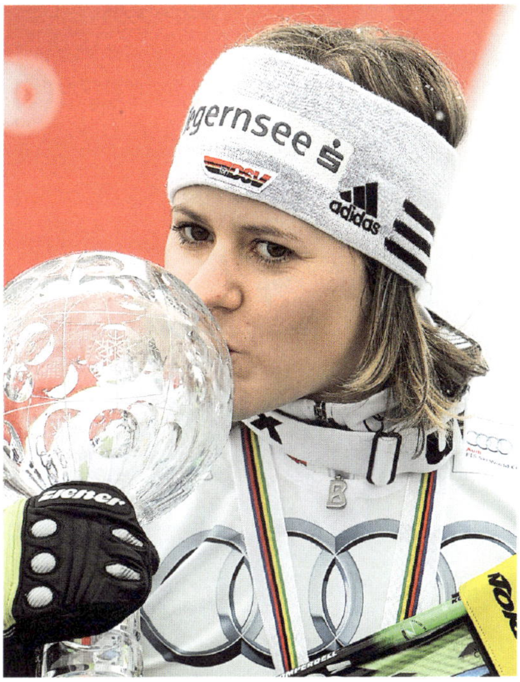

VIKTORIA REBENSBURG

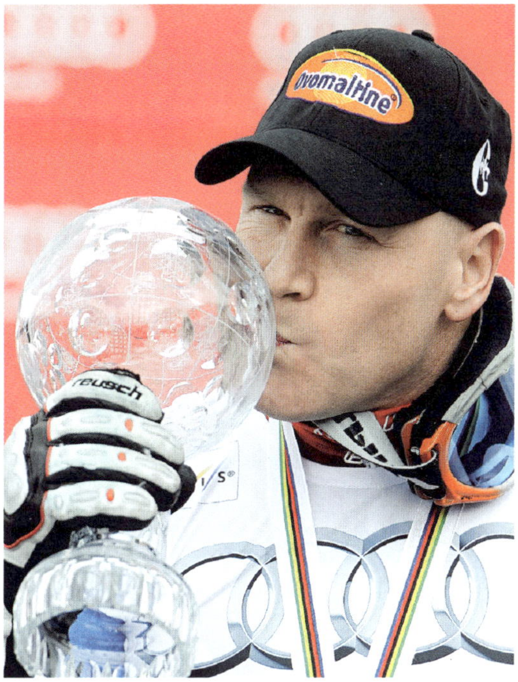

DIDIER CUCHE

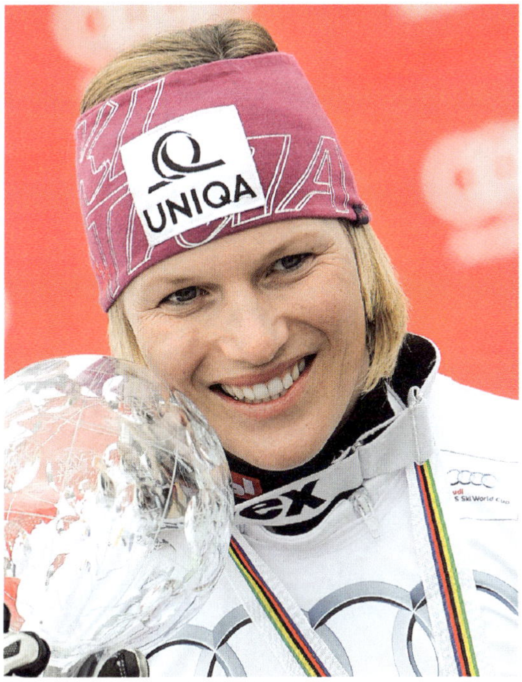

MARLIES SCHILD

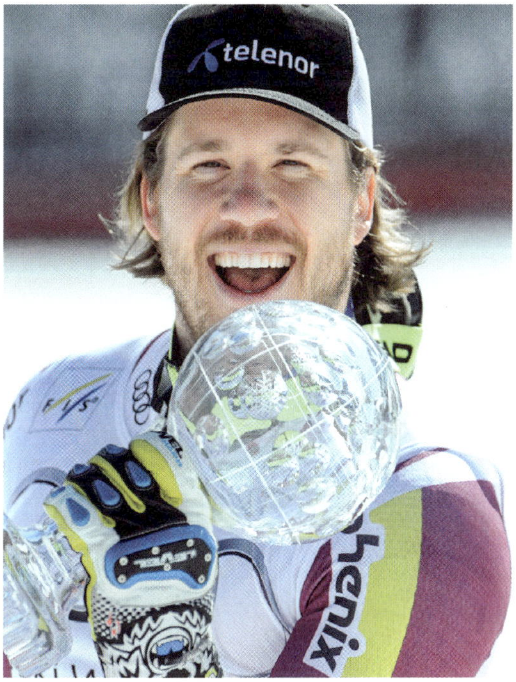

KJETIL JANSRUD

2. Auflage 2021

Gesetzt aus der Utopia

Medieninhaber, Verleger und Herausgeber:
Red Bull Media House GmbH
Oberst-Lepperdinger-Straße 11–15
5071 Wals bei Salzburg, Österreich

Umschlaggestaltung, Layout & Satz: wir sind artisten
Lektorat: Martina Paischer
Fotos: Cover (Hirscher) u. S. 40: Bildsymphonie; Cover (Maier), S. 50, 60, 67, 75, 78 (u rechts, 88/89, 99, 130 (u), 162, 167, 168, 175, 177, 223 (o/u links): Pressefoto Ulmer; Cover (Schneider, Stenmark), S. 57, 59, 62, 66, 73, 76, 79, 90, 92, 93, 94 (o), 96, 100, 105, 106 (o links/o rechts), 107, 114/115, 116, 122/123, 126, 129 (u), 132, 133 (o), 142, 143 (u), 148, 156, 158, 159 (u.), 205: Werek Pressebildagentur; Cover (Vonn), S. 110/111: Erich Spiess/ASP/Red Bull Content Pool, S. 51 (o), 186 (u): Cody Pickens/ Red Bull Content Pool; S. 10, 16: Stadtgemeinde Lilienfeld/Imagno/picturedesk.com, S. 13: akg-images/picturedesk.com, S. 14: Lothar Ruebelt/Ullstein Bild/picturedesk.com, S. 15: (o), 23 (u), 72: Ullstein Bild/picturedesk.com, S. 19 (o): Imagno/ picturedesk.com, S. 20, 21 (o), 24, 29 (o), 30, 76 (o), 160 (u): Ruebelt, Lothar/OENB-Bildarchiv/picturedesk.com, S. 22 (o): Anonym/Imagno/picturedesk.com, (u): Austrian Archives (S)/Imagno/picturedesk.com, S. 23 (o), 28, 61 (u): STAFF/AFP/ picturedesk.com, S. 26, 32, 39 (u), 56, 70, 81, 129 (o), 135 (u), 152, 161 (u): Votava/Imagno/picturedesk.com, S. 29 (u): United States Information Service/OENB-Bildarchiv/picturedesk.com, S. 38: PHILIPPE DESMAZES/AFP/picturedesk.com, S. 39 (o): NTB scanpix/akg-images/picturedesk.com, S. 43: (o), 144 (u): Helmut Fohringer/APA/picturedesk.com, S. 43 (u): ROLAND SCHLAGER/APA/picturedesk.com, S. 44 (u): VALENTIN FLAURAUD/Keystone/picturedesk.com, S. 47 Karin Tärnblom/Action Press/picturedesk.com, S. 51 (u): Maurice Andre Shourot/Verlagsgruppe News/picturedesk.com, S. 52: FRANCOIS-XAVIER MARIT/AFP/picturedesk.com, S. 58: (o): Friedrich/Interfoto/picturedesk.com, (u): Frank Hoermann/ dpa Picture Alliance/picturedesk.com, S. 61 (o): Peter Kneffel/EPA/picturedesk.com, S. 83: AFP/picturedesk.com, S. 94 (u): Sven Simon/dpa/picturedesk.com, S. 109: JAVIER SORIANO/AFP/picturedesk.com, S. 113: ALESSANDRO TROVATI/AP/ picturedesk.com, S. 117 (u): EXPA/APA/picturedesk.com, S. 133 (u): JOE KLAMAR/AFP/picturedesk.com, S. 134: HANS KLAUS TECHT/APA/picturedesk.com, S. 135 (o): ALESSANDRO DELLA BELLA/EPA/picturedesk.com, S. 143 (o): MELANIE DUCHENE/Keystone/picturedesk.com, S. 151: (o): Robert Jaeger/APA-Archiv/picturedesk.com, (u): picturedesk.com, S. 154: Klaus Titzer/picturedesk.com, S. 160 (o): ullstein - Blume/Ullstein Bild/picturedesk.com, S. 172+173: Alessandro Crinari/Keystone/picturedesk.com, S. 178: Giovanni Auletta/AP/picturedesk.com, S. 188: Christian Charisius/dpa/picturedesk.com, S. 197 (r): Harald Schneider/APA/picturedesk.com, S. 197 (u): HANS VON NOLDE/AP/picturedesk.com, S. 215 (u): DIMITAR DILKOFF/AFP/picturedesk.com, S. 216/217: PETER SCHNEIDER/EPA/picturedesk.com; S. 15: (u): ullstein bild via Getty Images, S. 18: Bettmann/Getty Images, S. 25: Lothar Ruebelt/ullstein bild via Getty Images, S. 54: Carl Yarbrough/ Sports Illustrated via Getty Images, S. 120: Agence Zoom/Getty Images, S. 130 (o): Tony Duffy /Allsport/Getty Images, S. 144 (o), 146 (o): Maurice Jarnoux/Paris Match via Getty Images, S. 145: Gerard Gery/Paris Match via Getty Images, S. 153: Mario De Biasi/Mondadori via Getty Images, S. 161 (o): Gerard Gery/Paris Match via Getty Images, S. 163 (o): KEYSTONE-FRANCE/ Gamma-Rapho via Getty Images, S. 197 (l): PASCAL PAVANI/AFP/Getty Images, S. 215: (o) MIKE NELSON/AFP/Getty Images; S. 19 (u): Buch- und Grafikantiquariat Wolfgang Koch; S. 21 (u), 125: KEYSTONE/STR; S. 31, 34 (o), 35, 36 (o), 37, 104, 128, 163 (u.) u. Buchrückseite: Frischauf Bild; S. 34 (u), 36 (u), 48/49, 63, 64/65, 74, 77, 78 (o links/o rechts), 80, 86, 91 (u), 95, 97, 98, 106: (u links/u rechts), 108, 117 (o), 124, 131, 138, 149, 164, 171, 176, 181, 182/183, 184, 185 (o), 186, 187: Andreas Schaad; S. 44 (o): EXPA/Presse Sports, S. 45: EXPA/Martin Huber, S. 46: EXPA/Michael Gruber, S. 78 (u links), 102, 141, 159 (o), 180, 223 (u rechts): EXPA/Johann Groder, S. 223 (u rechts): EXPA/Erich Spiess; S. 91 (o), 136, 146 (u): Gerhard Schiel; Illustrationen: Grow studio/Shutterstock.com; FL Wong/Shutterstock.com

Printed in Europe

ISBN 978-3-7105-0044-2